Windows 11 Reparaturhandbuch

Christian Immler

Verlag:
BILDNER Verlag GmbH
Bahnhofstraße 8
94032 Passau

http://www.bildner-verlag.de
info@bildner-verlag.de

ISBN: 978-3-8328-0510-4
Bestellnummer: 0533

Autor: Christian Immler
Herausgeber: Christian Bildner

Druck: CPI Clausen & Bosse GmbH, Birkstr. 10, 25917 Leck

Bildnachweise:
Frau: ©Westend61/tunedin – stock.adobe.com
Fenster-Hintergrund: ©olly – stock.adobe.com
Werkzeugtasche: ©BillionPhotos.com – stock.adobe.com
Laptop: ©Scanrail – stock.adobe.com
Screenshot: Microsoft

Inhalt

6 Netzwerk ... 91

1 Windows 11 funktioniert nicht – und nun?

Windows 11 arbeitet gut – meistens ... Wenn aber etwas nicht wie erwartet funktioniert, steht man oft da „wie der Ochs vorm Berg", weil sich das neue Betriebssystem an vielen Stellen doch deutlich anders verhält als seine Vorgänger.

Dieses Buch zeigt, wie sich gängige Windows-Probleme mit Bordmitteln oder Freewaretools beheben lassen, wie ein System gerettet werden kann, das gar nicht mehr startet, wie sich lieb gewonnene Features, die beim Upgrade verloren gegangen sind, wiederherstellen lassen und wie Sie auch Ihre älteren gewohnten Programme unter der neuen Oberfläche weiter benutzen können.

Die Beschreibungen in diesem Buch beziehen sich auf die aktuelle Windows 11 Version 25H2 und funktionieren in den meisten Fällen auch mit früheren Versionen. Die Screenshots können sich jedoch unterscheiden.

Sie finden die installierte Versionsnummer in den Einstellungen unter *System / Info* sowie mit dem vorinstallierten Programm *winver*.

Dateien zum Download

Die bei einigen Tipps erwähnten REG-Dateien für den Registry-Editor müssen Sie nicht manuell eingeben. Die Dateien stehen unter *https://bildnerverlag.com/00533* zum Download zur Verfügung.

2 Grundlegende Reparaturwerkzeuge

2.1 Wo ist die Systemsteuerung?

Mit einem Windows 10-Update hat Microsoft den Menüpunkt zum Aufruf der **Systemsteuerung** aus dem Systemmenü, das beim Rechtsklick auf das Windows-Logo in der Taskleiste erscheint, entfernt. Das gilt auch für Windows 11. Viele in diesem Buch erwähnte Einstellungen benötigen aber die Systemsteuerung.

Langjährige Windows-Anwender kennen und nutzen seit undenklichen Zeiten ein paar Standardsymbole auf dem Desktop: *Computer*, *Benutzerdateien*, *Netzwerk*, *Papierkorb* und *Systemsteuerung*. Bereits in Windows XP waren diese, abgesehen vom Papierkorb, bei Neuinstallationen nicht mehr standardmäßig aktiv, wurden aber trotzdem noch häufig genutzt. Selbst in Windows 11 ist das historische Dialogfeld, mit dem diese Symbole auf den Desktop gelegt werden können, gut versteckt weiterhin vorhanden.

Klicken Sie in den *Einstellungen* ❶ unter *Personalisierung/Designs* ❷ auf *Desktopsymboleinstellungen* ❸. Hier legen Sie fest, welche der Windows-Standardsymbole auf dem Desktop angezeigt werden sollen.

Systemsteuerung und andere Standard-Desktopsymbole anzeigen lassen.

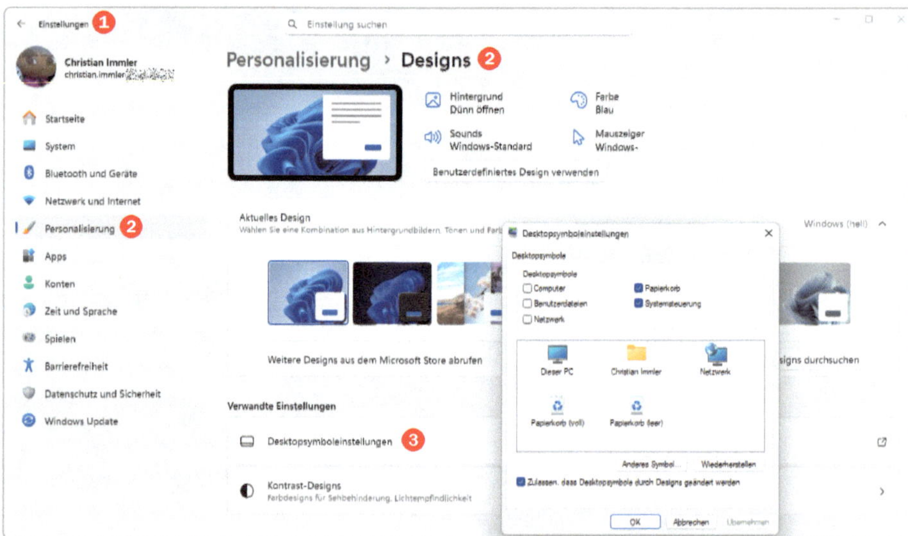

Seit im Systemmenü der Link zur Systemsteuerung verschwunden ist, bietet das Desktopsymbol einen komfortablen Weg, um den schnellen Zugriff auf die klassische Systemsteuerung zu behalten.

2.2 Registry bearbeiten

Nicht alles lässt sich in Windows über die Systemsteuerung und andere Konfigurationsoptionen einstellen. Einige versteckte Funktionen können nur manuell in der Registrierung (auch **Registry** genannt) geändert werden. Dies ist die zentrale Datenbank mit wichtigen Systeminformationen zur verwendeten Hardware, zu installierten Softwareprogrammen und Benutzereinstellungen.

Windows liefert für den direkten Zugriff auf die Registry den **Registrierungs-Editor** *regedit* mit. Damit können Sie Einträge unmittelbar in der Registrierungsdatenbank bearbeiten, löschen und hinzufügen. Zum Schutz vor unsachgemäßer Anwendung taucht der Registrierungs-Editor nicht direkt im Startmenü von Windows auf. Er kann über das Suchfeld oder über das Fenster *Windows-Tools* im Startmenü aufgerufen werden.

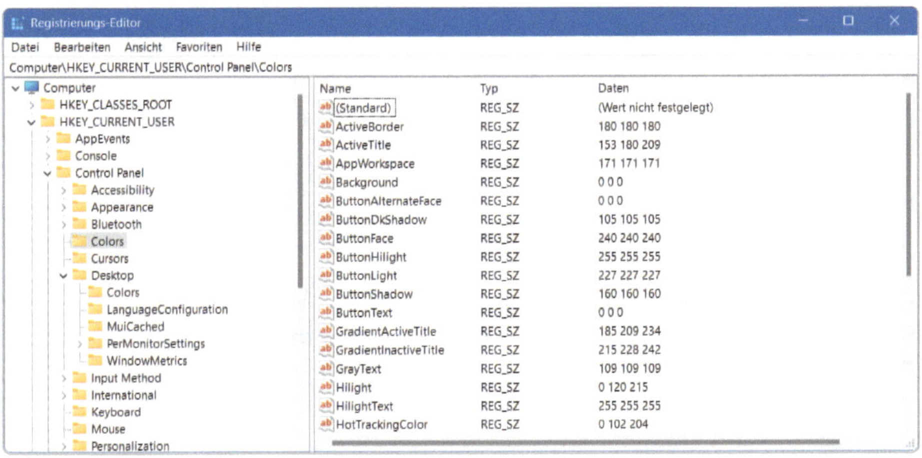

Der Registrierungs-Editor in Windows 11 verfügt oben über eine Eingabezeile, um Registry-Schlüssel per Zwischenablage einzufügen.

Achtung! Änderungen in der Registry können Windows in einen instabilen oder nicht mehr lauffähigen Zustand versetzen. Überlegen Sie sich genau, was Sie tun. Im Registrierungs-Editor gibt es keine Zurück-Funktion!

2.3 REG-Dateien in die Registry importieren

Registry-Werte lassen sich in Dateien mit der Endung *.reg* speichern und weitergeben. Das Importieren einer **REG-Datei** verhindert – im Gegensatz zum Abtippen – Tippfehler, die möglicherweise zu Fehlverhalten führen können.

Eine REG-Datei lässt sich einfach per Doppelklick im Explorer in die Registry importieren. Auch dazu muss wie beim Start des Registry-Editors eine Anfrage der Benutzerkontensteuerung bestätigt werden. Sicherheitshalber erscheint eine weitere Abfrage, bevor die Werte importiert werden.

Dateien zum Download: Die bei einigen Tipps erwähnten REG-Dateien für den Registry-Editor müssen Sie nicht manuell eingeben. Die Dateien stehen unter *https://bildnerverlag.com/00533* zum Download zur Verfügung.

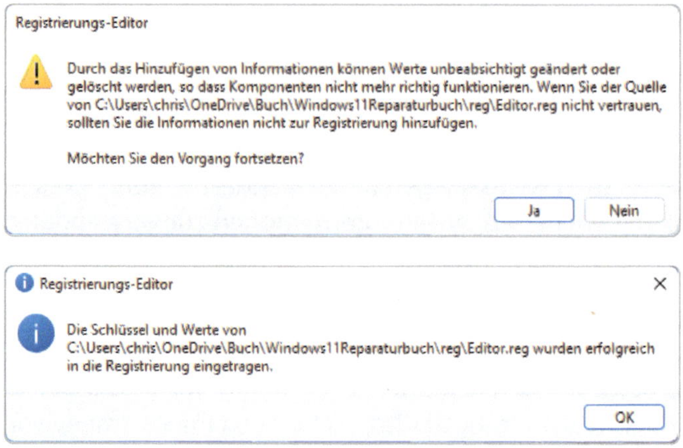

REG-Datei per Doppelklick in die Registry importieren.

Haben Sie den Registry-Editor gerade geöffnet, können Sie auch den Menüpunkt *Datei/Importieren* nutzen. Das Importieren per Doppelklick funktioniert ebenfalls, wenn die Nutzung von Registry-Tools gesperrt ist – siehe letzter Tipp in diesem Buch.

2.4 Der Windows-Task-Manager

Der Windows-**Task-Manager** zeigt alle laufenden Windows-Prozesse. In der Standardansicht sind nur die Namen der geöffneten Programme zu sehen. Der Task-Manager wird über das Systemmenü mit einem Rechtsklick auf das Windows-Logo gestartet.

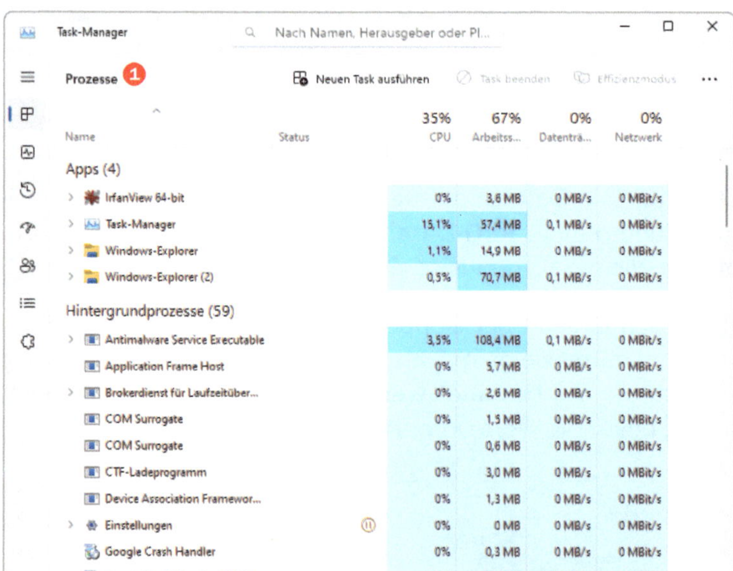

Task-Manager

Die Seite *Prozesse* ❶ zeigt ausführlich jeden laufenden Prozess, auch die im Hintergrund ohne eigenes Programmfenster. Durch einen Klick auf die Spaltenköpfe mit den Prozentangaben lässt sich die Liste nach CPU-Auslastung, Arbeitsspeicherauslastung und anderen Kriterien sortieren. Ein Rechtsklick auf einen laufenden Task bietet weitere Optionen zur detaillierten Anzeige der Ressourcenwerte. Hier können Sie einen abgestürzten Task beenden.

Achtung!
Beenden Sie nicht willkürlich Ihnen unbekannte Tasks. Das kann Windows in einen nicht mehr stabilen Zustand versetzen. Beenden Sie Programme immer durch Schließen des Programmfensters. Hintergrundtasks sollten nur bei Problemen beendet werden. Besonders bei Tasks des Betriebssystems kann dies dazu führen, dass auch andere Programme nicht mehr wie erwartet laufen.

2.5 Windows-Terminal für Kommandozeilentools

Das neue **Windows-Terminal** bietet endlich eine gemeinsame Oberfläche mit Tabs für verschiedene Kommandozeilentools, etwa die **PowerShell**, eine klassische **Eingabeaufforderung** oder auch die Linux-Shell `bash`, die sich bisher alle unterschiedlich verhalten haben.

Das Windows-Terminal wird über das Systemmenü mit einem Rechtsklick auf das Windows-Logo oder über das Startmenü aufgerufen.

Der Pfeil neben den Registerkarten in der Titelleiste zeigt das Menü, um weitere Registerkarten oder die *Einstellungen* ❶ zu öffnen.

Das Windows-Terminal bietet eine Vielzahl an Tastenkombinationen für eine schnellere Bedienung. Diese finden Sie über den Menüpunkt *Befehlspalette* ❷.

Das Menü im Windows-Terminal.

In den *Einstellungen* sind verschiedene *Farbschemen* ❸ vorinstalliert, um unter anderem auch dunklen Text auf hellem Untergrund darzustellen. Jedes dieser Farbschemata kann beliebig verändert werden, und Sie können auch neue hinzufügen.

Helles Farbschema im Windows-Terminal.

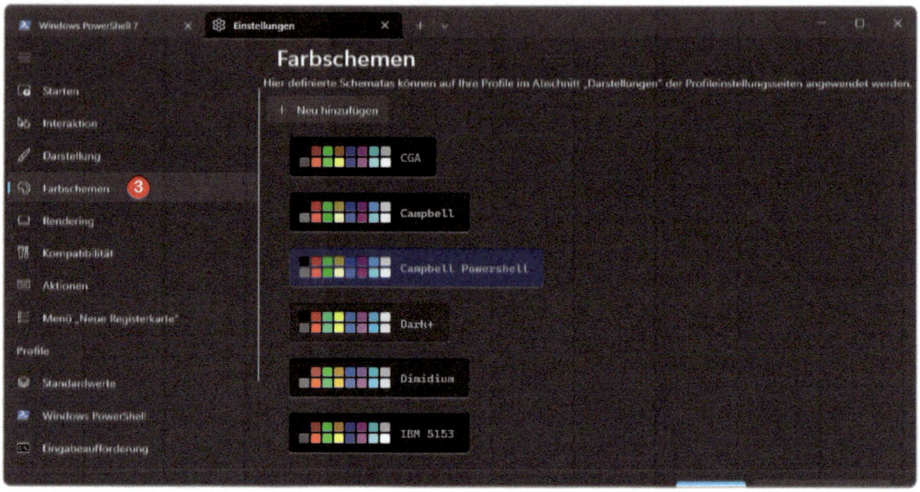

Um ein Farbschema zu nutzen, wählen Sie unten links das gewünschte Profil aus, etwa *Windows PowerShell* ❹ oder *Eingabeaufforderung* ❺, und dann weiter unten bei *Zusätzliche Einstellungen* / *Darstellung* das gewünschte Farbschema. Speichern Sie die Einstellungen anschließend.

Windows-Terminal mit dunkler Schrift auf hellem Grund.

2.6 Befehlszeilentools für Spezialaufgaben

Obwohl sich die meisten Windows 11-Anwender nur noch schwach an MS-DOS erinnern werden, funktioniert ein Großteil der alten **Befehlszeilentools** tatsächlich heute noch. Eine Übersicht aller gültigen Befehlszeilentools in Windows 11 wird Ihnen im Eingabeaufforderungsfenster mit `help` angezeigt.

Starten Sie dazu mit einem Rechtsklick auf das Windows-Logo ein Windows-Terminal und dort das Fenster *Eingabeaufforderung* ❶. Die PowerShell zeigt mit `help` ❷ keine Übersicht der Kommandozeilentools.

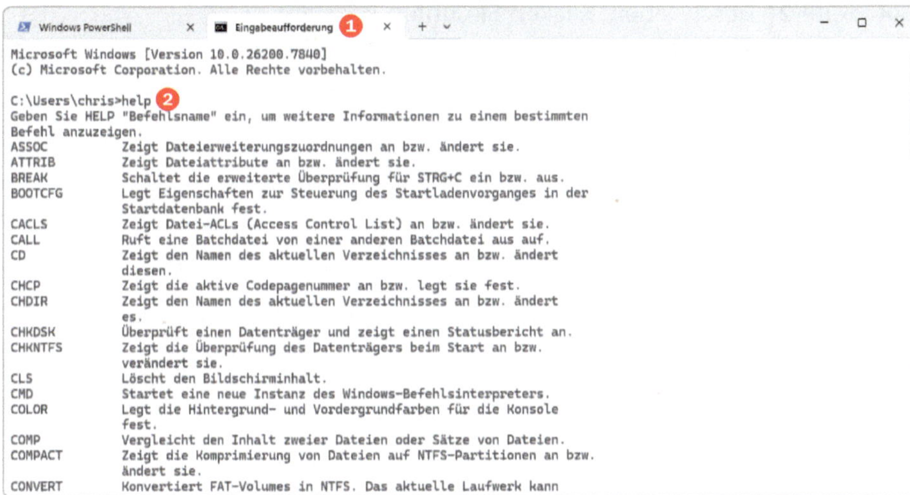

Übersicht aller MS-DOS-Befehlszeilentools unter Windows 11.

2.7 Zwischenablage im Windows-Terminal nutzen

Das **Windows-Terminal** unterstützt die Tastenkombinationen [Strg]+[C], [Strg]+[X] und [Strg]+[V], um Texte über die Zwischenablage zwischen verschiedenen Fenstern zu kopieren.

Kontextmenüs für die Zwischenablage, wie man sie aus anderen Programmen kennt, gibt es hier nicht.

Da einige ältere Kommandozeilentools die Tastenkombination [Strg]+[C] für einen Abbruch verwenden, bietet das Windows-Terminal noch eine weitere sehr komfortable Möglichkeit, die Zwischenablage zu nutzen:

Markieren Sie einen Text durch Ziehen mit der Maus oder ein einzelnes Wort per Doppelklick. Klicken Sie dann mit der rechten Maustaste zweimal in das Fenster, wird dieser Text am Eingabeprompt eingefügt.

2.8 PowerShell 7 in das Windows-Terminal integrieren

Microsoft liefert seit einiger Zeit die neue **PowerShell 7** nicht nur für Windows, sondern auch für Linux. Diese Version stellt kein reines Update der bisherigen Version 5 dar, sondern wird eigenständig parallel dazu installiert. Laden Sie sich die 64-Bit-MSI-Installationsdatei der PowerShell 7 bei *aka.ms/powershell* herunter und installieren Sie sie mit Administratorrechten.

Starten Sie das Windows-Terminal und wählen Sie im Menü *Einstellungen*, wie auf Seite 21 beschrieben. Klicken Sie unten links auf *Neues Profil hinzufügen* ❶, wählen Sie in der Liste *Windows PowerShell* ❷ und klicken Sie auf *Duplikat* ❸.

Profil duplizieren.

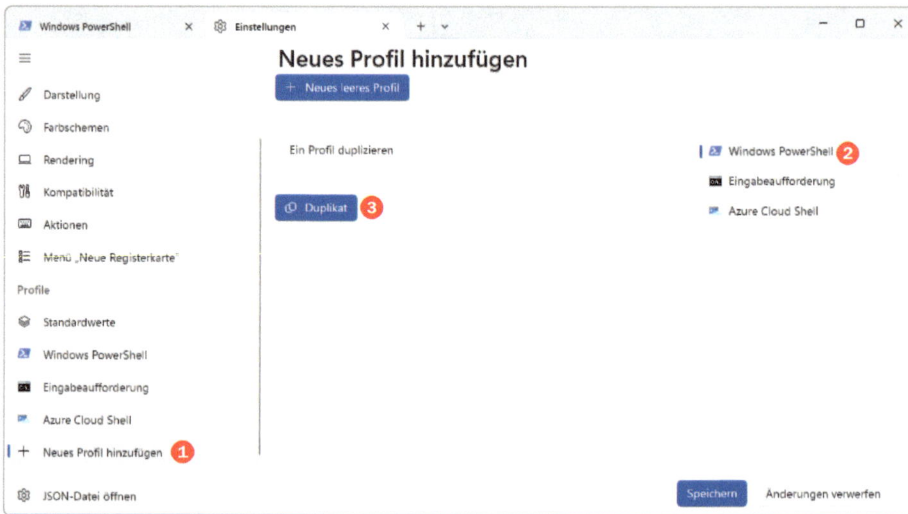

Profil für PowerShell 7 einrichten.

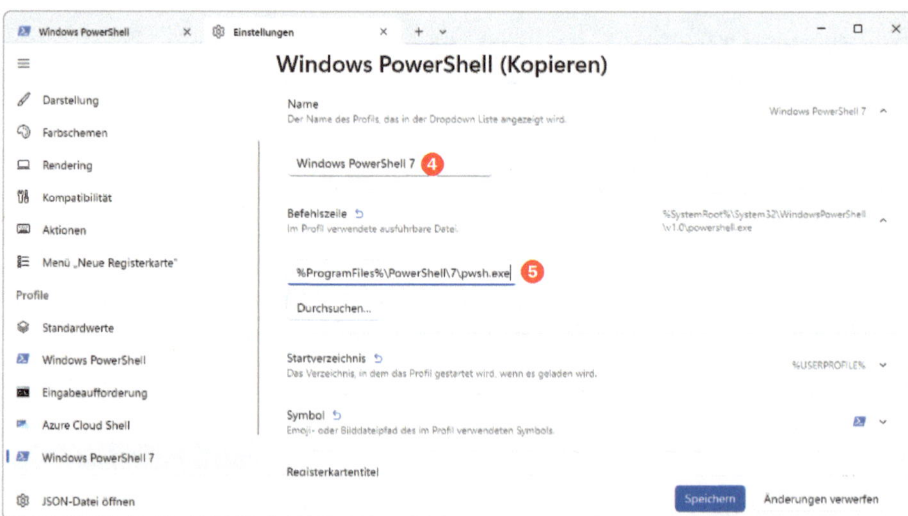

Im Seitenbalken links erscheint ein neues PowerShell-Profil. Benennen Sie dieses in *Windows PowerShell 7* ❹ um, damit es sich deutlicher unterscheidet. Ändern Sie die Befehlszeile um in: *%ProgramFiles%\PowerShell\7\pwsh.exe* ❺. Scrollen Sie im Fenster weiter nach unten und wählen Sie in der Zeile *Darstellung* das gewünschte Farbschema aus. Klicken Sie zum Schluss auf *Speichern*, um das neue Profil zu speichern.

Gehen Sie dann im Seitenbalken auf die Seite *Starten* ❻ und wählen Sie in der Liste *Standardprofil* ❼ das neue Profil *PowerShell 7* ❽ aus. Speichern Sie die Änderungen und starten Sie das Windows-Terminal neu.

Das Windows-Terminal startet jetzt automatisch mit PowerShell 7. Über das Menü können Sie jederzeit auch eine andere Shell starten. Der PowerShell-Befehl $PSVersionTable zeigt die installierte PowerShell-Version an.

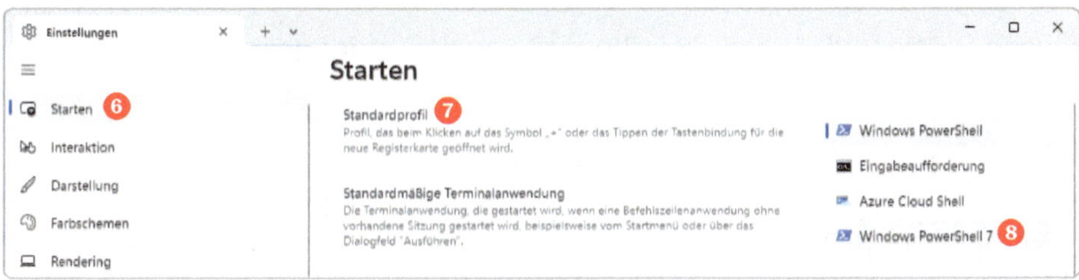

Standardprofil auswählen.

2.9 Eingabeaufforderung starten, wenn die Benutzeroberfläche nicht mehr reagiert

Viele Windows-Probleme lassen sich mit Kommandozeilentools lösen. Wenn allerdings das Startmenü und das Systemmenü nicht mehr funktionieren, kann darüber kein Eingabeaufforderungsfenster geöffnet werden.

Versuchen Sie, mit der Tastenkombination `Win`+`R` das Dialogfeld *Ausführen* zu öffnen, und geben dort `cmd` ein.

Bei einem Absturz des Explorer-Prozesses wird sich auch dieses Fenster nicht mehr öffnen lassen. Drücken Sie in diesem Fall die Tastenkombination `Strg`+`Alt`+`Entf`. Nun erscheint ein schwarzer Bildschirm mit einem einfachen Auswahlmenü. Starten Sie den *Task-Manager* ❶, klicken sie oben in der Mitte auf *Neuen Task ausführen* ❷ und geben Sie dort `cmd` ein.

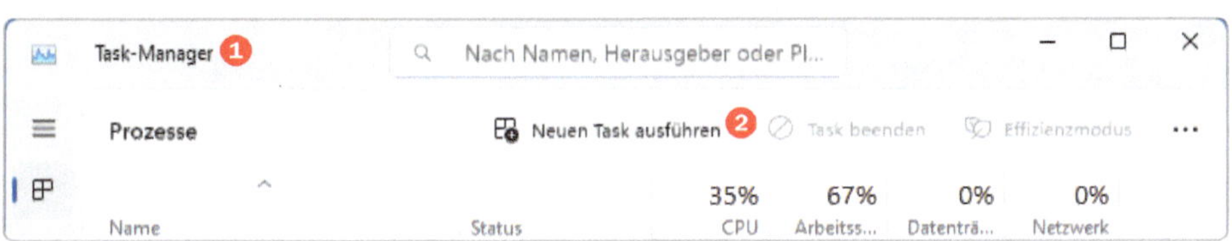

Neuen Task im Task-Manager starten.

2.10 Fehlerhafte Updates, Treiber oder Einstellungen per Systemwiederherstellung zurücknehmen

Bei vielen schwer erklärbaren Fehlern ist es die einfachste Lösung, den Systemstatus vom Tag zuvor wiederherzustellen. Auch diverse Windows-Updates und Gerätetreiber lassen sich nicht sauber deinstallieren. Spult man aber sozusagen die Zeit zurück vor den Zeitpunkt der Treiberinstallation, sollte alles wieder laufen.

Windows 11 enthält ein Programm zur **Systemwiederherstellung**. Damit lässt sich das System auf einen früheren Zeitpunkt zurücksetzen – vorausgesetzt, dieser wurde damals gespeichert, denn der Computerschutz ist standardmäßig inaktiv. Die Systemwiederherstellung betrifft nur Systemeinstellungen.

Eigene Dateien, die in der Zwischenzeit angelegt oder gelöscht wurden, werden nicht verändert.

Klicken Sie in den *Einstellungen* ❶ unter *System/Info* ❷ auf den Link *Systemschutz* ❸. Diese *Einstellungen*-Seite erreichen Sie auch mit der Tastenkombination `Win`+`Pause`. Starten Sie das Programm zur Systemwiederherstellung im nächsten Dialogfeld auf der Registerkarte *Computerschutz* ❹ mit einem Klick auf *Systemwiederherstellung* ❺.

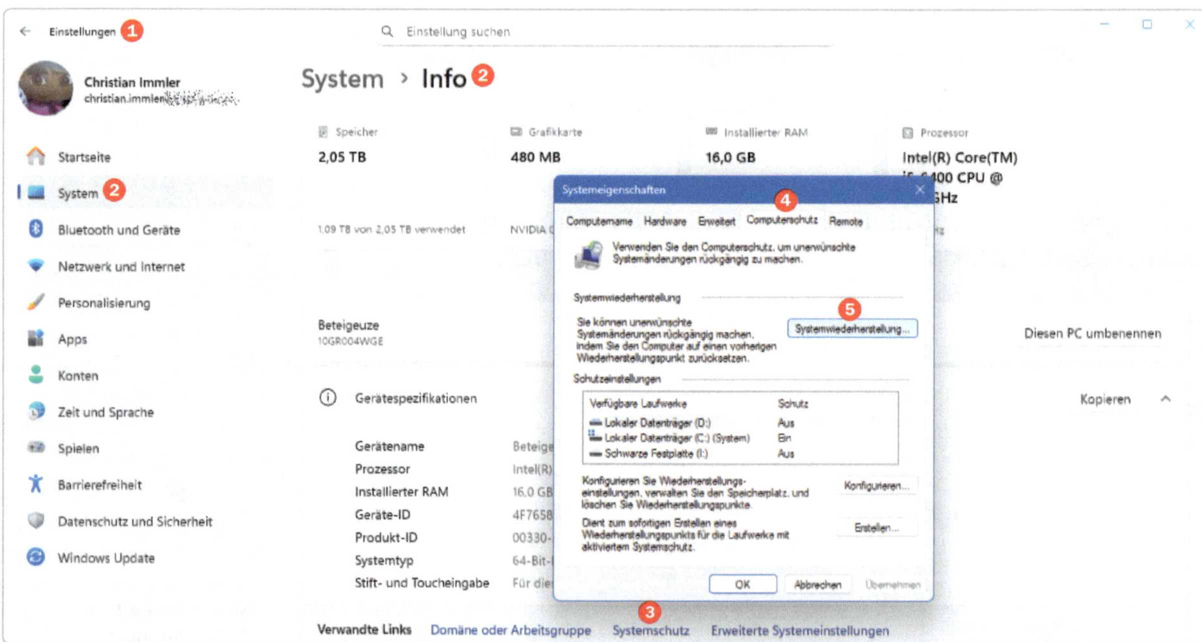

Das Programm zur Systemwiederherstellung ist etwas versteckt in den Einstellungen zu finden.

Um das System auf einen früheren Zeitpunkt zurückzusetzen, starten Sie die *Systemwiederherstellung* ❻. Hier wird der letzte Systemwiederherstellungspunkt für die Wiederherstellung empfohlen. Wenn Sie die Option *Anderen Wiederherstellungspunkt auswählen* markieren, können Sie das System auch auf einen früheren Wiederherstellungspunkt zurücksetzen. Der Button *Nach betroffenen Programmen suchen* ❼ zeigt an, welche Programme und Treiber seit dem ausgewählten Wiederherstellungspunkt neu installiert wurden. Diese gehen bei der Wiederherstellung des Computerzustands auf diesen Zeitpunkt verloren.

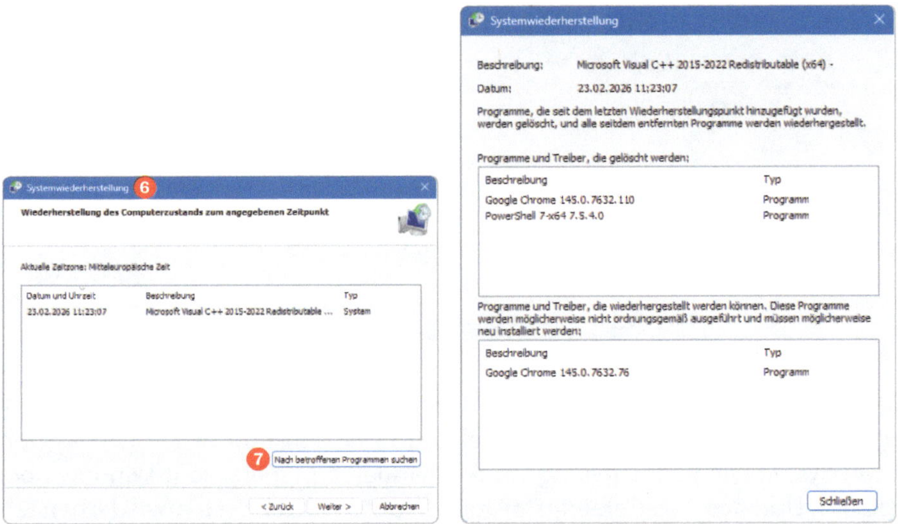

Bei Problemen kann ein früherer Systemzustand wiederhergestellt werden.

Nach einer Warnmeldung wird der Computer heruntergefahren und mit den alten, wiederhergestellten Systemeinstellungen neu gestartet, was etwas länger dauert als ein normaler Neustart. Sollte die Systemwiederherstellung nicht zum gewünschten Ergebnis führen, können Sie die letzte Wiederherstellung natürlich wieder zurücknehmen. Windows legt auch dazu einen speziellen Wiederherstellungspunkt an.

2.11 Systemwiederherstellung ist noch nicht aktiviert

Sollte der Computerschutz deaktiviert sein, markieren Sie im Dialogfeld das Systemlaufwerk *C:* ❶ und klicken auf *Konfigurieren* ❷. Aktivieren Sie hier den Computerschutz. Außerdem können Sie festlegen, wie viel Speicherplatz maximal für die Systemwiederherstellungspunkte belegt werden darf, bevor der älteste automatisch gelöscht wird.

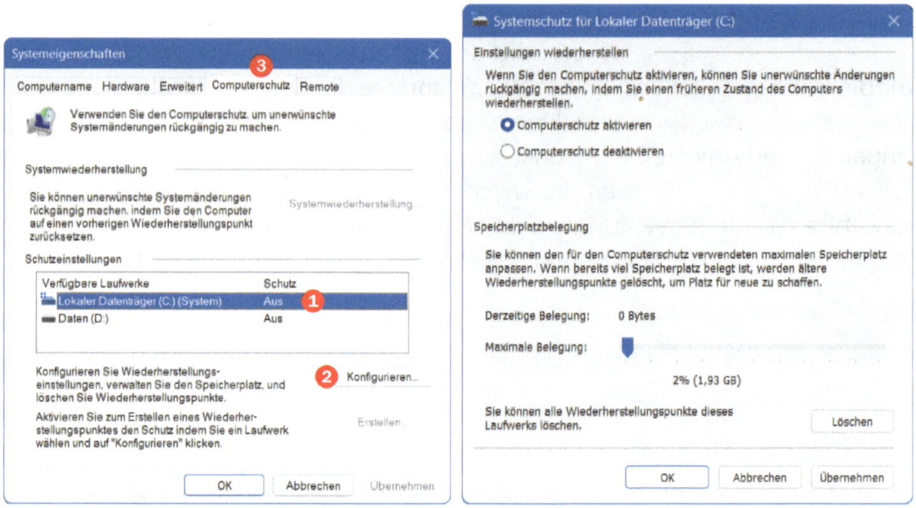

Im Dialogfeld Computerschutz ❸ wird die Systemwiederherstellung konfiguriert. Hier können auch Systemwiederherstellungspunkte angelegt werden.

2.12 Für alle Fälle einen Wiederherstellungspunkt setzen

Legen Sie in der Systemwiederherstellung über den Button *Erstellen* ❶ den ersten Systemwiederherstellungspunkt manuell an. Später legt Windows bei größeren Updates und Treiberinstallationen automatisch Systemwiederherstellungspunkte an, wenn der Computerschutz einmal aktiviert wurde. Möchten Sie sich darauf nicht verlassen und lieber auf Nummer sicher gehen, legen Sie vor sicherheitskritischen Installationen über das Dialogfeld *Computerschutz* ❷ eigene Wiederherstellungspunkte an.

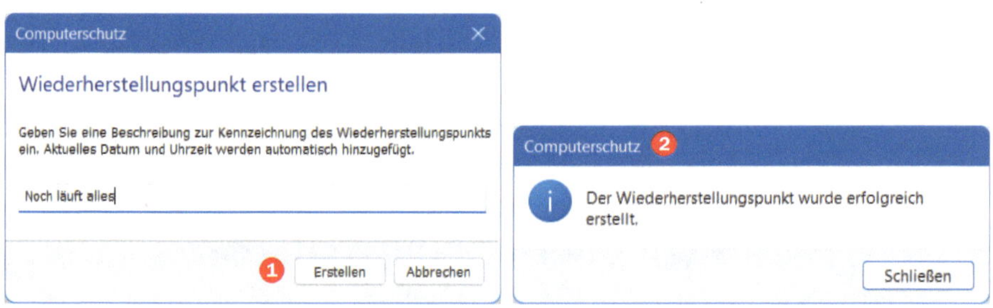

Systemwiederherstellungspunkt manuell anlegen.

3 Systemvoraussetzungen und Installation

3.1 Windows Product Key auslesen

Viele Jahre lang hat Microsoft Tools, die den Windows Product Key auslesen, als gefährlich eingestuft. Erst mit einem späten Windows Update wurde ein PowerShell-Befehl geliefert, mit dem der Product Key im Klartext ausgelesen werden kann: *wmic path softwarelicensingservice get OA3xOriginalProductKey*

Windows Product Key anzeigen.

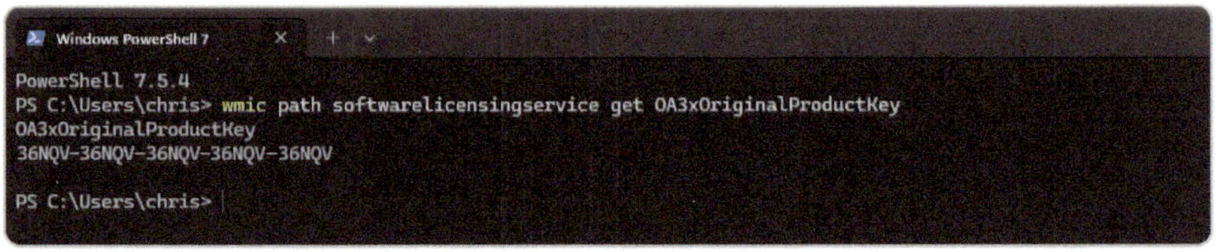

3.2 Windows 11-Systemvoraussetzungen prüfen

Windows 11 unterstützt nur noch bestimmte Prozessoren und benötigt einen TPM-2.0-Sicherheitschip. Daher wird es nicht mehr auf jedem PC laufen, auf dem Windows 10 noch läuft. Überprüfen Sie deshalb vor der Installation die Systemvoraussetzungen. Microsoft bietet das Prüfprogramm **PC-Integritätsprüfung** zum kostenlosen Download an, mit dem Sie jeden PC auf Kompatibilität zu Windows 11 überprüfen können: *aka.ms/GetPCHealthCheckMSIX*. Hier wird genau angezeigt, welche Anforderungen nicht erfüllt sind.

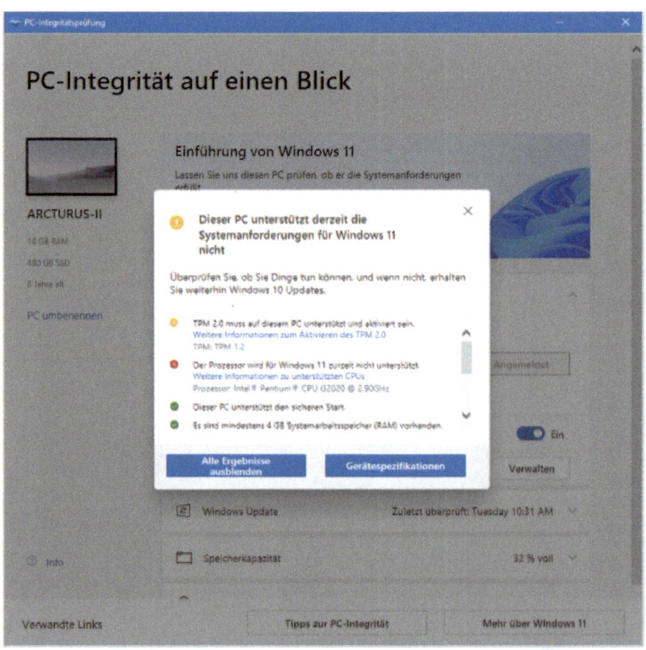

Überprüfung, ob die Hardware von Windows 11 unterstützt wird.

3.3 Windows 11 als Upgrade installieren, wenn es in Windows Update nicht angeboten wird

Um Windows 11 komplett neu zu installieren, ohne Windows Update zu nutzen, bietet Microsoft bei *www.microsoft.com/de-de/software-download/windows11* ISO-Dateien zum Download an. Auf diese Weise können Sie Windows 11 auch installieren, wenn das Update auf dem PC noch nicht angeboten wird, obwohl dieser die Hardwarevoraussetzungen erfüllt.

Aus dieser ISO-Datei können Sie ein Installationsmedium auf einem USB-Stick erstellen oder eine Installations-DVD brennen. Wesentlich einfacher installieren Sie Windows 11 aus einem laufenden und aktivierten Windows 10 direkt aus der ISO-Datei ohne zusätzliches Installationsmedium.

Speichern Sie die ISO-Datei unter dem alten Betriebssystem auf der Festplatte des PCs, auf dem Windows 11 installiert werden soll. Mounten Sie die ISO-Datei per Doppelklick im Explorer.

Starten Sie das Programm *setup.exe* auf dem neu gemounteten Laufwerk.

Der Installationsassistent überprüft als Erstes, ob die Mindestsystemanforderungen für Windows 11 erfüllt sind. Ist das nicht der Fall, können Sie Windows 11 nicht installieren.

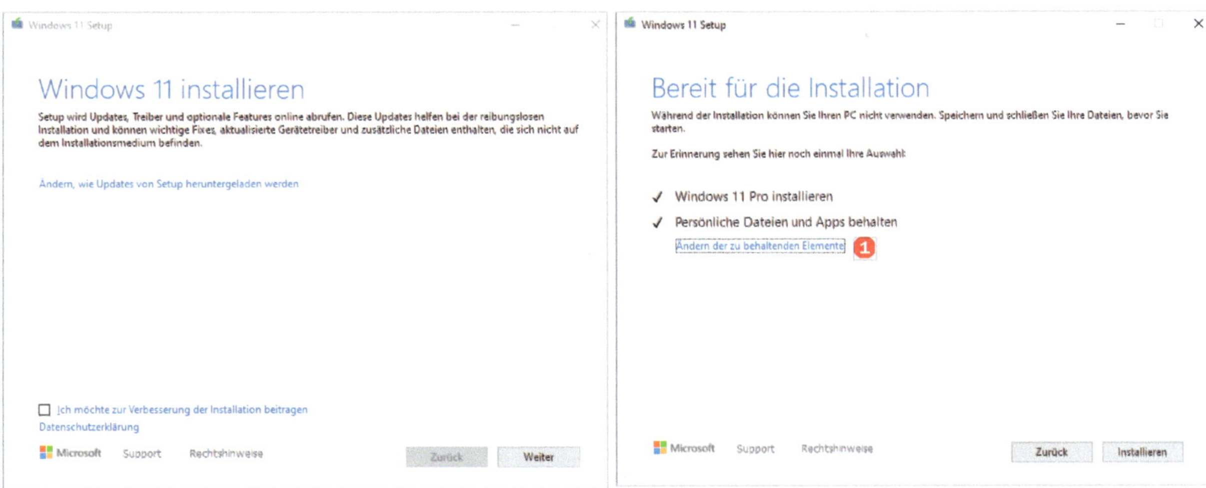

Windows 11-Upgrade-Installation aus einer ISO-Datei.

Danach sucht das Installationsprogramm nach neuen Updates, die erst nach Erstellung der ISO-Datei erschienen sind, und lädt diese herunter.

In der Grundeinstellung werden persönliche Dateien und installierte Apps – soweit möglich – aus dem alten Betriebssystem übernommen. Möchten Sie komplett neu installieren, klicken Sie auf *Ändern der zu behaltenden Elemente* ❶, um nur persönliche Dateien, aber keine Apps – oder auch gar nichts – aus dem alten Betriebssystem zu übernehmen.

Jetzt startet die eigentliche Installation, die einige Zeit völlig unbeaufsichtigt laufen kann. Zum Schluss müssen Sie noch einige Dialogfelder zur Personalisierung und zum Datenschutz bestätigen.

3.4 Windows 11 ohne TPM 2.0 installieren

Mit einem Trick lässt sich Windows 11 auch installieren, wenn der Prozessor nicht unterstützt wird oder TPM 2.0 auf dem PC fehlt.

Dieser Trick verwendet die Installationsroutine der Windows 11 Serveredition, die die Hardwareprüfungen überspringt. Installiert wird aber je nach ISO-Datei die Home- oder Pro-Edition.

Verwenden Sie zur Installation aus Windows 10 heraus die ISO-Datei von Windows 11, die im Explorer gemountet ist.

Öffnen Sie ein Windows Terminal im Modus Eingabeaufforderung.

Wechseln Sie auf das Laufwerk (z. B.: F:), das im Explorer für das DVD-Image angezeigt wird.

Starten Sie die Serverinstallationsroutine: *setup.exe /product server*

Achtung! Wählen Sie aus, dass Sie Dateien, Einstellungen und Apps beibehalten wollen. Andernfalls würden Ihre Daten verloren gehen.

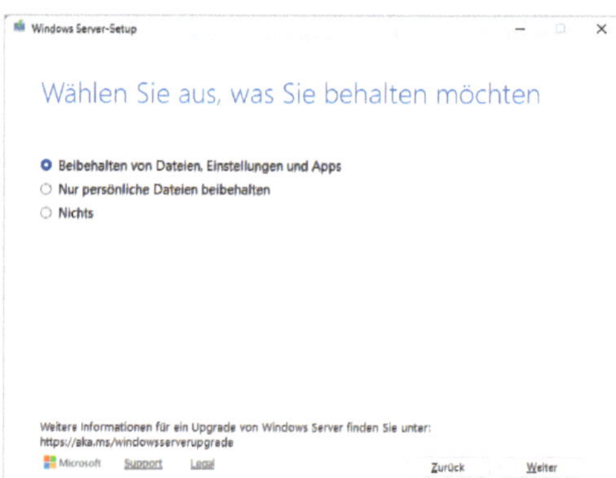

Die Installationsroutine zeigt an, welche Windows-Edition installiert wird. Pro oder Home, je nachdem, was auf dem PC läuft. Die Installation läuft danach unbeaufsichtigt, was über eine Stunde dauern kann, wobei der PC mehrfach neu startet.

3.5 Windows 11 Pro mit lokalem Benutzerkonto installieren

Windows 11 versucht bei der Installation, die Nutzer von den Vorteilen eines Microsoft-Kontos zu überzeugen. Es ist weiterhin möglich, Windows 11 mit einem lokalen Benutzerkonto zu installieren, allerdings ist diese Option deutlich besser versteckt als in vorherigen Windows-Versionen.

Nach der Installation erscheint ein Fenster *Konto hinzufügen*, in dem Sie sich üblicherweise mit Ihrem Microsoft-Konto anmelden. Klicken Sie stattdessen auf den Link *Anmeldeoptionen*.

Klicken Sie im nächsten Fenster auf *Offlinekonto* und dann auf *Eingeschränkte Nutzung*. Jetzt können Sie ein lokales Benutzerkonto anlegen, mit dem Sie sich in Zukunft bei Windows anmelden.

3.6 Windows 11 Home mit lokalem Benutzerkonto installieren

In der Windows 11 Home Edition gibt es die Anmeldeoptionen nicht. Auf den ersten Blick muss man sich also mit einem Microsoft-Konto anmelden. Hier brauchen Sie einen Trick.

Geben Sie bei der Anmeldung mit dem Microsoft-Konto eine frei erfundene E-Mail-Adresse ein. Auf diese darf kein Microsoft-Konto angemeldet sein. Geben Sie dann noch ein willkürliches Passwort an. Windows versucht, das Microsoft-Konto zu prüfen.

Gibt es zu dieser E-Mail-Adresse wirklich kein Microsoft-Konto, erscheinen Links, um ein Microsoft-Konto mit dieser Adresse anzumelden oder ein anderes Microsoft-Konto zu verwenden, sowie ein Link *Anmeldeoptionen*. Hier können Sie auch in der Home-Edition ein lokales Benutzerkonto anlegen.

Einschränkungen lokaler Benutzerkonten
Bei der Anmeldung mit einem lokalen Benutzerkonto stehen OneDrive, die erweiterte Zwischenablage, Office-Apps, der Microsoft Store und einige andere Funktionen von Windows 11 nicht zur Verfügung.

3.7 Nachträglich auf lokales Benutzerkonto wechseln

Auch der nachträgliche Wechsel von einem Microsoft-Konto zu einem lokalen Konto und umgekehrt ist möglich. Dabei wird kein neuer Benutzer angelegt, sondern nur die Anmeldung verändert. Das bedeutet, dass die vom Benutzer lokal auf dem PC gespeicherten Daten erhalten bleiben. Nur die Synchronisation mit OneDrive sowie die Nutzung von Microsoft-Store-Apps fallen weg. Das Gleiche gilt für alle Synchronisationsfunktionen, wie Lesezeichen, Verlaufsliste und Passwörter im Edge-Browser sowie die erweiterte Zwischenablage.

Klicken Sie in den *Einstellungen* unter *Konten/Ihre Infos* in der Zeile *Kontoeinstellungen* auf *Stattdessen mit einem lokalen Konto anmelden*.

Vor dem Wechsel müssen Sie sich noch einmal mit dem angemeldeten Microsoft-Konto identifizieren, um sicherzustellen, dass niemand, der unautorisiert Zugriff auf einen eingeschalteten PC erlangt, das Benutzerkonto kapert.

Legen Sie in den nächsten Schritten ein lokales Konto mit Passwort an. Die Verzeichnisstruktur der Benutzerordner aus dem Microsoft-Konto bleibt bestehen.

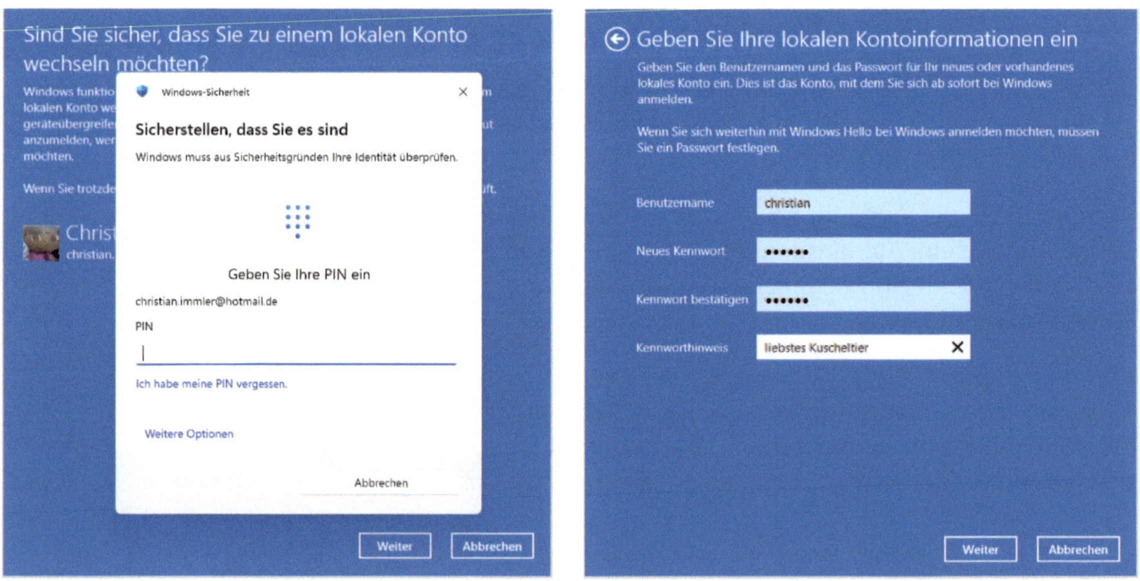

Von einem Microsoft-Konto zu einem lokalen Konto wechseln.

4 Probleme beim Booten

4.1 Windows-Wiederherstellungslaufwerk rechtzeitig anlegen

Sollte der Computer überhaupt nicht mehr starten, weil der Bootmanager oder die Partitionstabelle beschädigt ist oder entscheidende Systemdateien fehlen, um das Bootmenü und die Reparaturoptionen zu starten, lässt sich Windows 11 mit einer Original-DVD reparieren, die allerdings den wenigsten Computern heute noch beiliegt. Das sogenannte **Windows-Wiederherstellungslaufwerk** erfüllt die gleiche Funktion.

Wählen Sie in der *Systemsteuerung* ❶ die Option *System und Sicherheit/Sicherheit und Wartung/Wiederherstellung/Wiederherstellungslaufwerk erstellen* ❷. Es startet ein einfacher Assistent, mit dem Sie einen bootfähigen USB-Stick erstellen können.

Schließen Sie einen mindestens 8 GB großen USB-Stick an. Dieser wird als Wiederherstellungslaufwerk neu formatiert, alle vorher darauf befindlichen Daten gehen verloren. Tatsächlich werden aber nur etwas mehr als 4 GB auf dem USB-Stick belegt.

Lassen Sie im ersten Schritt den Schalter *Sichert die Systemdateien auf dem Wiederherstellungslaufwerk* aktiviert. Damit werden alle zur Neuinstallation von Windows notwendigen Dateien auf das Wiederherstellungslaufwerk gesichert. Wählen Sie anschließend den USB-Stick aus. Hier werden nur externe Laufwerke zur Auswahl angeboten.

Ein bootfähiger USB-Stick ermöglicht es, im Notfall Windows zu reparieren oder komplett neu zu installieren.

Das Windows-Wiederherstellungslaufwerk bietet im Notfall die Möglichkeit, von dort aus zu booten und Windows neu zu installieren. Zusätzlich sind alle Reparaturtools enthalten – wie auf einer Original-DVD.

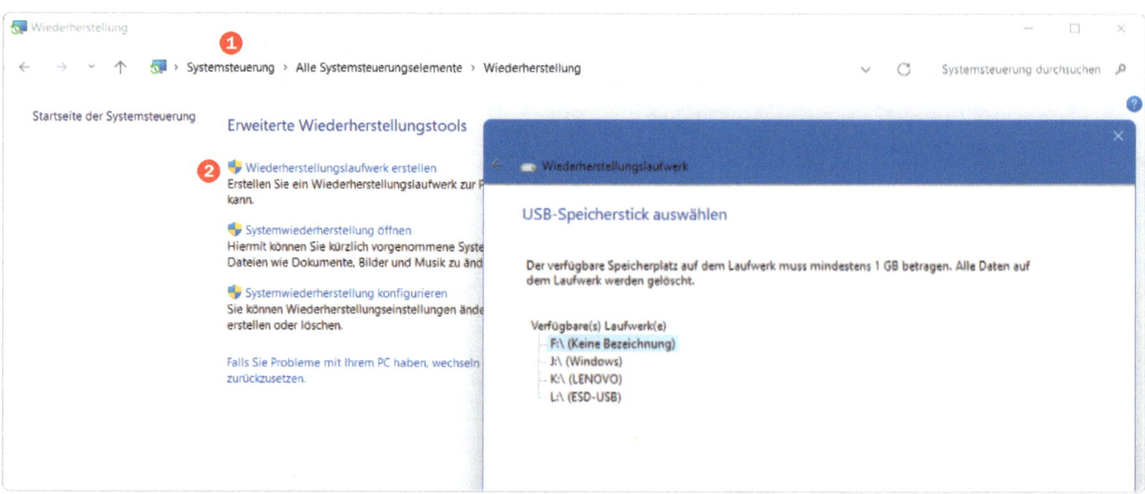

4.2 Windows 11 fährt nicht herunter

Wenn sich Windows 11 über das Symbol im Startmenü nicht herunterfahren lässt, liegt dies häufig an einem abgestürzten Explorer-Prozess oder einem Subprozess des Explorers. Viel einfacher – und das funktioniert immer – fahren Sie den PC durch kurzes Drücken des Ausschalters herunter. In neueren PCs (etwa der letzten zehn Jahre) schaltet diese Taste nicht mehr einfach das Netzteil ab, sondern fährt den PC kontrolliert herunter.

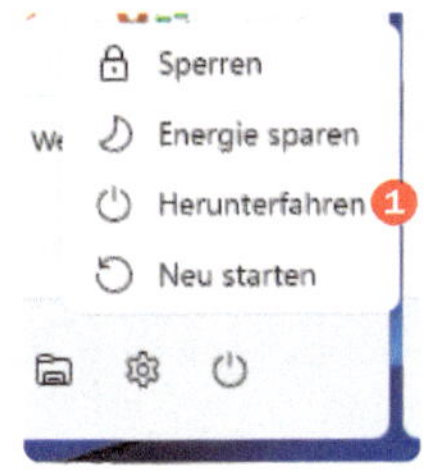

Herunterfahren ❶ *im Startmenü.*

4.3 PC bootet sehr langsam

In vielen Fällen sind Hintergrunddienste, die gar nicht immer wirklich nötig sind, die Ursache für verzögertes Booten und ein träges Verhalten des PCs.

Starten Sie im Startmenü unter *Dienstprogramme & Tools* / *Windows-Tools* das Programm *Systemkonfiguration* ❶. Aktivieren Sie dort auf der Registerkarte *Dienste* ❷ den Schalter *Alle Microsoft-Dienste ausblenden* ❸.

Prüfen Sie jetzt unter den angezeigten Diensten, welche Sie wirklich benötigen. Schalten Sie im Zweifelsfall alle Dienste ab, starten Sie den PC neu und aktivieren Sie dann einen Dienst nach dem anderen wieder, wobei Sie jedes Mal neu starten müssen, um festzustellen, welcher Dienst problematisch ist.

Handelt es sich dabei um einen Dienst, der mit einer Hardwarekomponente zusammenhängt, aktualisieren Sie die jeweiligen Treiber und sonstige zugehörige Software. Bei Diensten, die zu bestimmten Programmen gehören, installieren Sie diese Programme in der aktuellen Version neu.

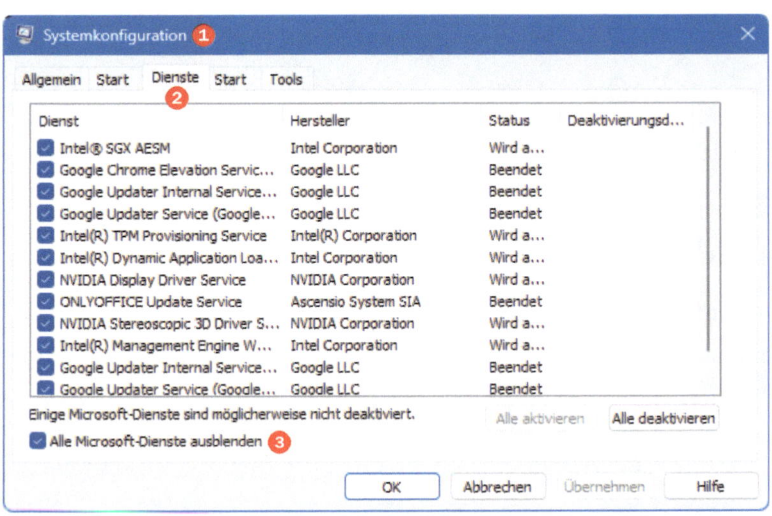

Gestartete Dienste in der Systemkonfiguration.

4.4 Automatisch startende Programme finden und abschalten

Extrem langsames Booten kann auch auf automatisch gestartete Programme zurückzuführen sein. In Windows 11 ist es einfach, den automatischen Start von Programmen beim Systemstart zu unterbinden, ohne in der Registry eingreifen zu müssen.

Wählen Sie *Apps/Autostart* ❷ in den *Einstellungen* ❶. Hier finden Sie alle automatisch startenden Programme. Bei Programmen, die diese Funktion unterstützen, wird angezeigt, inwieweit sie das Startverhalten von Windows beeinflussen. Schalten Sie Programme, die nicht automatisch starten sollen, aus. Das Programm bleibt in der Liste und kann später jederzeit wieder zum Autostart aktiviert werden.

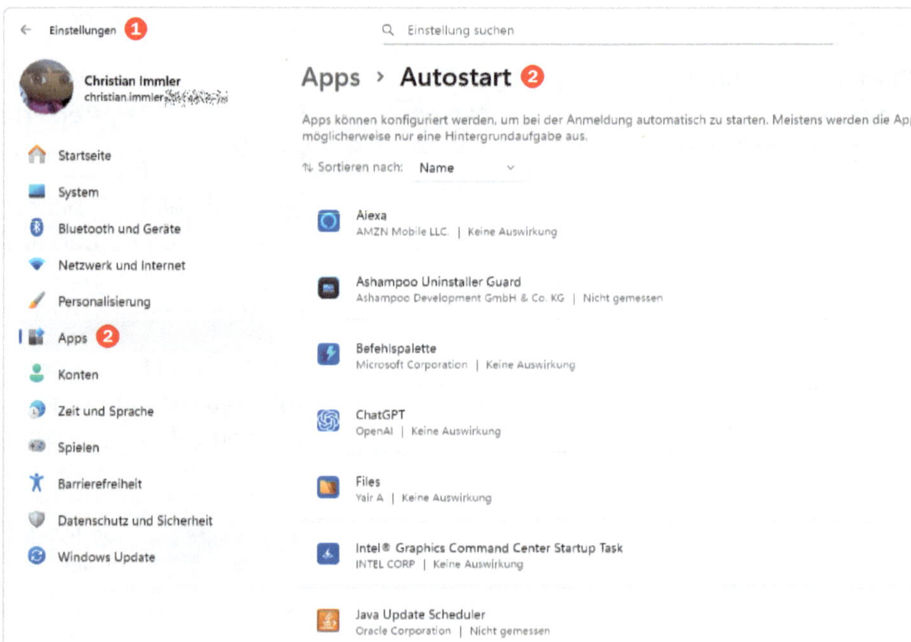

In den Einstellungen lässt sich das automatische Starten eines Programms deaktivieren.

4.5 Unwichtige Aufgaben bremsen den Systemstart

Neben Autostart-Programmen können auch geplante Aufgaben den Systemstart deutlich ausbremsen. Viele Programme legen unbemerkt solche Aufgaben für eigene Updates an.

Starten Sie die *Aufgabenplanung* ❶ im Startmenü unter *Dienstprogramme & Tools* / *Windows-Tools* und springen Sie im Navigationsbereich links auf *Aufgabenplanungsbibliothek* ❷.

Im mittleren Teilfenster oben werden alle Aufgaben dieses Bereichs angezeigt. Prüfen Sie hier kritisch, welche wirklich nötig sind. Deaktivieren Sie alle unnötigen Aufgaben, indem Sie sie einzeln markieren und unten rechts auf *Deaktivieren* ❸ klicken. Die Aufgaben im Unterordner *Microsoft\Windows* sollten nicht verändert werden.

Starten Sie Windows mit deaktivierten Aufgaben und stellen Sie fest, ob alles zuverlässig läuft. Bei Bedarf können Sie einzelne Aufgaben wieder aktivieren.

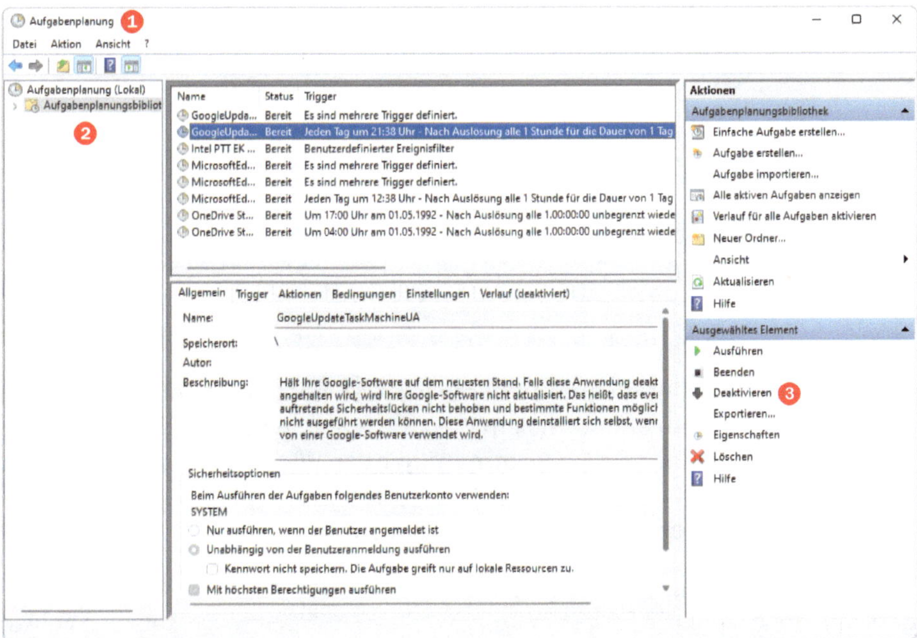

Aufgaben in der Aufgabenplanung.

4.6 Nicht alle Autostart-Programme werden gefunden

Der Task-Manager und die Einstellungen finden bei Weitem nicht alle Komponenten, die beim Windows-Start automatisch gestartet werden.

Microsoft bietet das kostenlose Werkzeug **Autoruns** an (*https://learn.microsoft.com/de-de/sysinternals/downloads/autoruns*). Autoruns liefert eine sehr ausführliche Übersicht aller automatisch startenden Prozesse, d. h. nicht nur Programme, sondern auch Treiber, Plug-ins und Windows-Komponenten.

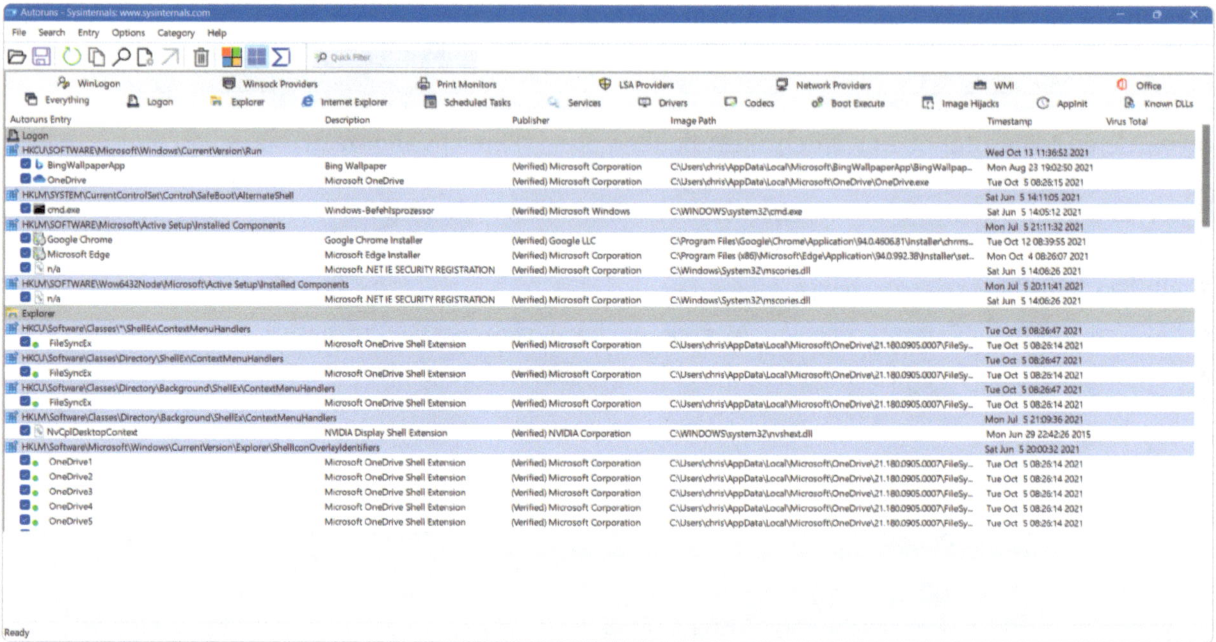

Autoruns zeigt die automatisch startenden Komponenten an.

4.7 Erweiterte Startoptionen zur Systemreparatur

Wenn die Windows-Installation so beschädigt ist, dass der PC nicht mehr sauber läuft, kommt man auf normalem Weg auch an die verschiedenen Reparaturtools nicht mehr heran. Der **Bootmanager** von Windows 11 und 10 enthält für solche Fälle erweiterte Startoptionen, die eine Reparatur des Betriebssystems oder eine Rettung der Daten ermöglichen.

Starten Sie den Computer neu und klicken Sie auf der Startseite des Bootmanagers auf *Standardeinstellungen ändern oder andere Optionen auswählen* 1. Auf dem nächsten Bildschirm *Optionen* wählen Sie *Weitere Optionen auswählen*.

Der Bootmanager von Windows 11.

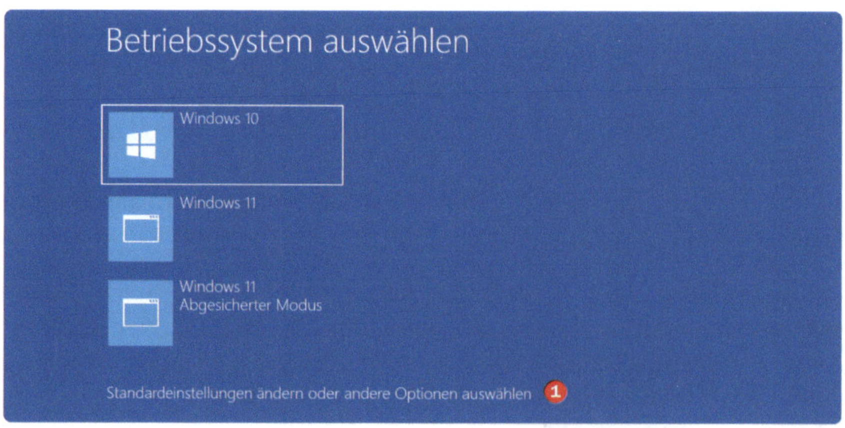

Auf dem folgenden Bildschirm erklären sich die beiden Auswahloptionen *Fortsetzen* ❷ und *PC ausschalten* ❸ von selbst. Mit *Ein Gerät verwenden* können Sie ein anderes Betriebssystem über ein externes Laufwerk oder eine Netzwerkverbindung starten. *Anderes Betriebssystem* ❹ startet eine der anderen auf den Festplatten des PCs installierten Windows-Versionen.

Klicken Sie hier auf *Problembehandlung* ❺. Sollte Windows nicht mehr starten, erscheint automatisch ein Bildschirm, auf dem Sie zur Problembehandlung geleitet werden.

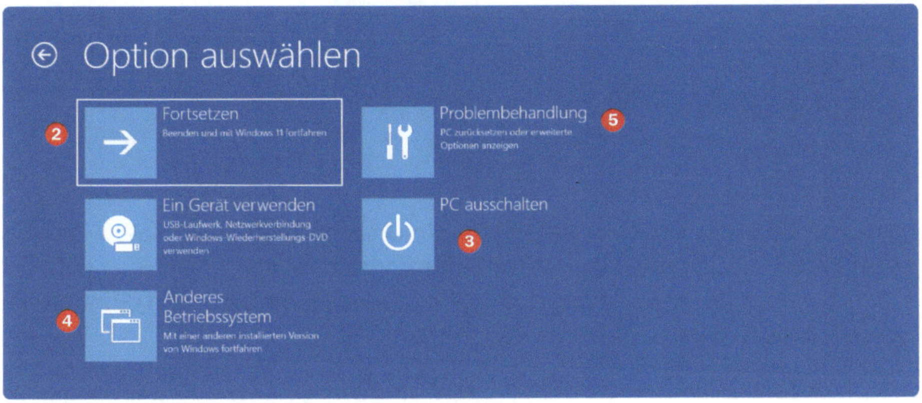

Optionen auswählen.

Diese Option führt zu einem weiteren Auswahlbildschirm, auf dem Sie den PC auf die Originaleinstellung zurücksetzen können. Das ist nur dann nötig, wenn alle anderen Reparaturmethoden nicht mehr helfen oder wenn Sie den PC an eine andere Person weitergeben und ihn deshalb auf den Werkzustand zurücksetzen möchten.

Start der Problembehandlung.

Über *Erweiterte Optionen* ❻ erreichen Sie verschiedene Funktionen zur Systemreparatur, mit denen Sie ein beschädigtes Windows-System in vielen Fällen wieder zum Laufen bringen.

Erweiterte Optionen zur Systemreparatur.

Sollte der Bootblock auf der Festplatte die Ursache dafür sein, dass Windows nicht startet – übrigens eine sehr häufig vorkommende Ursache –, hilft die *Starthilfe* ❼ weiter. Wenn diese das Problem nicht beheben kann, können Sie wieder zu diesem Bildschirm zurückspringen.

- Tritt der Fehler erst seit dem letzten Windows-Update auf, sollten Sie *Updates deinstallieren* ❽. Dies ist hier direkt aus der Problembehandlung möglich, wenn Windows selbst nicht mehr startet.
- *Starteinstellungen* ❾ bootet den Computer mit einem speziellen Auswahlbildschirm, auf dem Sie bestimmte Voreinstellungen vornehmen können, um ein beschädigtes System mit eingeschränkten Funktionen zu starten. Wählen Sie diese Option und klicken Sie auf *Neu starten*.
- *UEFI-Firmwareeinstellungen* ❿ bietet einen direkten Zugriff auf das UEFI des PCs. Auf vielen PCs ist die Zeitspanne zum Zugriff auf UEFI oder BIOS beim Booten so kurz voreingestellt, dass es kaum möglich ist, in diese Einstellungen zu gelangen.
- *Eingabeaufforderung* ⓫ öffnet ein Kommandozeilenfenster, mit dessen Hilfe Sie z. B. wichtige Daten von der Festplatte retten oder auch erweiterte Reparatur- und Diagnosetools starten können. Allerdings stehen an dieser Stelle nicht alle Kommandozeilenbefehle zur Verfügung.
- *System wiederherstellen* ⓬ stellt einen früheren Zustand wieder her. Dazu kann ein Systemwiederherstellungspunkt ausgewählt werden, der bereits mit der Windows-Systemwiederherstellung auf dem PC angelegt wurde. Auf diese Weise lassen sich Probleme lösen, die durch kürzlich installierte inkompatible Software oder Treiber verursacht wurden.

Ein Klick auf Neu starten 15 startet das erweiterte Startmenü.

Der Computer bootet mit erweiterten *Starteinstellungen* 14. Drücken Sie hier eine Nummerntaste oder eine Funktionstaste, um die entsprechende Option auszuwählen. Mit den Tasten [4], [5] und [6] starten Sie den abgesicherten Modus.

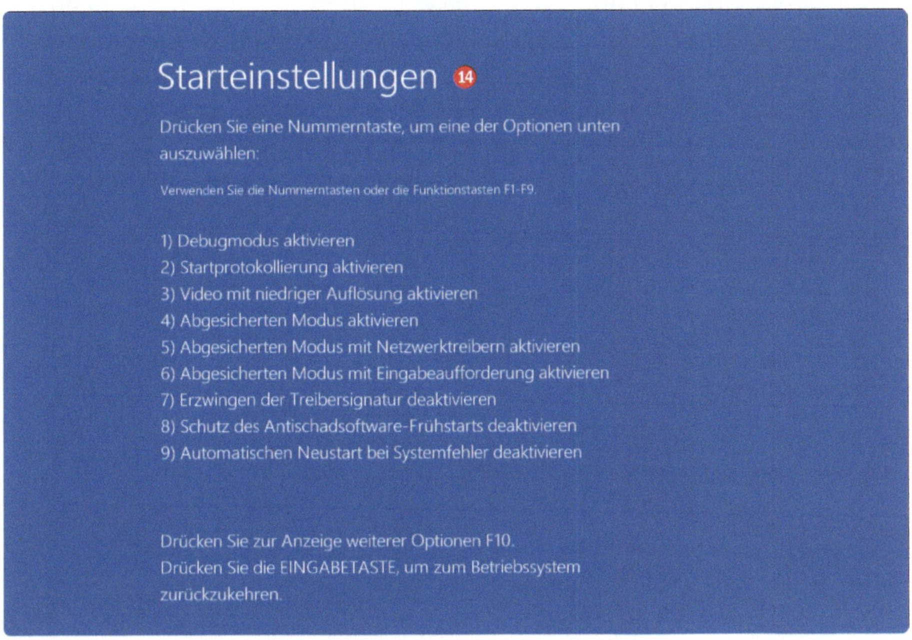

Das Menü Starteinstellungen 14.

4.8 Problembehandlung ohne Bootmanager aufrufen

Haben Sie nur Windows 11 und kein anderes Betriebssystem installiert, erscheint auch kein Bootmanager, und Sie haben keine Möglichkeit, die **Funktionen zur Problembehandlung** auf diesem Weg aufzurufen.

Starten Sie Windows 11 neu, melden Sie sich aber nicht an. Klicken Sie stattdessen auf dem Anmeldebildschirm mit gedrückter [⇧]-Taste auf das Ausschaltsymbol. Halten Sie die [⇧]-Taste weiterhin gedrückt und klicken Sie auf *Neu starten* ❶. Jetzt startet direkt der Bildschirm *Problembehandlung*.

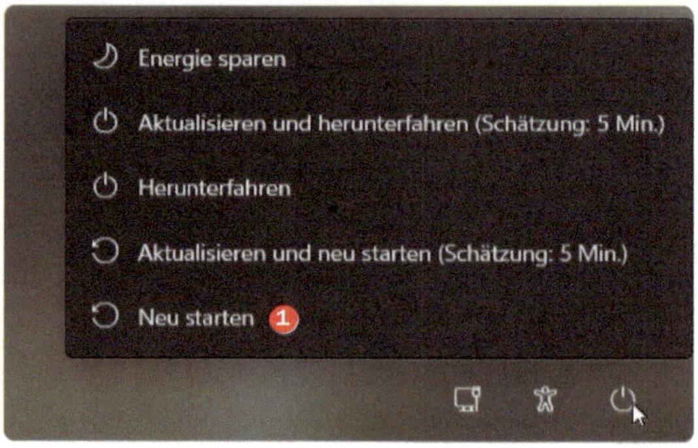

Bootmenü auf dem Ausschaltsymbol des Anmeldebildschirms.

Wenn sich Windows 11 normal starten lässt, Sie sich auch anmelden können und nun die Reparaturoptionen nutzen möchten, klicken Sie auf das Windows-Logo in der Taskleiste und dann mit gedrückter [⇧]-Taste auf das Ausschaltsymbol rechts unten im Startmenü. Halten Sie auch hier, wie auf dem Anmeldebildschirm, die [⇧]-Taste weiterhin gedrückt und klicken Sie auf *Neu starten* ❷. Auf diese Weise startet ebenfalls direkt der Bildschirm *Problembehandlung*.

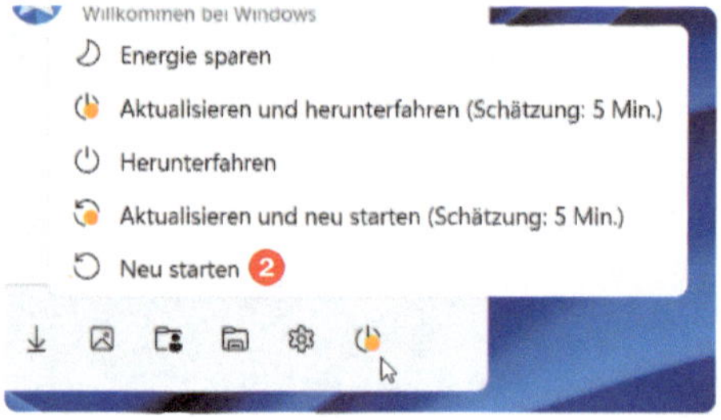

Bootmenü auf dem Ausschaltsymbol im Startmenü.

4.9 Wenn gar nichts mehr geht – Reparaturmodus erzwingen

Wenn Windows beim Booten nicht mehr bis zum Anmeldebildschirm kommt und man es auch nicht schafft, die Tastenkombination für den abgesicherten Modus schnell genug zu drücken, hilft nur noch die „brutale" Methode.

Brechen Sie den Bootvorgang durch langes Drücken des Ausschalters am PC gewaltsam ab. Starten Sie danach den PC neu und wiederholen Sie diese Methode etwa drei bis vier Mal.

Bei einem der folgenden Neustartversuche erscheint ein blauer Bildschirm mit der Meldung *Windows wurde anscheinend nicht richtig geladen*. Von hier aus kommen Sie zu den bereits beschriebenen Reparaturoptionen.

4.10 Im abgesicherten Modus starten

Startet Windows 11 wegen Problemen mit Hardwarekomponenten nicht richtig, starten Sie das System im abgesicherten Modus. Dabei werden nur die allernötigsten Treiber geladen, und Sie können problematische Geräte deinstallieren oder Treiber aktualisieren. Oftmals hilft es auch, zusätzliche Software, die mit bestimmten Geräten mitgeliefert wurde, zunächst zu deinstallieren und sie nach erfolgreichem Neustart und Aktualisierung der Treiber wieder in der aktuellen Version neu zu installieren.

Da auch der Grafiktreiber nicht installiert wird, läuft Windows im abgesicherten Modus mit einer geringeren Bildschirmauflösung. Im Geräte-Manager sehen Sie deutlich weniger Geräte. Einige Geräte werden auch nur in vereinfachter Version angezeigt, und falls erweiterte Treiber zusätzliche virtuelle Geräte anlegen, fehlen diese ebenfalls.

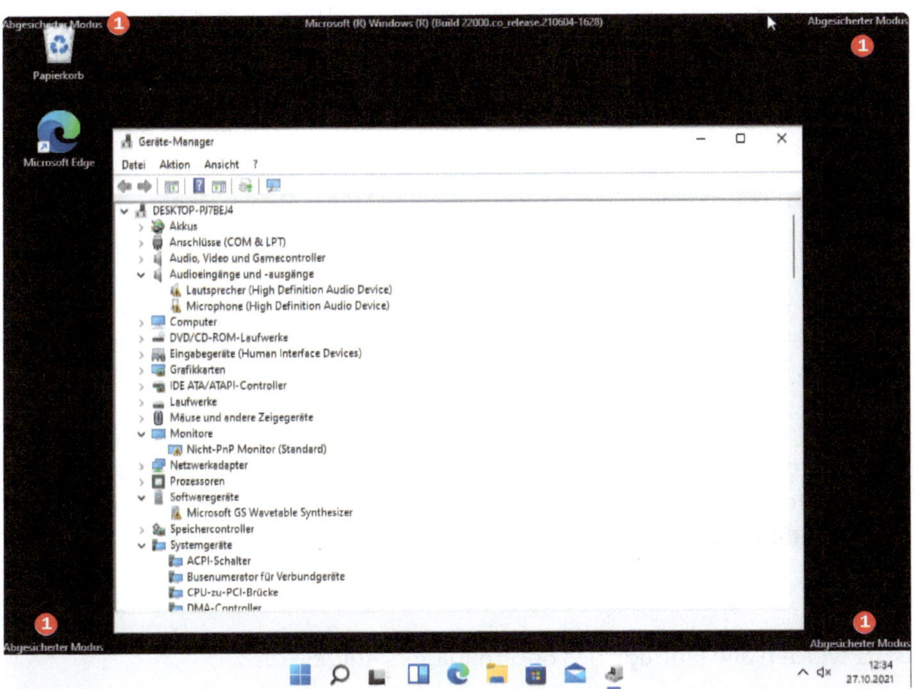

Windows 11 im abgesicherten Modus. 1

Zur deutlichen Kennzeichnung des abgesicherten Modus fehlt das Hintergrundbild, und in allen vier Bildschirmecken erscheint der Schriftzug *Abgesicherter Modus* ❶. Die Symbole für Netzwerk und Audio in der Taskleistenecke fehlen oder sind ausgeschaltet, da die notwendigen Treiber nicht geladen wurden.

Sollten Sie z. B. für den Download neuer Treiber oder für eine Datensicherung eine Netzwerkverbindung brauchen, können Sie in den Starteinstellungen den abgesicherten Modus auch mit Netzwerktreibern aktivieren – für den Fall, dass nicht diese die Ursache der Startprobleme sind.

4.11 Abgesicherten Modus per Tastenkombination starten

In früheren Windows-Versionen konnte man beim Booten die Taste F8 drücken und gelangte damit in den abgesicherten Modus. Diese Tastenkombination wurde auf Strg+F8 geändert. Leider wurde auch das Zeitfenster, in dem diese Tastenkombination gedrückt werden kann, deutlich verkürzt. Daher ist es erheblich schwieriger geworden, zwischen dem Ende der BIOS-Meldungen und dem Erscheinen des blauen Windows-Logos über die Tastenkombination rechtzeitig in den abgesicherten Modus zu gelangen. Es funktioniert aber, zumindest theoretisch, weiterhin.

4.12 Abgesicherten Modus in das Bootmenü einbauen

Wenn Sie beim Experimentieren am System den abgesicherten Modus öfter brauchen, können Sie ihn direkt ins Bootmenü einbauen.

Klicken Sie dazu mit der rechten Maustaste auf das Windows-Logo und öffnen Sie über das Systemmenü ein Windows-Terminal mit Administratorberechtigung. Rufen Sie hier eine Eingabeaufforderung auf, da der folgende Befehl mit der PowerShell nicht wie erwartet funktioniert. Geben Sie dort ein:

```
bcdedit
```

Jetzt werden alle Einträge des Bootmanagers aufgelistet.

Für den nächsten Schritt brauchen Sie den Eintrag bei `recoverysequence` im Bereich `Windows-Startladeprogramm` der Windows 11-Installation. Solange nur ein Betriebssystem installiert ist, existiert auch nur ein Block `Windows-Startladeprogramm`.

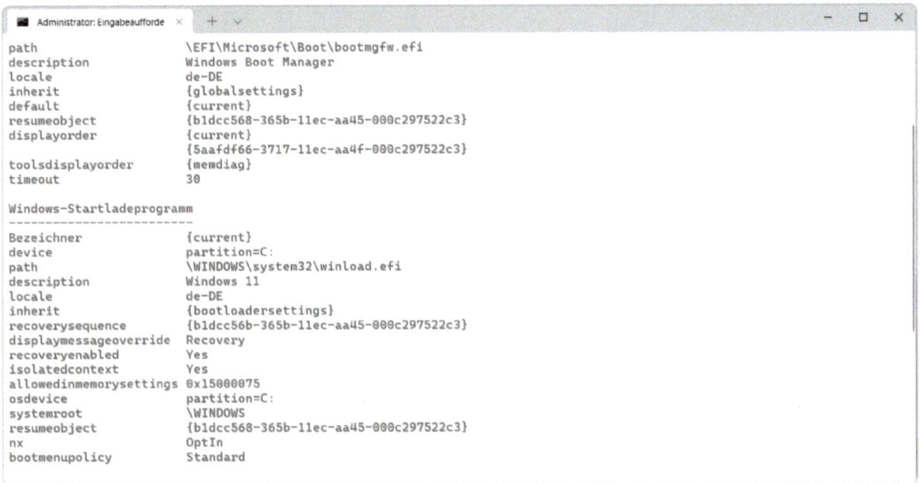

```
Administrator: Eingabeaufforde
path                    \EFI\Microsoft\Boot\bootmgfw.efi
description             Windows Boot Manager
locale                  de-DE
inherit                 {globalsettings}
default                 {current}
resumeobject            {b1dcc568-365b-11ec-aa45-000c297522c3}
displayorder            {current}
                        {5aafdf66-3717-11ec-aa4f-000c297522c3}
toolsdisplayorder       {memdiag}
timeout                 30

Windows-Startladeprogramm
-------------------------
Bezeichner              {current}
device                  partition=C:
path                    \WINDOWS\system32\winload.efi
description             Windows 11
locale                  de-DE
inherit                 {bootloadersettings}
recoverysequence        {b1dcc56b-365b-11ec-aa45-000c297522c3}
displaymessageoverride  Recovery
recoveryenabled         Yes
isolatedcontext         Yes
allowedinmemorysettings 0x15000075
osdevice                partition=C:
systemroot              \WINDOWS
resumeobject            {b1dcc568-365b-11ec-aa45-000c297522c3}
nx                      OptIn
bootmenupolicy          Standard
```

Die Einträge des Bootmanagers.

Geben Sie jetzt im selben Fenster ein:

```
bcdedit /copy {recoverysequence} /d „Windows 11 Abgesicherter
Modus“
```

Für `{recoverysequence}` setzen Sie die entsprechende Zeichenfolge aus Ihrer Liste ein. Sie können die Zeichenfolge einschließlich der Klammern markieren und in die Befehlszeile kopieren.

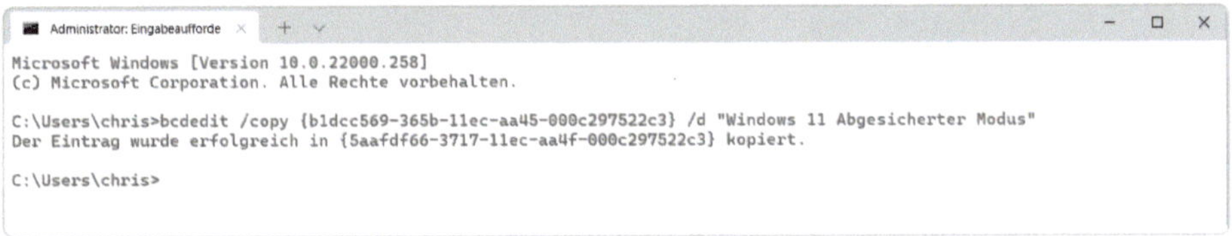

```
Administrator: Eingabeaufforde
Microsoft Windows [Version 10.0.22000.258]
(c) Microsoft Corporation. Alle Rechte vorbehalten.

C:\Users\chris>bcdedit /copy {b1dcc569-365b-11ec-aa45-000c297522c3} /d "Windows 11 Abgesicherter Modus"
Der Eintrag wurde erfolgreich in {5aafdf66-3717-11ec-aa4f-000c297522c3} kopiert.

C:\Users\chris>
```

Kopierter Windows-Starteintrag.

Wurde der Eintrag erfolgreich kopiert, starten Sie im Startmenü unter *Dienstprogramme & Tools* / *Windows-Tools* das Programm *Systemkonfiguration* ❶.

Wählen Sie auf der linken der beiden Registerkarten *Start* ❷ die neue Konfiguration und schalten Sie *Abgesicherter Start* ❸ ein.

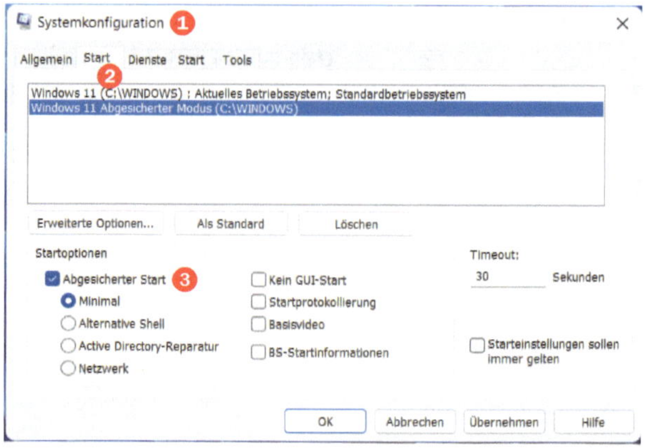

Booteintrag in der Systemkonfiguration bearbeiten.

Beim nächsten Neustart erscheint der abgesicherte Modus als neuer Eintrag im Bootmenü.

Der abgesicherte Modus 4 im Bootmanager.

4.13 Standardbetriebssystem im Dual-Boot-Modus ändern

Der Bootmanager von Windows 11 legt natürlich – wie sollte es anders sein – das neue Betriebssystem als Standardbetriebssystem fest. Das bedeutet, dass, sofern Sie nach dem Start nicht innerhalb von 30 Sekunden ein anderes auf dem Computer installiertes Betriebssystem auswählen, Windows 11 gestartet wird.

Möchten Sie Windows 11 nur ausprobieren, im Alltag aber weiterhin die gewohnte Vorgängerversion nutzen, können Sie – vorausgesetzt, Sie haben beide Versionen parallel installiert – diese Standardeinstellung später wieder ändern.

Wählen Sie dazu im Programm *Systemkonfiguration* 1 auf der linken der beiden *Start*-Registerkarten 2 das gewünschte Standardbetriebssystem aus und klicken Sie auf *Als Standard* 3. Anschließend können Sie auch noch die *Timeout*-Zeit 4 einstellen, nach der das Standardbetriebssystem automatisch gestartet wird.

Auswahl eines Standardbetriebssystems für den Bootmanager.

Der Bootmanager wählt das Standardbetriebssystem und zeigt die noch verbleibende Zeit zur Auswahl eines Betriebssystems an.

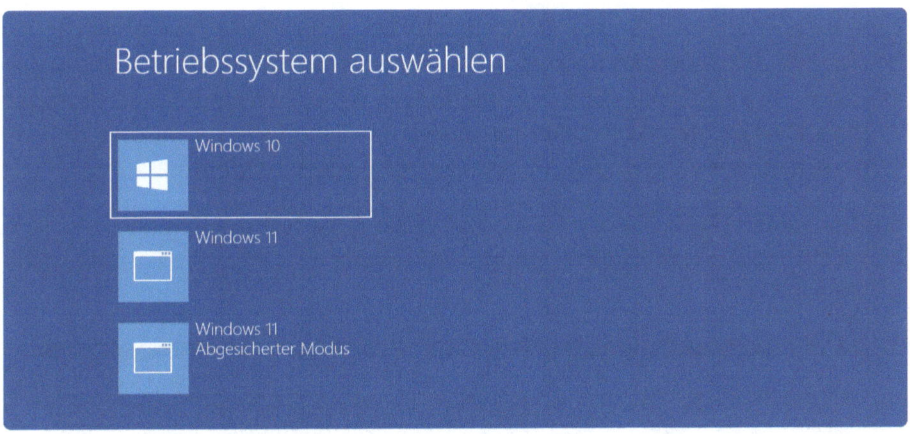

Der Bootmanager von Windows 11 mit der Auswahl aus mehreren Betriebssystemen.

4.14 Ständige Datenträgerüberprüfung im Dual-Boot-Modus

Windows 11 lagert beim Herunterfahren Teile des Arbeitsspeichers in die Datei *hiberfil.sys* aus, um beim nächsten Mal schneller zu starten. Windows 10, 8.1 und 7 verwenden gleichnamige Dateien zum Speichern des Speicherinhalts für den Ruhezustand.

Sind auf einem PC verschiedene Windows-Versionen im Dual-Boot-Modus installiert, kommt es beim Start von Windows 7 immer wieder zu Fehlermeldungen, da die Windows 11-Version der Datei *hiberfil.sys* als fehlerhaft erkannt wird. Windows führt daraufhin eine sehr zeitaufwendige Datenträgerüberprüfung durch.

Schalten Sie in diesem Fall in Windows 11 den Hybridmodus mit folgendem Kommandozeilenbefehl in einem Windows-Terminal mit Administratorrechten aus:

```
powercfg /hibernate off
```

Damit dauert der Neustart von Windows 11 zwar länger, bei Windows 7 gibt es dafür keine Probleme mehr. Umgekehrt schaltet dieser Kommandozeilenbefehl den Hybridmodus von Windows 11 wieder ein:

```
powercfg /hibernate on
```

4.15 Fehlende weitere Betriebssysteme auf dem PC im Bootmanager nachtragen

Bei Neuinstallationen kommt es immer wieder vor, dass ältere vorhandene Windows-Installationen nicht automatisch in den Bootmanager eingetragen werden. Dies passiert auch beim Austausch von Festplatten. Windows XP kann im Bootmanager von Windows 11 nicht mehr angezeigt werden.

Fehlende Einträge im Bootmenü nachtragen.

Booten Sie den PC im Reparaturmodus. Wählen Sie hier nacheinander *Weitere Optionen auswählen/Problembehandlung/Erweiterte Optionen/Eingabeaufforderung*.

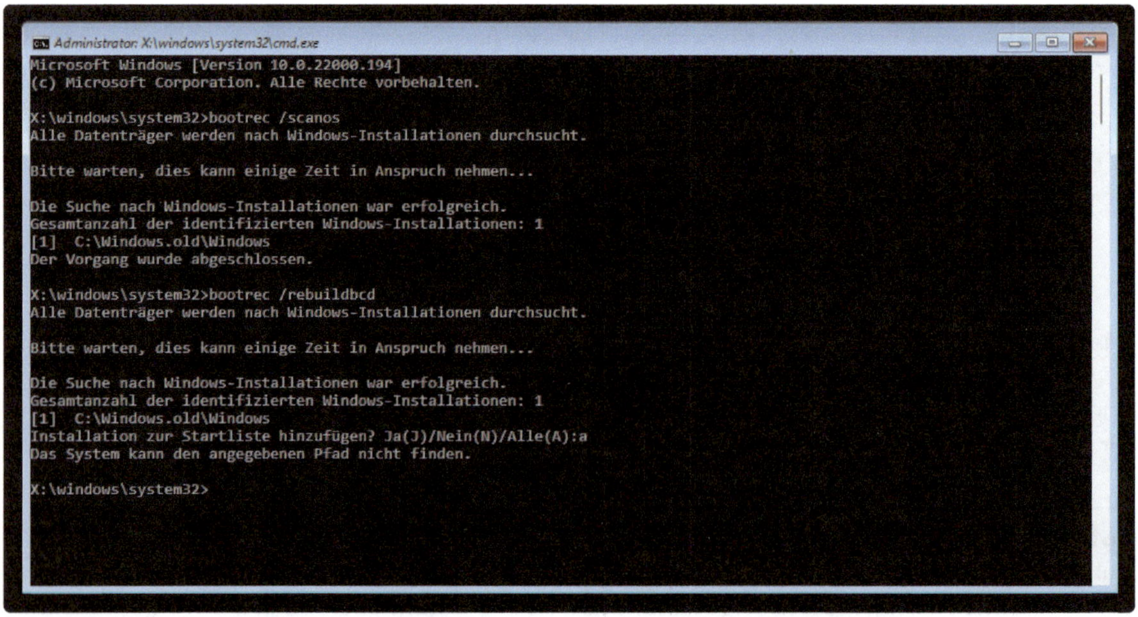

Geben Sie nun Folgendes ein:

```
bootrec /scanos
```

Dieser Befehl durchsucht alle installierten Festplattenpartitionen nach bootfähigen Windows-Versionen. Geben Sie anschließend ein:

```
bootrec /rebuildbcd
```

Jetzt können Sie auswählen, welche Windows-Installationen Sie dem Bootmenü hinzufügen möchten. Danach wird das Bootmanager-Menü neu erstellt.

Verlassen Sie die Eingabeaufforderung mit `exit` und wählen Sie in den Reparaturoptionen einen Neustart. Jetzt sehen Sie alle ausgewählten Windows-Installationen im Bootmenü.

4.16 Bootsektor reparieren

Wenn Windows gar nicht mehr startet, ist oft der **Bootsektor** der Festplatte beschädigt. Das passiert auch, wenn nach der Installation von Windows 11 eine ältere Windows-Version installiert wurde.

In diesem Fall können Sie nur noch von einer Original-Windows 11-DVD oder einem Wiederherstellungslaufwerk booten.

Klicken Sie im automatisch startenden Windows-Installationsassistenten nach Auswahl der Sprache auf *Computerreparaturoptionen*, da Sie Windows nicht komplett neu installieren möchten. Jetzt erscheint der blaue Bildschirm mit den bekannten Problembehandlungsoptionen. Wählen Sie hier nacheinander *Weitere Optionen auswählen/Problembehandlung/Erweiterte Optionen/Eingabeaufforderung*.

Geben Sie nun folgenden Befehl ein:

```
bootrec /fixmbr
```

Damit wird ein neuer Master Boot Record auf die Festplatte geschrieben. Geben Sie anschließend ein:

```
bootrec /fixboot
```

Dieser Befehl schreibt den Bootsektor neu und ersetzt damit einen möglicherweise durch eine ältere Windows-Version überschriebenen Bootmanager.

Verlassen Sie die Eingabeaufforderung mit `exit` und wählen Sie in den *Computerreparaturoptionen* einen Neustart. Starten Sie dieses Mal wieder von der Festplatte und nicht von der DVD.

4.17 PC aus einem Systemabbild wiederherstellen

Steht Ihnen ein **Systemabbild** des PCs zur Verfügung, können Sie über die erweiterten Optionen im Reparaturmodus den PC auf genau diesen gesicherten Zustand zurücksetzen. Ein Systemabbild enthält das Betriebssystem sowie die Einstellungen zu einem bestimmten Zeitpunkt. Klicken Sie dazu auf *Problembehandlung/Erweiterte Optionen/Weitere Wiederherstellungsoptionen anzeigen/Systemimagewiederherstellung* und wählen Sie anschließend die gesicherte Systemabbilddatei aus.

4.18 Systemabbild rechtzeitig anlegen

So erstellen Sie ein Systemabbild Ihres PCs mithilfe der klassischen Windows 7-kompatiblen Datensicherung, solange Windows 11 noch problemlos läuft:

Richten Sie in der *Systemsteuerung* unter *System und Sicherheit/Sichern und Wiederherstellen (Windows 7)* eine Datensicherung ein. Wählen Sie dabei als Erstes ein Sicherungslaufwerk. Verwenden Sie dazu eine externe Festplatte, die auch im Reparaturmodus bei einem möglicherweise beschädigten Betriebssystem zur Verfügung steht.

Sicherungslaufwerk wählen.

Im nächsten Schritt wählen Sie die Option zur benutzerdefinierten Auswahl von Dateien. Anschließend können Sie bei Bedarf gleich Ihre persönlichen Dateien auswählen, die gesichert werden sollen. Windows 11 verwendet hier noch die Bibliotheken, die standardmäßig im Explorer nicht mehr angezeigt werden. Im unteren Teil der Liste können Sie auch beliebige Verzeichnisse auswählen.

Dabei wird eine klassische Datensicherung angelegt. Diese Dateien werden nicht in das Systemabbild eingebaut. Aktivieren Sie den Schalter *Systemabbild von Laufwerken einschließen „(C:)“* ❶, um zusätzlich zur Datensicherung ein Systemabbild anzulegen.

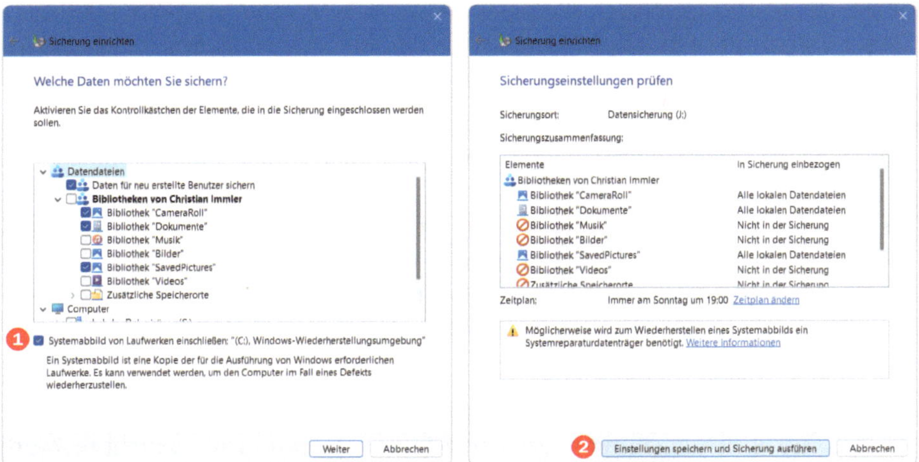

Systemabbild in Datensicherung einschließen.

Nach einem Klick auf *Einstellungen speichern und Sicherung ausführen* ❷ können Sie die Sicherung sofort starten. Außerdem können Sie einen Zeitplan anlegen, nach dem regelmäßig die ausgewählten Dateien sowie ein Systemabbild gesichert werden. Diesen Zeitplan können Sie über den Link *Einstellungen ändern* ❸ im nächsten Fenster jederzeit verändern, da Sie wahrscheinlich nicht jede Woche ein neues Systemabbild erstellen müssen – zumal Windows 11 mit dem Dateiversionsverlauf eigene Dateien ohnehin automatisch im Hintergrund sichert

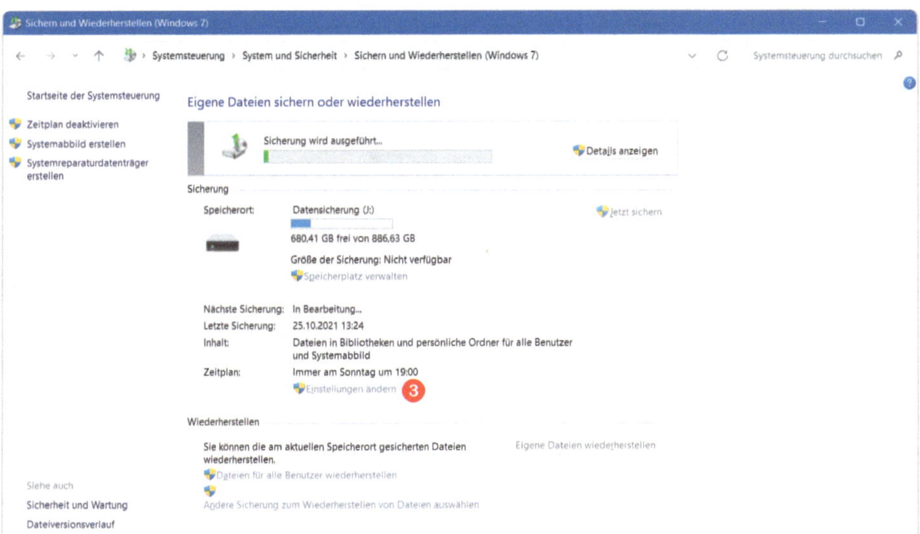

Datensicherung und Erstellen des Systemabbilds laufen.

4.19 PC auf den Originalzustand zurücksetzen

Soll ein PC für einen ganz anderen Zweck als bisher genutzt werden oder funktioniert Windows nicht mehr zuverlässig, setzt man ihn am besten auf den Originalzustand zurück, wobei alle persönlichen Daten erhalten bleiben können. Dieser Vorgang entspricht einer anschließenden Neuinstallation des Betriebssystems.

Klicken Sie in den *Einstellungen* unter *System/Wiederherstellung* auf *Diesen PC zurücksetzen*.

Die Option *Eigene Daten beibehalten* ❶ belässt Ihre persönlichen Dateien auf dem PC. Microsoft-Store-Apps, alle anderen installierten Programme sowie persönliche Einstellungen werden entfernt. Die Option *Alles entfernen* ❷ installiert Windows 11 wie auf einem komplett neuen PC.

Wenn der PC danach in fremde Hände kommt, sollten Sie Ihre Daten so beseitigen, dass sie sich auch mit speziellen Wiederherstellungstools nicht restaurieren lassen. Wählen Sie dazu die Option *Alles entfernen* ❷.

Wählen Sie im nächsten Schritt, ob Sie die etwa 4 GB großen Installationsdateien der aktuellen Windows-Version herunterladen möchten (*Cloud-Download*)❸ oder Windows aus einer lokalen Installationsdatei neu installieren möchten❹.

Im nächsten Schritt werden die Einstellungen angezeigt, die beim Zurücksetzen vorgenommen werden.

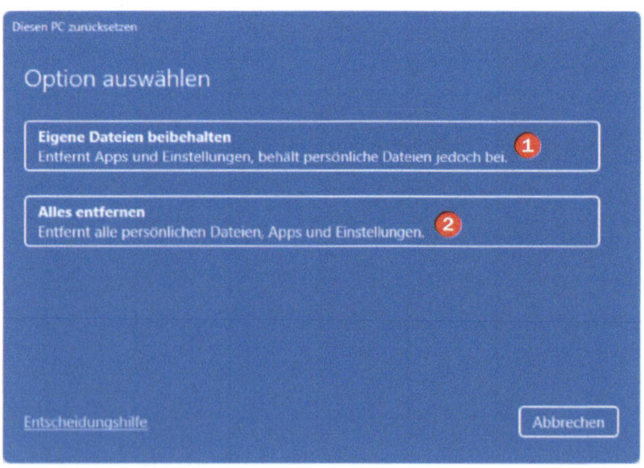

PC weitgehend ohne Datenverlust, aber mit Verlust installierter Programme zurücksetzen.

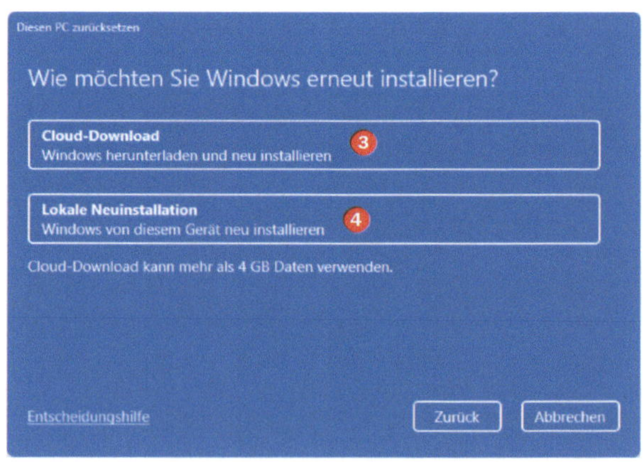

Installationsdateien herunterladen oder lokale verwenden.

Klicken Sie auf *Einstellungen ändern*. Danach wählen Sie *Daten löschen?*. Dabei wird die Festplatte zusätzlich mit Zufallswerten überschrieben, was viele Stunden dauern kann. Hat der PC zusätzlich zum Systemlaufwerk C: noch weitere Laufwerke eingebaut, z. B. eine Datenfestplatte D:, schalten Sie auch den Schalter *Dateien von allen Laufwerken löschen?* ein.

Zusätzliche Einstellungen für das Zurücksetzen.

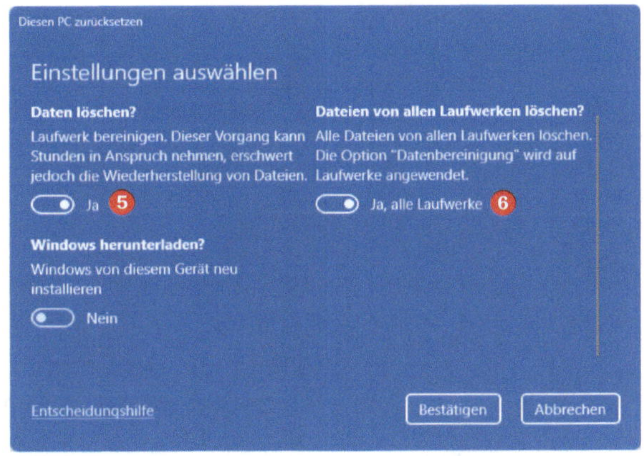

PC zurücksetzen und Daten unwiderruflich löschen.

Bestätigen Sie das Zurücksetzen mit den gewählten Einstellungen noch einmal, bevor der PC wirklich zurückgesetzt wird.

4.20 Letzte als funktionierend bekannte Konfiguration in das Bootmenü einbauen

Bis einschließlich Windows 7 speicherte Windows die letzte als funktionierend bekannte Konfiguration in der Registry. Das Bootmenü enthielt einen Eintrag, um mit dieser Konfiguration wieder zu starten. Leider wird diese oftmals hilfreiche Funktion seit Windows 8 nicht mehr angeboten, sie lässt sich aber nachträglich in die Registry einbauen.

Legen Sie im Registry-Schlüssel

```
HKEY_LOCAL_MACHINE\SYSTEM\CurrentControlSet\Control\
Session Manager\Configuration Manager
```

einen neuen DWORD-Wert namens `BackupCount` an und geben Sie ihm den Wert `1`.

Legen Sie dann an gleicher Stelle einen weiteren neuen Schlüssel namens `LastKnownGoo` ❶ an, wechseln Sie in diesen Schlüssel, legen Sie dort einen neuen DWORD-Wert namens `Enabled` ❷ an und geben Sie diesem ebenfalls den Wert `1` ❸.

Registry-Einträge für die letzte als funktionierend bekannte Konfiguration.

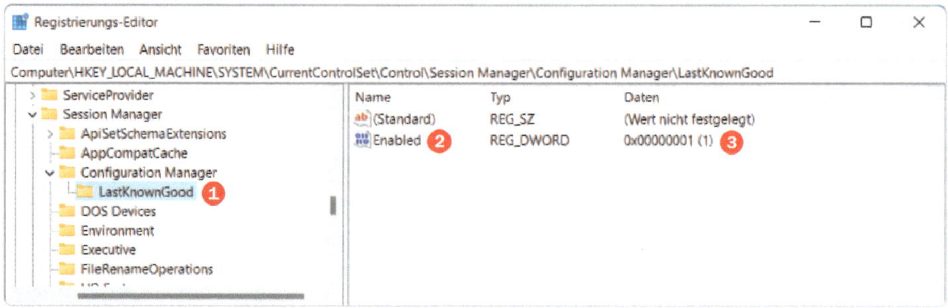

Jetzt muss der Computer einmal neu gestartet und dabei ganz normal wieder gebootet werden, um eine gültige Konfiguration zu speichern. Beim nächsten Neustart finden Sie den Eintrag *Letzte als funktionierend bekannte Konfiguration aktivieren* ❹ in den erweiterten Starteinstellungen oder im Bootmenü, falls Sie das alte, schwarze Bootmenü nutzen.

Die letzte als funktionierend bekannte Konfiguration in den erweiterten Starteinstellungen.

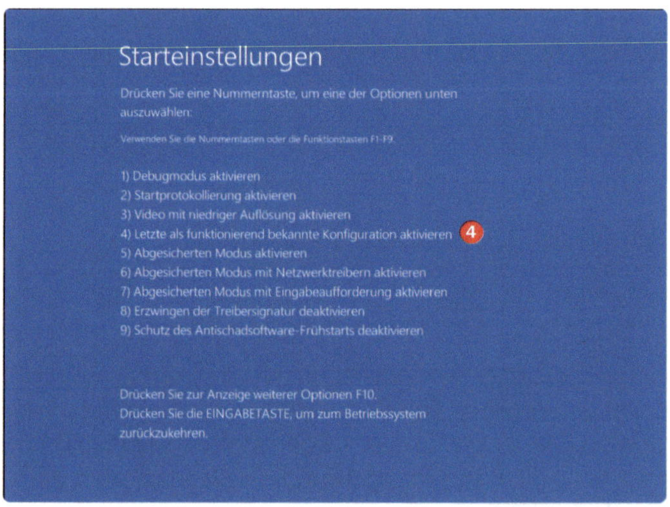

Downloads

Sie brauchen diesen Registry-Tipp nicht manuell einzugeben. Die Datei steht unter *https://bildnerverlag.com/00533* zum Download zur Verfügung. Importieren Sie die Datei *ConfigurationManager.reg* einfach per Doppelklick in die Registry.

5 Hardware und Treiber

5.1 Ein angeschlossenes Gerät funktioniert nicht

Problembehandlung in den Einstellungen.

Windows 11 liefert für die am häufigsten auftretenden Probleme eigene **Problembehandlungsprogramme** mit. Wählen Sie in den *Einstellungen* ❶ unter *System/ Problembehandlung / Andere Problembehandlung* ❷ das problematische Gerät aus und klicken Sie hier auf *Ausführen* ❸.

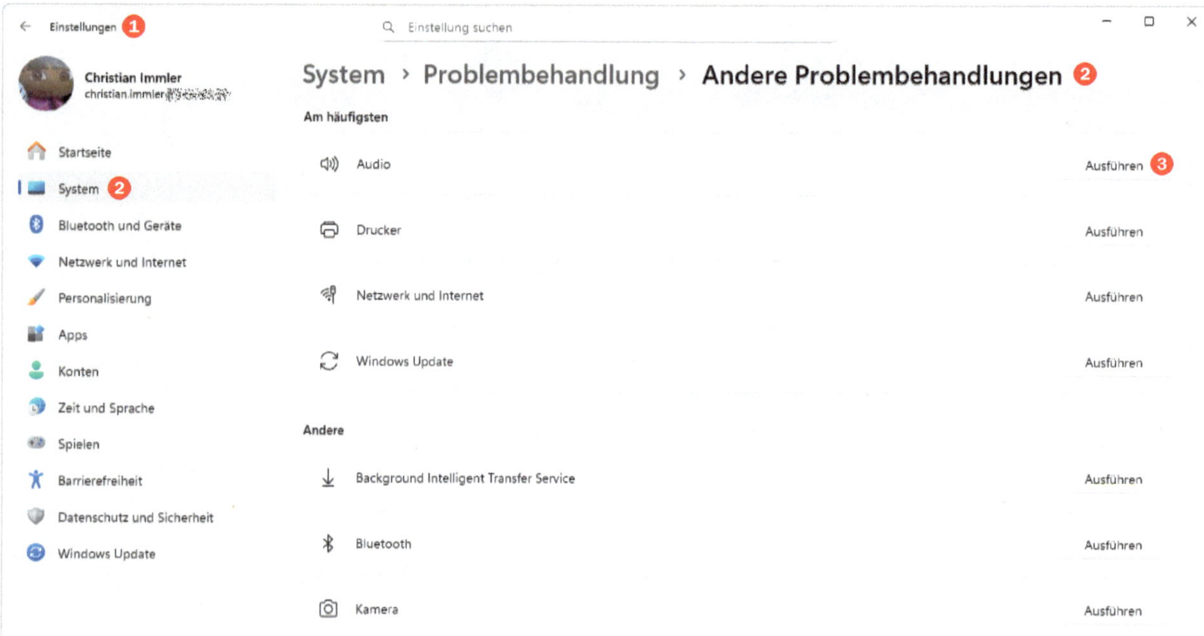

Die gängigen Probleme mit Geräteerkennung und Treibern werden automatisch gefunden und behoben, was in einigen Fällen mehrere Minuten dauern kann. In den meisten Fällen ist nach Abschluss der Problembehandlung ein Neustart erforderlich.

Die Problembehandlung findet gängige Hardwareprobleme.

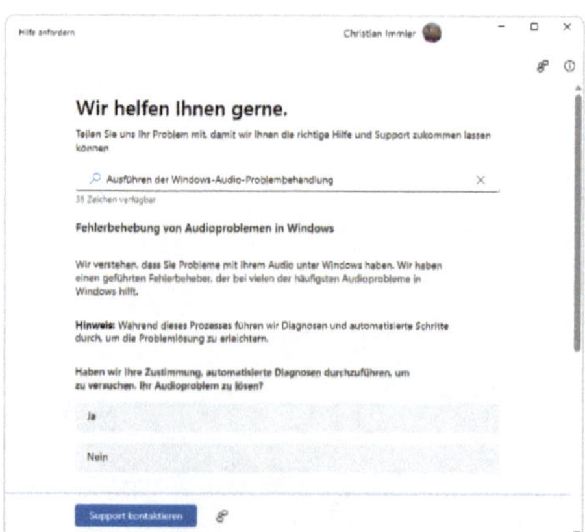

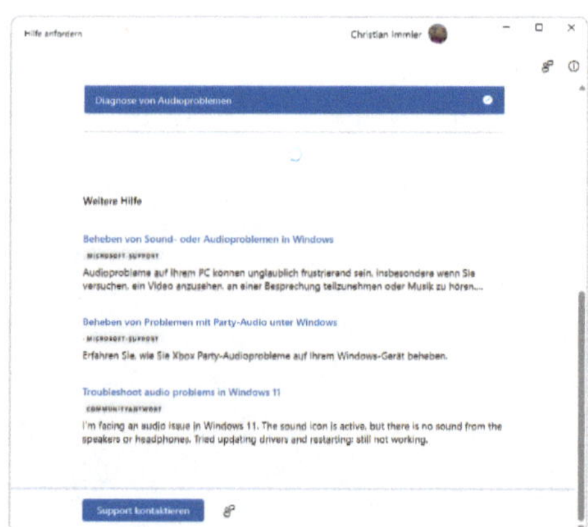

5.2 Nicht geladene Gerätetreiber finden

Funktioniert ein Gerät nicht, weil vermutlich der dazugehörige Treiber nicht geladen wurde, rufen Sie im Startmenü unter *Dienstprogramme & Tools/Windows-Tools* das Programm *Systeminformationen* ❶ auf. Unter *Softwareumgebung/Systemtreiber* ❷ werden alle registrierten Treiber angezeigt. Dabei zeigt die Spalte *Gestartet* ❸, ob ein Treiber gestartet wurde, und die Spalte *Status* ❹ gibt Auskunft darüber, ob dieser auch korrekt läuft.

Wundern Sie sich nicht, dass viele Treiber als nicht gestartet markiert sind. Diese werden in den meisten Fällen vom System nicht benötigt, da die entsprechende Hardwarekomponente nicht installiert ist.

Gerätetreiber in den Systeminformationen.

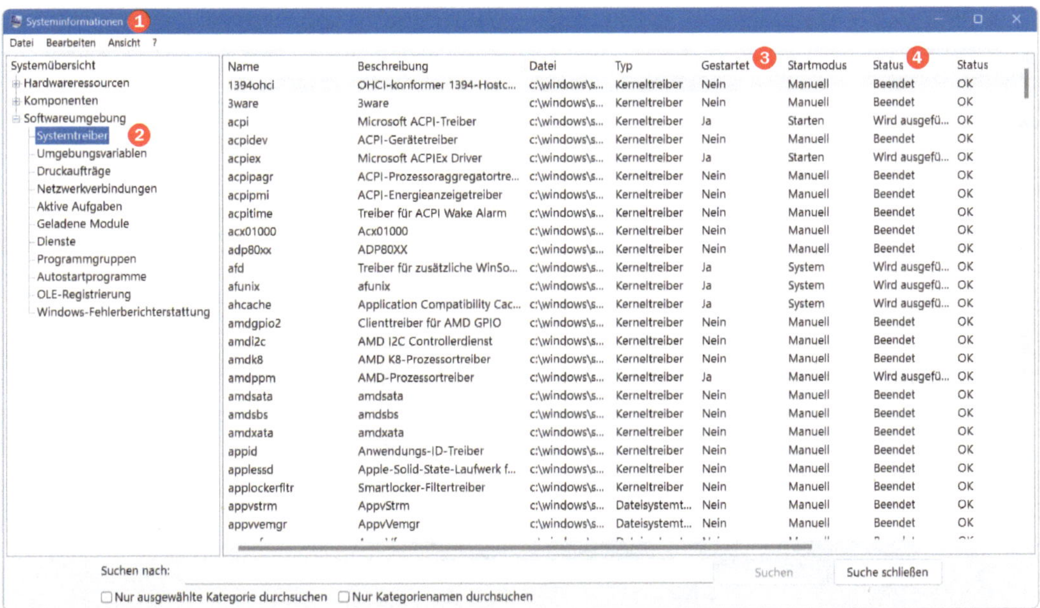

5.3 Problematische Geräte auf einen Blick finden

Das Programm *Systeminformationen* ❶ zeigt unter *Komponenten/Problemgeräte* ❷ alle Geräte an, die nicht wie erwartet laufen oder bei denen die Treiber nicht funktionieren.

Eine ähnliche Übersicht finden Sie im *Geräte-Manager* ❸, der über einen Rechtsklick auf das Windows-Logo im Systemmenü gestartet wird. Problematische Geräte werden hier mit einem gelben Dreieck angezeigt. Die entsprechende Kategorie wird automatisch aufgeklappt. In den meisten Fällen finden sich die problematischen Geräte unter *Andere Geräte* ❹.

Problematische Geräte in den Systeminformationen.

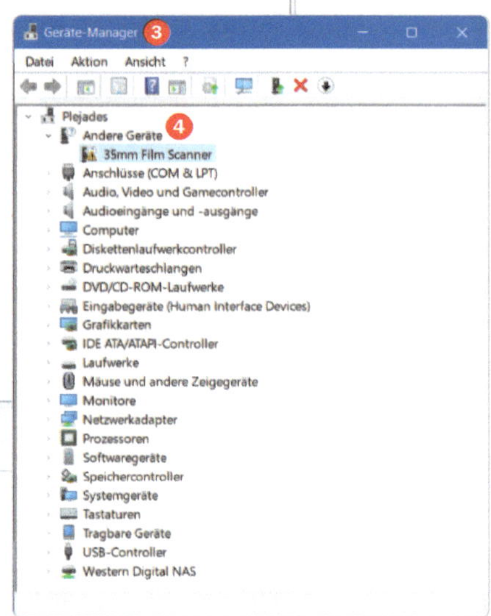

Problematische Geräte im Geräte-Manager.

5.4 Fehlercodes im Geräte-Manager entschlüsseln

Der Geräte-Manager zeigt bei einem Doppelklick auf ein Problemgerät im Feld *Gerätestatus* 1 einen Fehlercode an. Die folgende Tabelle zeigt zu jedem Fehlercode die Fehlerbeschreibung – falls diese im *Geräte-Manager* nicht zu sehen ist – sowie Vorschläge zur Lösung des jeweiligen Problems.

Fehlercode bei einem Problemgerät im Geräte-Manager.

Fehlercode	Fehlerbeschreibung	Empfohlene Lösung
1	Dieses Gerät ist nicht richtig konfiguriert.	Aktualisieren des Gerätetreibers.
3	Der Treiber für dieses Gerät ist entweder beschädigt, oder es stehen nicht genügend Arbeitsspeicher oder andere Ressourcen zur Verfügung.	Schließen einiger geöffneter Anwendungen. Deinstallieren und erneutes Installieren des Treibers. Installieren von zusätzlichem RAM.
10	Das Gerät kann nicht gestartet werden.	Aktualisieren des Gerätetreibers.
12	Dieses Gerät kann keine ausreichenden freien Ressourcen finden, die verwendet werden können. Wenn Sie dieses Gerät verwenden möchten, müssen Sie ein anderes Gerät auf diesem System deaktivieren.	Deaktivieren des Geräts, das den Konflikt auslöst.
14	Sie müssen den Computer neu starten, damit dieses Gerät ordnungsgemäß funktioniert.	Neustart des Computers.
16	Es konnten nicht alle Ressourcen identifiziert werden, die das Gerät verwendet.	Zuweisen zusätzlicher Ressourcen für das Gerät.
18	Die Treiber für dieses Gerät müssen erneut installiert werden.	Aktualisieren des Gerätetreibers. Deinstallieren und erneutes Installieren des Treibers.
19	Dieses Hardwaregerät kann nicht gestartet werden, da dessen Konfigurationsinformationen (in der Registrierung) unvollständig oder beschädigt sind.	Deinstallieren und erneutes Installieren des Treibers. Zurückgreifen auf die letzte erfolgreiche Registrierungskonfiguration.
21	Windows entfernt dieses Gerät.	Aktualisieren der Geräte-Manager-Ansicht. Neustart des Computers.
22	Das Gerät wurde deaktiviert.	Aktivieren des Geräts.
24	Dieses Gerät ist entweder nicht vorhanden, funktioniert nicht ordnungsgemäß, oder es wurden nicht alle Treiber installiert.	Aktualisieren des Gerätetreibers. Entfernen des Geräts.
28	Die Treiber für dieses Gerät wurden nicht installiert.	Installieren des Gerätetreibers.
29	Dieses Gerät funktioniert nicht ordnungsgemäß, da die Firmware des Geräts die erforderlichen Ressourcen nicht zur Verfügung stellt.	Aktivieren des Geräts im BIOS.
31	Das Gerät funktioniert nicht ordnungsgemäß, da Windows die für das Gerät erforderlichen Treiber nicht laden kann.	Aktualisieren des Gerätetreibers.
32	Ein Treiber(dienst) wurde für dieses Gerät deaktiviert. Möglicherweise kann ein anderer Treiber diese Funktionalität übernehmen.	Deinstallieren und erneutes Installieren des Treibers. Ändern des Starttyps in der Registrierung.
33	Die für dieses Gerät erforderlichen Ressourcen konnten nicht bestimmt werden.	Konfigurieren oder Austauschen der Hardware.
34	Die Einstellungen für das Gerät können nicht bestimmt werden.	Manuelles Konfigurieren des Geräts.
35	Die Systemfirmware enthält nicht genügend Informationen, um das Gerät richtig zu konfigurieren und zu verwenden. Fordern Sie beim Computerhersteller ein Firmware- oder BIOS-Update an, wenn Sie das Gerät verwenden möchten.	Kontaktieren des Computerherstellers zum Aktualisieren des BIOS.

Fehlercode	Fehlerbeschreibung	Empfohlene Lösung
36	Das Gerät fordert einen PCI-Interrupt an, obwohl es für einen ISA-Interrupt konfiguriert ist (oder umgekehrt). Konfigurieren Sie den Interrupt für das Gerät mit dem Setup-Programm des Computers erneut.	Ändern der Einstellungen für die IRQ-Reservierungen
37	Der Gerätetreiber für diese Hardware kann nicht initialisiert werden.	Deinstallieren und erneutes Installieren des Treibers.
38	Der Gerätetreiber für diese Hardware kann nicht geladen werden, weil noch eine Vorgängerinstanz des Gerätetreibers im Arbeitsspeicher geladen ist.	Ausführen der Problembehandlung. Neustart des Computers.
39	Der Gerätetreiber für diese Hardware kann nicht geladen werden. Der Treiber ist möglicherweise beschädigt oder nicht vorhanden.	Deinstallieren und erneutes Installieren des Treibers.
40	Auf die Hardware kann nicht zugegriffen werden, weil die Dienstschlüsselinformationen in der Registrierung fehlen oder nicht richtig eingetragen wurden.	Deinstallieren und erneutes Installieren des Treibers.
41	Der Gerätetreiber wurde für die Hardware geladen, aber das Gerät wurde nicht gefunden.	Aktualisieren des Gerätetreibers. Deinstallieren und erneutes Installieren des Treibers.
42	Der Gerätetreiber kann für diese Hardware nicht geladen werden, weil dasselbe Gerät bereits auf dem Computer ausgeführt wird.	Neustart des Computers.
43	Dieses Gerät wurde angehalten, weil es Fehler gemeldet hat.	Ausführen der Problembehandlung. Nachschlagen in der Hardwaredokumentation.
44	Dieses Hardwaregerät wurde von einer Anwendung oder einem Dienst deaktiviert.	Neustart des Computers.
45	Dieses Hardwaregerät ist zurzeit nicht an den Computer angeschlossen.	Erneutes Anschließen des Geräts an den Computer.
46	Windows kann auf dieses Hardwaregerät nicht zugreifen, weil das Betriebssystem gerade heruntergefahren wird.	Keine Lösung erforderlich.
47	Dieses Hardwaregerät kann nicht verwendet werden, weil es für sicheres Entfernen konfiguriert, aber noch nicht vom Computer getrennt wurde.	Erneutes Anschließen des Geräts an den Computer. Neustart des Computers.
48	Die Software für dieses Gerät wurde nicht initialisiert, weil sie auf Windows Fehler verursacht. Wenden Sie sich an den Hardwarehersteller, um einen neuen Treiber zu erhalten.	Aktualisieren des Gerätetreibers.
49	Die neuen Hardwaregeräte können nicht gestartet werden, da die Systemstruktur zu groß ist (die Struktur überschreitet die Registrierungsgrößenbeschränkung).	Deinstallieren der Geräte, die nicht mehr verwendet werden.
52	Windows kann die digitale Signatur der für dieses Gerät erforderlichen Treiber nicht überprüfen.	Ausführen der Problembehandlung. Aktualisieren des Gerätetreibers.

5.5 Treiber aktualisieren

Normalerweise werden die Gerätetreiber über Windows Update automatisch aktuell gehalten. Wenn ein Treiber über eine Installationsdatei des Geräteherstellers installiert und nicht bei Windows 11 mitgeliefert wurde, funktioniert das allerdings oftmals nicht richtig.

Klicken Sie im Geräte-Manager doppelt auf ein Gerät, öffnet sich ein Fenster mit Geräteeigenschaften. Auf der Registerkarte *Treiber* ❶ finden Sie Informationen zum aktuell installierten Treiber.

Mit einem Klick auf *Treiber aktualisieren* ❷ aktualisieren Sie den installierten Treiber. Dabei können Sie wählen, ob der neue Treiber über Windows Update gesucht werden soll oder ob Sie eine auf dem Computer vorhandene vom Gerätehersteller bezogene Treiberdatei installieren möchten.

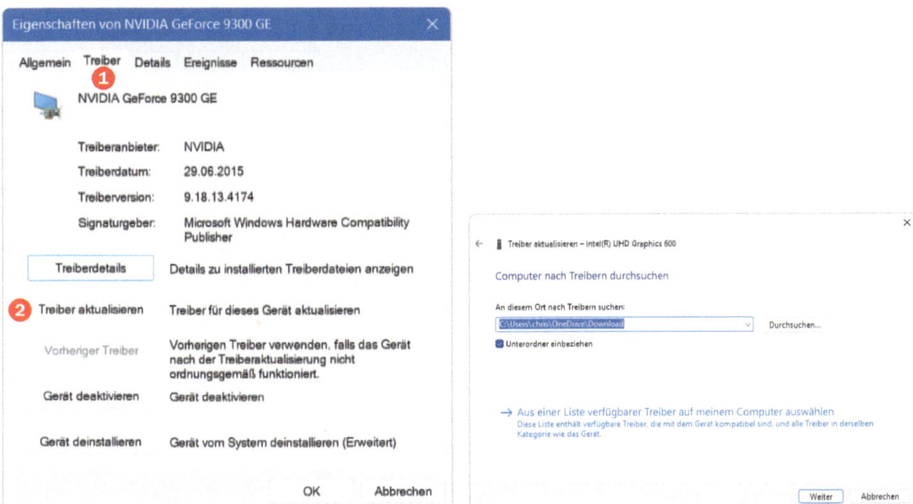

Gerätetreiber aktualisieren.

5.6 Fehlerhafte Treiber finden

Windows 11 enthält ein spezielles Testprogramm, mit dem installierte Treibersoftware geprüft werden kann. Da diese Treiberüberprüfung tiefgreifende Änderungen an der Systemkonfiguration vornehmen kann, sollten Sie zuvor einen Systemwiederherstellungspunkt anlegen.

Wiederherstellungspunkt anlegen: Fehlerhafte Treiberkonfigurationen können dazu führen, dass Windows nicht mehr korrekt startet. Legen Sie sich für alle Fälle einen Wiederherstellungspunkt an, bevor Sie die Treiberüberprüfung zum ersten Mal laufen lassen.

Klicken Sie mit der rechten Maustaste auf das Windows-Logo und wählen Sie im Kontextmenü *Ausführen* oder drücken Sie die Tastenkombination Win + R. Geben Sie `verifier` ein und wählen Sie im Startdialog des *Treiberüberprüfungs-Managers* ❶ die Option *Standardeinstellungen erstellen* ❷.

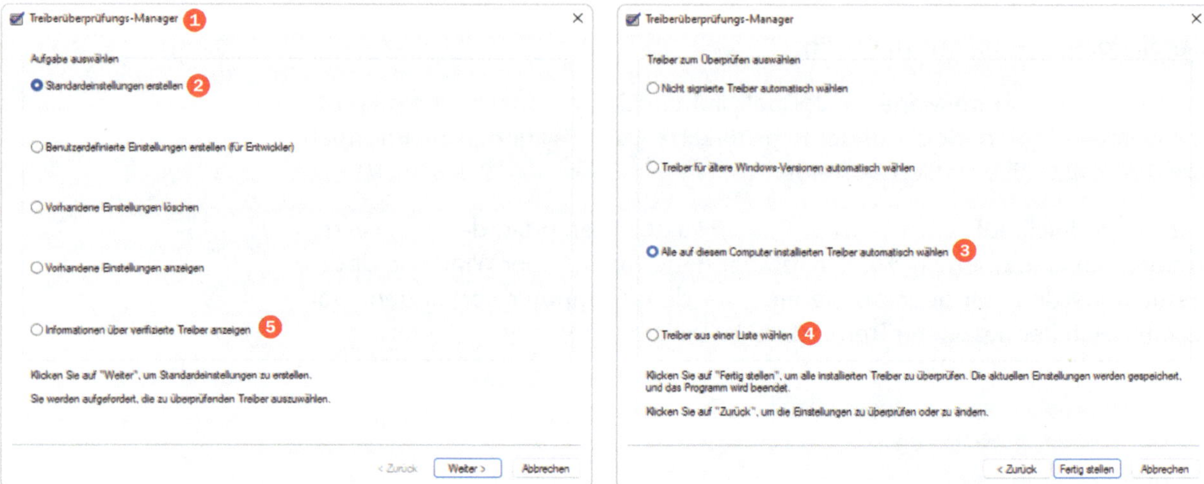

Startdialog im Treiberüberprüfungs-Manager.

Wenn Sie nicht genau wissen, welcher Treiber Probleme verursacht, wählen Sie im nächsten Dialogfeld die Option *Alle auf diesem Computer installierten Treiber automatisch wählen* ❸. Haben Sie bestimmte Treiber im Verdacht, wählen Sie die Option *Treiber aus einer Liste wählen* ❹. Im nächsten Schritt können Sie dann gezielt die Treiber auswählen, die überprüft werden sollen.

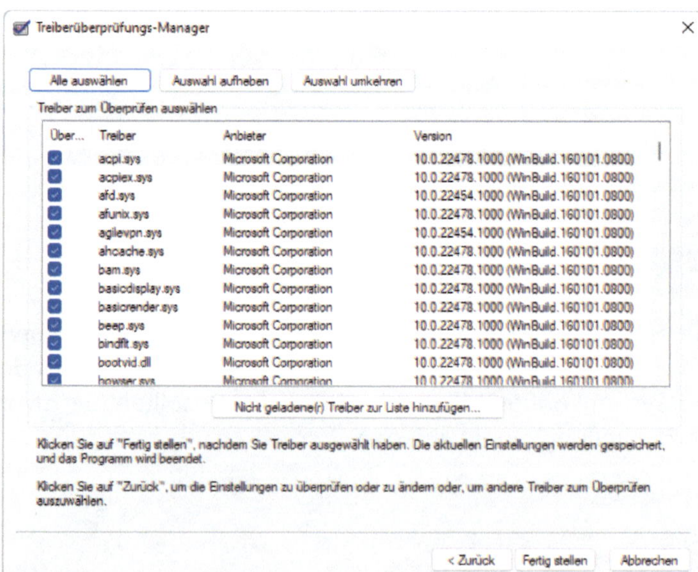

Auswahl zu überprüfender Treiber im Treiberüberprüfungs-Manager.

Starten Sie nach Abschluss des letzten Dialogfelds den Computer neu. Während des folgenden Bootvorgangs werden die installierten Treiber überprüft, der gesamte Bootvorgang dauert daher deutlich länger. Bei Treibern, die beim Systemstart Probleme verursachen, erscheint eine Meldung mit Angabe des problematischen Treibers. Starten Sie in diesem Fall den Computer im abgesicherten Modus neu und entfernen Sie das Problemgerät.

Wenn der Computer problemlos bootet, starten Sie jetzt wieder den *Treiberüberprüfungs-Manager* und wählen im Startdialog die Option *Informationen über verifizierte Treiber anzeigen* ⑤. Hier finden Sie eine Liste aller gestarteten Treiber sowie die verwendeten Überprüfungsverfahren. Diese lassen sich bei Bedarf für den nächsten Neustart ändern.

In den folgenden Dialogen finden Sie noch ausführliche Ergebnisse zur Überprüfung der einzelnen Treiber. Damit die Treiberüberprüfung nicht bei jedem Windows-Start ausgeführt wird, schalten Sie sie nach erfolgreichem Test wieder ab. Starten Sie dazu den Treiberüberprüfungs-Manager noch einmal und wählen Sie im ersten Dialogfeld die Option *Vorhandene Einstellungen löschen*.

5.7 Windows startet nach Treiberüberprüfung nicht mehr

Sollte Windows nach der Treiberüberprüfung nicht mehr starten, hilft es in den meisten Fällen, den Treiberüberprüfungs-Manager per Kommandozeile zu beenden:

Starten Sie den Computer neu und klicken Sie auf der Startseite des Bootmanagers auf *Weitere Optionen*. Wählen Sie auf den nächsten Bildschirmseiten *Problembehandlung/Erweiterte Optionen/Eingabeaufforderung*.

Jetzt erscheint ein Eingabeaufforderungsfenster. Geben Sie dort `verifier` ein und starten Sie damit den Treiberüberprüfungs-Manager. Wählen Sie im ersten Dialogfeld die Option *Vorhandene Einstellungen löschen* und beenden Sie den Treiberüberprüfungs-Manager mit *Fertig stellen*.

Schließen Sie das Eingabeaufforderungsfenster mit `exit` und klicken Sie auf dem nächsten Bildschirm auf *Fortsetzen*, um Windows 11 neu zu starten.

Sollte Windows weiterhin nicht korrekt starten, setzen Sie das System in der Problembehandlung auf den letzten Wiederherstellungspunkt zurück.

5.8 Automatische Treiberupdates deaktivieren

Microsoft stellt über Windows Update Treiber zur Verfügung. Möchten Sie Treiber lieber selbst von den Geräteherstellern installieren, können Sie die Treiberinstallation über Windows Update mit einer Gruppenrichtlinie ausschalten.

Klicken Sie mit der rechten Maustaste auf das Windows-Logo und wählen Sie im Kontextmenü *Ausführen* oder drücken Sie die Tastenkombination [Win]+[R]. Geben Sie `gpedit.msc` ein und starten Sie damit den Gruppenrichtlinieneditor. Dies funktioniert nur in der Pro-Edition von Windows 11.

Diese Gruppenrichtlinie schaltet automatische Treiberupdates ab.

Setzen Sie dort die Richtlinie *Keine Treiber in Windows-Updates einschließen* ❶ unter *Computerkonfiguration/Administrative Vorlagen/Windows-Komponenten/Windows Update/Vom Windows Update angebotene Updates verwalten* ❷ auf *Aktiviert* ❸. Starten Sie danach den PC neu.

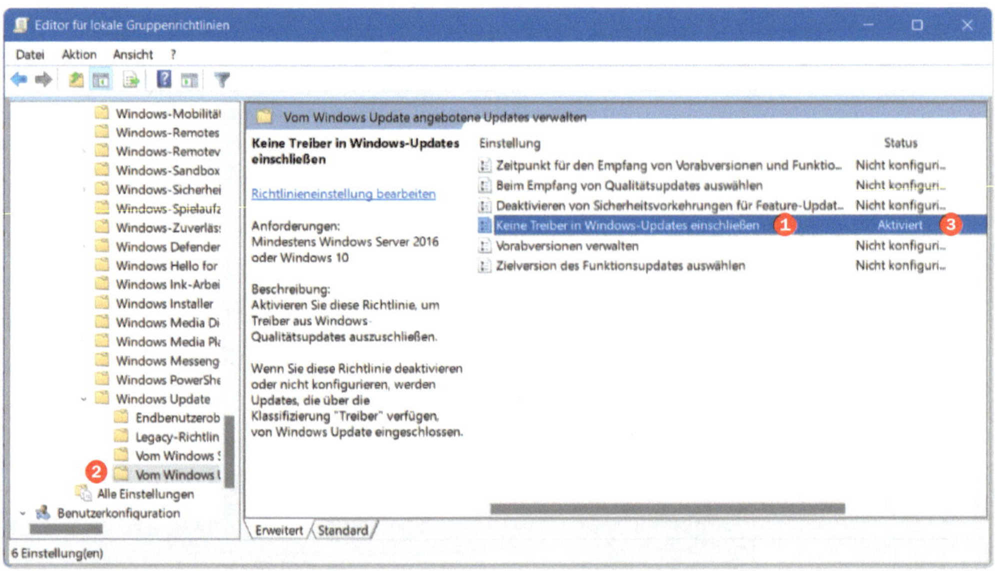

In den *Einstellungen* ❹ unter *Windows Update/Erweiterte Optionen/Konfigurierte Updaterichtlinien* ❺ ist die neu festgelegte Richtlinie zu sehen. Leider lassen sich an dieser Stelle keine neuen Richtlinien anlegen oder vorhandene bearbeiten.

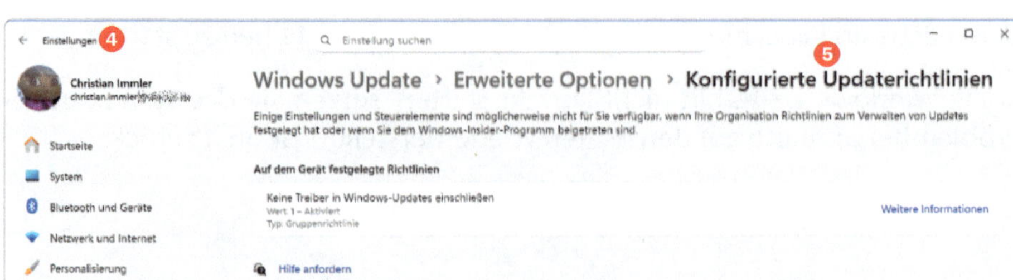

Richtlinie für Treiberupdates in den Einstellungen.

5.9 Probleme mit automatischen Gerätetreiberupdates

Viele Gerätehersteller stellen für ihre Hardwarekomponenten regelmäßig aktualisierte Gerätetreiber und auch Zusatztools als Updates zur Verfügung. Damit soll es für den Benutzer genauso einfach sein, die Treiber aktuell zu halten wie das Betriebssystem. Nur leider funktionieren diese Treiber oft nicht zuverlässig. In einigen Fällen laufen sogar die unter Windows 7 oder 8.1 bewährten Treiber auch nach dem Upgrade auf Windows 11 besser als die aktuellsten.

Im Gegensatz zu den automatischen Windows-Updates lässt sich die automatische Treiberinstallation in Windows 11 noch relativ einfach abschalten:

Wählen Sie in den *Einstellungen System/Info* oder drücken Sie einfach die Tastenkombination `Win`+`Pause`. Klicken Sie dann auf den Link *Erweiterte Systemeinstellungen* und im nächsten Dialogfeld auf der Registerkarte *Hardware* ❶ auf den Button *Geräteinstallationseinstellungen* ❷.

Wählen Sie hier die Option *Nein ...* ❸ und klicken Sie auf *Änderungen speichern* ❹.

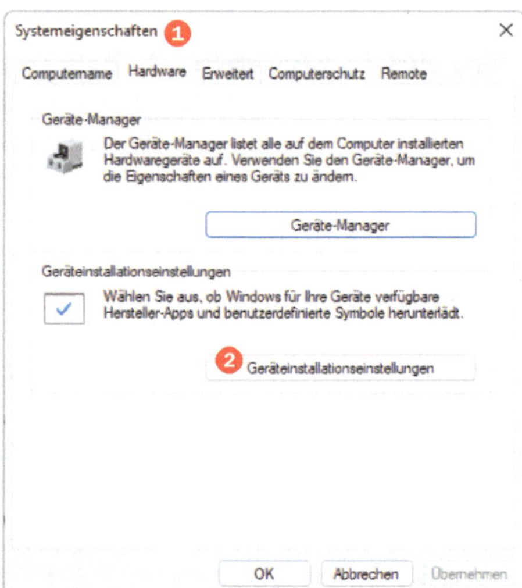

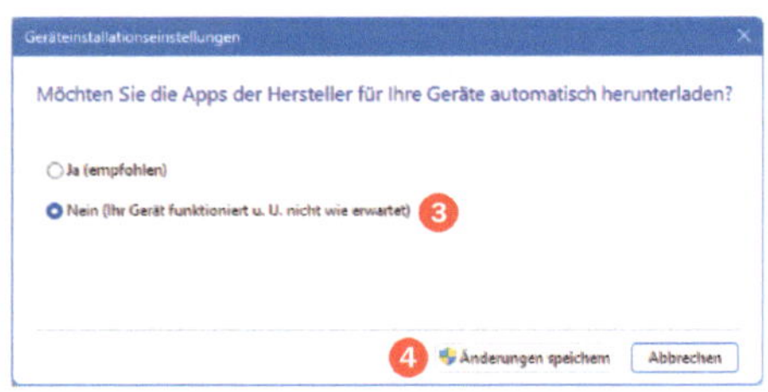

In Zukunft werden keine Treiber mehr automatisch vom Hersteller heruntergeladen.

5.10 Windows-Speicherdiagnose

Die **Windows-Speicherdiagnose** im Startmenü unter *Dienstprogramme & Tools/Windows-Tools* prüft den gesamten Arbeitsspeicher des Computers auf Fehler. Dazu wird der PC neu gestartet und vor dem Booten von Windows einem ausführlichen Speichertest unterzogen, was einige Minuten dauert. Nach dem Neustart werden die Testergebnisse angezeigt.

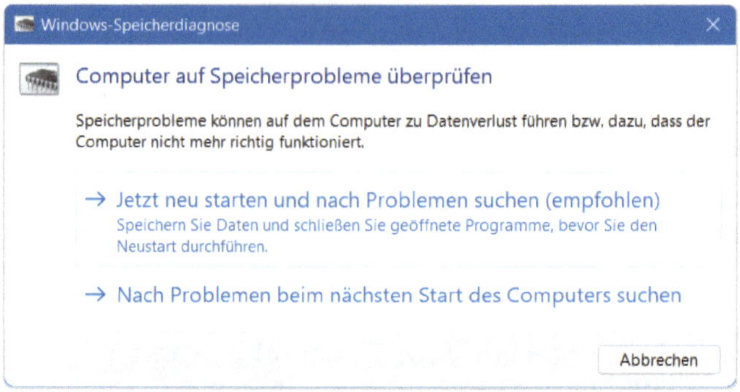

Die *Windows-Speicherdiagnose*.

5.11 Bildschirmauflösung lässt sich nicht mehr einstellen

Nach einem automatischen Windows-Update kommt es immer wieder vor, dass der Bildschirm nur noch eine grobe Bildschirmauflösung zeigt, weil das Update den Grafiktreiber ungefragt durch einen anderen ersetzt hat.

Klicken Sie mit der rechten Maustaste auf den Desktop und wählen Sie im Kontextmenü *Anzeigeeinstellungen*. Wird im nächsten Fenster unter *Skalieren und Layout/Bildschirmauflösung* die richtige Bildschirmauflösung nicht zur Auswahl angeboten, ist wahrscheinlich ein falscher Treiber über das Update installiert worden.

Wählen Sie im *Geräte-Manager* ❶ unter *Grafikkarten* ❷ die installierte Grafikkarte aus und klicken Sie doppelt darauf.

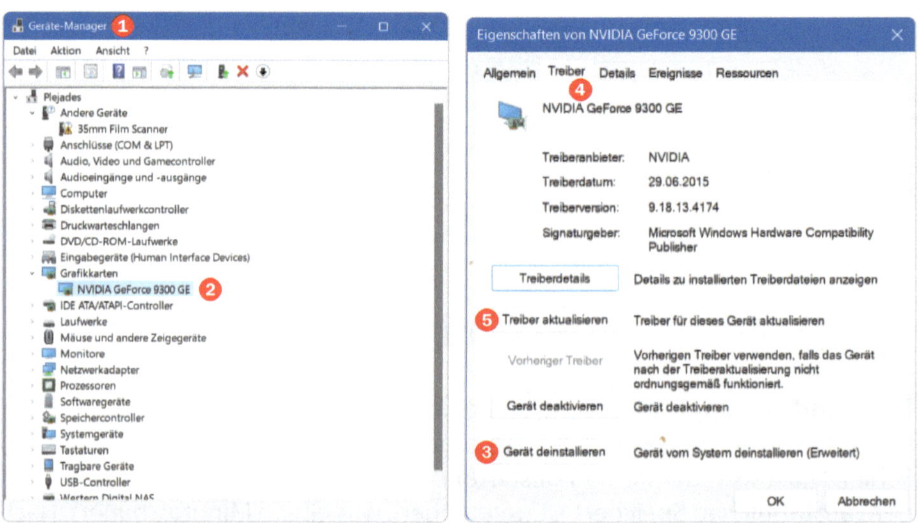

Der Geräte-Manager zeigt den installierten Grafiktreiber an.

Wird im nächsten Dialogfeld eine falsche Grafikkarte oder ein *Microsoft Basic Display Adapter* angezeigt, klicken Sie auf *Gerät Deinstallieren* 3 und lassen die Hardware danach automatisch neu erkennen. Wird die richtige Grafikkarte angezeigt und passt nur die Auflösung nicht, klicken Sie auf der Registerkarte *Treiber* 4 auf *Treiber aktualisieren* 5.

Wählen Sie im nächsten Dialogfeld die Option *Auf meinem Computer nach Treibern suchen* 6 und im nächsten Dialogfeld dann *Aus einer Liste von Gerätetreibern auf dem Computer auswählen*.

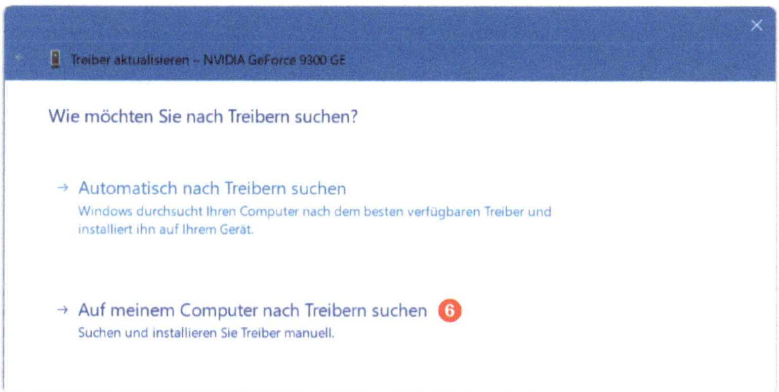

Da der richtige Treiber bereits installiert war, wählen Sie die Liste installierter Treibersoftware.

Achten Sie darauf, dass im nächsten Dialogfeld der Schalter *Kompatible Hardware anzeigen* 7 aktiviert ist. In der Liste der Grafiktreiber finden Sie oftmals noch die ältere Version, die problemlos lief. Wählen Sie diese aus. *Microsoft Basic Display Adapter* 8 ist dagegen keine gute Wahl. Dieser unterstützt nur schwache Bildschirmauflösungen.

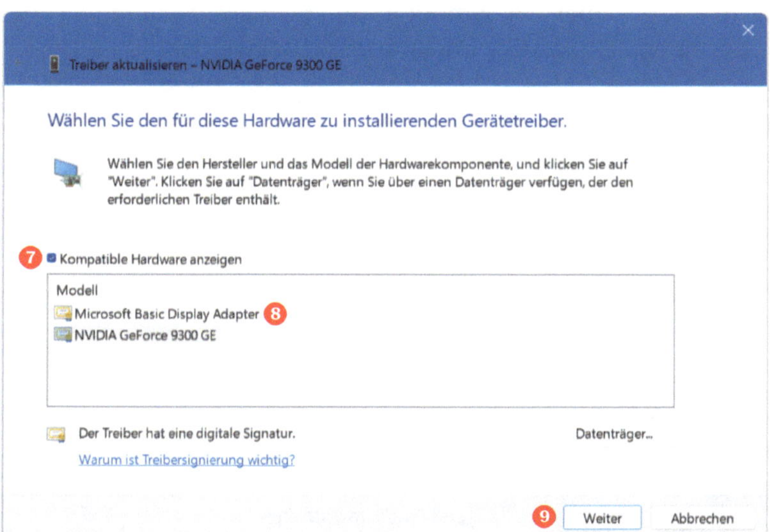

Ältere Grafiktreiber laufen manchmal besser als die aktuellen, bei denen nicht immer alle Auflösungen funktionieren.

Nach einem Klick auf *Weiter* (9) schaltet sich die Bildschirmauflösung ein paar Mal um, bis das System die zum Monitor passende Auflösung erkannt hat. Sollte das nicht der Fall sein, können Sie in den erweiterten Anzeigeeinstellungen die gewünschte Auflösung wählen.

Wird die optimale Auflösung nicht automatisch gefunden, wählen Sie diese zum Schluss in Einstellungen (10) aus.

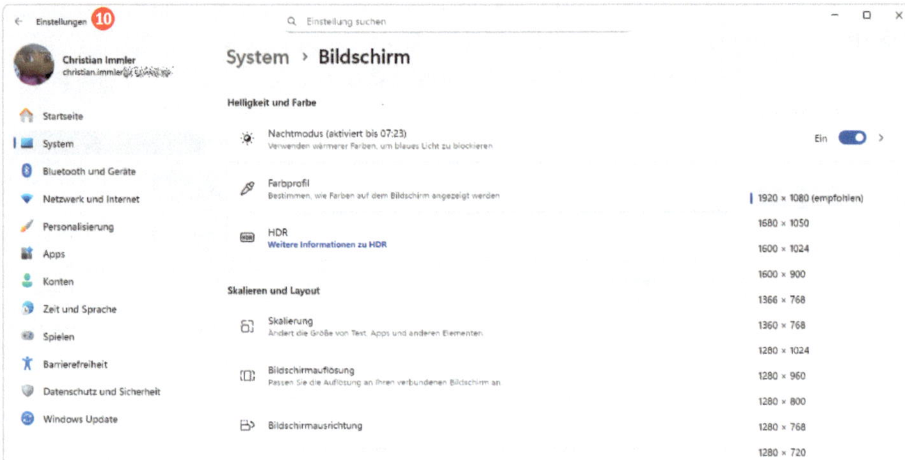

5.12 Bildschirm erscheint gelb

Wenn der Bildschirm leicht gelblich erscheint, muss das kein Hardwarefehler sein. Windows 11 bietet einen augenfreundlichen **Nachtmodus**, der in den Abendstunden den Blauanteil des Monitors reduziert und so alles, was sonst weiß dargestellt wird, in einem wärmeren Farbton anzeigt.

Der *Nachtmodus* (1) kann über ein Symbol in den Schnelleinstellungen oder automatisch über einen Zeitplan ein- und ausgeschaltet werden.

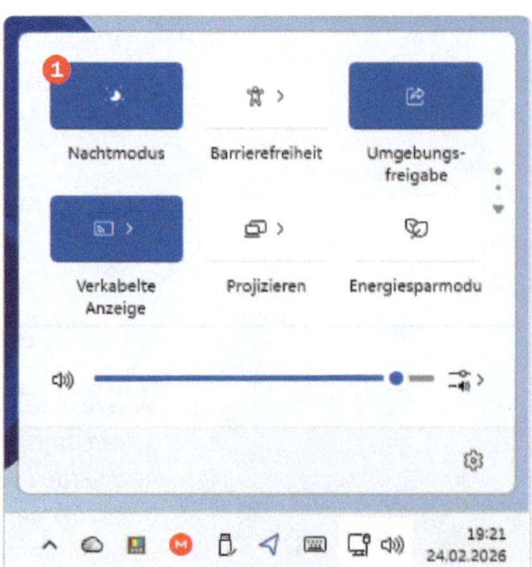

Der Nachtmodus in den Schnelleinstellungen.

Ein Klick mit der rechten Maustaste auf dieses Schnelleinstellungssymbol öffnet die *Einstellungen*-Seite ❷ *System/Bildschirm/Nachtmodus* ❸. Hier stellen Sie die Stärke des Effekts von nahezu unsichtbar bis dunkles Orange ein.

Außerdem können Sie entweder einen starren Zeitplan festlegen oder den Nachtmodus automatisch von Sonnenuntergang bis Sonnenaufgang planen.

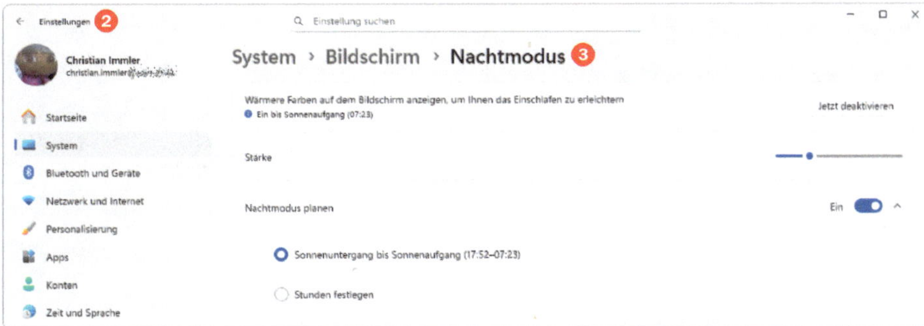

Einstellungen für den Nachtmodus.

5.13 Windows druckt nach Treiberupdate nicht mehr

Erscheint beim Versuch, ein Dokument zu drucken, die Meldung *Windows kann aufgrund eines Problems mit der Druckereinrichtung nicht drucken*, obwohl ein Drucker angeschlossen ist, ist im System kein Standarddrucker aktiviert. Dies passiert häufig, wenn ein mit einem älteren Druckertreiber konfigurierter Drucker durch ein Treiberupdate auf einmal einen geringfügig anderen Namen erhält.

Windows 11 bietet in diesem Fall nicht einmal mehr die Auswahl eines anderen Druckers in den Druckdialogen von Anwendungen an. Oftmals ist auch keine Druckvorschau mehr möglich, da hierfür die Seitengröße und weitere Parameter des Standarddruckers verwendet werden.

Wählen Sie in den *Einstellungen* ❶ unter *Bluetooth und Geräte/Drucker und Scanner* ❷ den gewünschten Drucker und klicken Sie dann im nächsten Fenster auf *Als Standard* ❸.

Drucker als Standarddrucker einrichten.

Dieser Druckertreiber ist in Zukunft in den Druckdialogen aller Programme vorausgewählt und wird auch für die Schnelldruckfunktionen z. B. in Word oder WordPad verwendet. Ist ein Standarddrucker einmal festgelegt, bietet Windows 11 in den Druckdialogen auch wieder eine Druckerauswahl an.

5.14 Das Standarddruckerproblem automatisch lösen

Selbst wenn Sie mehrere Drucker angeschlossen haben, werden Sie vermutlich trotzdem meistens mehrere Dokumente hintereinander auf demselben Drucker ausdrucken. Um hier nicht jedes Mal diesen Drucker neu auswählen zu müssen, kann Windows 11 den zuletzt verwendeten Drucker automatisch als Standarddrucker festlegen.

Aktivieren Sie dazu in den *Einstellungen* ❶ unter *Bluetooth und Geräte/Drucker und Scanner* ❷ den Schalter *Windows verwaltet Standarddrucker* ❸.

Auf diese Weise tritt auch das Problem eines fehlenden Standarddruckers deutlich seltener auf – nur noch dann, wenn der zuletzt verwendete Drucker entfernt wurde oder wegen eines Fehlers auf einmal nicht mehr zur Verfügung steht.

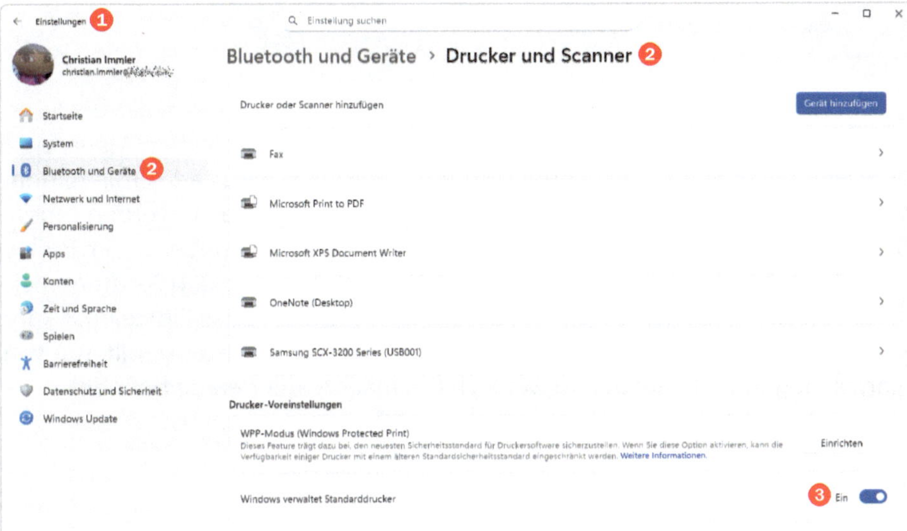

Windows den Standarddrucker selbst wählen lassen.

5.15 Mausrad scrollt sprunghaft

Wenn Sie in längeren Texten oder Webseiten mit dem Mausrad scrollen und das Scrollen dabei nicht gleichmäßig, sondern sprunghaft verläuft, verändern Sie die Einstellung *Zeilen, die gleichzeitig gescrollt werden sollen* ❸ in den *Einstellungen* ❶ unter *Bluetooth und Geräte/Maus* ❷. Im Listenfeld *Drehen Sie das Mausrad zum Scrollen* können Sie auch festlegen, dass jeder Schritt des Mausrads eine ganze Bildschirmseite weiterblättert.

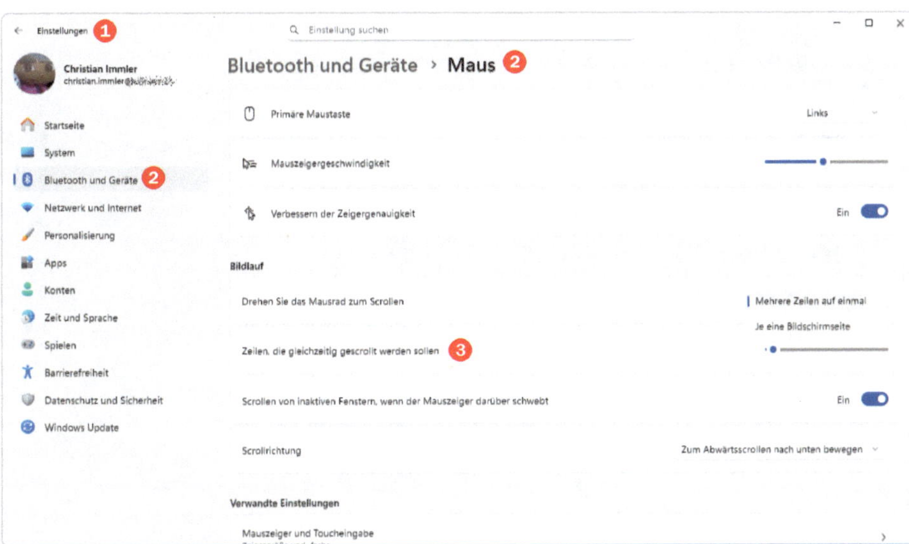

Einstellungen für Maustasten und Mausrad.

5.16 Mausrad scrollt im falschen Fenster

Ist der Schalter *Scrollen von inaktiven Fenstern, wenn der Mauszeiger darüber schwebt* in den Mauseinstellungen aktiviert, kann man mit dem Mauszeiger über ein inaktives Fenster fahren und darin mit dem Mausrad scrollen, ohne dass das Fenster angeklickt und in den Vordergrund gebracht werden muss – besonders nützlich beim Schreiben von Texten, wenn man nebenbei im Browser etwas recherchiert. Man versetzt beim Wechsel zwischen den Fenstern nicht mehr versehentlich den Cursor in der Textverarbeitung. Diese Einstellung kann aber auch zur Verwirrung beitragen, wenn das falsche Fenster scrollt, nur weil man nicht genau darauf achtet, wo sich der Mauszeiger gerade befindet.

5.17 Notebook schaltet beim Zuklappen nicht aus

Das Zuklappen eines Notebooks kann eine frei konfigurierbare Aktion auslösen. Sinnvoll ist es hier, den Bildschirm auszuschalten und in den Energiesparmodus zu wechseln.

Sollte sich das Notebook beim Zuklappen nicht wie gewünscht verhalten, klicken Sie in der *Systemsteuerung* unter *Hardware und Sound/Energieoptionen* auf die Option *Auswählen, was beim Zuklappen des Computers geschehen soll*.

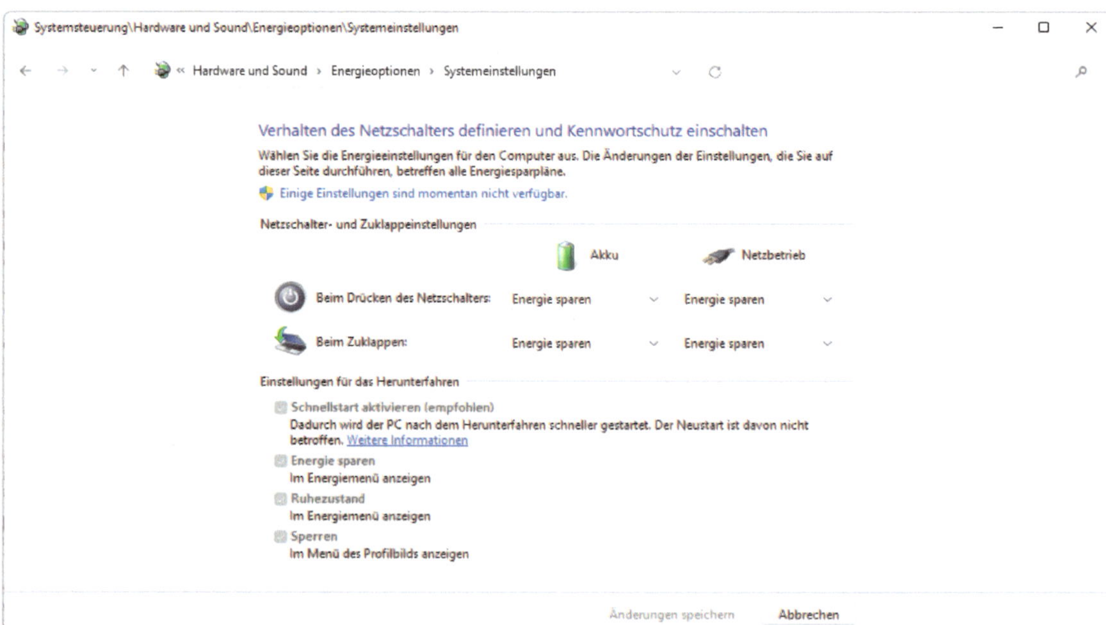

Aktionen beim Drücken des Netzschalters oder beim Zuklappen des Notebooks.

5.18 Notebook fährt bei schwachem Akku nicht sauber herunter

Was passiert, wenn der Akku eines Notebooks im laufenden Betrieb wirklich leer wird? Der Benutzer wird in der Regel vorher gewarnt und muss anschließend das System sauber herunterfahren, um keine Daten zu verlieren. Allerdings funktioniert das leider nicht immer wie vorgesehen.

In den erweiterten Energieeinstellungen bietet Windows 11 für jeden Energiesparplan eigene Einstellungen dazu an, wie sich das System bei schwachem Akku verhalten soll. Klicken Sie in den *Energieoptionen* ❶ der *Systemsteuerung* beim aktuell ausgewählten Energiesparplan auf den Link *Energiesparplaneinstellungen ändern* und im nächsten Fenster auf *Erweiterte Energieeinstellungen ändern*.

Die Einstellungen für das Verhalten bei schwachem Akku finden Sie ganz unten in der Liste unter *Akku*. Windows unterscheidet zwischen niedriger Akkukapazität und kritischer Akkukapazität. Bei niedriger Akkukapazität wird üblicherweise nur eine Warnung angezeigt, erst bei kritischer Akkukapazität sollte das System in den Ruhezustand versetzt werden. Alternativ kann man den Computer auch ganz herunterfahren lassen, wobei dann aber alle Programme beendet werden.

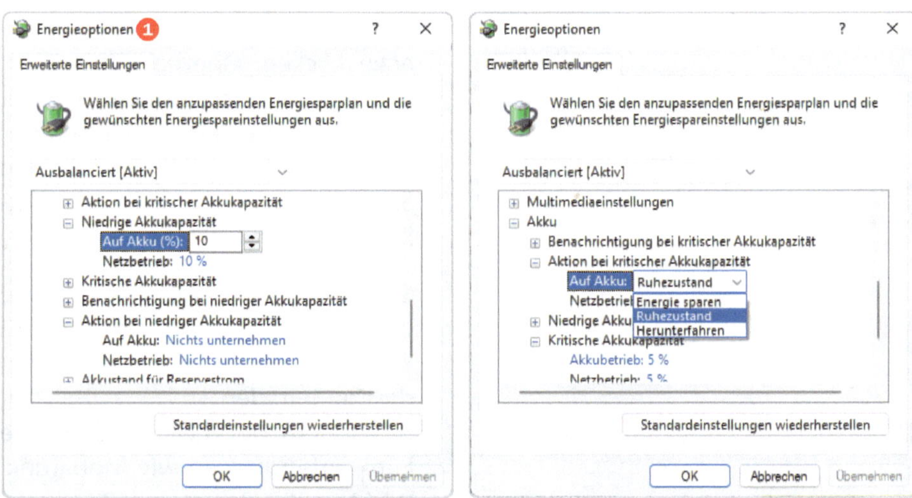

Einstellungen zum Verhalten bei niedriger und kritischer Akkukapazität.

Alle Parameter lassen sich für Akku- und Netzbetrieb getrennt einstellen. In der Grundeinstellung erscheinen zwar auch bei Netzbetrieb Warnungen, sollte der Akku schwach sein, es werden aber keine speziellen Aktionen unternommen. Die Warnungen erinnern den Benutzer daran, das Notebook noch eine Zeit lang am Netzteil angeschlossen zu lassen, um den Akku wieder aufzuladen.

In der Grundeinstellung gelten 10 % der Akkuleistung als niedrige Kapazität, 5 % als kritisch. Diese Werte sind für moderne und fabrikneue Akkus ausgelegt. Bei älteren Akkus kann es notwendig sein, die Werte etwas zu erhöhen, damit genügend Zeit bleibt, die geöffneten Dateien zu sichern oder den Computer in den Ruhezustand zu versetzen. Ältere Akkus verlieren die letzten Prozent ihrer Kapazität deutlich schneller als neue Akkus.

5.19 Der Akku wird zu schnell leer

Windows 11 bietet einige Vorteile, was den Stromverbrauch auf Notebooks im Vergleich zu früheren Windows-Versionen angeht. Dennoch wird auch hier der Akku eines Notebooks immer zu schnell leer. Schränken Sie also den Stromverbrauch der drei größten Verbraucher ein:

Jedes angeschlossene USB-Gerät zieht Strom, auch wenn es nicht verwendet wird. Trennen Sie also alle nicht benutzten USB-Geräte von den Anschlüssen des Notebooks.

Der Flugzeugmodus und eine geringere Bildschirmhelligkeit sparen deutlich Strom.

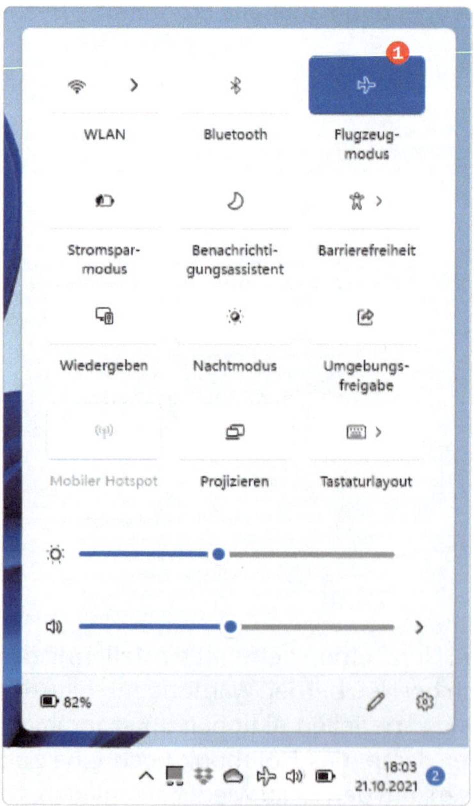

Verringern Sie die Bildschirmhelligkeit mit speziellen Tasten auf dem Notebook. Sie können auch auf das Batteriesymbol in der Taskleistenecke klicken. Oberhalb des Lautstärkereglers erscheint ein weiterer Regler, der die aktuelle Bildschirmhelligkeit in Prozent anzeigt. Setzen Sie bei schwachem Akku die Helligkeit herunter

Sind Sie mit dem Notebook offline unterwegs und benötigen kein WLAN oder Bluetooth, schalten Sie das Gerät in den *Flugzeugmodus* 1. In diesem Modus werden alle Funkverbindungen wie Mobilfunk, WLAN, UKW-Radio und Bluetooth deaktiviert. Den Schalter für den Flugzeugmodus finden Sie ebenfalls in den Schnelleinstellungen.

5.20 Mit dem Energiesparmodus noch mehr Strom sparen

Windows 11 bietet bei Geräten mit Akku einen speziellen Energiesparmodus, in dem verschiedene Funktionen automatisch deaktiviert werden, um Strom zu sparen. Dieser *Energiesparmodus* ❶ kann jederzeit über einen Schalter in den Schnelleinstellungen manuell aktiviert werden.

In den *Einstellungen* ❷ unter *System/Leistung* ❸ lässt sich der Energiesparmodus automatisch aktivieren, sobald der Akkustand unter 20 % sinkt.

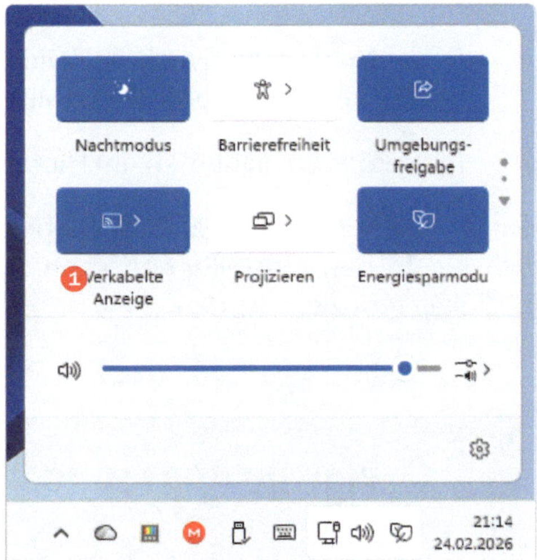

Schnelleinstellung für den Energiesparmodus in der Taskleistenecke.

Einstellungen für den Energiesparmodus.

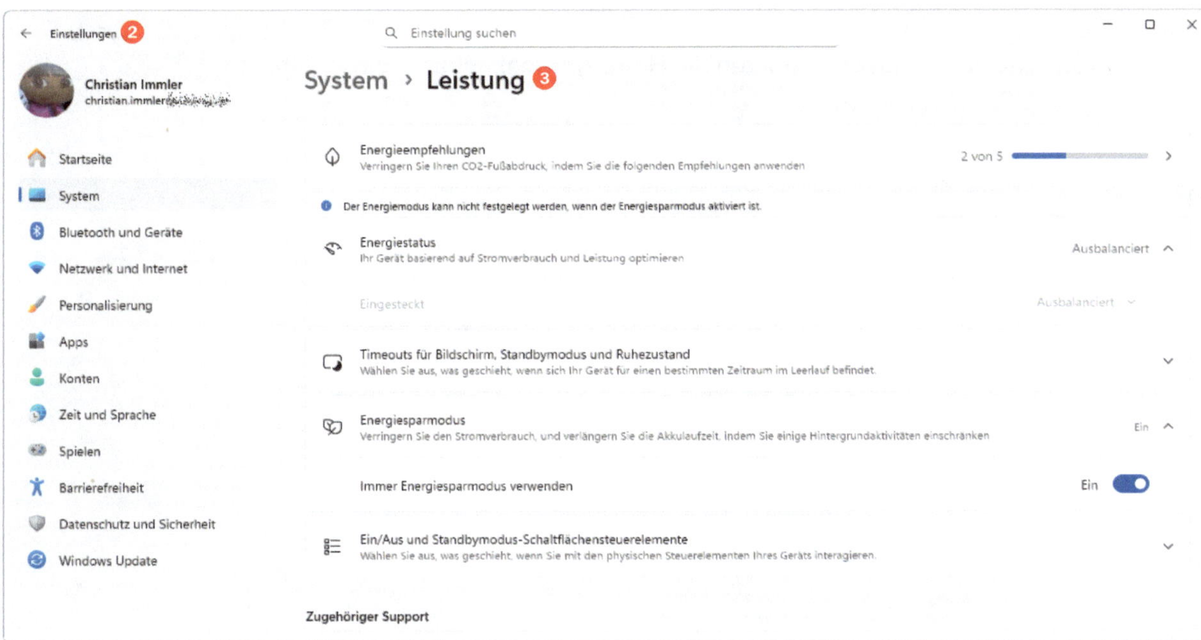

Der Energiesparmodus deaktiviert drei Funktionen des Notebooks:

- Der automatische Empfang von E-Mails und Kalenderupdates werden abgeschaltet, Sie können Ihre E-Mails aber weiterhin manuell synchronisieren.
- Die automatische Synchronisation mit Cloudspeicherdiensten wie OneDrive, Dropbox, Google Drive, MEGA und anderen wird abgeschaltet.
- Apps können nicht mehr im Hintergrund ausgeführt werden.

Surfen im Internet und das Offlinearbeiten funktionieren weiterhin. Mit einem Schalter in den Einstellungen kann zusätzlich automatisch die Bildschirmhelligkeit reduziert werden.

5.21 Welche Apps saugen den Akku leer?

Klicken Sie in den *Einstellungen* ❶ unter *System/Strom und Akku* ❷ auf die Zeile *Akkunutzung* ❸. Hier erscheint eine Liste der verwendeten Programme, sortiert nach ihrem Akkuverbrauch. Bei einigen Apps lassen sich über das Symbol mit den drei Punkten die Hintergrundaktivitäten einschränken.

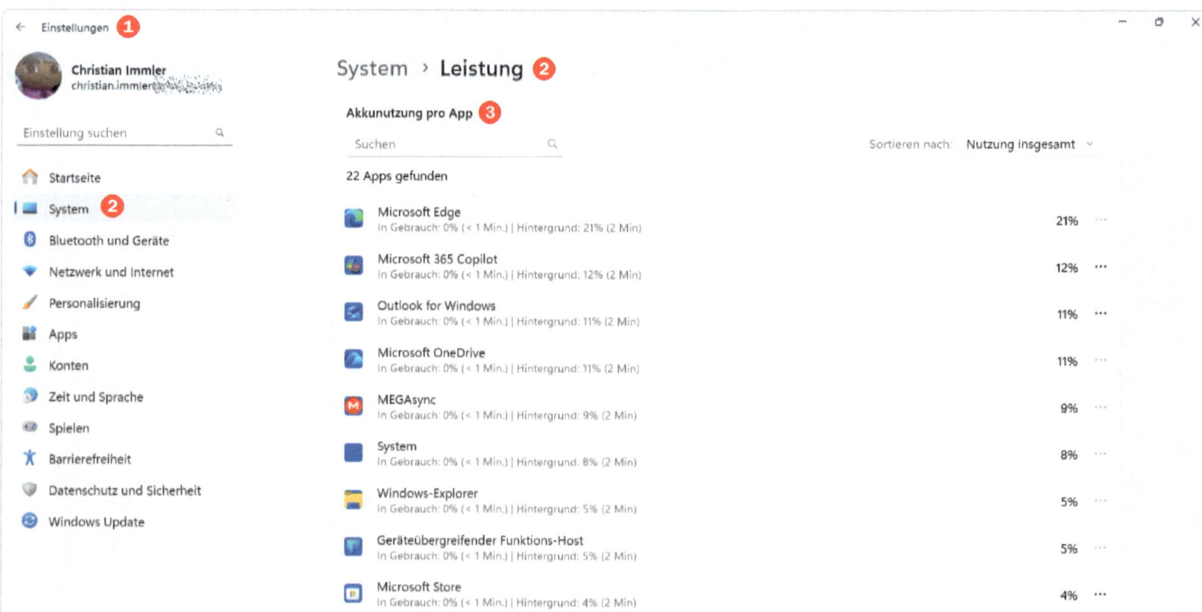

Anzeige verwendeter Programme und ihres jeweiligen Akkuverbrauchs.

5.22 Welche Stand-by-Modi werden unterstützt?

Windows 11 bietet verschiedene Funktionen, um einen PC in den Ruhezustand zu versetzen. Allerdings unterstützt nicht jedes Gerät jeden Stromsparmodus.

Öffnen Sie mit einem Rechtsklick auf das Windows-Logo ein Windows-Terminal mit Administratorberechtigung. Geben Sie hier ein:

```
powercfg /a
```
❶

Dieser Kommandozeilenbefehl zeigt alle auf dem PC unterstützten Stand-by-Modus-Funktionen an.

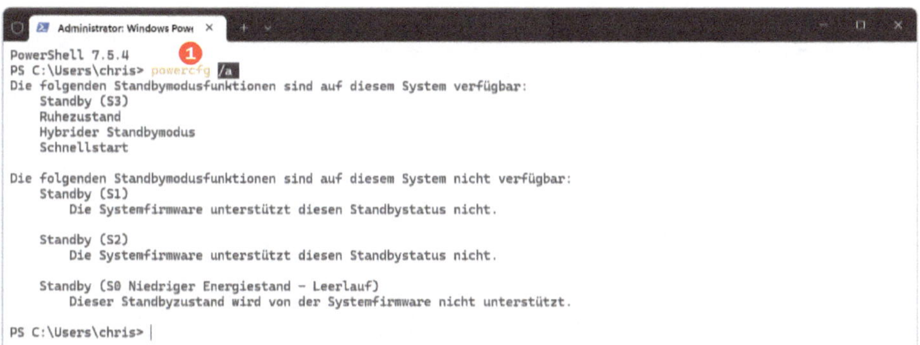

Anzeige aller auf dem PC unterstützten Stand-by-Modus-Funktionen.

5.23 Auf einem angeschlossenen Beamer erscheint kein Bild

Die meisten Notebooks haben einen Anschluss für einen externen Monitor. Dieser zweite Monitoranschluss wird gern für Präsentationen genutzt. Dabei kann auf dem zweiten Monitor oder Beamer dasselbe Bild zu sehen sein wie auf dem Notebook-Bildschirm, oder man erweitert den Windows-Desktop auf beide Bildschirme. In diesem Fall können einzelne Fenster auf den Beamer geschoben werden, sodass die Zuschauer sie sehen, andere Fenster – z. B. mit persönlichen Notizen – bleiben auf dem Notebook-Bildschirm. Allerdings wird in der Grundeinstellung bei den meisten Notebooks auf dem angeschlossenen Beamer gar nichts angezeigt.

Das Tastenkürzel `Win`+`P` oder das Schnelleinstellungssymbol *Projizieren* ❶ blendet rechts unten auf dem Bildschirm ein Panel mit vier Symbolen für die verschiedenen Konfigurationen von Computermonitor und Projektor (Beamer oder zweitem Monitor) ein. Hier können Sie die gewünschte Konfiguration auswählen. Die Symbolgrafiken erklären eindeutig, was die jeweiligen Anzeigevarianten bewirken. Die Standardvorgabe *Nur PC-Bildschirm* ❷ zeigt auf dem Beamer kein Bild.

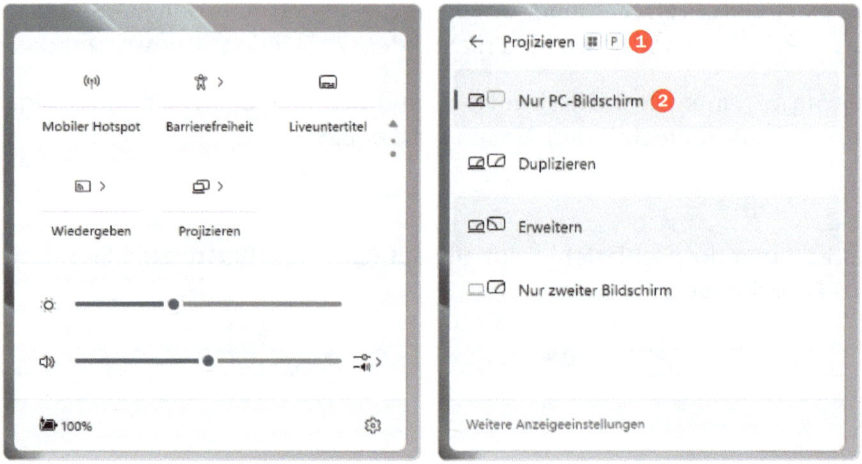

Vier Varianten zur Anzeige auf einem zusätzlichen Bildschirm.

5.24 Wo ist die Lautsprechereinrichtung?

Dem neuen Lautstärkeregler, den Sie per Klick auf das Lautsprechersymbol in der Taskleistenecke erreichen, fehlen gegenüber Windows 7 die Links auf den Lautstärkemixer sowie die Einstellungen des aktuellen Wiedergabegeräts.

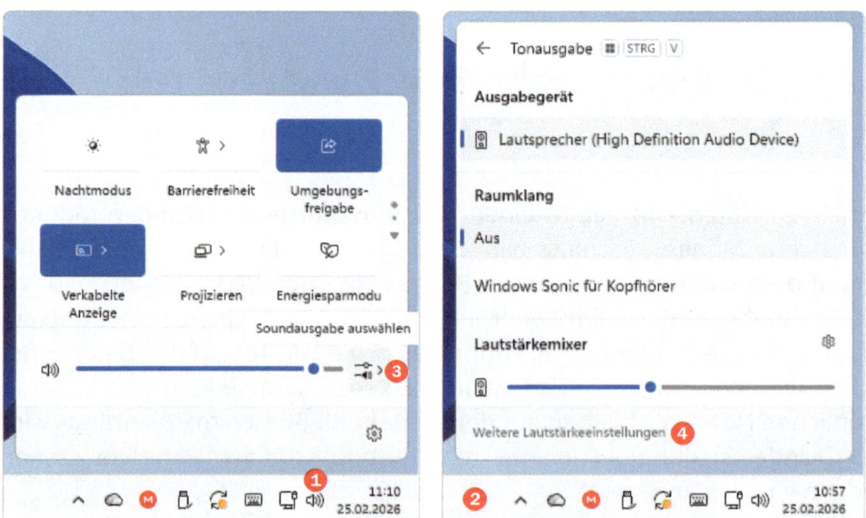

Lautstärkeregler beim Klick auf das Lautsprechersymbol ❶ in der Taskleistenecke ❷.

Klicken Sie auf das Symbol *Soundausgabe auswählen* ❸ neben dem Lautstärkeregler, um schnell zwischen Audioausgabegeräten wie zum Beispiel Lautsprecher oder Kopfhörer zu wechseln. Noch einfacher erreichen Sie diese Einstellungen mit der Tastenkombination `Win`+`Strg`+`V`.

Ein Klick auf *Weitere Lautstärkeeinstellungen* ❹ öffnet die *Einstellungen* ❺ mit den Soundeinstellungen. Hier können Sie die Lautstärke für verschiedene Ausgabegeräte individuell festlegen.

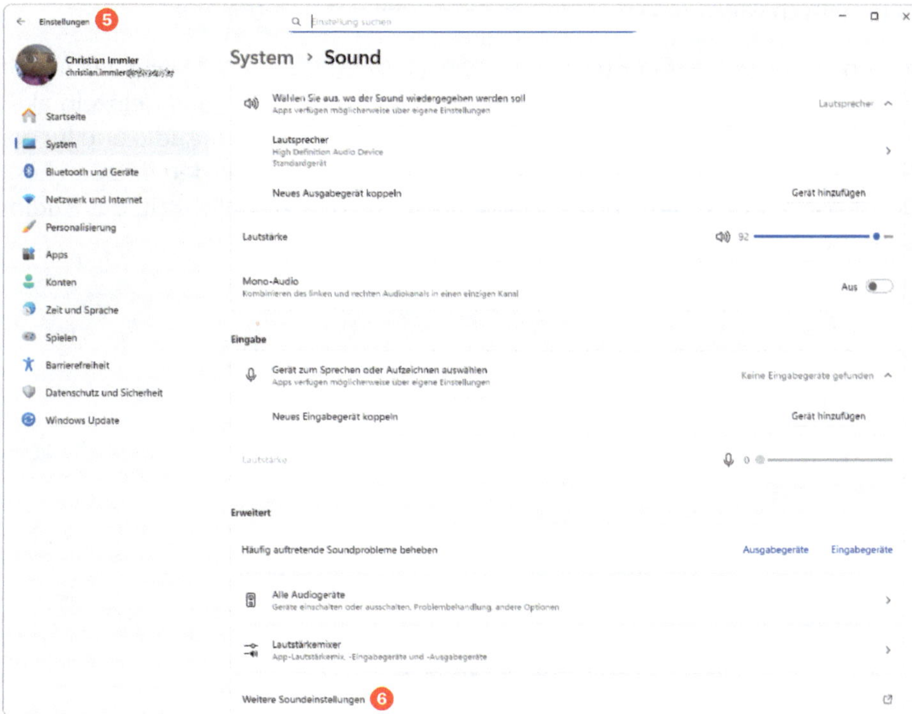

Soundeinstellungen.

Die Zeile *Weitere Soundeinstellungen* ❻ ganz unten öffnet die klassischen Soundeinstellungen, in denen Sie unter anderem den Raumklang der Lautsprecher einstellen.

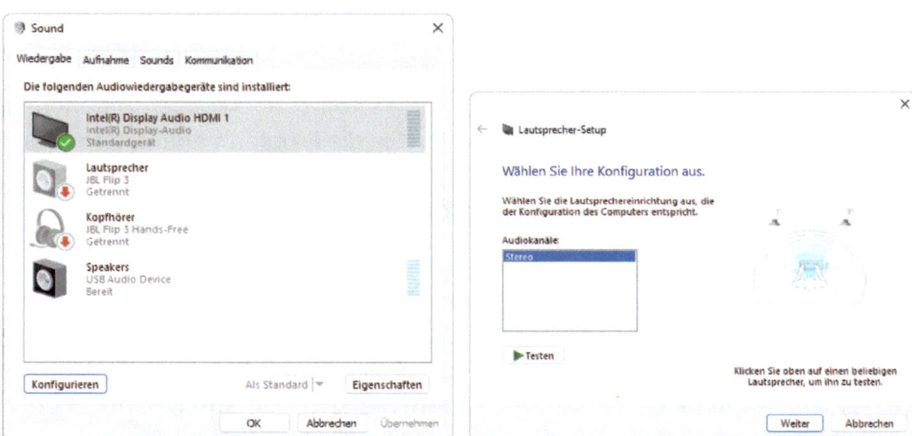

Klassische Einstellungen für Audiogeräte und Raumklang.

5.25 Kein Ton zu hören

Sind die Lautsprecher eingeschaltet und ist trotzdem kein Ton zu hören, liegt in den meisten Fällen ein Problem mit der Audiokonfiguration vor.

In den *Einstellungen* ❶ unter *System/Sound/Alle Audiogeräte* ❷ sind alle installierten Audiogeräte zu finden. An dieser Stelle kann jedes Gerät einzeln aktiviert oder deaktiviert werden. Ein Gerät kann als Standard für Audio und für die Kommunikation verwendet werden. Dieses Gerät wird von den entsprechenden Apps genutzt. Die meisten Apps bieten auch die Möglichkeit, das Audioausgabegerät zu wählen.

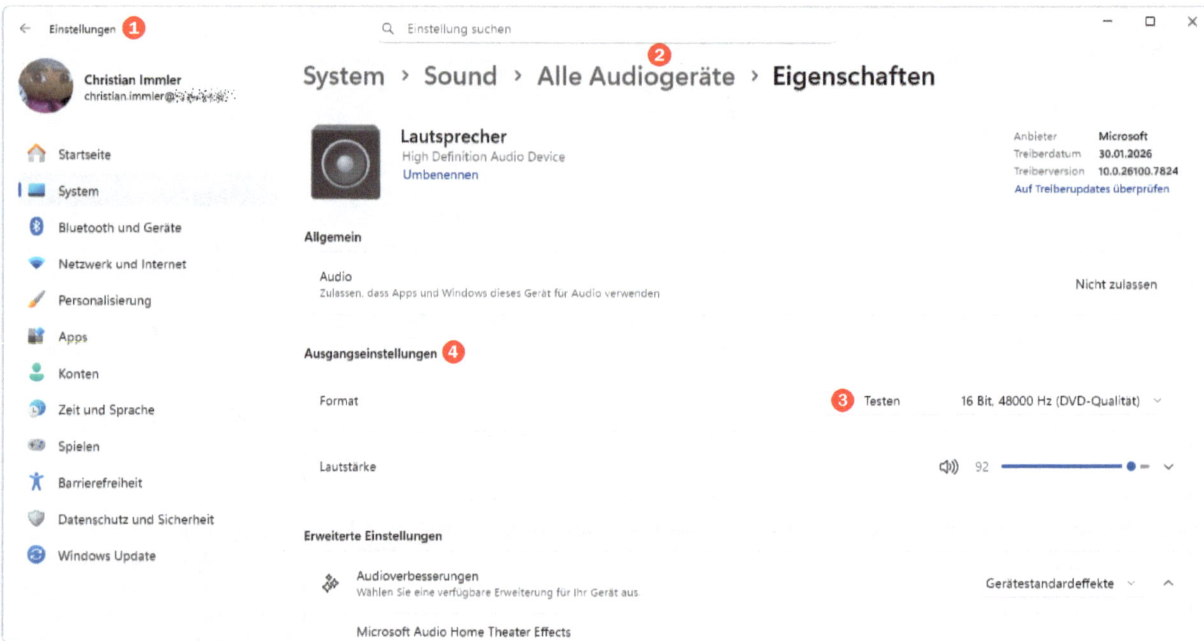

Einstellungen für ein Audioausgabegerät.

Der Button *Testen* ❸ im Bereich *Ausgangseinstellungen* ❹ spielt einen Testklang ab. Sollte nichts zu hören sein, starten Sie die Problembehandlung in den *Einstellungen* unter *System/Sound/Häufig auftretende Soundprobleme beheben*. Hier werden verschiedene Tests durchgeführt und Optionen zur Problemlösung angeboten.

In der Problembehandlung für Soundprobleme wählen Sie als Erstes das problematische Wiedergabegerät aus. In einigen Fällen hilft es, die Audioverbesserungen von Windows zu deaktivieren. Anschließend werden Testsounds abgespielt. Anhand deren Qualität können Sie automatisch einen neuen Soundtreiber installieren oder den aktuellen weiterverwenden.

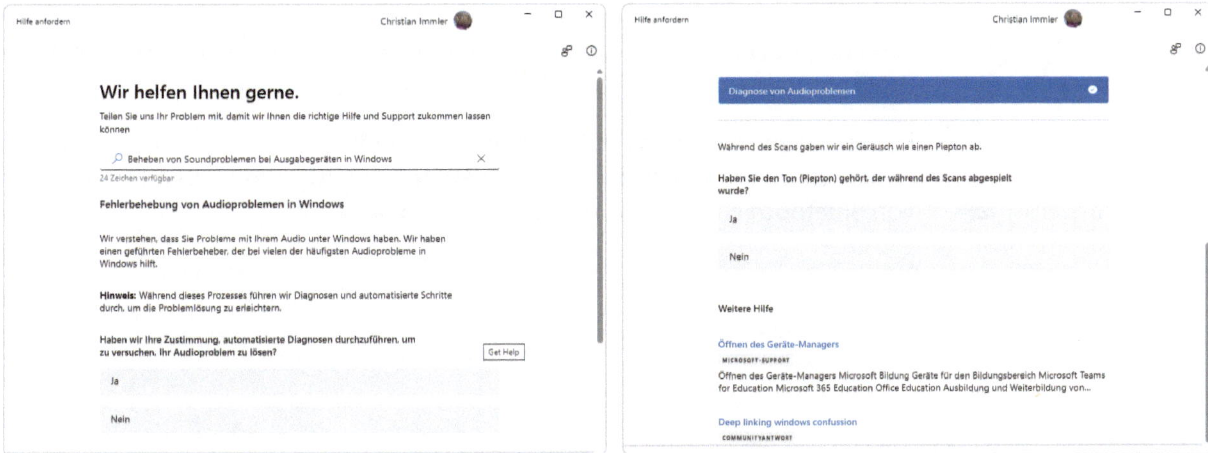

Problembehandlung für Audiogeräte.

5.26 Keine Verbindung mit Bluetooth-Lautsprechern

Die in Notebooks eingebauten Lautsprecher sind oft nur leise und von schlechter Audioqualität. Bluetooth-Boxen und Kopfhörer bieten einen deutlich besseren Sound. Sie müssen nur vor der ersten Verbindung gekoppelt werden.

Zuerst schalten Sie den Lautsprecher in den Verbindungsmodus, manchmal auch als Kopplungsmodus bezeichnet. In den meisten Fällen muss dazu eine Taste, oft der Einschalter, länger gedrückt werden. Viele Bluetooth-Lautsprecher melden die Kopplungsbereitschaft mit einem Signalton oder einer Sprachausgabe.

Schalten Sie über die Schnelleinstellungen *Bluetooth* ein. Klicken Sie auf das Symbol *Soundausgabe auswählen* neben dem Lautstärkeregler in den Schnelleinstellungen und danach auf *Weitere Lautstärkeeinstellungen*. Klicken Sie auf *Gerät hinzufügen* ❶ und wählen Sie im nächsten Fenster *Bluetooth* ❷.

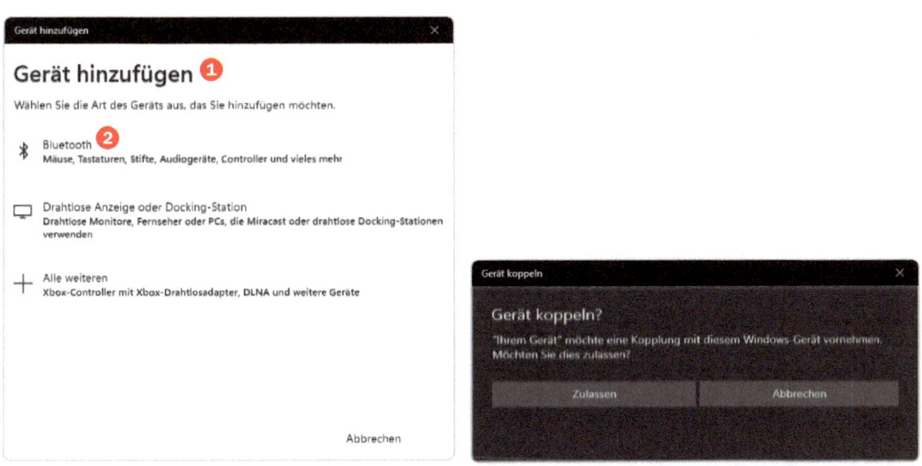

Bluetooth-Lautsprecher koppeln.

Nun erscheint eine Liste mit Geräten in der Nähe. Wählen Sie hier den Lautsprecher aus. Bei einigen Lautsprechern müssen Sie jetzt eine Kopplungstaste drücken. Viele Geräte verkoppeln sich aber auch automatisch.

Haben Sie einmal einen Lautsprecher gekoppelt, erscheint dieser automatisch in der Liste und braucht nicht mehr neu gesucht zu werden. Beim Einschalten von Bluetooth wird er automatisch wieder gekoppelt.

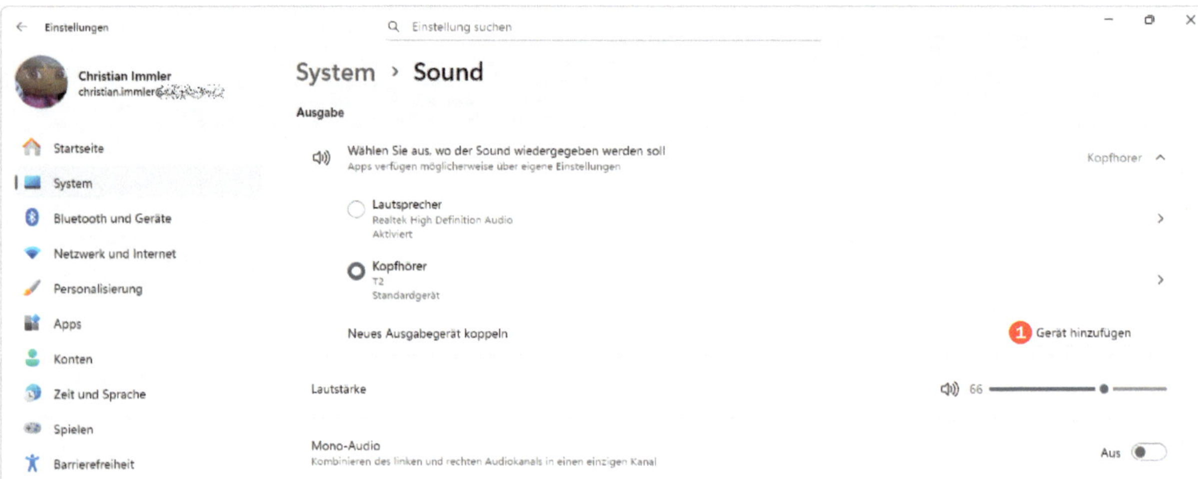

Verbundene Soundausgabegeräte.

Mit einem Klick auf das Symbol *Soundausgabe auswählen* ❸ neben dem Lautstärkeregler in den Schnelleinstellungen schalten Sie zwischen eingebautem Lautsprecher und anderen verbundenen Lautsprechern und Kopfhörern um.

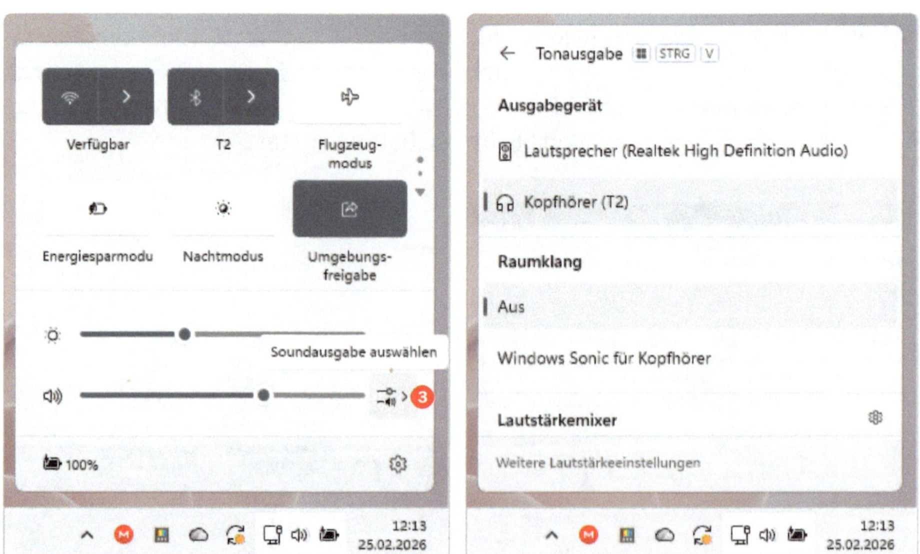

Bluetooth-Lautsprecher in den Schnelleinstellungen.

5.27 Smartphone verbindet nicht über USB

Moderne Android-Smartphones müssen nur noch in seltenen Fällen über USB-Kabel mit dem PC verbunden werden, um Daten zu synchronisieren. Fast alle Daten lassen sich auch drahtlos über Clouddienste austauschen.

Es gibt aber noch Fälle, in denen eine USB-Verbindung mit einem PC durchaus nützlich sein kann, z. B. um eine größere Musiksammlung vom PC auf das Smartphone zu bringen oder umgekehrt große Mengen von Fotos in Originalauflösung vom Smartphone auf den PC zu übertragen.

Schließen Sie das Smartphone über ein USB-Kabel am PC an. Die meisten aktuellen Smartphones werden bei der Verbindung mit einem PC zunächst nur aufgeladen, ohne eine Datenverbindung herzustellen.

Ziehen Sie die Benachrichtigungsleiste herunter und tippen Sie auf die lautlose Benachrichtigung zur USB-Verbindung. Wählen Sie jetzt den Verbindungsmodus *Dateiübertragung* ❶.

Das Smartphone wird im Explorer in der Ansicht *Dieser PC* ❷ angezeigt. Klicken Sie darauf, sehen Sie den internen Speicher und – wenn vorhanden – auch die Speicherkarte als Laufwerk, jetzt können Sie Dateien hin und zurück übertragen.

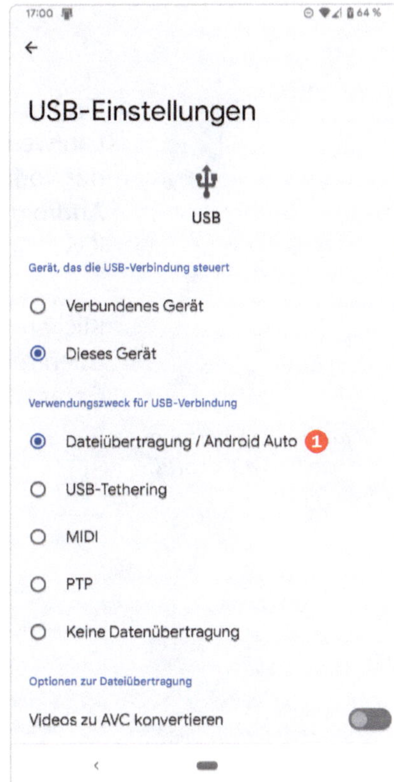

USB-Verbindung auf dem Smartphone einrichten.

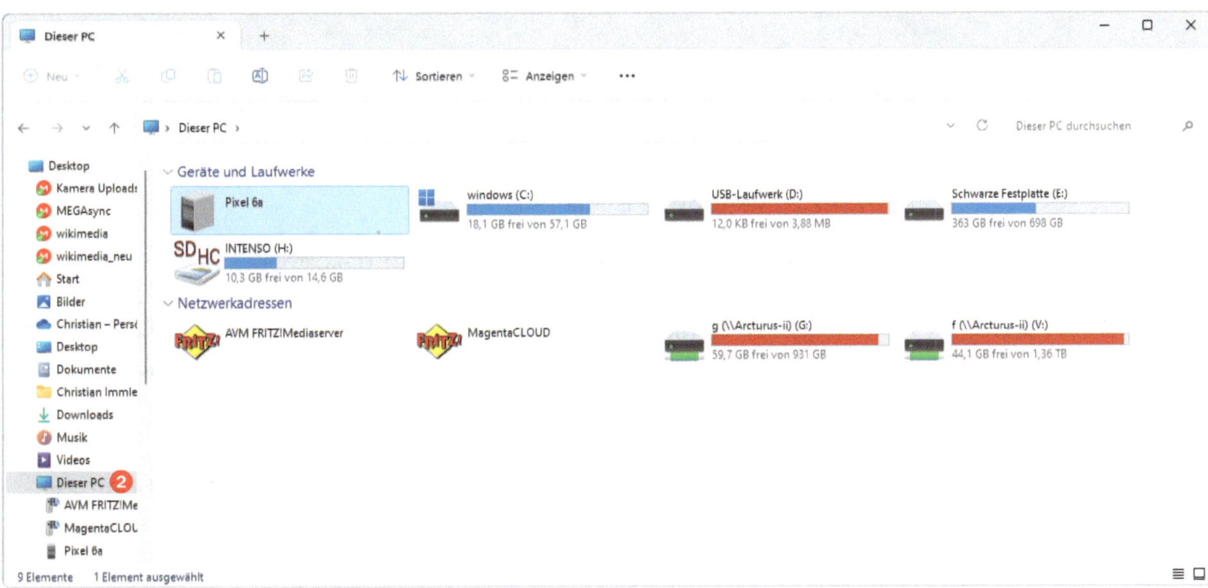

Das Smartphone als Laufwerk im Explorer.

5.28 iPhone verbindet nicht über USB

iPhones lassen sich nicht über USB mit dem PC verbinden, sie werden nicht als Laufwerk erkannt. Um Daten von einem iPhone zu übertragen, benötigen Sie das vorinstallierte Windows-Programm **Smartphone-Link**, mit dem sich auch Android-Smartphones verbinden lassen. Auf dem iPhone muss mindestens iOS 14 installiert sein und der PC muss über Bluetooth verfügen.

Klicken Sie auf dem PC in **Smartphone-Link** auf das Einstellungen-Symbol oben rechts und dann im Bereich *Geräte* auf *Gerät hinzufügen*, um ein neues Gerät zu verknüpfen.

Geräteliste in Smartphone-Link auf dem PC.

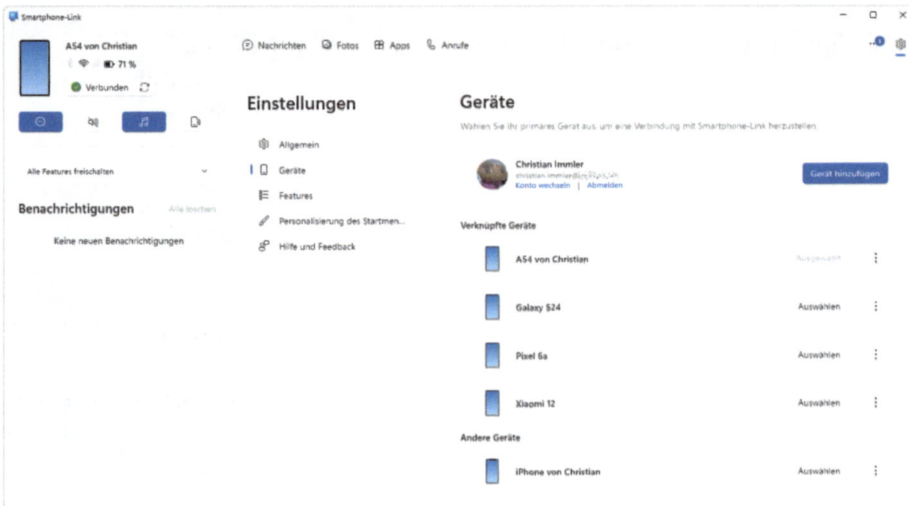

Wählen Sie auf dem nächsten Bildschirm *iPhone*. Dann erscheint ein QR-Code, der mit der Kamera des iPhones gescannt werden muss. Daraufhin öffnet sich auf dem iPhone ein Hinweis auf den App Store, aus dem Sie die angezeigte App **Link zu Windows** installieren müssen.

Jetzt werden PC und iPhone über Bluetooth gekoppelt. Dabei werden noch einige Einstellungen angezeigt, die manuell vorgenommen werden müssen. Melden Sie sich während der Einrichtung in **Link zu Windows** auf dem iPhone mit dem gleichen Microsoft-Konto an, das Sie auf dem PC verwenden.

Wichtig!
Bestätigen Sie auf jeden Fall ALLE angefragten Berechtigungen auf dem iPhone und auch auf dem PC, da der **Smartphone-Link** sonst nicht funktionieren wird.

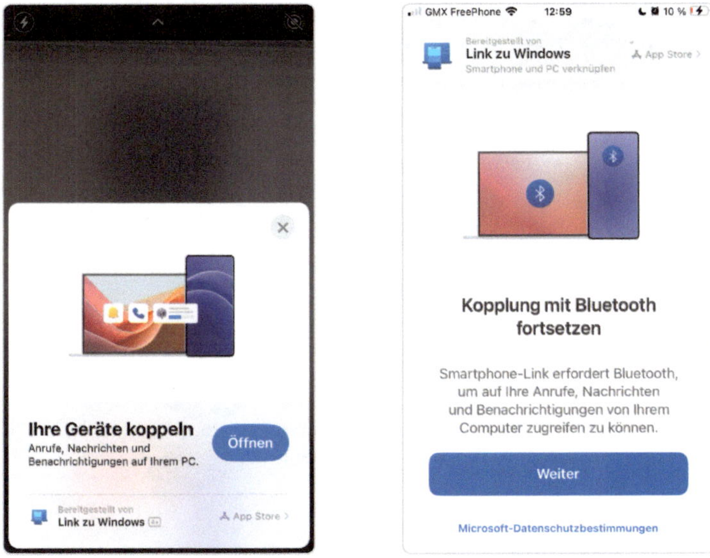

Link zu Windows auf dem iPhone.

Wählen Sie jetzt auf dem PC in **Smartphone-Link** im Bereich *Geräte* das gekoppelte iPhone aus.

Damit **Smartphone-Link** auf dem PC alle Benachrichtigungen des iPhones anzeigen, sowie auch SMS und Anrufe tätigen kann, müssen Sie auf dem iPhone noch weitere Einstellungen tätigen.

Tippen Sie in den Einstellungen des iPhone auf *Bluetooth*. Tippen Sie dann auf das (i)-Symbol neben dem Namen des gekoppelten PCs. Schalten Sie auf der nächsten Seite alle Schalter ein.

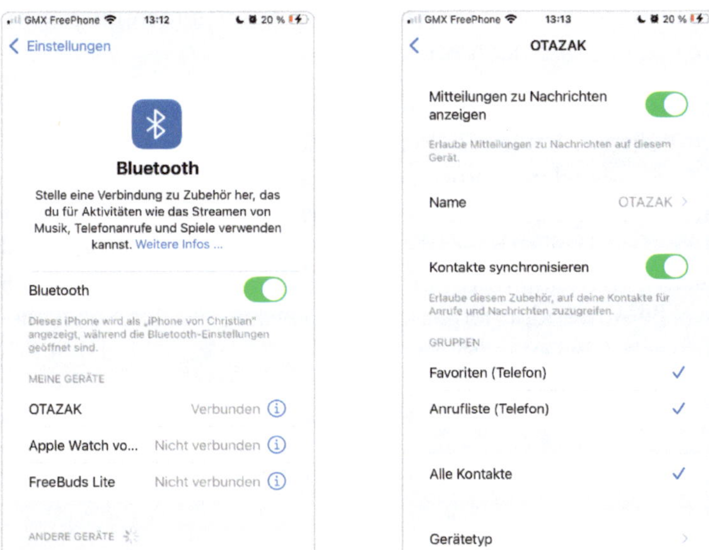

Bluetooth-Einstellungen auf dem iPhone zur Kopplung mit dem PC.

Smartphone-Link zeigt dann Benachrichtigungen, Nachrichten (SMS) und Anrufe vom iPhone an. Der Zugriff auf Fotos und Apps, wie es **Smartphone-Link** für Android-Smartphones ermöglicht, funktioniert bei iPhones nicht.

iPhone über Smartphone-Link mit dem PC gekoppelt.

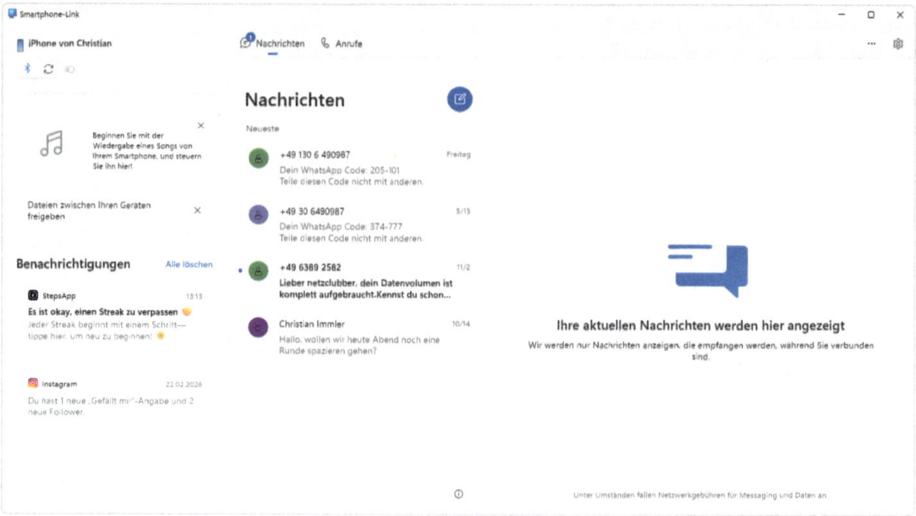

5.29 Wo ist der Windows-Leistungsindex?

Da Windows Vista für die damalige Zeit extrem hohe Hardwareanforderungen hatte, führte Microsoft den **Windows-Leistungsindex** ein, ein System zur Bewertung der Hardwarekomponenten. Seit Windows 10 ist der Leistungsindex aus der Systemsteuerung verschwunden. Die notwendigen Berechnungsfunktionen sind aber im Hintergrund noch vorhanden.

Für den Windows-Leistungsindex werden Prozessor, Arbeitsspeicher, Grafikkarte und Festplatte einzeln bewertet. Je höher der errechnete Wert, desto leistungsfähiger ist die jeweilige Komponente. Die Gesamtbewertung entspricht immer dem schlechtesten Einzelwert, ist also keine durchschnittliche Bewertung. Auf diese Weise soll sichergestellt werden, dass z. B. Computer mit einfachen Grafikkarten, aber einem schnellen Prozessor nicht als geeignet für grafisch anspruchsvolle Anwendungen eingestuft werden, die dann anschließend nicht darauf laufen. Die Daten können zum Vergleich verschiedener PCs hilfreich sein.

Öffnen Sie ein PowerShell-Fenster. Klicken Sie dazu mit der rechten Maustaste auf das Windows-Logo und wählen Sie im Systemmenü *Windows-Terminal*. Geben Sie hier ein:

```
winsat formal
```

Die Berechnung kann einige Minuten dauern. Geben Sie anschließend im selben Fenster ein:

```
Get-WmiObject -Class Win32_WinSAT
```

Jetzt werden die errechneten Leistungsdaten angezeigt.

Parameter	Bedeutung
`CPUScore`	Prozessor
`D3DScore`	Grafik (Spiele)
`DiskScore`	primäre Festplatte
`GraphicsScore`	Grafik
`MemoryScore`	Arbeitsspeicher (RAM)
`WinSPRLevel`	Gesamtbewertung

Windows-Leistungsindex in der PowerShell.

Noch komfortabler lässt sich der Leistungsindex im Stil von Windows 7 mit dem Freewaretool **ExperienceIndexOK** anzeigen:

www.softwareok.de/?seite=Microsoft/ExperienceIndexOK.

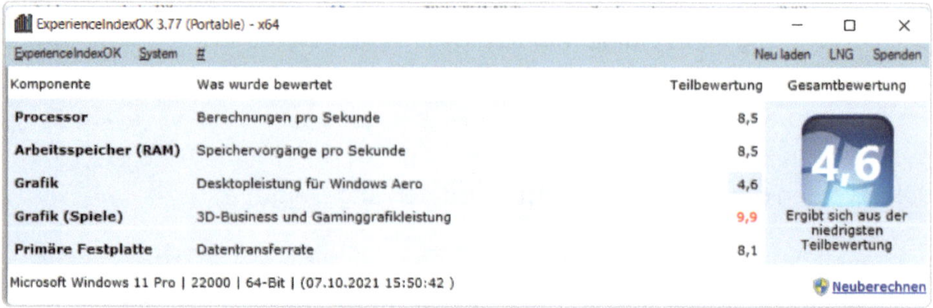

ExperienceIndexOK zeigt den Windows-Leistungsindex in Windows 11 an.

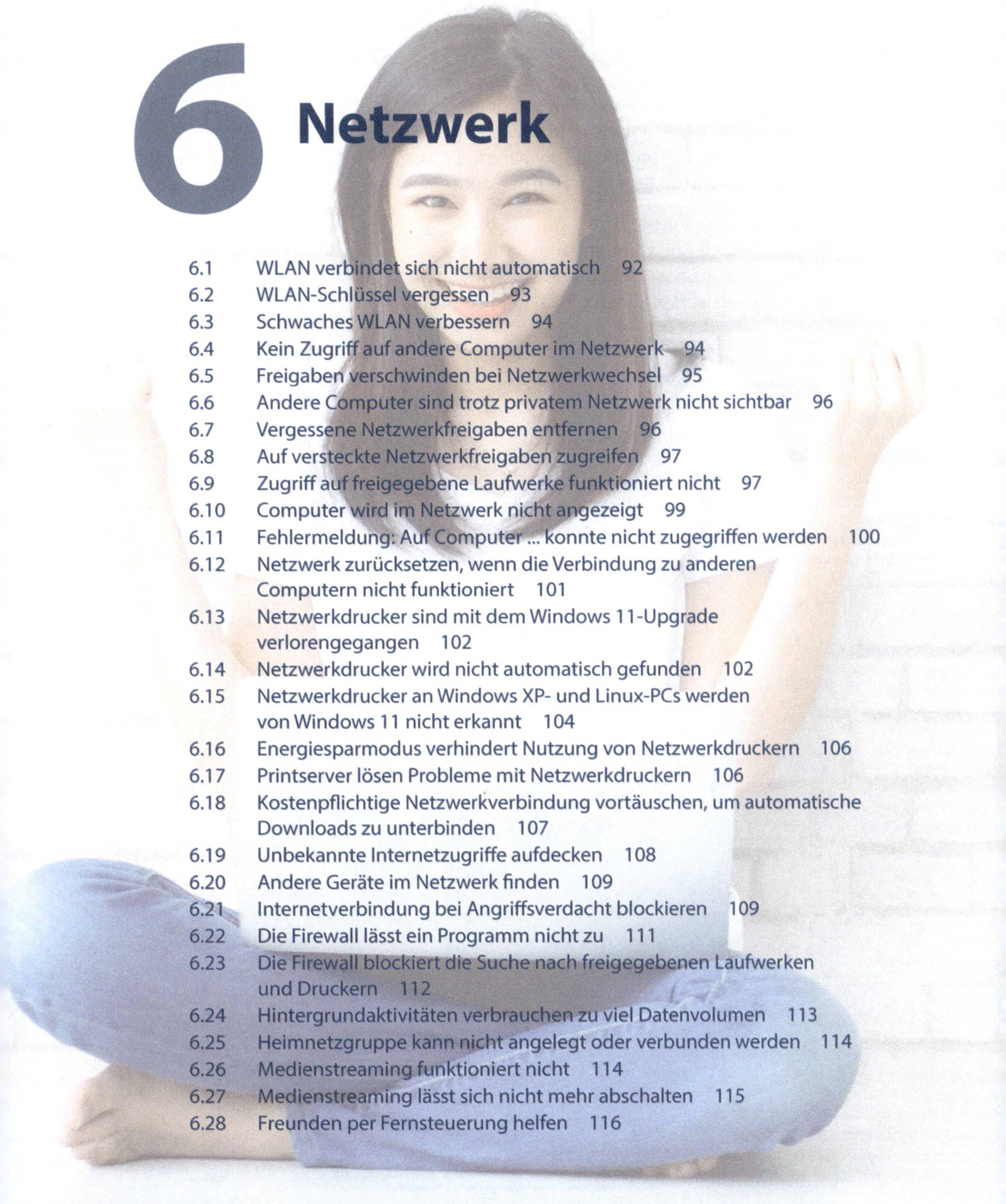

6 Netzwerk

6.1 WLAN verbindet sich nicht automatisch

Bei häufig verwendeten WLANs können Sie in der Liste den Schalter *Automatisch verbinden* aktivieren, um automatisch eine Verbindung herzustellen, sobald dieses WLAN in Reichweite ist. Sind mehrere bekannte WLANs in Reichweite, sollten Sie nur bei einem davon *Automatisch verbinden* einschalten, da es sonst zu Konflikten bei den automatischen Verbindungsversuchen kommen kann.

Durch Änderungen an der Konfiguration eines WLAN-Routers kann es passieren, dass automatische Verbindungsversuche fehlschlagen, selbst wenn der Netzwerkschlüssel gleich geblieben ist.

Klicken Sie in solchen Fällen unten in der Liste der WLANs auf den Link *Mehr WLAN-Einstellungen*.

Klicken Sie auf die Zeile *Bekannte Netzwerke verwalten* und wählen Sie das problematische WLAN aus.

Klicken Sie hier auf *Nicht speichern* ❶. Damit werden die gespeicherten Einstellungen gelöscht. Nach kurzer Zeit erscheint das WLAN beim Klick auf das WLAN-Symbol in der Taskleistenecke automatisch wieder in der Liste. Jetzt können Sie den PC erneut damit verbinden. Da die Daten gelöscht wurden, müssen Sie den WLAN-Schlüssel erneut eingeben.

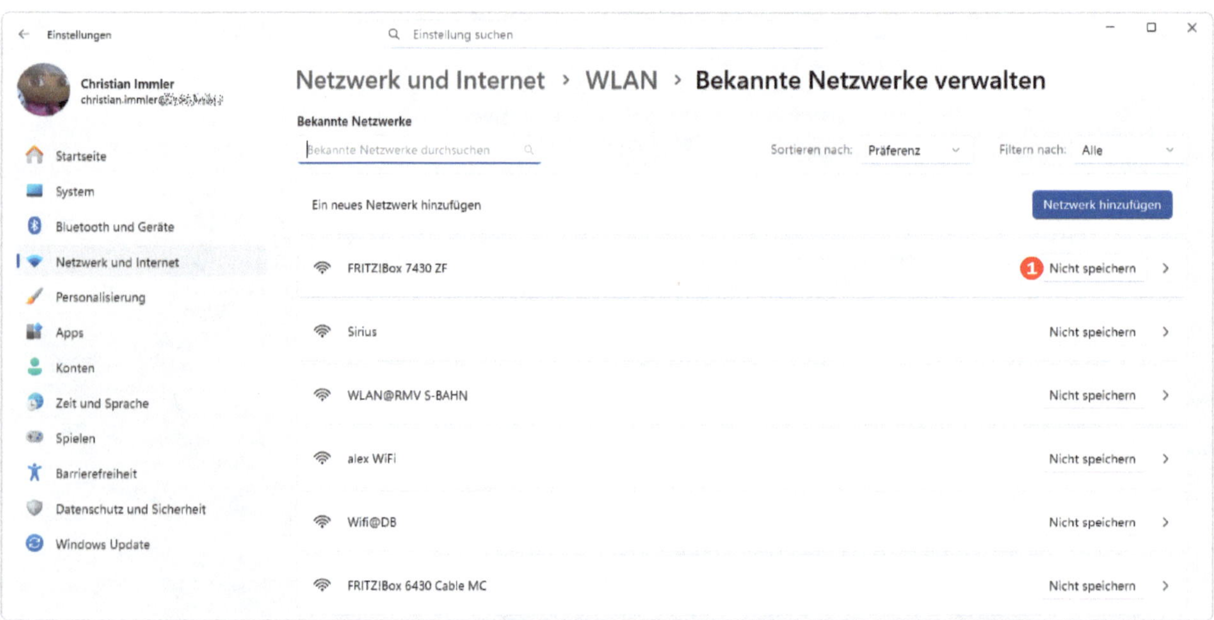

Gespeicherte WLAN-Konfigurationsdaten löschen.

6.2 WLAN-Schlüssel vergessen

Wenn Sie den Sicherheitsschlüssel für Ihr WLAN vergessen haben, aber mit einem Computer noch hineinkommen, können Sie den auf diesem Computer gespeicherten WLAN-Schlüssel auslesen.

Öffnen Sie dazu in der *Systemsteuerung* unter *Netzwerk und Internet* das *Netzwerk- und Freigabecenter* ❶.

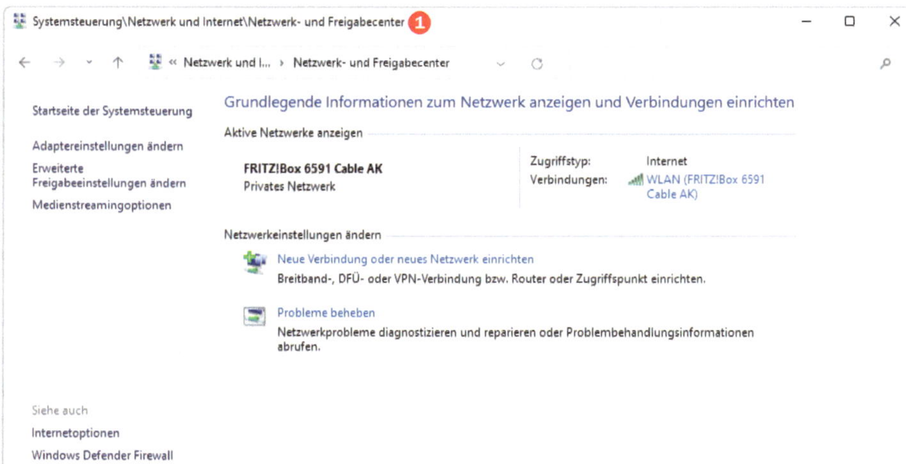

WLAN im Netzwerk- und Freigabecenter.

Klicken Sie hier auf die WLAN-Verbindung und im folgenden Dialogfeld auf *Drahtloseigenschaften* ❷. Wenn Sie im nächsten Dialogfeld auf der Registerkarte *Sicherheit* ❸ den Schalter *Zeichen anzeigen* ❹ aktivieren, erscheint der gespeicherte WLAN-Schlüssel im Klartext. Dies funktioniert auch in früheren Windows-Versionen.

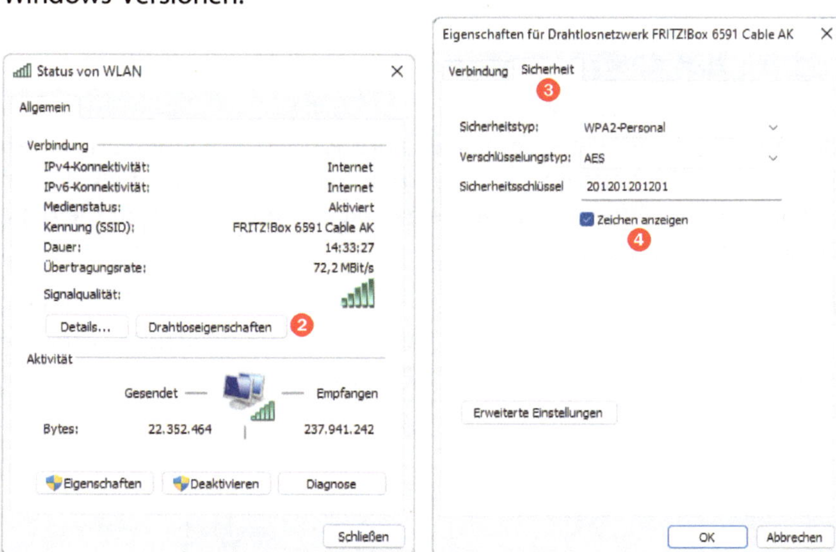

Windows 11 zeigt den gespeicherten WLAN-Schlüssel im Klartext an.

6.3 Schwaches WLAN verbessern

Wählen Sie den Kanal eines eigenen WLAN-Routers immer so, dass möglichst viel Abstand zu den WLANs der Nachbarn besteht. Router auf dicht nebeneinanderliegenden WLAN-Kanälen können Interferenzen verursachen, die den WLAN-Empfang schwächen.

Die App *WiFi Analyzer* aus dem Microsoft Store findet WLANs in der Nähe, zeigt deren Kanäle sowie Signalstärke an und ermittelt daraus eine Empfehlung für einen optimalen WLAN-Kanal des eigenen Routers.

Der WiFi Analyzer zeigt alle WLANs in der Nähe.

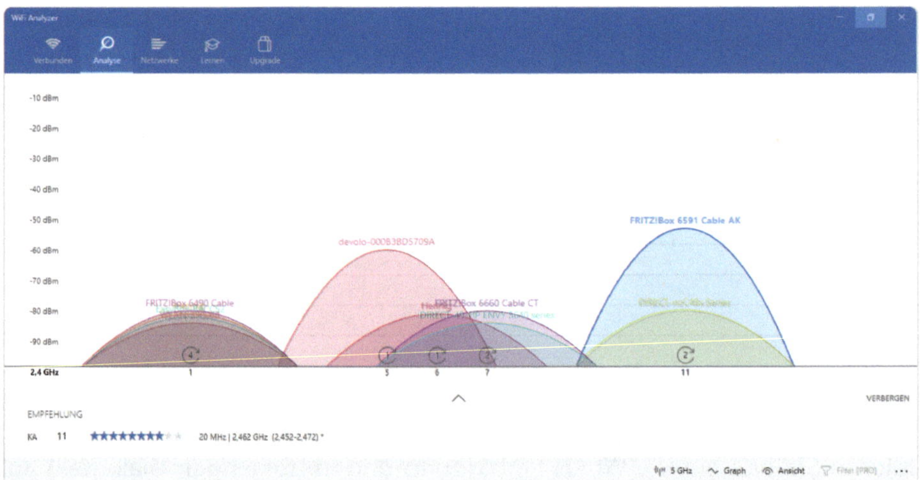

6.4 Kein Zugriff auf andere Computer im Netzwerk

Damit der Zugriff auf freigegebene Dateien auf anderen Computern im lokalen Netzwerk funktioniert, muss das Netzwerkprofil auf *Privat* eingestellt sein. In früheren Windows-Versionen mussten Netzwerkerkennung und Dateifreigabe einzeln eingeschaltet werden.

Das wird in den *Einstellungen* ❶ unter *Netzwerk und Internet* ❷ ganz oben bei *Eigenschaften* ❸ angezeigt. Wenn hier *Öffentliches Netzwerk* steht, klicken Sie darauf und schalten auf *Privates Netzwerk* ❹ um.

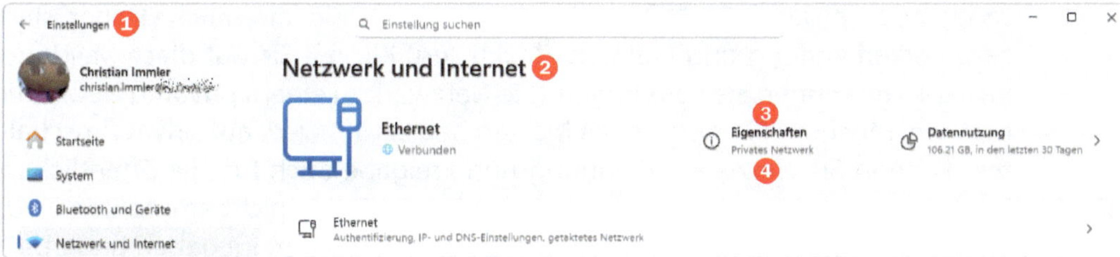

Netzwerkprofil in den Netzwerkeinstellungen anzeigen.

In den *Einstellungen* können Sie jederzeit zwischen *Privates Netzwerk* 5 und *Öffentliches Netzwerk* 6 wechseln. Bei öffentlichen Netzwerken können Sie nicht auf freigegebene Verzeichnisse auf anderen Computern im LAN zugreifen.

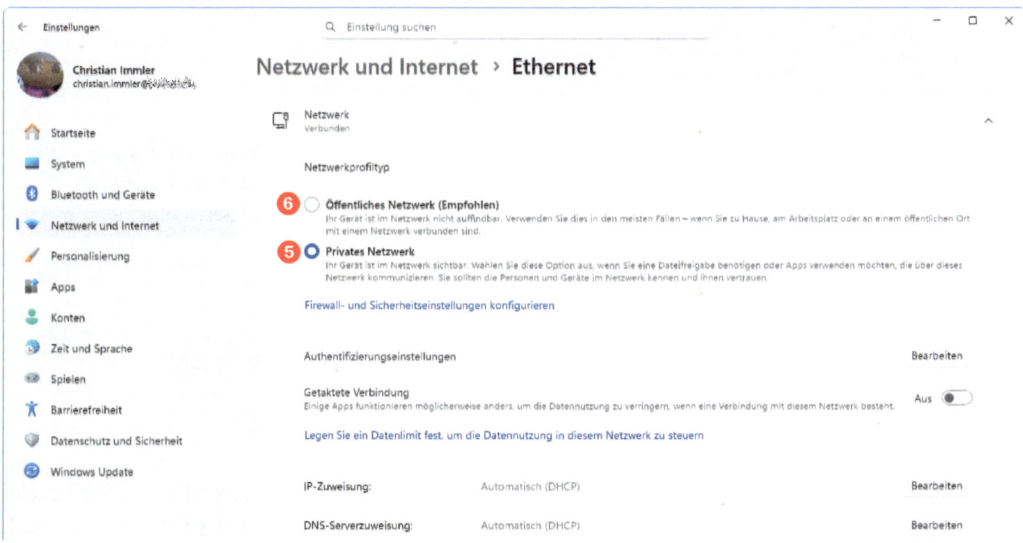

Netzwerkprofil in den Netzwerkeinstellungen umschalten

6.5 Freigaben verschwinden bei Netzwerkwechsel

Haben Sie an einem Ort mehrere WLAN-Zugangspunkte zur Verfügung, kann es passieren, dass beim Wechsel auf ein anderes WLAN die anderen Computer in der Ansicht *Netzwerk* 1 im Explorer wieder verschwinden. Im Explorer erscheint oben ein Balken, der anzeigt, dass die Netzwerkerkennung deaktiviert wurde.

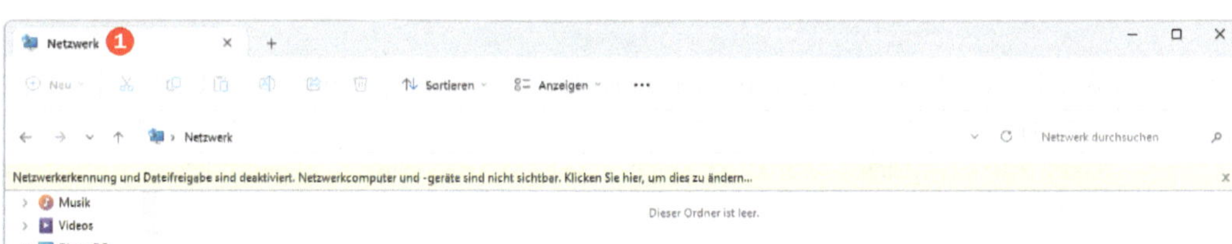

Die Netzwerkerkennung ist deaktiviert.

Jedes neu verbundene Netzwerk ist standardmäßig öffentlich. Daher sind Netzwerkerkennung und Freigabe deaktiviert. Klicken Sie auf diese Meldung im Explorer, können Sie das verwendete Netzwerk zu einem privaten Netzwerk machen. Möchten Sie nicht jedes Mal ein neues Netzwerk auf privat umschalten, können Sie Netzwerkerkennung und Freigabe auch für alle öffentlichen Netzwerke aktivieren, was aber aus Sicherheitsgründen nicht empfohlen wird, besonders wenn Sie auf Ihrem Computer selbst Ordner freigegeben haben.

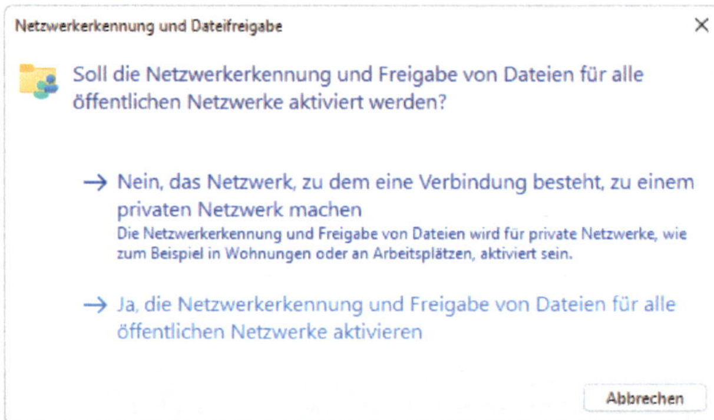

Aktuelles Netzwerk zu einem privaten Netzwerk machen.

6.6 Andere Computer sind trotz privatem Netzwerk nicht sichtbar

Sind auch in privaten Netzwerken andere Computer nicht sichtbar, können die Einstellungen des verwendeten WLAN die Ursache sein. FRITZ!Boxen und auch einige andere WLAN-Router bieten neben dem eigentlichen WLAN-Zugang Gastzugänge an. Diese unterscheiden sich im Wesentlichen dadurch, dass sie nur den Internetzugang zur Verfügung stellen, aber kein lokales Netzwerk.

Möchten Sie per WLAN auf andere Computer im lokalen Netzwerk zugreifen, melden Sie sich über den Hauptzugang am Router an und nicht über einen Gastzugang.

6.7 Vergessene Netzwerkfreigaben entfernen

In privaten Netzwerken aus mehreren Computern verliert man oft die Übersicht über die Freigaben auf dem eigenen Computer. Ein Windows-Systemtool listet alle Freigaben auf und zeigt über das Netzwerk angemeldete Benutzer und freigegebene Dateien an, die diese geöffnet haben.

Klicken Sie mit der rechten Maustaste auf das Windows-Logo und wählen Sie im Systemmenü *Computerverwaltung* ❶. Navigieren Sie im linken Teilfenster zu *System/Freigegebene Ordner/Freigaben* ❷. Jetzt sehen Sie alle Freigaben auf dem eigenen PC. Freigaben mit einem $-Zeichen im Namen sind versteckt und in der Netzwerkumgebung der anderen Computer nicht zu sehen.

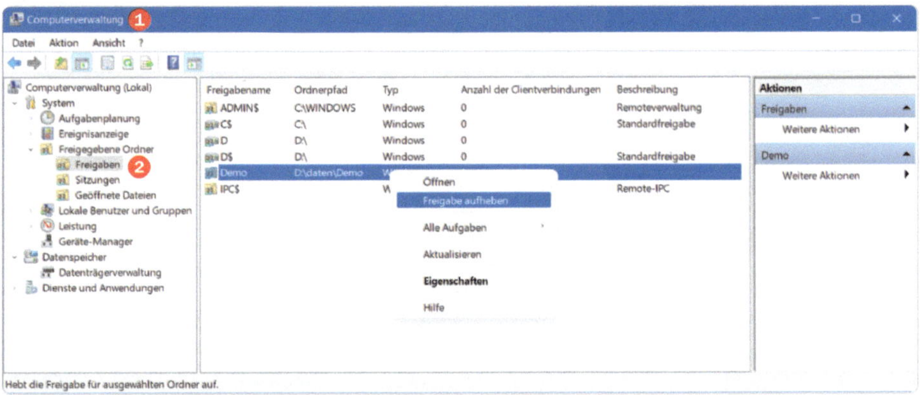

Die Computerverwaltung zeigt Freigaben und Benutzer, die darauf zugreifen.

Mit einem Rechtsklick können Sie nicht mehr benötigte Freigaben ganz einfach aufheben.

6.8 Auf versteckte Netzwerkfreigaben zugreifen

Standardmäßig legt Windows für jedes Laufwerk eine versteckte Freigabe mit einem $-Zeichen im Namen an. Man kann darauf zugreifen, wenn man den Namen kennt und ihn in die Adresszeile des Explorers eingibt. Auf diese Freigabe hat in der Standardeinstellung nur der Administrator Zugriff. Andere Betriebssysteme, wie z. B. Linux, zeigen diese versteckten Freigaben über das Netzwerk normal an.

6.9 Zugriff auf freigegebene Laufwerke funktioniert nicht

Kommt es trotz aktivierter Netzwerkerkennung und Dateifreigabe zu Problemen beim Zugriff auf freigegebene Laufwerke auf anderen Computern (auch wenn es sich nur um Probleme bei einzelnen Laufwerken handelt), ist oftmals **NetBIOS** über **TCP/IP** deaktiviert.

Um festzustellen, ob das die Ursache ist, öffnen Sie in der *Systemsteuerung* unter *Netzwerk und Internet* das *Netzwerk- und Freigabecenter* ❶.

Klicken Sie doppelt auf die verwendete Verbindung, *Ethernet* ❷ oder *WiFi* und im nächsten Dialogfeld auf *Details* ❸.

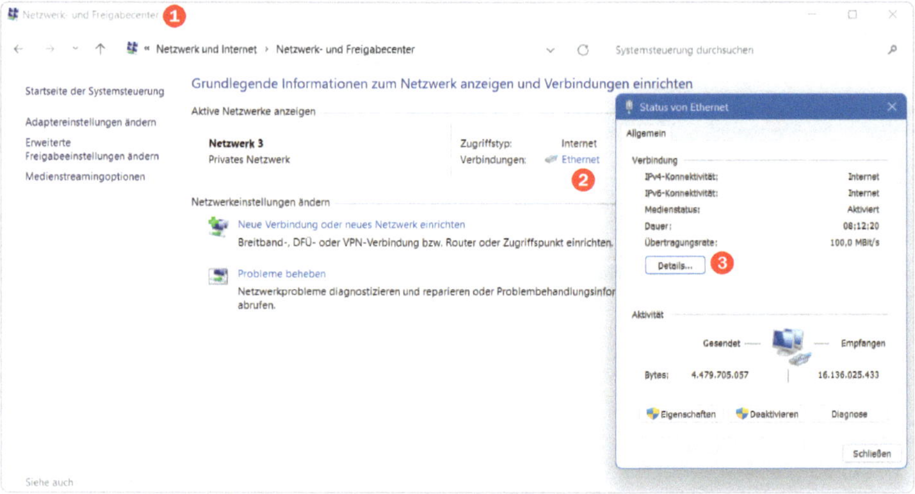

Details einer Netzwerk-verbindung anzeigen.

Steht hier in der Zeile *NetBIOS über TCPIP aktiviert* ❹ der Wert *Nein*, schließen Sie dieses Dialogfeld und klicken auf *Eigenschaften*.

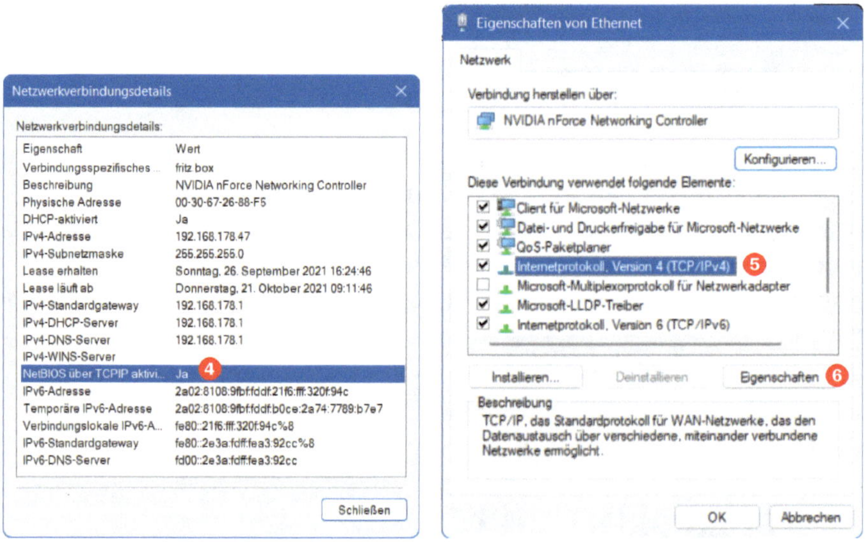

Einstellungen einer Netzwerkverbindung anzeigen.

Markieren Sie im nächsten Dialogfeld die Zeile *Internetprotokoll, Version 4 (TCP/IPv4)* ❺, klicken Sie auf *Eigenschaften* ❻ und im nächsten Dialogfeld auf *Erweitert*. In den meisten Fällen ist die NetBIOS-Einstellung *Standard* ❼ auf der Registerkarte *WINS* ❽ die beste Wahl. Sollte diese nicht funktionieren, schalten Sie auf *NetBIOS über TCP/IP aktivieren* um. Starten Sie danach den Computer neu.

NetBIOS-Einstellungen korrigieren.

6.10 Computer wird im Netzwerk nicht angezeigt

In manchen Fällen wird ein Computer mit freigegebenen Laufwerken auf anderen Computern im Netzwerk im Explorer unter *Netzwerk* nicht angezeigt, obwohl der Zugriff auf einzelne Freigaben funktioniert. In solchen Fällen fehlt meist die Unterstützung für die **SMB 1.0/CIFS-Dateifreigabe**.

Klicken Sie in den *Einstellungen* unter *System/Optionale Features* ganz unten auf die Zeile *Mehr Windows-Funktionen*.

Setzen Sie im Fenster *Windows-Features aktivieren oder deaktivieren* ❶ das Häkchen bei *Unterstützung für die SMB 1.0/CIFS-Dateifreigabe* ❷. Danach müssen Sie den PC neu starten, damit er auf anderen PCs im Netzwerk angezeigt wird.

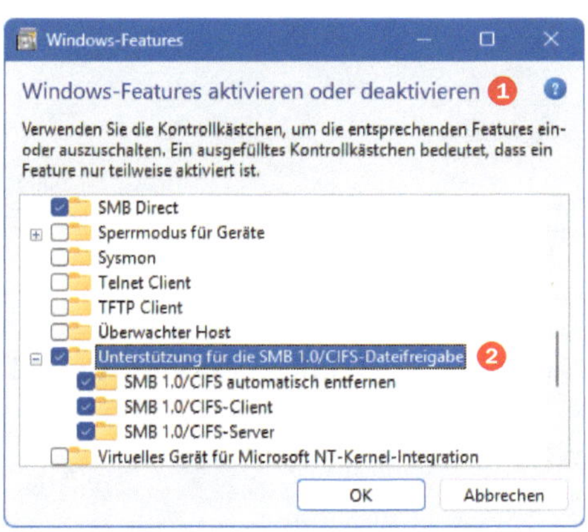

Unterstützung für die SMB 1.0/CIFS-Dateifreigabe aktivieren.

6.11 Fehlermeldung: Auf Computer ... konnte nicht zugegriffen werden

Sehen Sie beim Versuch, ein Netzwerklaufwerk oder einen Drucker zu verbinden, zwar den Computernamen, aber keine Freigaben auf diesem Computer, und erscheint stattdessen die Fehlermeldung *Auf Computer „...“ konnte nicht zugegriffen werden*, liegt meist ein Fehler bei den Windows-Anmeldeinformationen vor.

Verwenden die Computer im Netzwerk unterschiedliche Benutzernamen, sollte beim Anmeldeversuch mit unbekannten Benutzerdaten ein Dialogfeld zur Eingabe von Benutzernamen und Passwort erscheinen, was aber nicht immer wie erwartet funktioniert.

Windows 11 bietet die Möglichkeit, Anmeldeinformationen zur Anmeldung auf anderen Computern im Netzwerk zentral zu speichern.

Klicken Sie in der *Systemsteuerung* unter *Benutzerkonten/Anmeldeinformationsverwaltung* ❶ auf *Windows-Anmeldeinformationen* ❷.

Hier können bereits für mehrere Computer im Netzwerk Anmeldeinformationen gespeichert sein. Klappen Sie den Abschnitt für den gewünschten Computer im Netz auf und bearbeiten Sie die dort gespeicherten Informationen.

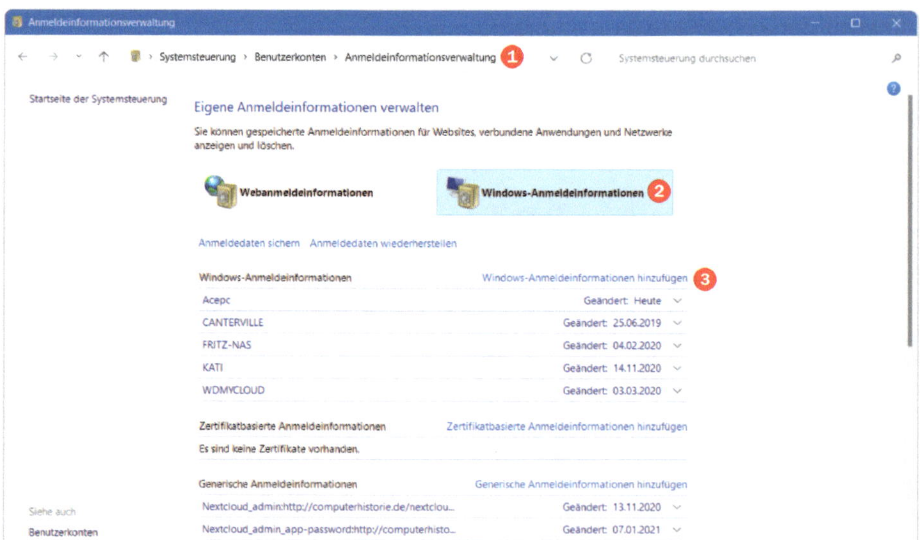

Windows-Anmeldeinformationen speichern.

Sind für den gewünschten Computer keine Anmeldeinformationen gespeichert, klicken Sie auf *Windows-Anmeldeinformationen hinzufügen* ❸ und geben Ihre Benutzerdaten ein, um sich auf dem Computer anzumelden.

Jetzt können Sie mit dem Explorer das Netzwerk durchsuchen und sehen auch freigegebene Ordner und Drucker.

6.12 Netzwerk zurücksetzen, wenn die Verbindung zu anderen Computern nicht funktioniert

Sollten alle zuvor beschriebenen Tipps die Verbindungsprobleme zu Netzwerklaufwerken nicht lösen, können Sie die Netzwerkeinstellungen komplett auf die Standardwerte zurücksetzen. Klicken Sie dazu in den *Einstellungen* ❶ unter *Netzwerk und Internet/Erweiterte Netzwerkeinstellungen* ❷ auf *Netzwerk zurücksetzen* ❸.

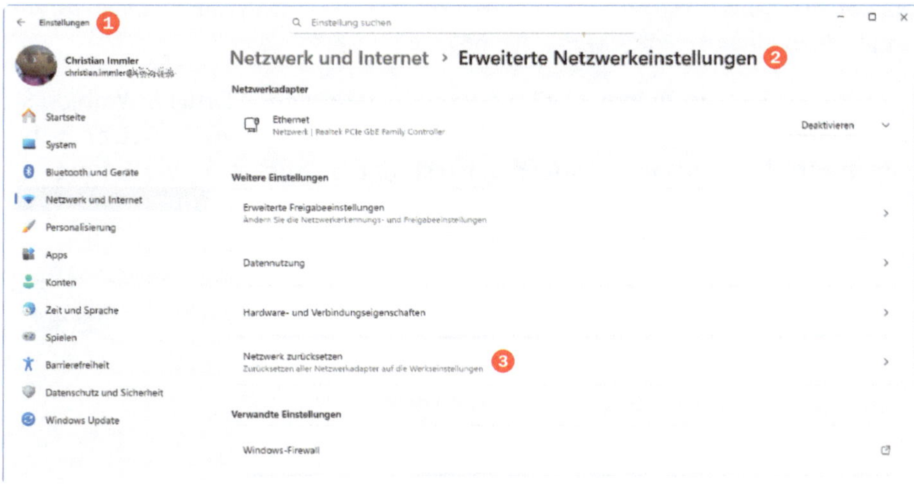

Netzwerkstatus in den Einstellungen.

Jetzt erscheint noch eine Warnung, die Sie bestätigen müssen. Da die meisten privaten Nutzer weder VPN-Clientsoftware noch virtuelle Switches installiert haben, sind die Folgen des Zurücksetzens nicht so dramatisch, wie es die Meldung vermuten lässt.

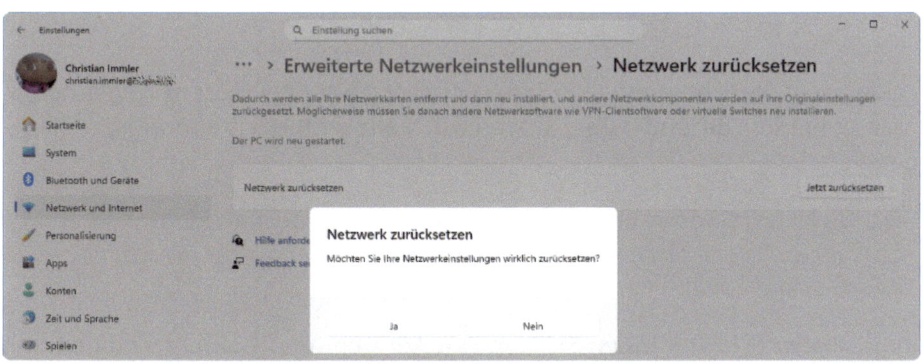

Netzwerkverbindung zurücksetzen.

Starten Sie nach dem Zurücksetzen den Computer neu, und die Netzwerkverbindung funktioniert wieder.

6.13 Netzwerkdrucker sind mit dem Windows 11-Upgrade verlorengegangen

Beim Upgrade auf Windows 11 gehen in einigen Fällen die zuvor eingerichteten Netzwerkdrucker verloren. Windows 11 bietet aber in den Einstellungen eine sehr einfache Möglichkeit, die meisten gängigen Netzwerkdrucker automatisch wieder hinzuzufügen.

Wählen Sie *Bluetooth und Geräte/Drucker und Scanner* ❷ in den *Einstellungen* ❶ und klicken Sie auf *Gerät hinzufügen* ❸.

Nach kurzer Zeit erscheinen alle im Netzwerk gefundenen Drucker. Wählen Sie den gewünschten Drucker aus und klicken Sie auf *Gerät hinzufügen*. Der Treiber wird automatisch installiert. Kurz danach steht der Drucker zur Verfügung.

Netzwerkdrucker in Windows 11 hinzufügen.

6.14 Netzwerkdrucker wird nicht automatisch gefunden

Leider werden nicht immer alle Drucker im Netzwerk auf diesem Weg automatisch gefunden. Besonders bei älteren Druckern kann es Erkennungsprobleme geben.

Wird ein Netzwerkdrucker nicht gefunden, klicken Sie – nachdem *Drucker oder Scanner hinzufügen* ❶ durchgelaufen ist – auf *Fügen Sie ein neues Gerät manuell hinzu* ❷ in der Zeile *Der gewünschte Drucker ist nicht aufgelistet* ❸.

Im nächsten Schritt können Sie den Drucker über den Computernamen und den Freigabenamen oder über seine IP-Adresse eintragen. Die einfachste Methode ist in den meisten Fällen der Button *Durchsuchen* ❹. Dabei werden alle Computer im Netzwerk angezeigt, sodass der gewünschte Drucker leicht zu finden ist.

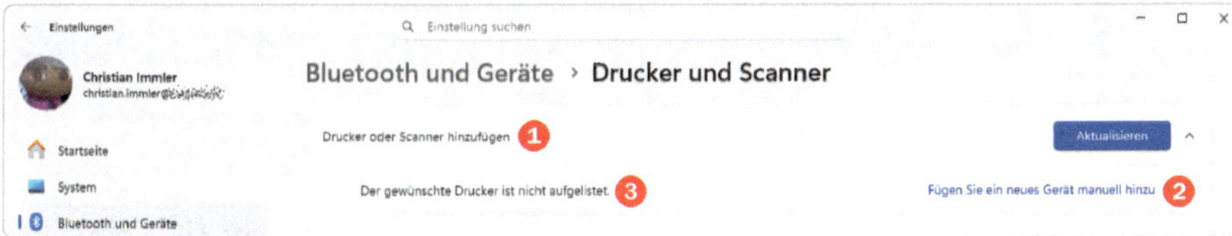

Netzwerkdrucker manuell hinzufügen.

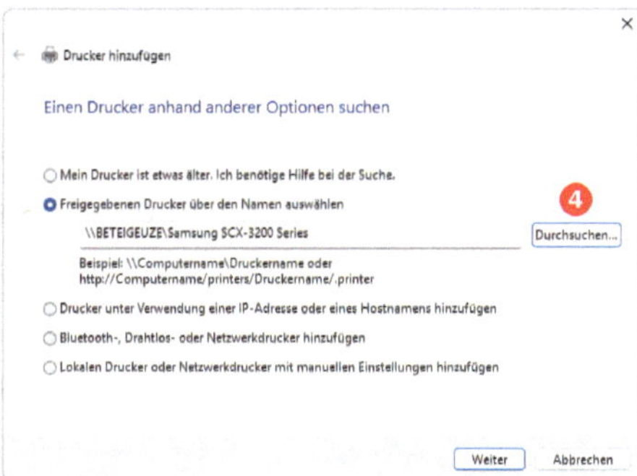

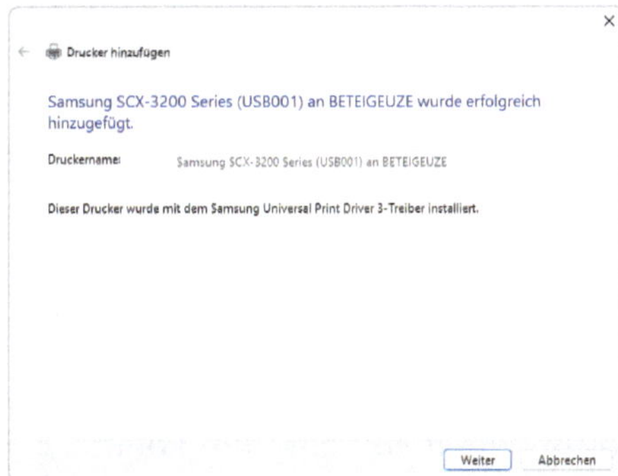

Netzwerkdrucker hinzufügen.

Jetzt wird automatisch der passende Treiber installiert, und Sie haben die Möglichkeit, den angezeigten Druckernamen zu ändern. Nach abgeschlossener Installation wird der Netzwerkdrucker in den *Einstellungen* 5 bei den Druckern angezeigt.

Druckerinstallation erfolgreich abgeschlossen.

6.15 Netzwerkdrucker an Windows XP- und Linux-PCs werden von Windows 11 nicht erkannt

Es scheint eher ein gewolltes als ein technisches Problem zu sein, dass das Drucken auf Netzwerkdruckern, die an PCs mit Windows XP und einigen Linux-Distributionen angeschlossen sind, häufig nicht funktioniert. In diesen Fällen wird gemeldet, dass keine Verbindung mit dem Drucker möglich sei. Dabei lassen sich auch ältere PCs durchaus noch als Druckserver im Netzwerk nutzen.

Über einen einfachen Umweg ist die Installation solcher Drucker in der Regel dennoch möglich:

Wählen Sie in den *Einstellungen* bei *Drucker hinzufügen* ❶ die Option *Lokalen Drucker oder Netzwerkdrucker mit manuellen Einstellungen hinzufügen* ❷ und nicht, wie man vermuten könnte, *Bluetooth-, Drahtlos- oder Netzwerkdrucker hinzufügen*.

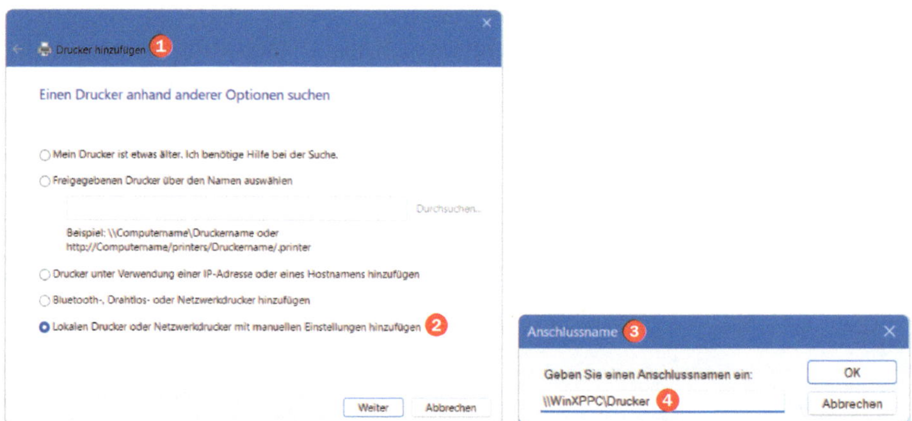

Einen Netzwerkdrucker mit manuellen Einstellungen hinzufügen.

Wählen Sie danach die Option *Neuen Anschluss erstellen*. Hier muss in der Liste *Local Port* ausgewählt sein.

Jetzt erscheint das kleine Eingabefeld *Anschlussname* ❸. Geben Sie hier den Druckernamen im Netz in der Form `\\Computername\Druckername` ❹ ein. Der Drucker muss dazu bereits freigegeben und der angeschlossene Computer eingeschaltet sein.

Wählen Sie im nächsten Schritt den Druckertyp aus. Ältere Drucker stehen oft nicht in der Liste. Hier kann ein Klick auf *Windows Update* ❺ helfen, um eine deutlich größere Auswahl an Druckern herunterzuladen. Sollten Sie einen Treiber auf CD oder als Download vom Hersteller zur Verfügung haben, klicken Sie auf *Datenträger* 6, um diesen zu installieren.

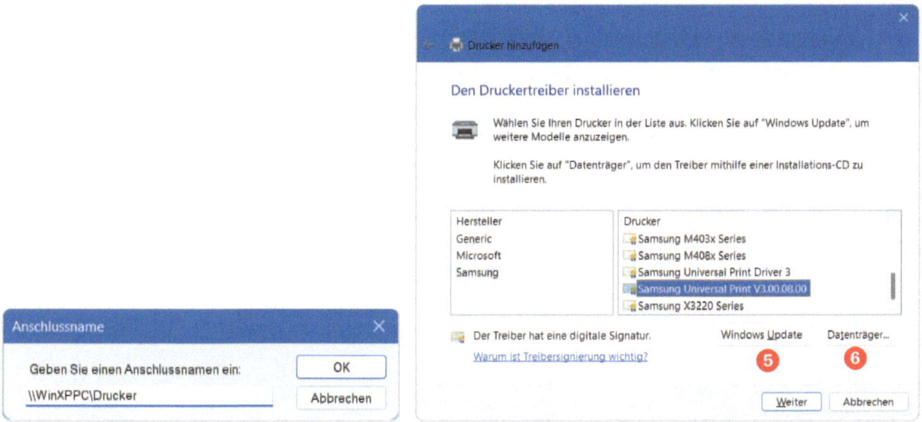

Anschlussname und Druckermodell auswählen.

Geben Sie noch einen Druckernamen ein, unter dem der Drucker später in der Geräteübersicht zu finden sein wird. Danach wird der Treiber installiert.

Anschließend wird eine Auswahl angeboten, den neuen Drucker freizugeben, was in diesem Fall allerdings nicht möglich ist. Die Auswahl erscheint automatisch bei allen Druckern an lokalen Anschlüssen.

Druckertreiber installieren und Drucker nicht freigeben.

Im letzten Dialog des Assistenten können Sie noch eine Testseite drucken. Danach steht der neue Drucker in der Übersicht *Drucker und Scanner* zur Verfügung.

6.16 Energiesparmodus verhindert Nutzung von Netzwerkdruckern

Ein freigegebener Drucker im Netzwerk kann nicht mehr verwendet werden, wenn der Computer, an dem der Drucker physikalisch angeschlossen ist, in den Energiesparzustand versetzt wird. Stellen Sie den Computer, auf dem Sie den Drucker freigeben, in den *Einstellungen* ❶ unter *System/ Leistung / Timeouts für Bildschirm, Standbymodus und Ruhezustand* ❷ so ein, dass zwar nach einer bestimmten Zeit der Bildschirm ausgeht, der Computer aber nie in den Ruhezustand fällt.

Ruhezustand in den Energieeinstellungen abschalten.

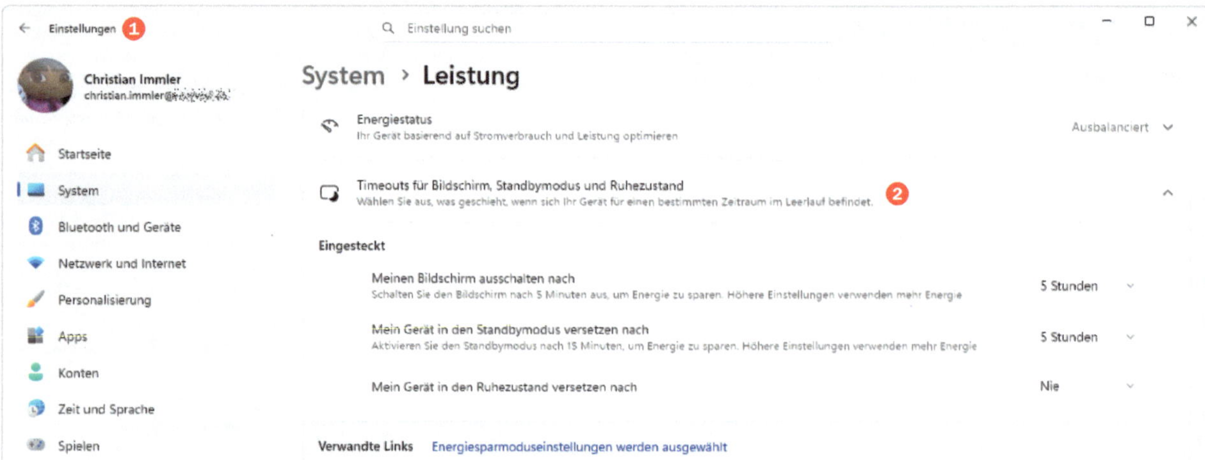

6.17 Printserver lösen Probleme mit Netzwerkdruckern

Printserver für Parallelport (links) und USB (rechts). (Foto: LogiLink)

Die komfortabelste Methode, im Netzwerk zu drucken, ist die Verwendung eines Printservers. Dabei handelt es sich nicht, wie der Name vermuten lässt, um einen riesigen Serverschrank, sondern nur um ein kleines Kästchen, das direkt an den Drucker angesteckt und mit dem Netzwerk verbunden wird. Ein Printserver hat den Vorteil, dass kein bestimmter Computer eingeschaltet sein muss, um den Drucker zu verwenden. Ein Netzwerkdrucker an einem Printserver steht immer zur Verfügung. Die meisten Printserver ermöglichen auch das Drucken von Smartphones über WLAN, was bei Windows-Druckern nicht immer funktioniert. Solche Printserver gibt es für Drucker mit USB- oder Parallelanschluss. Auf diese Weise können Sie ältere Drucker heute noch verwenden, obwohl fast kein PC mehr einen Parallelanschluss hat.

6.18 Kostenpflichtige Netzwerkverbindung vortäuschen, um automatische Downloads zu unterbinden

Um zu vermeiden, dass durch automatische Updates über Mobilfunkverbindungen hohe Kosten entstehen oder das Freivolumen einer Datenflatrate schnell aufgebraucht ist, lädt Windows 11 keine Updates über sogenannte getaktete Verbindungen im UMTS- oder LTE-Netz herunter.

Gaukeln Sie dem System vor, Ihr Netzwerk wäre eine Mobilfunkverbindung, erhalten Sie auch keine automatischen Updates, Treiber und andere Downloads im Hintergrund. Dieser Trick funktioniert auch mit kabelgebundenen Netzwerkverbindungen.

Klicken Sie in den *Einstellungen* unter *Netzwerk und Internet* ganz oben auf das Symbol *Eigenschaften* neben der Anzeige der aktiven Netzwerkverbindung und schalten Sie auf der nächsten Seite *Getaktete Verbindung* ❶ ein. Damit werden diverse Synchronisationsfunktionen abgeschaltet, unter anderem auch die automatischen Updates und Treiberdownloads.

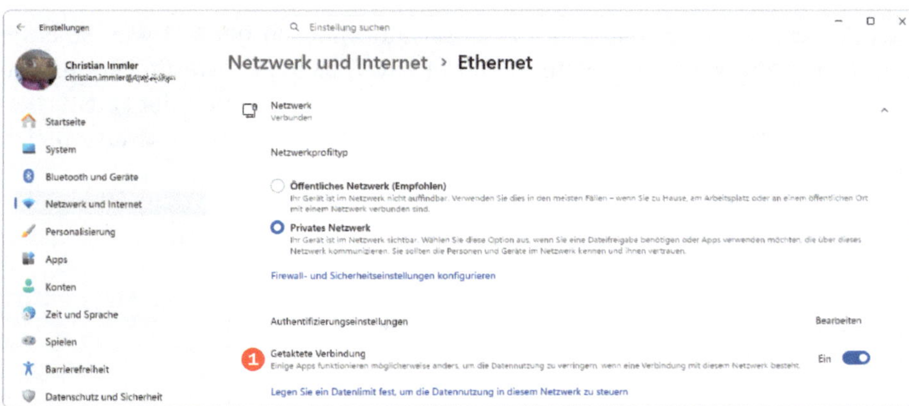

Über als getaktet definierte Verbindungen lassen sich automatische Updates einschränken – ganz gleich, wie die Verbindung tatsächlich aussieht.

Überprüfen Sie noch, ob unter *Windows Update/Erweiterte Optionen* ❷ der Schalter *Updates über getaktete Verbindungen herunterladen* ❸ deaktiviert ist, was standardmäßig der Fall ist.

In der Grundeinstellung lädt Windows über getaktete Verbindungen keine Updates herunter.

6.19 Unbekannte Internetzugriffe aufdecken

Manchmal erscheint die Internetverbindung deutlich langsamer als gewohnt. Das kann an äußeren Einflüssen beim Netzbetreiber liegen, aber auch Programme auf dem eigenen PC können die Verbindung unbemerkt stark auslasten. Sie werden sich wundern, wie viele Programme eine Internetverbindung im Hintergrund nutzen. Dabei muss es sich nicht einmal um bösartige Aktivitäten wie Botnetze oder Ähnliches handeln. Auch die Liste von Verbindungen, die ein Browser neben der eigentlich aufgerufenen Adresse aufruft, wird bei modernen Webseiten immer länger.

Im Protokoll Ihres Routers sehen Sie alle Adressen, mit denen Verbindungen bestehen. Sie sehen jedoch nicht, welches Programm diese verursacht hat, sondern nur die IP-Adresse des Geräts im lokalen Netz, von dem die Verbindung ausging. Die Freeware **CurrPorts** (*www.nirsoft.net/utils/cports.html*) zeigt alle Verbindungen des eigenen PCs mit anderen Computern. Dabei werden neben dem Programm, das die Verbindung aufbaut, die Ziel-IP-Adresse und, soweit zu erkennen, auch der Hostname des Verbindungspartners angezeigt. Unbekannte IP-Adressen können Sie mit Onlinediensten wie **ipinfo.io** lokalisieren.

Die genaue Uhrzeit des Prozessstarts hilft beim Erkennen, ob der Benutzer den Prozess gestartet hat oder ob dieser automatisch geplant war. Solange ein Prozess ein Windows-Fenster geöffnet hat, wird der Fenstertitel angezeigt, was besonders bei Browserfenstern interessant ist, bei denen der Fenstertitel Aufschluss über die besuchte Webseite gibt. Im Menü *Ansicht* 1 lassen sich

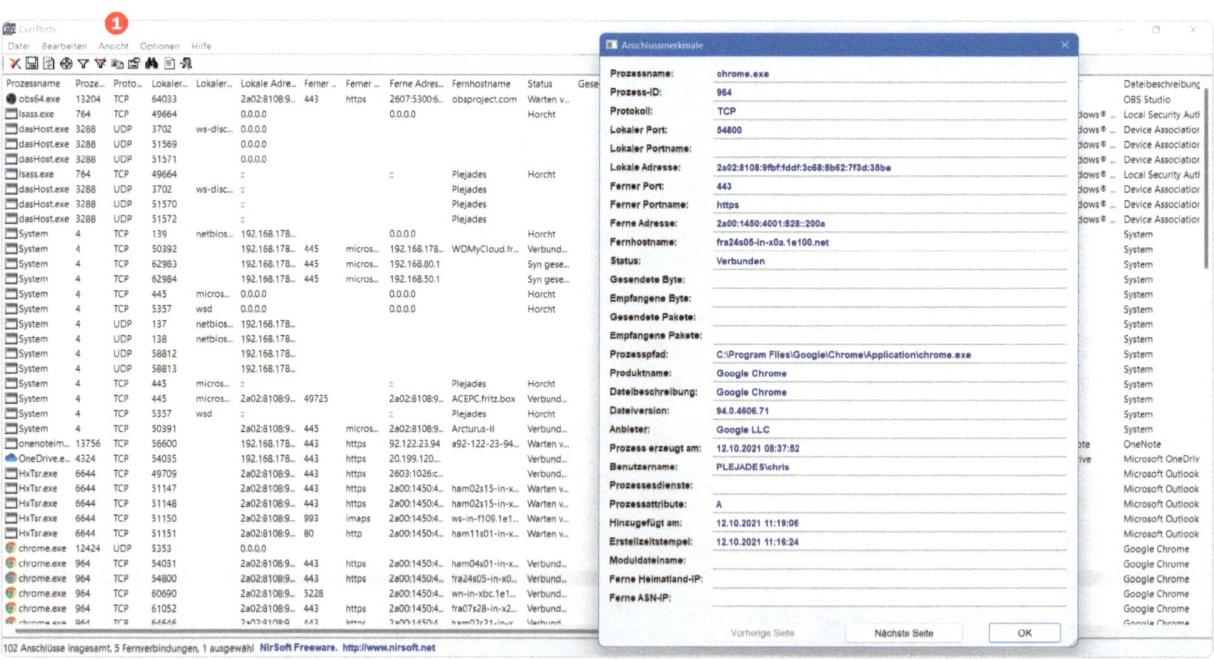

CurrPorts zeigt, welches Programm sich mit welchem Server im Internet verbindet.

die Spalten einrichten, um wichtige Informationen nach vorne zu bringen. Ein Doppelklick auf einen Eintrag zeigt alle Daten in einem übersichtlichen Fenster an.

Um gezielt Informationen über ein bestimmtes laufendes Programm zu erhalten, ziehen Sie das Zielscheibensymbol aus der Symbolleiste von CurrPorts auf das jeweilige Programmfenster. Die betreffenden Einträge in der Verbindungsliste werden dann farbig hervorgehoben.

6.20 Andere Geräte im Netzwerk finden

Die Netzwerkübersicht aus Windows 7 gibt es in Windows 11 nicht mehr. Die IP-Adressen anderer Computer im lokalen Netzwerk lassen sich auf dem Router anzeigen. Die Freeware **IPNeighborsView** (*www.nirsoft.net/utils/ip_neighbor_table_view.html*) zeigt, auch ohne die Zugangsdaten zur Routerkonfiguration zu benötigen, eine Liste aller Geräte im lokalen Netzwerk an, die Windows finden kann.

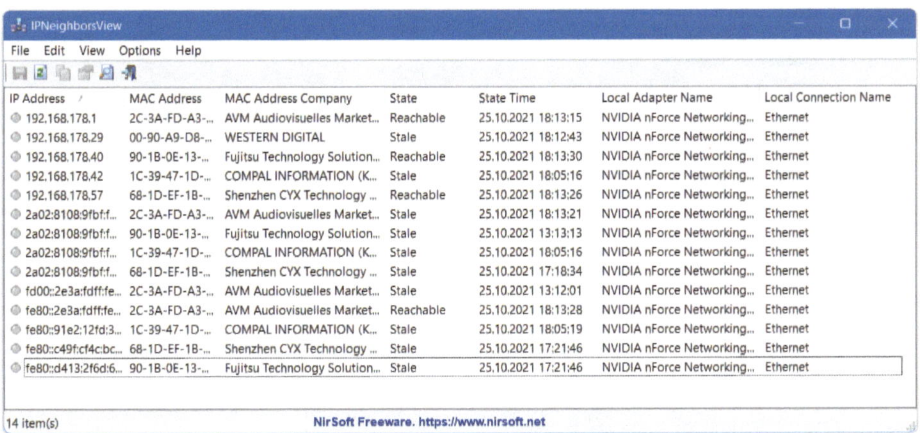

IPNeighborsView

File Edit View Options Help

IP Address	MAC Address	MAC Address Company	State	State Time	Local Adapter Name	Local Connection Name
192.168.178.1	2C-3A-FD-A3-...	AVM Audiovisuelles Market...	Reachable	25.10.2021 18:13:15	NVIDIA nForce Networking...	Ethernet
192.168.178.29	00-90-A9-D8-...	WESTERN DIGITAL	Stale	25.10.2021 18:12:43	NVIDIA nForce Networking...	Ethernet
192.168.178.40	90-1B-0E-13-...	Fujitsu Technology Solution...	Reachable	25.10.2021 18:13:30	NVIDIA nForce Networking...	Ethernet
192.168.178.42	1C-39-47-1D-...	COMPAL INFORMATION (K...	Stale	25.10.2021 18:05:16	NVIDIA nForce Networking...	Ethernet
192.168.178.57	68-1D-EF-1B-...	Shenzhen CYX Technology ...	Reachable	25.10.2021 18:13:26	NVIDIA nForce Networking...	Ethernet
2a02:8108:9fbf:f...	2C-3A-FD-A3-...	AVM Audiovisuelles Market...	Stale	25.10.2021 18:13:21	NVIDIA nForce Networking...	Ethernet
2a02:8108:9fbf:f...	90-1B-0E-13-...	Fujitsu Technology Solution...	Stale	25.10.2021 13:13:13	NVIDIA nForce Networking...	Ethernet
2a02:8108:9fbf:f...	1C-39-47-1D-...	COMPAL INFORMATION (K...	Stale	25.10.2021 18:05:16	NVIDIA nForce Networking...	Ethernet
2a02:8108:9fbf:f...	68-1D-EF-1B-...	Shenzhen CYX Technology ...	Stale	25.10.2021 17:18:34	NVIDIA nForce Networking...	Ethernet
fd00::2e3a:fdff:fe...	2C-3A-FD-A3-...	AVM Audiovisuelles Market...	Stale	25.10.2021 13:12:01	NVIDIA nForce Networking...	Ethernet
fe80::2e3a:fdff:fe...	2C-3A-FD-A3-...	AVM Audiovisuelles Market...	Reachable	25.10.2021 18:13:28	NVIDIA nForce Networking...	Ethernet
fe80::91e2:12fd:3...	1C-39-47-1D-...	COMPAL INFORMATION (K...	Stale	25.10.2021 18:05:19	NVIDIA nForce Networking...	Ethernet
fe80::c49f:cf4c:bc...	68-1D-EF-1B-...	Shenzhen CYX Technology ...	Stale	25.10.2021 17:21:46	NVIDIA nForce Networking...	Ethernet
fe80::d413:2f6d:6...	90-1B-0E-13-...	Fujitsu Technology Solution...	Stale	25.10.2021 17:21:46	NVIDIA nForce Networking...	Ethernet

14 item(s) NirSoft Freeware. https://www.nirsoft.net

IPNeighborsView zeigt Computer im lokalen Netzwerk.

6.21 Internetverbindung bei Angriffsverdacht blockieren

Wenn Sie einen Angriffsverdacht haben oder sich mit Ihrem Notebook in einer besonders unsicheren Umgebung befinden, können Sie über einen Schalter im Programm **Windows-Sicherheit** ganz einfach alle eingestellten Firewall-Regeln auf einmal ignorieren, einschließlich der in der Liste der zugelassenen

Programme, und alle Verbindungen blockieren. So müssen Sie diese Programme nicht einzeln sperren, sondern können mithilfe der Firewall alle Verbindungen auf einmal blockieren.

Öffnen Sie *Microsoft Defender* ❶ über das Symbol in der Taskleistenecke. Microsoft Defender startet mit einem neuen Info-Bildschirm. Klicken Sie hier auf *Geräteschutz* und auf dem nächsten Bildschirm auf *In Windows-Sicherheit verwalten* ❷.

Microsoft Defender in der Taskleiste.

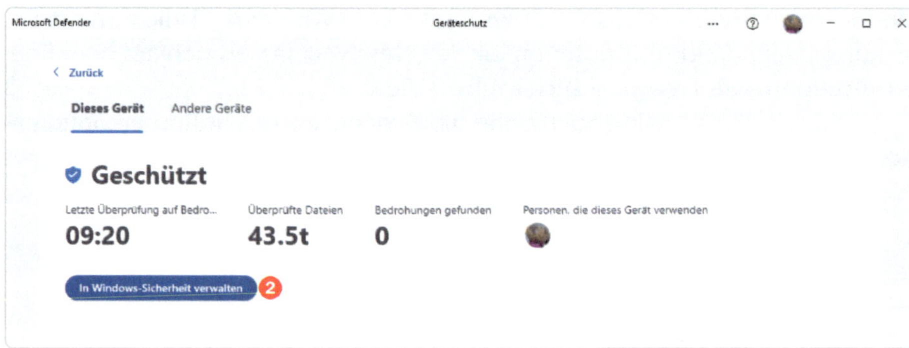

Startbildschirm von Microsoft Defender.

Jetzt startet das Programm *Windows-Sicherheit*. Klicken Sie auf *Firewall- & Netzwerkschutz* ❸ und im nächsten Fenster auf das aktive Netzwerk, meistens ist dies das *private Netzwerk* ❹.

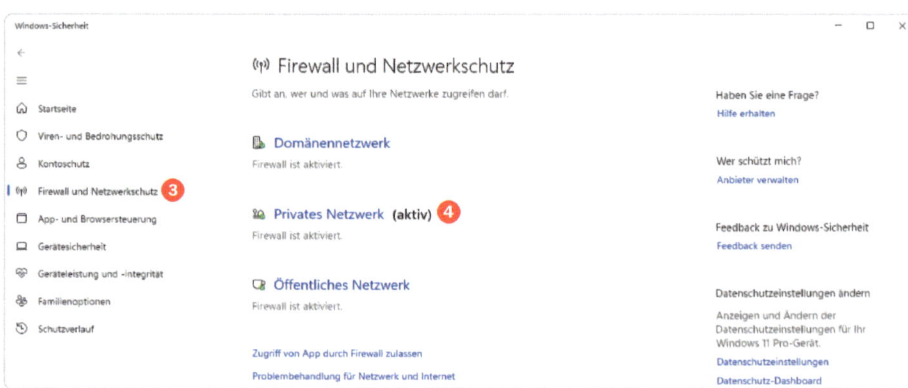

Aktives Netzwerk im Windows Defender Security Center auswählen.

Schalten Sie im nächsten Fenster *Blockiert alle eingehenden Verbindungen, einschließlich der in der Liste zugelassener Apps* ❺ ein. Dazu benötigen Sie Administratorrechte und müssen eine Anfrage der Benutzerkontensteuerung bestätigen.

Deaktivieren Sie diesen Schalter wieder, gelten erneut die zuvor eingestellten Regeln.

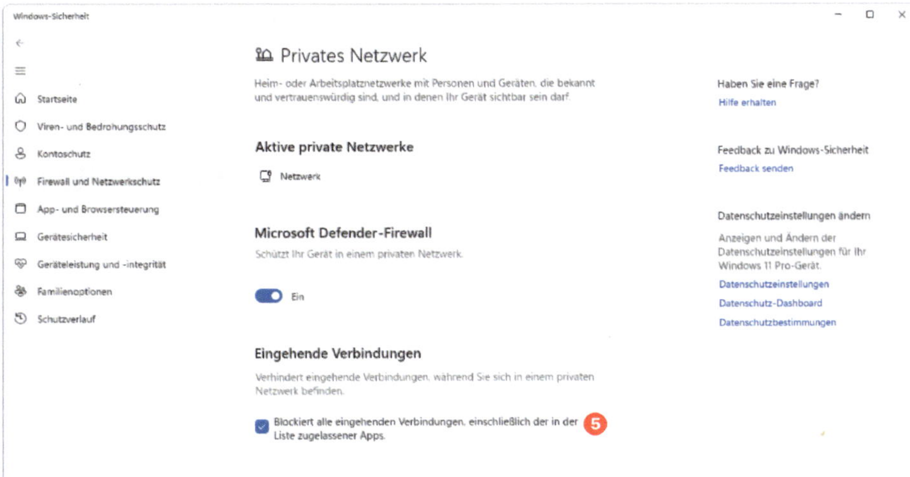

Ein Schalter blockiert alle eingehenden Verbindungen auf einmal. Viele Programme funktionieren dann logischerweise nicht mehr wie vorgesehen.

6.22 Die Firewall lässt ein Programm nicht zu

Normalerweise meldet sich die Windows-Firewall, wenn ein Programm zum ersten Mal eine Internetverbindung benötigt. Der Benutzer kann dieses Programm dann in der Firewall freischalten.

Üblicherweise erscheint diese Anfrage, wenn ein Programm erstmals durch die Firewall kommunizieren will.

Bei älteren und weniger bekannten Programmen wie auch bei Kommandozeilentools kommt es immer wieder vor, dass die Windows-Firewall den Kommunikationsversuch des Programms nicht erkennt und deshalb auch nicht anfragt, ob der Zugriff zugelassen werden soll. Das Programm bzw. zumindest dessen Internetverbindung funktioniert dann einfach nicht.

Ein freigegebenes Programm wird im Konfigurationsdialog der Firewall unter *Zugelassene Apps und Features* ❶ eingetragen. Diese Liste erreichen Sie über den Link *Zugriff von App durch Firewall zulassen* im Programm *Windows-Sicherheit* unter *Firewall- und Netzwerkschutz*.

Um etwas ändern zu können, müssen Sie zuerst auf *Einstellungen ändern* ❷ klicken. Mit der Schaltfläche *Andere App zulassen* ❸ werden Firewall-Regeln für weitere Programme hinzugefügt, ohne dass man diese Programme vorher starten muss. Diese Methode können Sie auch nutzen, wenn ein Programm nicht automatisch die Anfrage auf Zugriff durch die Firewall stellt.

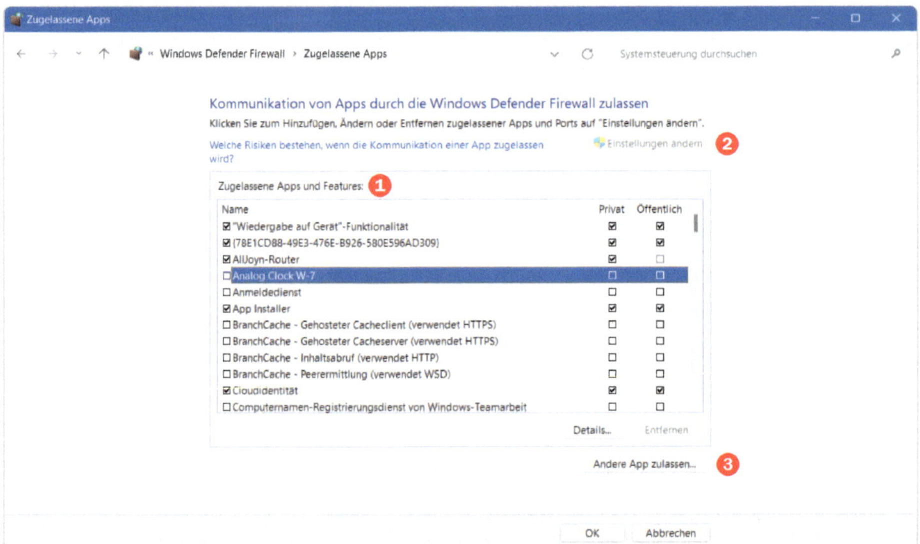

Firewall-Regeln für einzelne Programme festlegen.

Klicken Sie den Schalter ganz links vor einem Programm in der Liste aus, wird die betreffende Regel entfernt. Wenn dieses Programm wieder Daten aus dem Internet übertragen will, erscheint erneut die Abfrage der Firewall.

6.23 Die Firewall blockiert die Suche nach freigegebenen Laufwerken und Druckern

Wenn die Suche nach freigegebenen Laufwerken oder Druckern auf bestimmten Computern im Netzwerk nicht funktioniert, kann dies an einer Firewall-Regel auf den betroffenen Computern liegen.

Öffnen Sie auf dem Computer, der nicht durchsucht werden kann, das Programm *Windows-Sicherheit* und klicken Sie dort unter *Firewall- und Netzwerkschutz* auf den Link *Erweiterte Einstellungen*. Dazu benötigen Sie Administratorrechte.

Ältere, inkompatible Sicherheitstools von Drittherstellern legen unter *Eingehende Regeln* ❶ oft eine Regel *445 TCP IB_BLOCK* ❷ an, die den Port 445 blockiert, der für die Suche innerhalb von Netzwerken benötigt wird.

Markieren Sie diese Regel und deaktivieren Sie sie im *Aktionen*-Fenster ❸ rechts unten. Wenn danach alles wieder funktioniert, können Sie diese Regel auch ganz löschen.

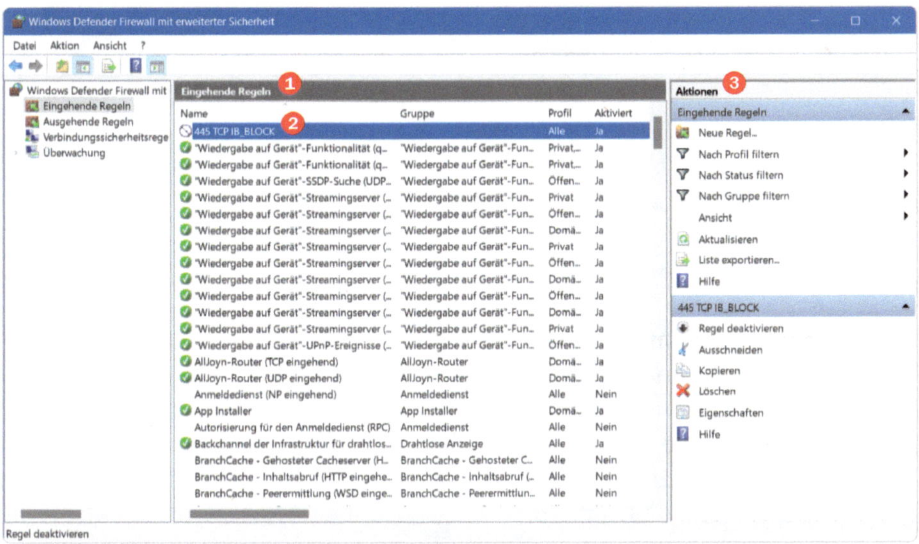

Diese Firewall-Regel blockiert die Suche nach Freigaben im Netzwerk.

6.24 Hintergrundaktivitäten verbrauchen zu viel Datenvolumen

Bei LTE-Anschlüssen als Festnetzersatz oder bei der Nutzung eines Smartphones als WLAN-Hotspot für ein Notebook sind Benutzer an eine Fair-Use-Vereinbarung oder sogar eine Drosselungsgrenze des Datenvolumens gebunden, die zwar deutlich über den Grenzen der Mobilfunktarife liegt, aber in manchen Fällen doch zuschlagen kann.

In den *Einstellungen* ❶ unter *Netzwerk und Internet/Erweiterte Netzwerkeinstellungen/Datennutzung* ❷ können Sie für jede – auch nicht getaktete – Netzwerkverbindung ein *Datenlimit festlegen* ❸.

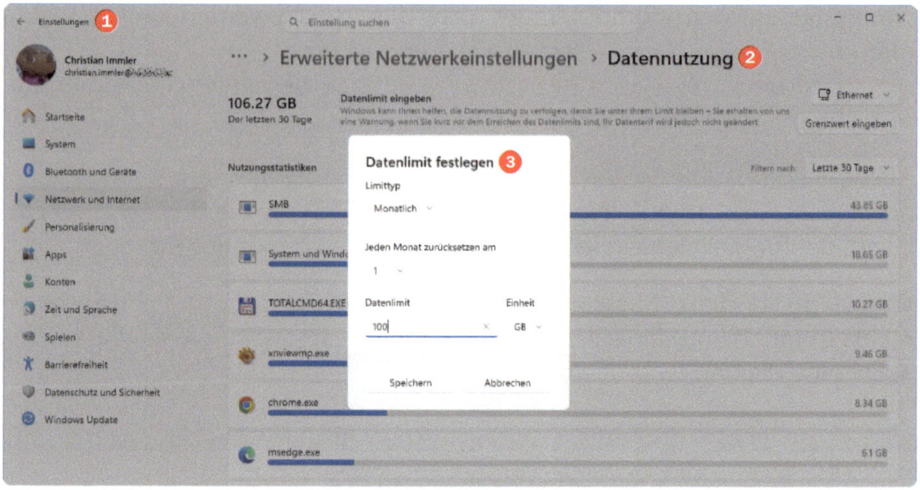

Datenlimit festlegen und *Datennutzung im Hintergrund einschränken.*

6.25 Heimnetzgruppe kann nicht angelegt oder verbunden werden

Die ehemaligen Heimnetzgruppen aus Windows 7 werden nicht mehr unterstützt. Bereits seit einem früheren Windows 10-Update können keine Heimnetzgruppen mehr angelegt werden, man konnte aber noch einer vorhandenen Heimnetzgruppe beitreten. Seit dem April-Update 2018 von Windows 10 wurde die Unterstützung für Heimnetzgruppen komplett abgeschaltet. Das gilt auch für Windows 11.

Verwenden Sie für die Freigabe von Dateien **OneDrive** oder klassische Netzwerkfreigaben.

6.26 Medienstreaming funktioniert nicht

Wenn das Medienstreaming auf einem PC nicht funktioniert oder gar keine Streaminggeräte im Explorer angezeigt werden, ist das Medienstreaming in den meisten Fällen einfach nur deaktiviert.

Klicken Sie in der *Systemsteuerung* unter *Netzwerk und Internet/Netzwerk- und Freigabecenter* links auf *Medienstreamingoptionen* ❶. Hier klicken Sie auf den Button *Medienstreaming aktivieren* ❷.

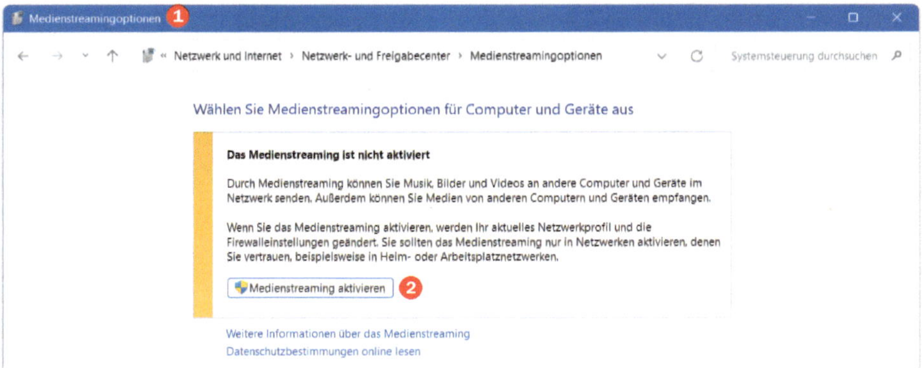

Button Medienstreaming aktivieren.

Im nächsten Fenster wählen Sie aus, welche Geräte im Netzwerk diesen PC als Streamingserver auswählen können und Medien empfangen dürfen.

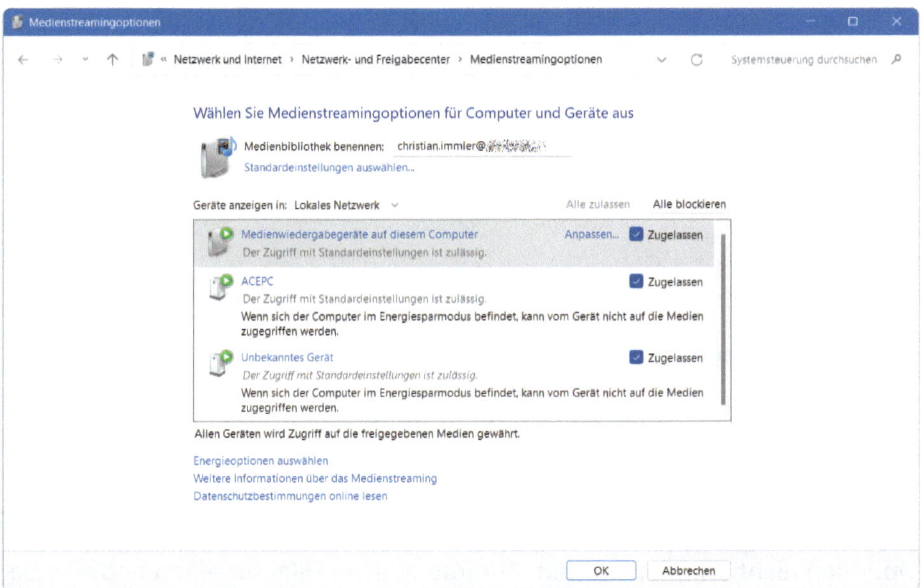

Geräte auswählen, die Streaming von diesem PC nutzen dürfen.

6.27 Medienstreaming lässt sich nicht mehr abschalten

Einmal gestartet, bietet Windows 11 weder in der Systemsteuerung noch in den Einstellungen einen Schalter, um das Medienstreaming wieder auszuschalten.

Klicken Sie mit der rechten Maustaste auf das Windows-Logo und wählen Sie im Systemmenü *Computerverwaltung* 1.

Navigieren Sie im linken Seitenfenster zu *Dienste und Anwendungen/Dienste* ❷.

Beenden Sie den Dienst *Windows Media Player-Netzwerkfreigabedienst* ❸. Damit wird das Medienstreaming abgeschaltet.

Windows Media Player-Netzwerkfreigabedienst beenden, um Medienstreaming abzuschalten.

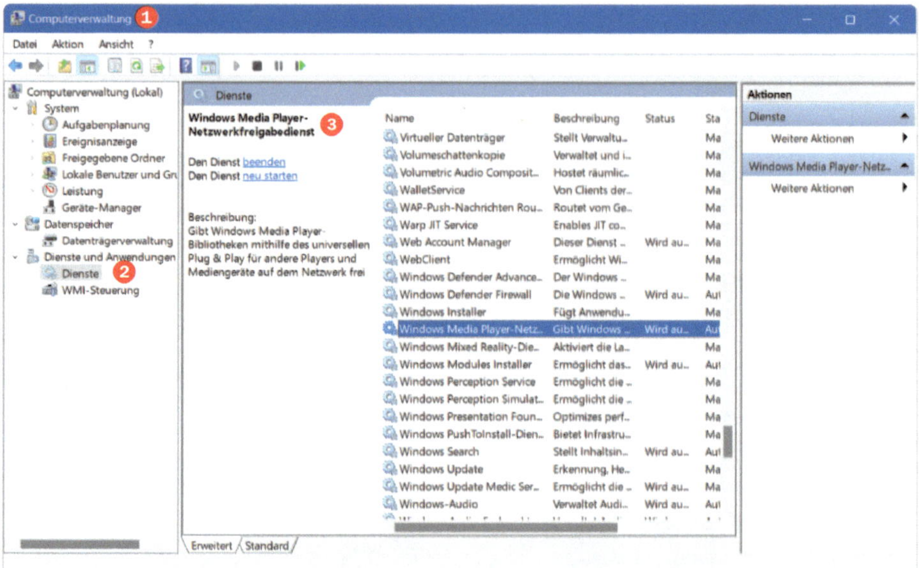

6.28 Freunden per Fernsteuerung helfen

Wenn man sich auch nur ein bisschen besser mit Windows auskennt als andere, wird man immer wieder um Hilfe gefragt. Am Telefon ist das oft problematisch, weil man nicht sieht, was der andere gerade vor sich auf dem Bildschirm hat, und weil man auch die genaue Bezeichnung der diversen Menüpunkte und Optionen nicht immer parat hat. Zur interaktiven Hilfe für einen anderen Benutzer bietet Windows 11 die **Schnellhilfe** an.

Gehen wir vom üblichen Szenario aus: Ein Benutzer, nennen wir ihn „Schüler", braucht Hilfe an seinem PC und ruft deshalb den „Lehrer" an; dieser möchte über das lokale Netzwerk oder das Internet den PC des Schülers steuern. Nachdem sich beide telefonisch verständigt und ihre Computer eingeschaltet haben, gehen sie folgendermaßen vor:

Beide starten im Startmenü das Programm *Dienstprogramme & Tools/Schnellhilfe* ❶. Der Schüler klickt auf *Hilfe* ❷, der Lehrer auf *Jemandem helfen* ❸.

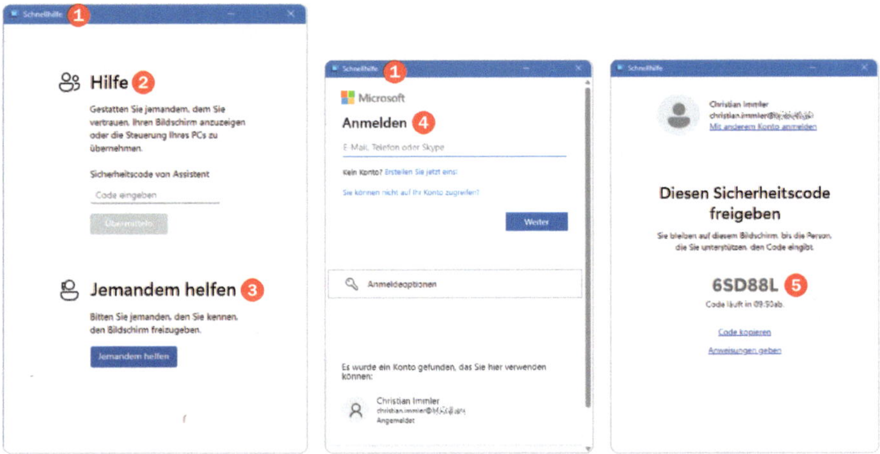

Die Remotehilfe in Windows 11.

Der Lehrer muss sich jetzt mit seinem *Microsoft-Konto* ④ anmelden. Die Anmeldung kann gespeichert werden, um die Daten nicht jedes Mal eingeben zu müssen.

Der Lehrer bekommt einen *Sicherheitscode* ⑤ angezeigt, der nur eine begrenzte Zeit gültig ist. Diesen Code teilt er jetzt dem Schüler mit, der ihn in der *Schnellhilfe* eingeben muss.

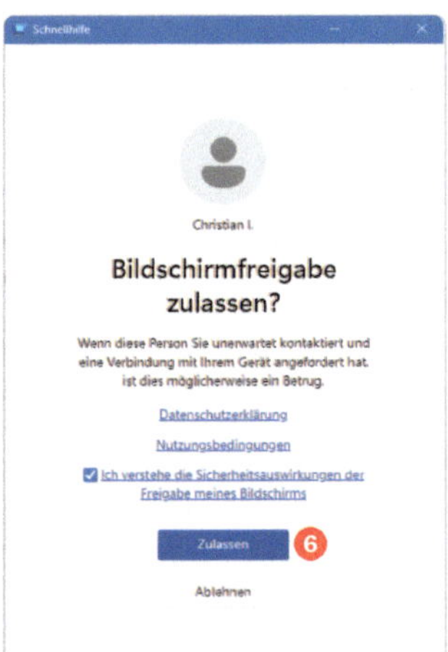

Vollzugriff zulassen.

Jetzt braucht der Schüler nur noch auf *Bildschirmfreigabe zulassen* ⑥ zu klicken. Im nächsten Schritt klickt der Lehrer auf *Steuerung abfordern*, um die Maus und den Bildschirm des Schülers steuern zu können. Hier muss der Schüler einmal auf *Zulassen* klicken. Damit hat der Lehrer Zugriff auf den Computer des Schülers, der wiederum alle Aktionen auf dem Bildschirm mitverfolgen und auch jederzeit eingreifen kann.

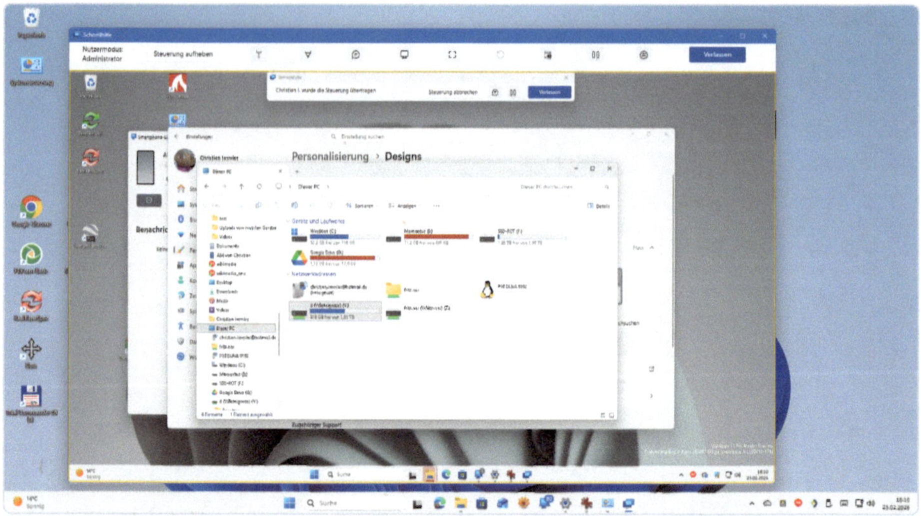

Der Lehrer sieht und steuert den Bildschirm des Schülers …

Der Schüler kann mit den Symbolleisten am oberen Bildschirmrand jederzeit die Bildschirmfreigabe anhalten, wenn er z. B. eine E-Mail beantworten möchte, die der Lehrer nicht sehen soll. Der Lehrer sieht so lange einen schwarzen Bildschirm, die Verbindung bleibt aber bestehen.

Der Lehrer kann mit den Symbolen am oberen Fensterrand den Computer des Schülers neu starten oder auch Kommentare auf dessen Bildschirm hinterlassen, um bestimmte Bildschirmobjekte zu zeigen.

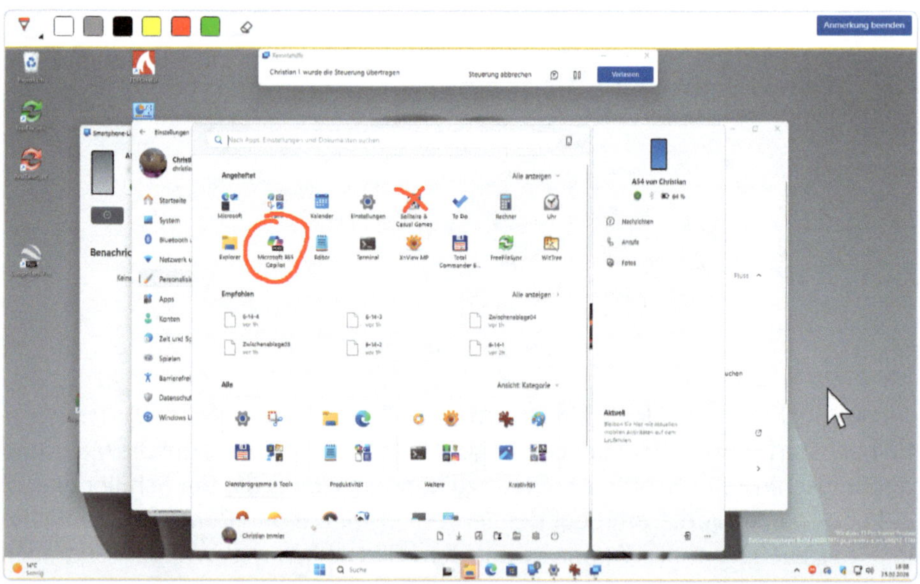

… und kommentiert dort bestimmte Elemente.

Die Schnellhilfe funktioniert auch zwischen PCs mit Windows 11 und Windows 10.

7 Windows-Updates

7.1 Automatische Neustarts nach Updates verhindern

Nach automatisch installierten Updates wird der PC in vielen Fällen auch automatisch neu gestartet, was sehr lästig sein kann, wenn man den PC gerade nutzen möchte.

In den *Einstellungen* ❶ unter *Windows Update/Erweiterte Optionen/Nutzungszeit* ❷ lassen sich Nutzungszeiten angeben, während denen der PC nicht automatisch neu gestartet wird. Allerdings darf die Nutzungszeit höchstens 18 Stunden pro Tag betragen. Es ist also nicht möglich, die automatischen Neustarts durch eine 24-Stunden-Nutzungzeit komplett zu unterbinden.

Nutzungszeiten festlegen, zu denen der PC nicht automatisch neu gestartet wird.

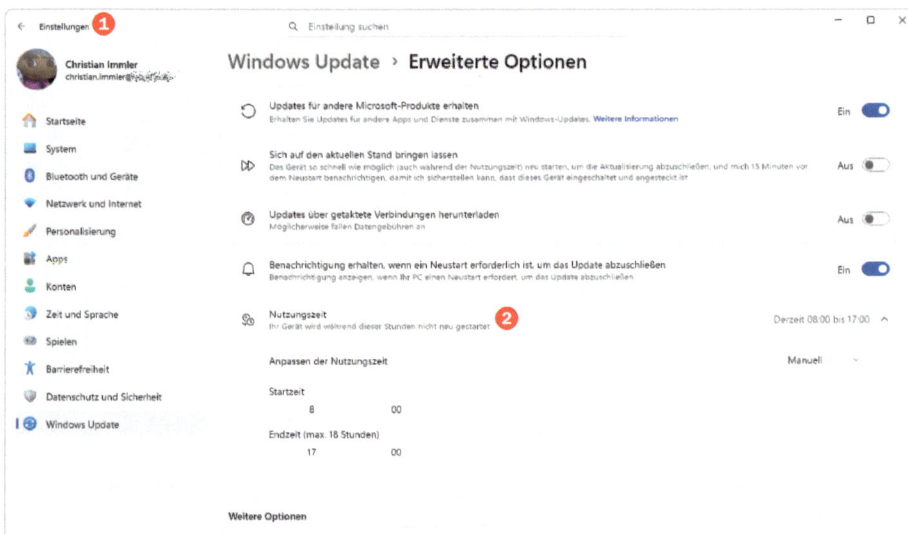

7.2 Windows Update reparieren

Immer wieder kommt es vor, dass Windows keine Updates herunterladen kann oder heruntergeladene Updates nicht installiert werden können.

Windows bietet eigens für solche Fälle eine automatische Problembehandlung an. Klicken Sie dazu in den *Einstellungen* ❶ unter *System/Problembehandlung/Andere Problembehandlungen* ❷ bei *Windows Update* ❸ auf *Ausführen* ❹. Die Problembehandlung läuft weitgehend automatisch.

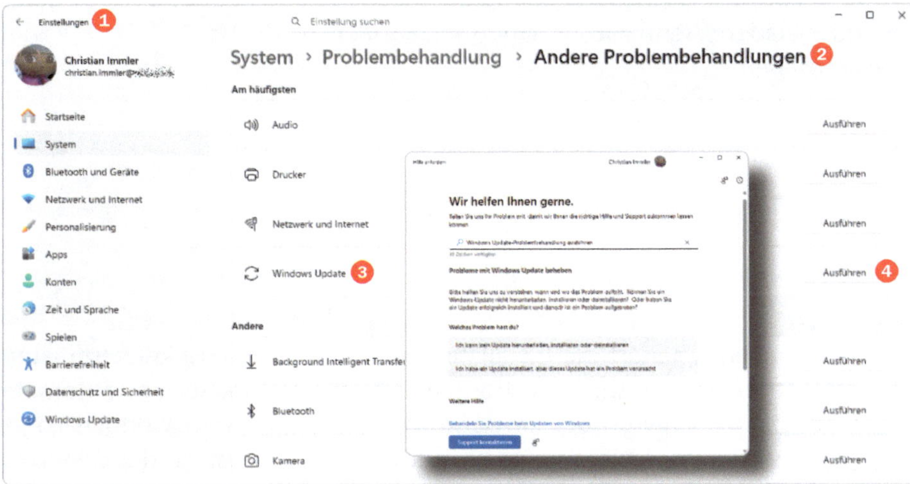

Die automatische Problembehandlung für Probleme beim Windows-Update.

7.3 Wenn die automatische Reparatur nicht funktioniert

Leider werden bei der automatischen Reparatur nicht immer alle Probleme gefunden. In manchen Fällen hilft der manuelle Weg über die Kommandozeile.

Klicken Sie mit der rechten Maustaste auf das Windows-Logo und starten Sie im Systemmenü *Windows-Terminal/(Administrator)*.

Geben Sie nacheinander folgende Befehle ein, um die Windows-Update-Dienste zu beenden:

```
net stop wuauserv
net stop cryptsvc
net stop bits
net stop msiserver
```

Benennen Sie jetzt zwei Ordner um, die Windows Update danach automatisch wieder neu anlegt:

```
ren C:\Windows\SoftwareDistribution SoftwareDistribution.old
ren C:\Windows\System32\catroot2 Catroot2.old
Starten Sie danach die Windows-Update-Dienste neu:
net start wuauserv
net start cryptsvc
net start bits
net start msiserver
```

Die umbenannten Ordner werden automatisch neu angelegt und die Updates heruntergeladen. Wenn alles funktioniert, können Sie die beiden **.old*-Ordner wieder löschen.

7.4 Updateprobleme durch Virtualisierung im BIOS

In einigen Fällen scheitert die Installation neuer Windows-Funktionsupdates. Die Installation scheint zunächst normal zu verlaufen, nach dem automatischen Neustart erscheint aber ein schwarzer Bildschirm mit Windows-Logo. Nach einiger Zeit erfolgt ein weiterer automatischer Neustart, der Windows wieder auf die vorherige Version zurücksetzt. Der Verlauf installierter Updates zeigt den Fehler `0xc1900101`.

Oft sind nur zwei versteckte BIOS-Einstellungen für diesen Fehler verantwortlich: Setzen Sie im BIOS unter *CPU Features* die Option *Virtualization* auf *Disabled* und unter *3* die Option *ACPI HPET* ebenfalls auf *Disabled*. Danach lässt sich das Update fehlerfrei installieren. Je nach BIOS-Typ finden Sie diese Einstellungen auf unterschiedlichen Bildschirmseiten.

7.5 Unerwünschte Windows-Updates zurücknehmen

Nicht immer bringen die Updates nur Gutes, es kommt auch immer wieder zu Problemen, die durch Updates bedingt sind. In solchen Fällen ist es oft die beste Lösung, das problematische Update erst einmal zu deinstallieren und zu warten, bis Microsoft das Problem durch ein neues Update löst.

Klicken Sie in den *Einstellungen* unter *Windows Update/Updateverlauf* ganz unten auf *Updates deinstallieren*. Dieses Fenster listet alle Updates auf, die deinstalliert werden können.

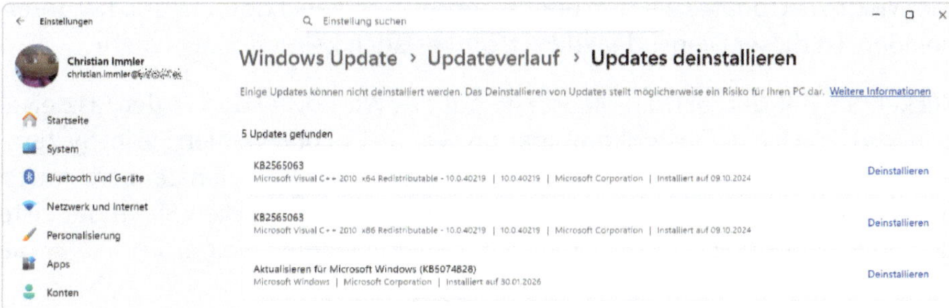

Die meisten Updates können einzeln deinstalliert werden.

7.6 Automatische Updates aussetzen oder deaktivieren

Windows 11 bietet in den *Einstellungen* ❶ unter *Windows Update/Updates aussetzen* ❷ die Möglichkeit, bis zu 5 Wochen auf automatische Updates komplett zu verzichten.

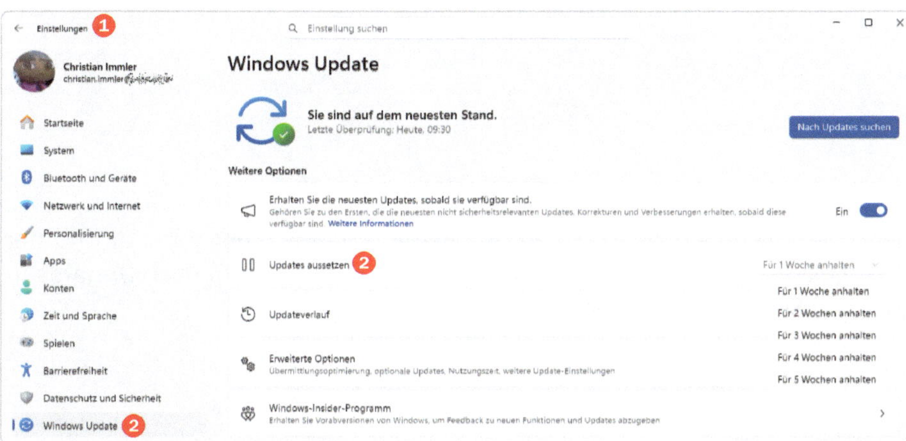

Updates aussetzen.

Ein Trick macht es ebenfalls möglich, alle automatischen Updates für eine unbegrenzte Zeit zu unterbinden – damit verzichten Sie aber auch auf sicherheitsrelevante Patches.

Die Windows-Updates werden über einen Systemdienst gesucht und heruntergeladen. Ist dieser Dienst deaktiviert, gibt es auch keine Updates mehr.

Klicken Sie mit der rechten Maustaste auf das Windows-Logo in der Taskleiste oder drücken Sie die Tastenkombination [Win]+[X] und wählen Sie im Systemmenü *Computerverwaltung* ❸. Wählen Sie hier im linken Teilfenster ganz unten unter *Dienste und Anwendungen* die Option *Dienste* ❹. Klicken Sie in der Liste der Dienste doppelt auf *Windows Update* ❺ und wählen Sie bei *Starttyp* ❻ die Option *Deaktiviert* ❼. Bestätigen Sie mit *OK*.

Ist der Dienst Windows Update deaktiviert, werden keine Updates mehr heruntergeladen.

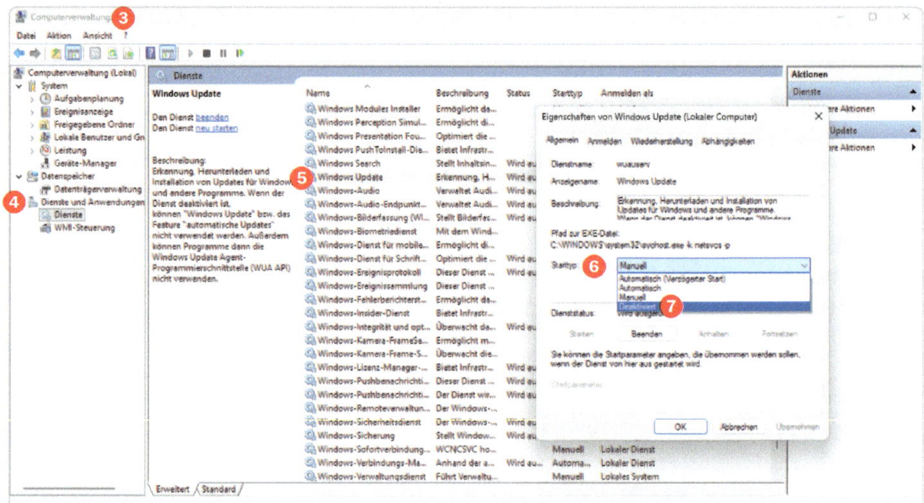

Nach dem nächsten Neustart werden keine Updates mehr gesucht und heruntergeladen. Sie können auch manuell so lange nicht mehr nach Updates suchen, bis Sie diese Einstellung wieder rückgängig machen.

7.7 Das Reset Windows Update Tool löst harte Updateproblemfälle

Microsoft hat im Laufe der Zeit diverse Tools, Registry-Hacks und Kommandozeilentipps in der Windows-Supportdatenbank gesammelt und im **Reset Windows Update Tool** übersichtlich zusammengefasst (*www.wureset.com*). In einem einfachen Textmenü findet man Tools zum Zurücksetzen der Updatekomponenten, zum Löschen temporärer Dateien, zur Registry-Bereinigung wie auch zur Überprüfung geschützter Systemdateien. Das Skript lädt passende Tools in aktueller Version herunter und führt sie aus. Das Reset Windows Update Tool muss als Administrator gestartet werden.

Virenscanner außer dem Windows Defender sollten ausgeschaltet werden, da Sicherheitssoftware von Drittherstellern die sehr systemnahen Zugriffe oft blockiert und die Skripte auf vermeintliche Fehler falsch reagieren, obwohl es sich um keine Fehler des Updatesystems, sondern nur um Fehlreaktionen des Virenscanners handelt. Die aktuelle Version des Windows Update Reset Tools läuft portabel, das heißt, das Programm braucht nicht installiert zu werden. Laden Sie sich das ZIP-Archiv herunter und entpacken Sie es auf Ihrer Festplatte. Starten Sie anschließend die Datei *wureset.exe* als Administrator.

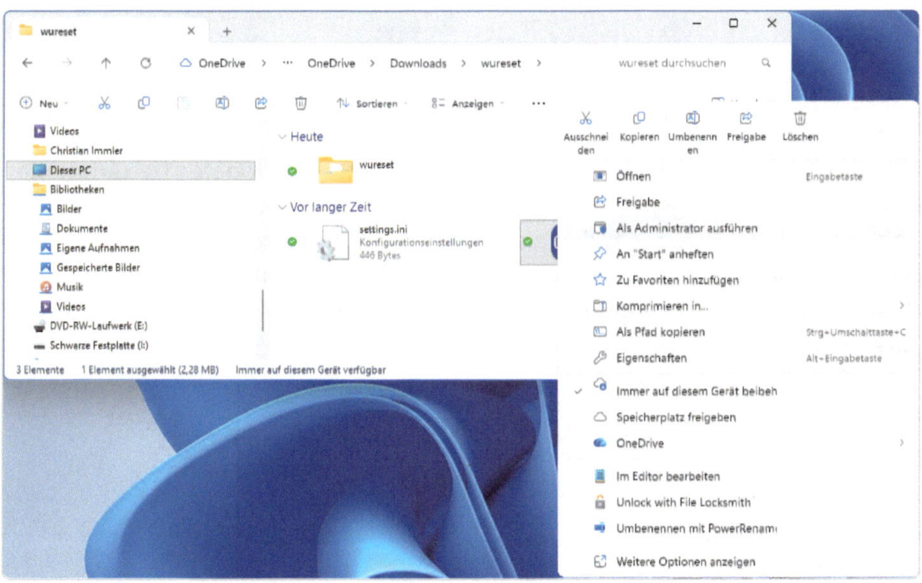

Windows Update Reset Tool als Administrator ausführen.

Ein Skript von Microsoft hilft bei schwierigen Updateproblemen.

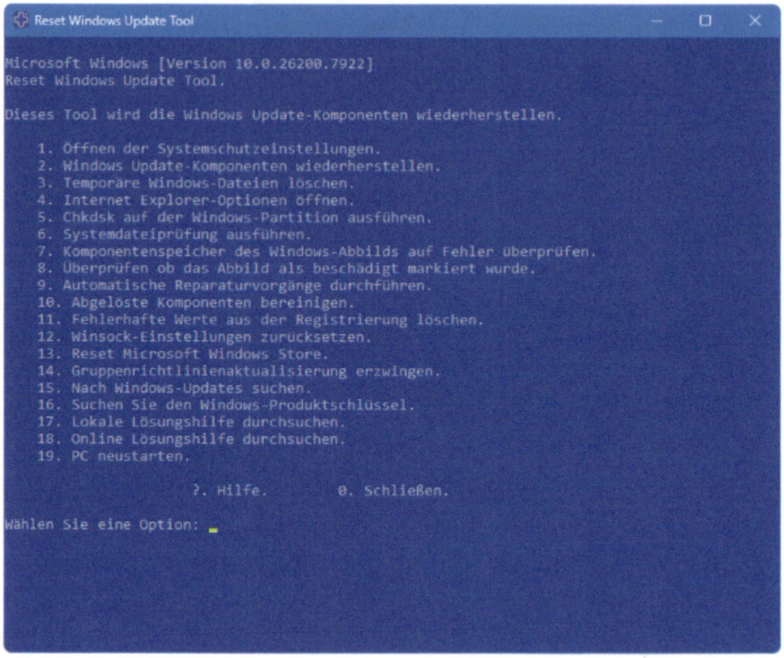

7.8 Der offizielle Lösungstipp bei Windows-Update-Problemen

Immer wieder kommt es vor, dass Windows 11 keine Updates herunterladen kann oder heruntergeladene Updates nicht installiert werden können. Microsoft empfiehlt in solchen Fällen als ersten Lösungsansatz, 10 bis 15 Minuten zu warten, Windows Update neu zu starten und wieder auf *Nach Updates suchen* zu klicken. So unwahrscheinlich diese Lösung klingt, in einigen Fällen hilft sie tatsächlich.

8 Desktop und Taskleiste

8.1 Taskleiste verschwunden

Fehlt die Taskleiste auf dem Bildschirm, fahren Sie mit der Maus an den unteren Bildschirmrand – dann sollte sie wieder auftauchen.

Klicken Sie mit der rechten Maustaste auf die Taskleiste und wählen Sie im Kontextmenü *Taskleisteneinstellungen*.

Deaktivieren Sie im nächsten Dialogfeld unter *Verhalten der Taskleiste* ❶ den Schalter *Taskleiste automatisch ausblenden* ❷.

Einstellungen der Taskleiste auf dem Bildschirm.

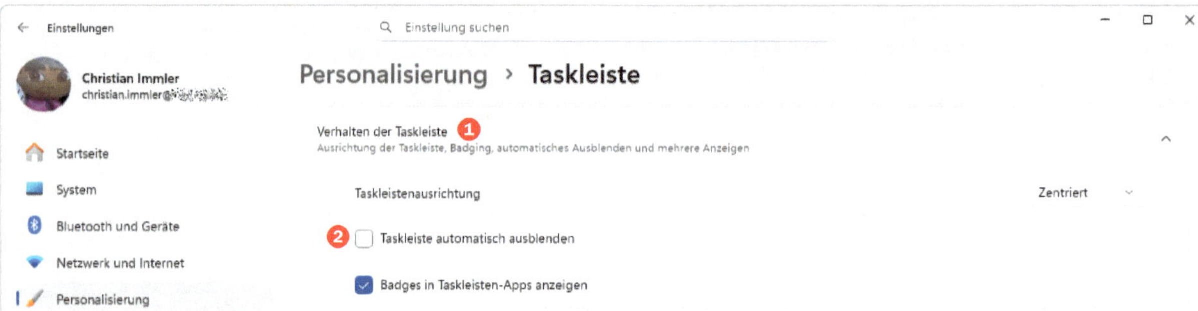

8.2 Überflüssige Taskleistensymbole ausblenden

In der Grundeinstellung enthält die Taskleiste neben dem Windows-Logo Symbole für die neue Suche, aktive Anwendungen und die neuen Widgets. Wenn Sie einzelne dieser Funktionen nicht nutzen, können Sie sie von der Taskleiste verbannen.

In den *Einstellungen* ❶ unter *Personalisierung/Taskleiste* ❷ können Sie im Bereich *Taskleistenelemente* ❸ einzelne Standardsymbole aus- oder einschalten. Das Suchfeld kann zwischen verschiedenen Darstellungen umgeschaltet werden.

Taskleiste ohne Widgets.

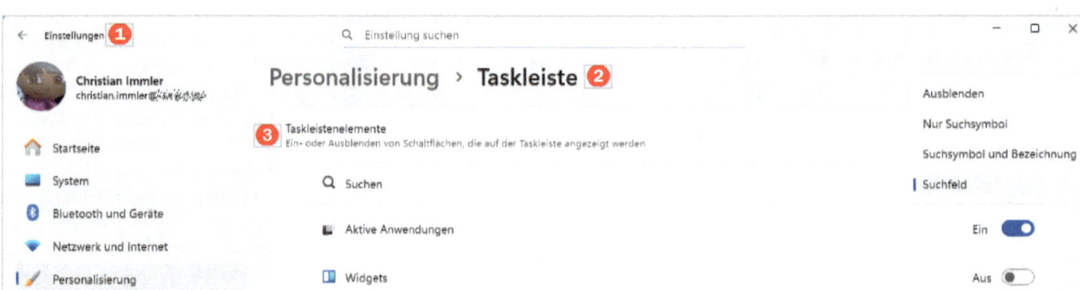

8.3 Startmenüsymbol wieder nach links schieben

Wer das Windows-Symbol in der linken unteren Bildschirmecke allzu sehr vermisst, kann das Startmenü auch in diese Ecke verschieben.

In den *Einstellungen* ❶ unter *Personalisierung/Taskleiste* ❷ können Sie im Bereich *Verhalten der Taskleiste* ❸ zwischen den Taskleistenausrichtungen *Zentriert* ❹ und *Linksbündig* ❺ wählen.

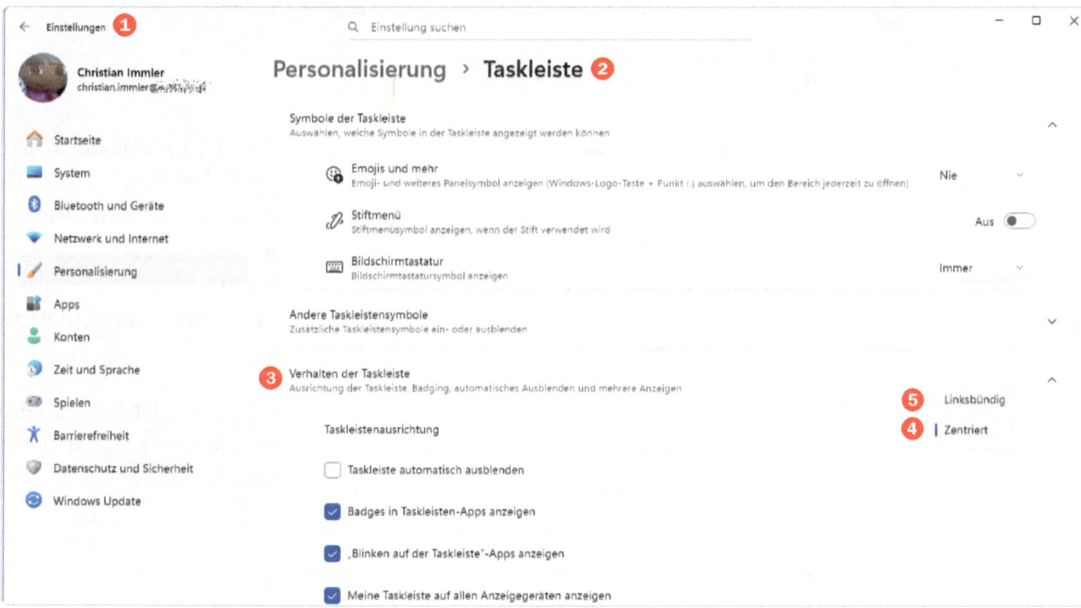

Windows-Startlogo wie in früheren Windows-Versionen links unten.

8.4 Fenster nicht mehr erreichbar

Bei Veränderungen der Monitorkonfiguration oder auch bei Programmfehlern kann es vorkommen, dass ein Programm in einem Fenster startet, das außerhalb des Bildschirms liegt und deshalb nicht zu sehen ist. Man erkennt das gestartete Programm nur am Symbol in der Taskleiste.

Klicken Sie mit gedrückter [⇧]-Taste mit der rechten Maustaste auf das Taskleistensymbol des verschwundenen Fensters. Wählen Sie im Kontextmenü *Verschieben* ❶. Drücken Sie jetzt die Pfeiltasten, um das Fenster wieder in den sichtbaren Bereich des Bildschirms zu bewegen. Im Zweifelsfall probieren Sie nacheinander verschiedene Pfeilrichtungen aus, wenn nicht zu erkennen ist, auf welcher Seite das Fenster verschwunden ist.

Kontextmenü eines Fensters in der Taskleiste bei gedrückter ⇧*-Taste.*

8.5 Fenster minimieren sich bei schnellen Mausbewegungen

Viel ist von der Aero-Oberfläche aus Windows 7 in Windows 11 nicht übrig geblieben. Eine noch vorhandene unterhaltsame, aber nicht besonders wichtige Funktion hieß seinerzeit **Aero Shake**. Greift man die Titelleiste des aktiven Fensters mit der Maus und schüttelt sie etwas hin und her, werden alle anderen Fenster automatisch minimiert, sodass nur noch dieses eine Fenster zu sehen ist. Den gleichen Effekt können Sie noch einfacher mit der Tastenkombination Win + Pos1 erzielen.

Wer oft hektisch mit der Maus auf dem Bildschirm unterwegs ist, löst Aero Shake häufig versehentlich aus. Um das zu vermeiden, schalten Sie diese Funktion in den *Einstellungen* 1 unter *System/Multitasking/Fenstertitelleiste schütteln* 2 einfach ab.

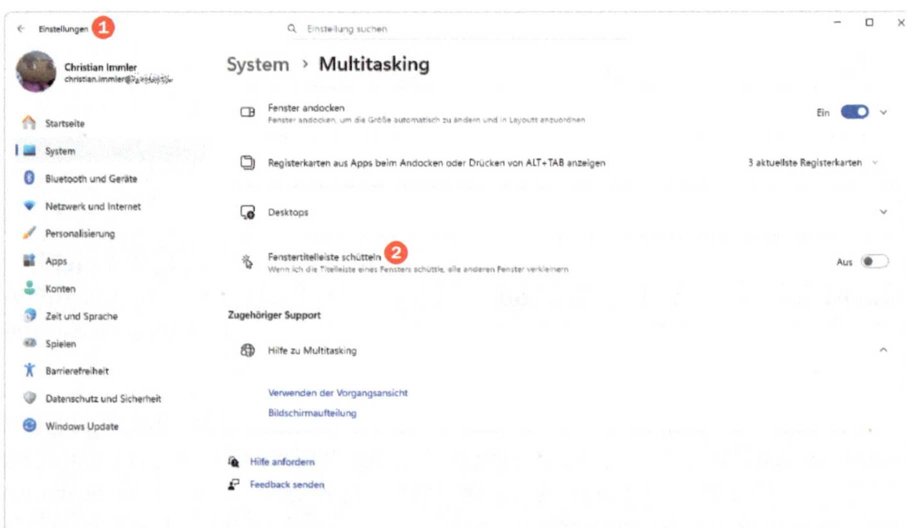

Diese Einstellung schaltet Aero Shake ab.

8.6 Startbutton oder Benachrichtigungen funktionieren nicht mehr

Die *Einstellungen*-App ist die Ursache für ein selten auftretendes Problem unter Windows 11, bei dem der Startbutton wie auch das Symbol für die Benachrichtigungen ganz rechts in der Taskleiste komplett versagen. Geöffnete Windows-Fenster lassen sich dagegen weiter bedienen.

In diesem Fall ist ein abgestürztes *Einstellungen*-Fenster im Hintergrund weiter aktiv, aber vom Desktop verschwunden. Zeigen Sie mit der Tastenkombination `Win`+`Tab` eine Liste aller Fenster an. Das beschädigte Fenster wird dort weiterhin angezeigt. Schließen Sie jetzt dieses *Einstellungen*-Fenster, und alle Elemente der Taskleiste funktionieren wieder.

8.7 Zahl neuer E-Mails fehlt am Taskleistensymbol

Standardmäßig zeigt Windows 11 mit einer kleinen Zahl am App-Symbol an, dass diese App ungelesene Benachrichtigungen enthält. So werden Sie zum Beispiel auffällig an neue E-Mails erinnert.

Sollte diese Anzeige verloren gegangen sein, aktivieren Sie in den *Einstellungen* unter *Personalisierung/Taskleiste/Verhalten der Taskleiste* den Schalter *Badges in Taskleisten-Apps anzeigen*.

8.8 Benachrichtigungscenter überflutet mit unwichtigen Nachrichten

Nicht alle Meldungen, die Windows für wichtig erachtet, möchten Sie auch im Benachrichtigungscenter unbedingt sehen. In den *Einstellungen* ❶ unter *System/Benachrichtigungen* ❷ finden Sie eine Liste *Benachrichtigungen von Apps und anderen Absendern abrufen* ❸. Schalten Sie hier die Apps aus, von denen Sie keine Benachrichtigungen sehen möchten.

Klicken Sie auf eine App in dieser Liste, um einzustellen, welche Arten von Benachrichtigungen eine App anzeigen soll. Benachrichtigungsbanner sind Benachrichtigungen, die unten rechts auf dem Bildschirm erscheinen, bei Benachrichtigungen im Benachrichtigungscenter können Prioritäten gewählt werden, die angeben, wie weit oben in der Liste die Benachrichtigung zu sehen ist. Viele kostenlose Apps zeigen regelmäßig Werbebenachrichtigungen im Benachrichtigungscenter. Diese können Sie hier einfach abschalten.

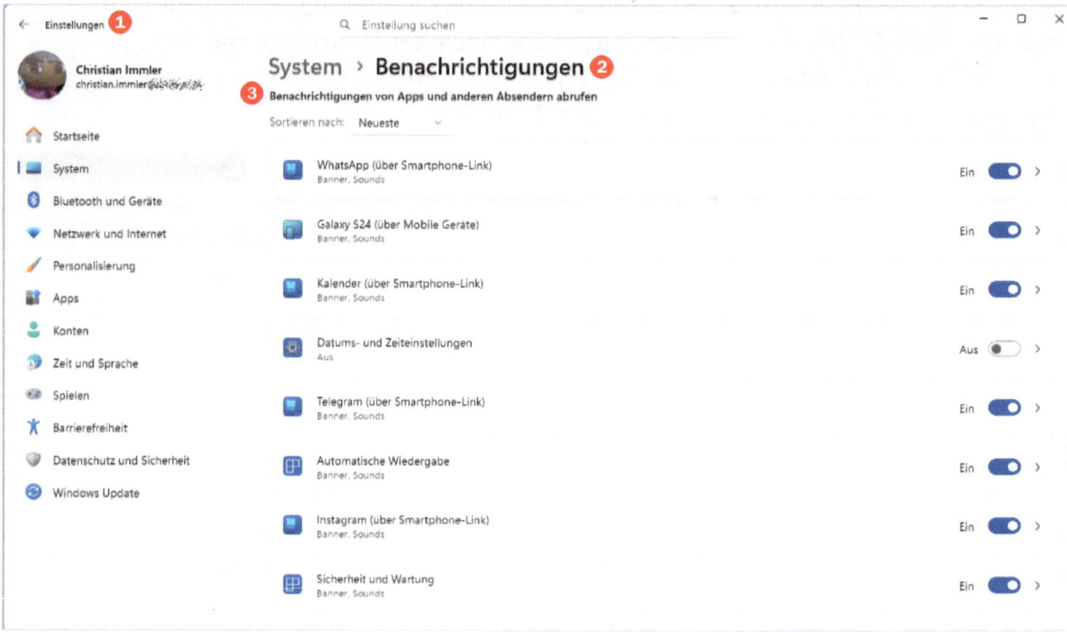

Einstellungen für Benachrichtigungen im Benachrichtigungscenter.

8.9 Benachrichtigungstöne abschalten

Zahlreiche Apps benachrichtigen bei Ereignissen den Benutzer über das Benachrichtigungscenter. Sind die PC-Lautsprecher eingeschaltet, ertönen dabei diverse Benachrichtigungstöne, die besonders bei denjenigen Apps sehr lästig sind, die sich oft melden. Dagegen möchten Sie vielleicht bei eingehenden E-Mails oder anstehenden Terminen die Benachrichtigung hören.

In den *Einstellungen* ❶ unter *System/Benachrichtigungen* ❷ sind alle Apps aufgelistet, die Benachrichtigungen im Benachrichtigungscenter anzeigen können. Bei jeder App steht dabei, ob sie bei Benachrichtigungen Sounds abspielt oder nicht.

Klicken Sie hier auf eine App, die in Zukunft zwar Benachrichtigungen anzeigen, aber keine Töne mehr abspielen soll, und schalten Sie auf dem nächsten Bildschirm *Bei Eingang einer Benachrichtigung Sound wiedergeben* ❸ aus.

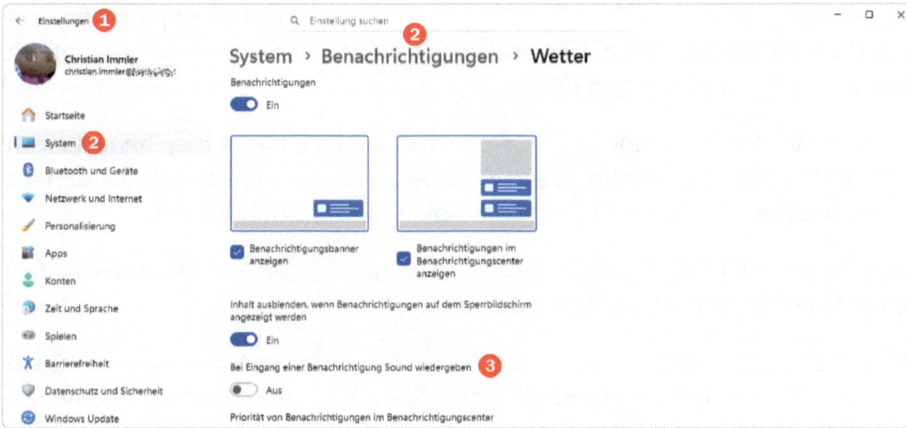

Sound für Benachrichtigungen einzelner Apps abschalten.

8.10 Benachrichtigungen stören in Spielen und Präsentationen

Besonders lästig sind die Benachrichtigungen in Spielen und Präsentationen. Der Modus **Bitte nicht stören** sorgt dafür, dass Sie in Ruhe arbeiten können und nicht ständig von Benachrichtigungen auf dem Bildschirm und akustischen Meldungen belästigt werden. In den *Einstellungen* 1 unter *System/ Benachrichtigungen/Bitte nicht stören* können Sie den Bitte-nicht-stören-Modus jederzeit ein- und ausschalten.

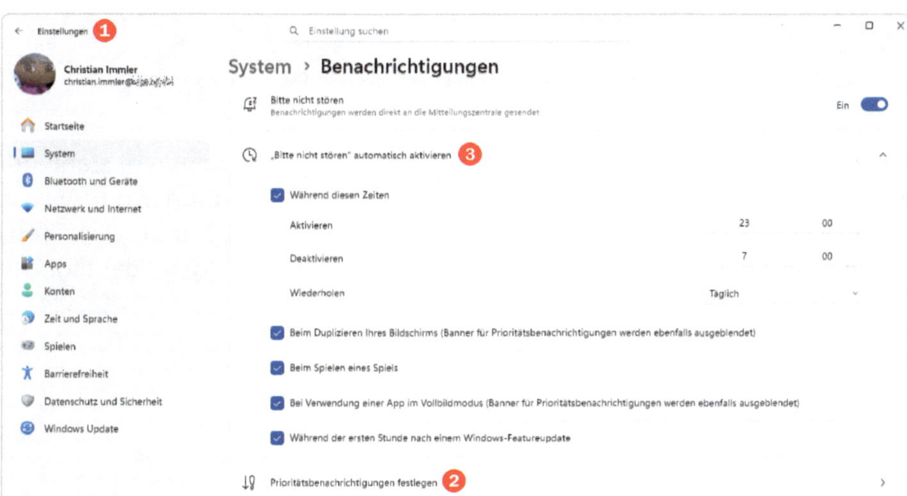

Der Bitte-nicht-stören-Modus in den Einstellungen.

Ist der Bitte-nicht-stören-Modus aktiviert, wird dies mit einem Symbol einer durchgestrichenen Glocke rechts unten in der Taskleiste angezeigt.

Klicken Sie auf *Prioritätsbenachrichtigungen festlegen* ❷, um einzustellen, welche Nachrichten Priorität haben und auch bei eingeschaltetem Bitte-nicht-stören-Modus benachrichtigen dürfen.

In der Liste der Apps sind Spiele-Apps vordefiniert, die immer benachrichtigen dürfen. Dies ist wichtig, wenn Sie über eine automatische Regel den Bitte-nicht-stören-Modus während eines Spiels automatisch starten.

Über Regeln im Feld *„Bitte nicht stören" automatisch aktivieren* ❸ legen Sie fest, wann Sie nicht gestört werden möchten:

- Die Regel *Beim Duplizieren ihres Bildschirms* schaltet den Bitte-nicht-stören-Modus aktiv, wenn ein Präsentationsbildschirm oder ein Beamer angeschlossen ist, um während einer Präsentation oder eines Films nicht unterbrochen zu werden.
- Die Regel *Beim Spielen eines Spiels* schaltet den Bitte-nicht-stören-Modus aktiv, während ein Spiel läuft. Damit das Spiel selbst oder die Xbox-App benachrichtigen können, definieren Sie diese als Priorität.
- Die Regel *Bei Verwendung einer App im Vollbildmodus* schaltet den Bitte-nicht-stören-Modus bei Vollbild-Apps aktiv, egal ob es sich dabei um ein Spiel, einen Videoplayer oder einen Browser im Vollbildmodus handelt.
- Die Regel *Während der ersten Stunde nach einem Windows-Featureupdate* unterdrückt die zahlreichen Benachrichtigungen, die neue Windows-Apps beim ersten Start oder noch davor senden.

8.11 Benachrichtigungen stören in der Nacht

Die Regel *Während diesen Zeiten* ❶ im Bitte-nicht-stören-Modus legt standardmäßig fest, dass in der Nacht nur Nachrichten mit Priorität oder nur Alarme benachrichtigen dürfen. Klicken Sie auf die Regel, um *Startzeit* und *Endzeit* festzulegen sowie *Wiederholungen* an Wochentagen, Wochenenden oder täglich.

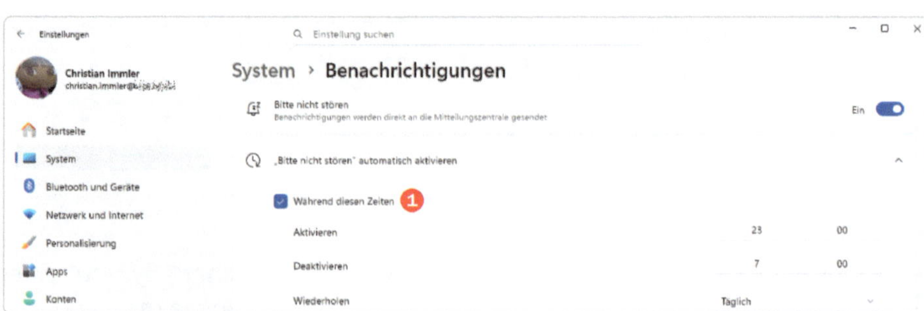

Regel für automatische Ruhezeiten von Benachrichtigungen.

8.12 Ruhe vor Windows-Systemklängen, aber nicht vor Musik

Möchten Sie durch keinerlei Windows-Töne gestört werden, können Sie natürlich einfach die Lautsprecher abschalten – aber dann können Sie auch keine Musik mehr hören. Schalten Sie deshalb besser alle Windows-Töne auf einmal ab, indem Sie ein Soundschema ohne Töne wählen.

Klicken Sie dazu in den *Einstellungen* ❶ unter *Personalisierung/Designs* ❷ auf das Symbol *Sounds* ❸ oben neben dem Vorschaubild des Designs. Wählen Sie im nächsten Fenster im Listenfeld *Soundschema* ❹ anstelle des vorgegebenen *Windows-Standard* ❺ das Soundschema *Keine Sounds* ❻. Bestätigen Sie mit *OK* ❼, und Sie haben Ruhe vor allen Windows-Systemklängen.

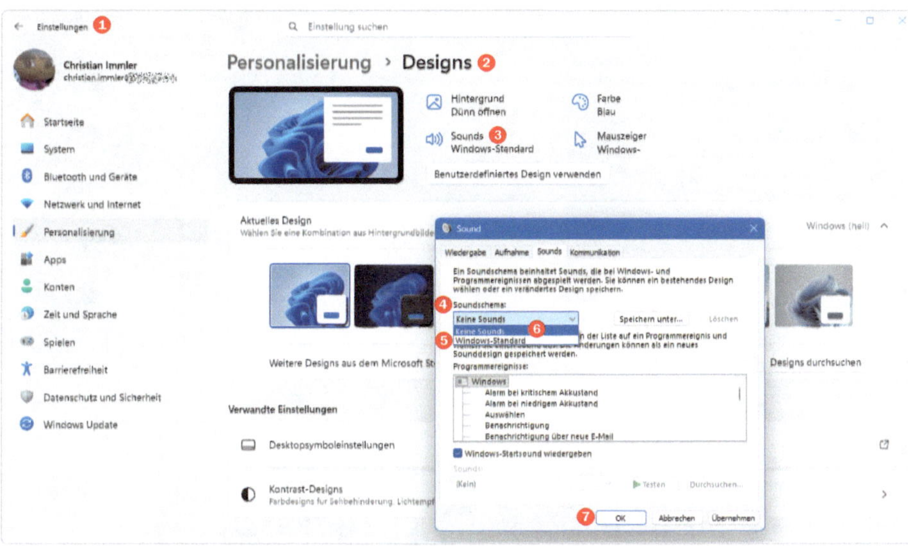

Windows-Systemklänge abschalten.

8.13 Symbole in der Taskleistenecke fehlen

Die Symbole in der Taskleistenecke auf der rechten Seite der Taskleiste, früher als Infobereich bezeichnet, zeigen bestimmte Ereignisse an, z. B. die Netzwerkverbindung oder den Batteriestatus.

Um die Übersicht zu bewahren, blendet Windows 11 einige Symbole automatisch aus, die gerade keine wichtigen Informationen bereithalten. Ein Klick auf den kleinen Pfeil öffnet eine Liste ausgeblendeter Symbole. Der aus früheren Windows-Versionen bekannte Link *Anpassen* fehlt in Windows 11.

Mit dem Link *Andere Taskleistensymbole* ❷ in den *Einstellungen* ❶ unter *Personalisierung/Taskleiste* lassen sich einzelne selten benötigte Systemsymbole ein- oder ausschalten.

Wie in früheren Versionen blenden Programme eigene Symbole in der Taskleistenecke ein. Die, die Sie nicht regelmäßig brauchen, verschieben Sie durch Deaktivieren der Schalter in den jetzt als *Menü „Ausgeblendetes Symbol"* bezeichneten Bereich, der beim Klick auf den Pfeil neben den Symbolen erscheint.

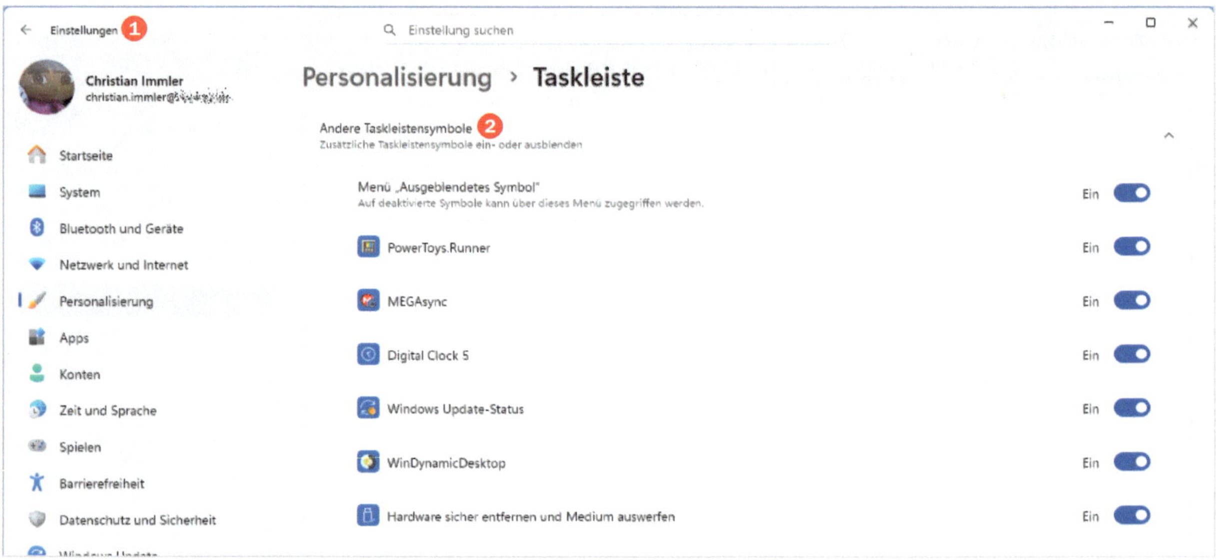

Symbole in der Taskleistenecke aktivieren oder deaktivieren.

8.14 Symbole gelöschter Programme in der Taskleistenecke beseitigen

Es kommt immer wieder vor, dass in der Taskleistenecke Symbole von Programmen auftauchen, die längst gelöscht wurden. Mit einem Griff in die Registry lässt sich dieses Problem lösen.

Löschen Sie in diesem Registry-Schlüssel

```
HKEY_CURRENT_USER\Software\Classes\Local Settings\Software\
Microsoft\Windows\CurrentVersion\TrayNotify
```

die beiden Werte `IconStreams` und `PastIconsStream`, falls vorhanden, und starten Sie danach den Explorer-Prozess im Task-Manager neu. Damit ist die Taskleistenecke wieder auf dem aktuellen Stand.

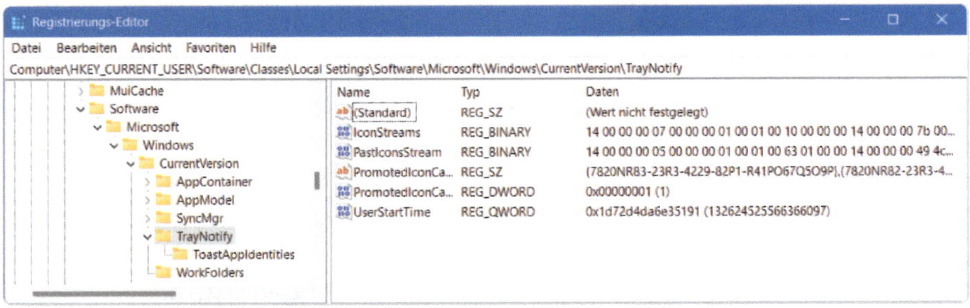

Zwei Schlüssel sind für fehlerhafte Symbole im Infobereich der Taskleiste verantwortlich.

> **Download**
> Sie brauchen diesen Registry-Tipp nicht manuell einzugeben. Die Datei steht unter *https://bildnerverlag.com/00533* zum Download zur Verfügung. Importieren Sie einfach die Datei *traynotify.reg* per Doppelklick in die Registry.

8.15 Schnelleinstellungssymbole fehlen

Ein Klick auf das Netzwerk- oder Lautsprechersymbol zeigt Buttons für verschiedene Schnelleinstellungen an. In den ersten Windows 11-Versionen gab es die Möglichkeit, hier einzelne Symbole ein- oder auszublenden. Inzwischen zeigt Windows 11 immer alle verfügbaren Symbole. Schieben Sie die Palette mit den Schnelleinstellungen mit der Maus nach oben oder unten, um weitere Symbole zu sehen.

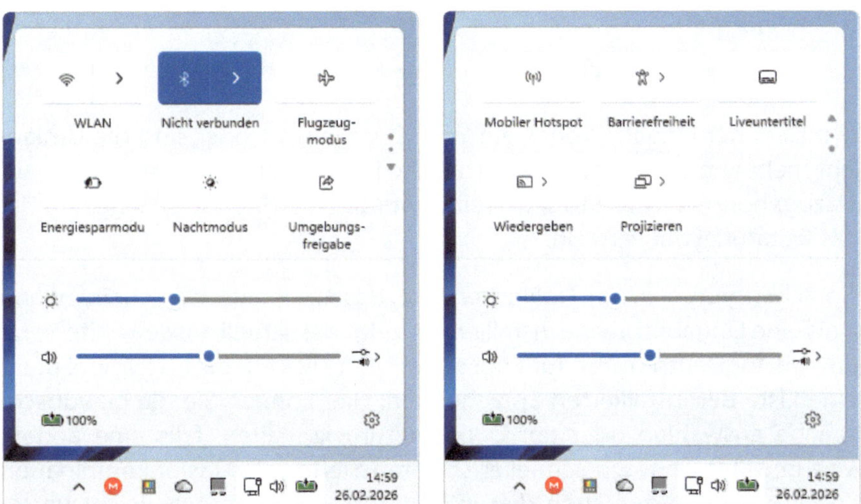

Schnelleinstellungen nutzen und einrichten.

8.16 Tastatur versehentlich auf andere Sprache umgestellt

Wer häufiger fremdsprachige Texte eingibt, kann in den Spracheinstellungen weitere Sprachen und Tastaturlayouts hinzufügen. Klicken Sie dazu in den *Einstellungen* unter *Zeit und Sprache/Sprache und Region* auf *Sprache hinzufügen*. Wählen Sie hier die gewünschte Sprache aus einer langen Liste aus.

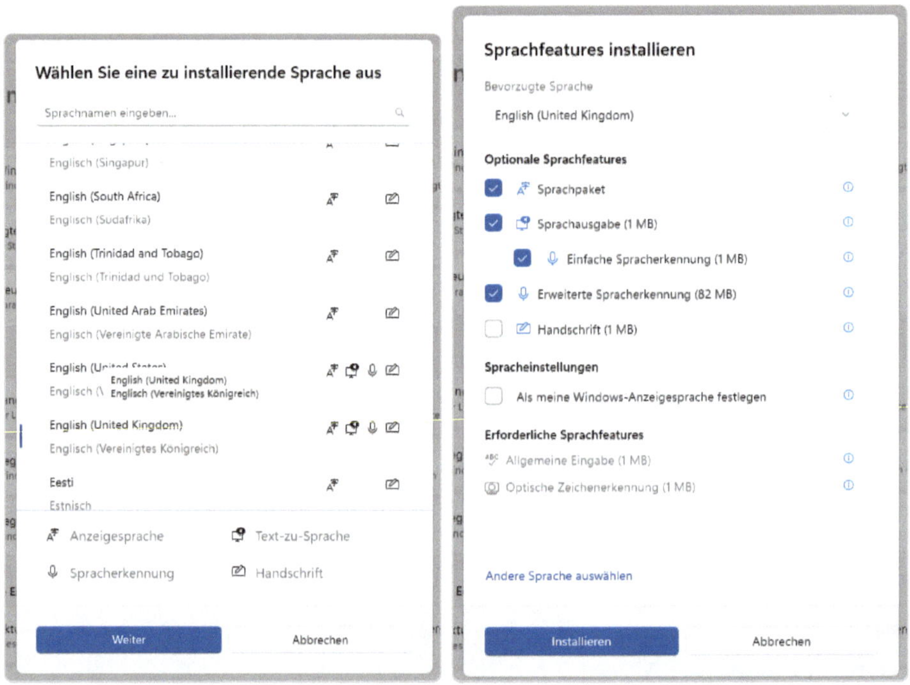

Zusätzliche Sprachen installieren.

Erscheint bei der Eingabe von Y ein Z und umgekehrt oder sind die Umlaute nicht mehr verfügbar und werden andere Sonderzeichen angezeigt, als auf den dazugehörigen Tasten zu sehen sind, wurden die Eingabesprache und damit das Tastaturlayout verstellt.

Das Sprachensymbol in der Taskleistenecke, das automatisch erscheint, wenn mehr als eine Eingabesprache installiert ist, zeigt die aktuell ausgewählte Sprache an, *DEU* für Deutsch, *ENG* für Englisch etc. Ein Klick auf dieses Symbol blendet eine Liste der installierten Sprachen ein. Hier können Sie die gewünschte Sprache auswählen oder auf Deutsch zurückschalten, falls eine andere Sprache gewählt ist. Noch schneller schalten Sie mit der Tastenkombination `Win`+`Leertaste` zwischen diesen Tastaturlayouts um, was leicht versehentlich passieren kann.

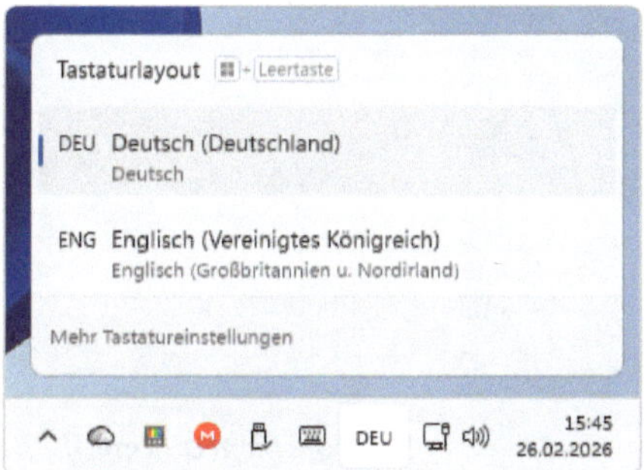

Auswahl der installierten Sprachen in der Taskleistenecke.

8.17 Desktopsymbole fehlen und lassen sich auch nicht anlegen

Sind auf dem Desktop keine Symbole zu sehen und lassen sich auch keine Verknüpfungssymbole dort anlegen, schalten Sie sie wieder ein. Mit einem Rechtsklick auf den Desktop erscheint ein Kontextmenü. Wählen Sie hier *Ansicht* ❶/*Desktopsymbole anzeigen* ❷, um die Desktopsymbole wieder einzuschalten

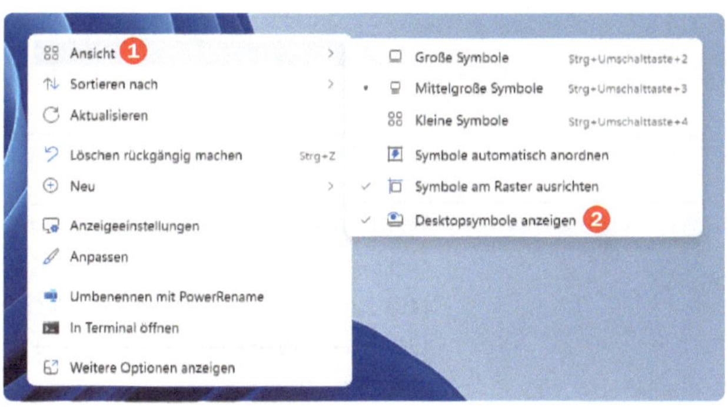

Desktopsymbole wieder einschalten.

8.18 Desktopsymbole lassen sich nicht frei anordnen

Beim Versuch, die Symbole auf dem Desktop übersichtlich anzuordnen, rutschen diese immer wieder in eine vorgegebene Reihenfolge – das liegt an einer einfachen Einstellung, die Sie leicht korrigieren können.

Im Kontextmenü auf dem Desktop sollte der Menüpunkt *Ansicht/Symbole automatisch anordnen* immer ausgeschaltet bleiben, andernfalls wird Ihre schöne persönliche Ordnung zerstört, und die Symbole werden von oben links beginnend untereinander angeordnet.

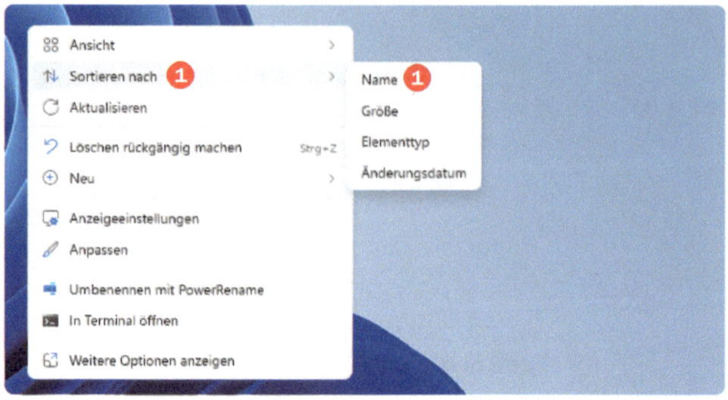

Symbole nicht automatisch sortieren.

Das Gleiche gilt für die Sortierung von Symbolen auf dem Desktop. Im Kontextmenü *Sortieren nach* ❶ können Sie verschiedene Sortierkriterien auswählen. In jedem Fall wird aber die eigene Ordnung aufgehoben, und alle Symbole werden von oben links beginnend automatisch angeordnet. Nur wenn hier kein Schalter aktiv ist, können Sie die Reihenfolge auf dem Desktop frei wählen.

Um die Anordnung der Desktopsymbole in übersichtlichen Reihen zu erleichtern, sollten Sie im Kontextmenü den Schalter *Ansicht/Symbole am Raster ausrichten* aktivieren. Damit verhindern Sie ein planloses Chaos auf dem Desktop.

8.19 Desktopsymbole sind zu klein und nicht erkennbar

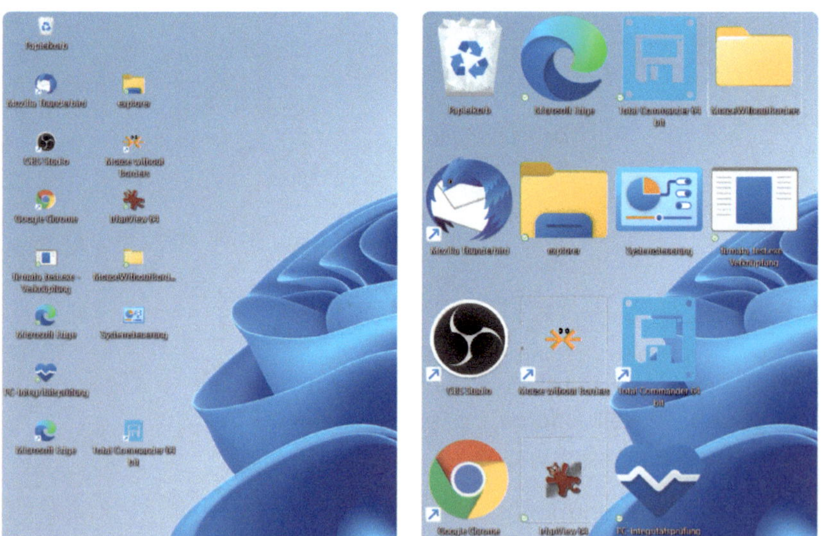

Unterschiedliche Symbolgrößen, automatisch neu angeordnet.

Bei hohen Bildschirmauflösungen auf eher kleineren Monitoren kann es passieren, dass die Desktopsymbole kaum noch erkennbar sind.

Klicken Sie mit der Maus auf den Desktop, damit kein Fenster aktiv ist. Drehen Sie dann bei gedrückter `Strg`-Taste das Mausrad, ändert sich die Größe der Desktopsymbole in kleinen Schritten. Je größer die Symbole, desto weniger Zeilen passen auf den Bildschirm. Die Symbole werden automatisch neu angeordnet.

Nicht alle Programme unterstützen die dynamische Veränderung der Symbolgröße, wie hier das abgebildete IrfanView. Kommandozeilenprogramme erhalten automatisch ein Standardsymbol, wie das abgebildete *firmata_test.exe*.

Ein Rechtsklick auf den Desktop und *Ansicht/Mittelgroße Symbole* im Kontextmenü schaltet auf die Standardeinstellung zurück.

8.20 Abstände der Desktopsymbole sind zu groß oder zu klein

Die Desktopsymbole haben einen gleichmäßigen Abstand, wenn im Kontextmenü die Option *Ansicht/Symbole am Raster ausrichten* eingeschaltet ist. Sind diese Abstände zu groß oder zu klein, lassen sie sich in der Registry verändern.

Die Parameter `IconSpacing` und `IconVerticalSpacing` im Schlüssel

```
HKEY_CURRENT_USER\Control Panel\Desktop\WindowMetrics
```

geben die horizontalen und vertikalen Abstände der Symbole auf dem Desktop an. Änderungen an diesen Parametern werden erst nach Abmelden und erneutem Anmelden wirksam. Speichern Sie sich vor einer Änderung die Standardwerte, um diese wiederherstellen zu können.

Unterschiedliche Rasterabstände für Desktopsymbole.

8.21 Beschädigte Symbole auf dem Desktop und im Explorer

Werden die Programmsymbole auf dem Desktop und in Explorer-Fenstern nur als Standardsymbole oder falsch angezeigt, ist der **Icon-Cache** beschädigt.

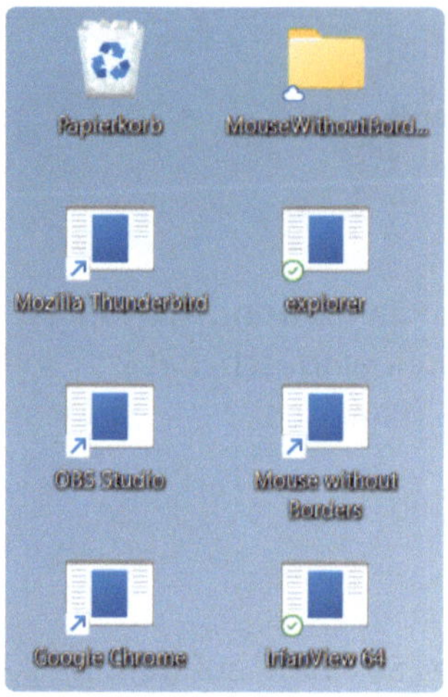

Beschädigte Programmsymbole auf dem Desktop.

Öffnen Sie mit einem Rechtsklick auf das Windows-Logo ein Windows-Terminal-Fenster und lassen Sie dieses offen. Schließen Sie aber alle anderen offenen Programmfenster. Öffnen Sie im Windows-Terminal über das Pfeilsymbol rechts neben der ersten Registerkarte eine Eingabeaufforderung.

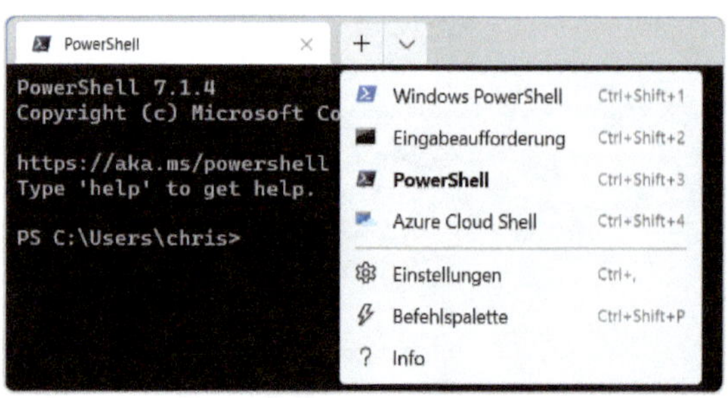

Eingabeaufforderung im Windows-Terminal öffnen.

Starten Sie mit einem Rechtsklick auf das Windows-Logo den Task-Manager.

Scrollen Sie auf der Seite *Prozesse* nach unten in den Bereich *Windows-Prozesse*, klicken Sie dort mit der rechten Maustaste auf *Windows-Explorer* und beenden Sie diesen Task. Damit verschwinden die Taskleiste, das Hintergrundbild und alle Desktopsymbole.

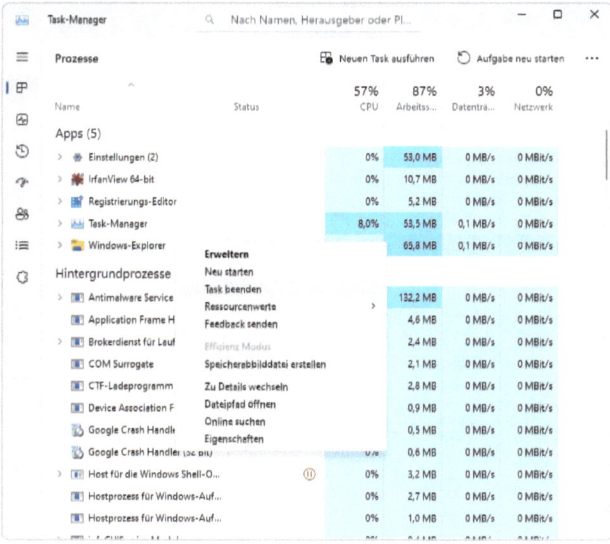

Windows-Explorer im Task-Manager beenden.

Das Windows-Terminal-Fenster ist neben dem Task-Manager als einziges noch offen. Geben Sie hier folgenden Befehl ein:

```
del %localappdata%\iconcache.db /a
```

Klicken Sie jetzt ganz oben im Task-Manager auf *Neuen Task ausführen*, geben Sie im nächsten Fenster `explorer` ein und klicken Sie auf *OK*.

Die Taskleiste und der Hintergrund erscheinen wieder, und mit etwas Verzögerung sind auch die Desktopsymbole zu sehen, die neu aus den jeweiligen Programmdateien extrahiert werden. Jetzt können Sie den Task-Manager und das Eingabeaufforderungsfenster wieder schließen.

Damit dieses Problem nicht immer wieder auftritt, erhöhen Sie den Icon-Cache. Legen Sie dazu in der Registry im Schlüssel

```
HKEY_LOCAL_MACHINE\SOFTWARE\Microsoft\Windows\CurrentVersion\
Explorer
```

eine neue Zeichenfolge mit Namen `Max Cached Icons` an und tragen Sie hier den Wert `8192` ein. Das steht für die maximale Icon-Cache-Größe von 8 MB.

Download

Sie brauchen diesen Registry-Tipp nicht manuell einzugeben. Die Datei steht unter *https://bildnerverlag.com/00533* zum Download zur Verfügung. Importieren Sie einfach die Datei *MaxCachedIcons.reg* per Doppelklick in die Registry.

Der Registry-Parameter `Max Cached Icons` ❶ legt die Größe des Icon-Caches fest.

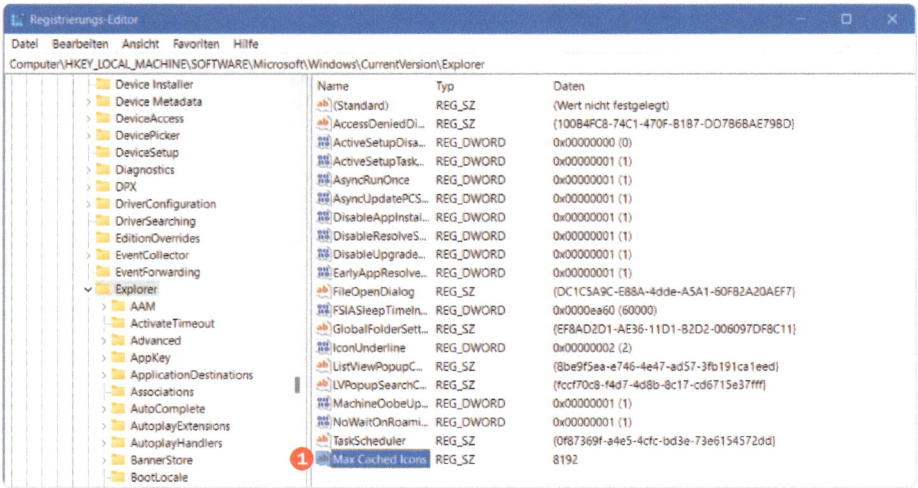

8.22 Bing-Bild des Tages funktioniert nicht mehr

Frühere Windows-Versionen konnten die fotografisch sehr ansprechenden Bilder des Tages der Suchmaschine Bing automatisch über ein spezielles Thema als Desktophintergrund verwenden. Diese Themen wurden in Windows 11 leider so verändert, dass es auch nicht mehr möglich ist, einen RSS-Feed für die Diaschau auf dem Desktophintergrund anzugeben.

Wählen Sie in den Einstellungen unter *Personalisierung/Hintergrund* im Bereich *Hintergrund personalisieren* die Option *Windows Spotlight*. Windows zeigt dann einen täglich wechselnden Hintergrund. Ein neues Desktopsymbol *Weitere Informationen* rechts oben zeigt im Browser Informationen zum aktuellen Hintergrund oder ähnliche Bilder an. Hier können Sie auch die Desktop-App **Bing Wallpaper** herunterladen, die jeden Tag neue Hintergrundbilder liefert. In der App können Sie auf Wunsch auch leicht zwischen verschiedenen Hintergrundbildern wechseln.

Windows Spotlight zeigt Bing-Fotos als Desktophintergrund an.

Die Microsoft-App Bing Wallpaper bietet in regelmäßigem Wechsel neue Hintergrundbilder zur Auswahl.

8.23 Mauspfeil nicht zu erkennen

Bei bunten Hintergrundbildern und hohen Bildschirmauflösungen erscheint der Mauspfeil oft zu klein und ist kaum erkennbar. In den *Einstellungen* ❶ unter *Barrierefreiheit/Mauszeiger und Toucheingabe* ❷ können Sie die Zeigergröße und auch die Zeigerfarbe wählen. Hier werden auffällige Farben vorgeschlagen, die so auf der Windows-Benutzeroberfläche und in den meisten Apps nicht vorkommen. Die dritte Zeigerfarbe invertiert den Mauszeiger gegenüber dem Hintergrund. So ist er auf hellem wie auch auf dunklem Hintergrund gut zu erkennen.

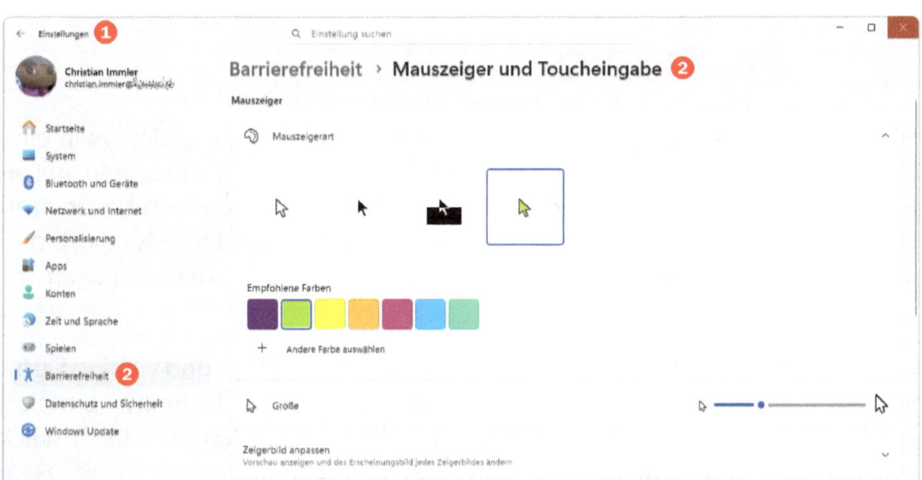

Einstellungen für Größe und Farbe des Mauspfeils.

8.24 Num-Lock beim Neustart einschalten

In einigen Fällen schaltet Windows 11 beim Starten die `Num-Lock`-Taste nicht automatisch ein, sodass der Ziffernblock auf der Tastatur so lange nutzlos ist, bis man selbst einmal die `Num-Lock`-Taste drückt.

Besonders lästig ist dieses Verhalten, wenn zur Anmeldung eine PIN verwendet wird, die man üblicherweise schnell auf dem Ziffernblock eingibt.

Ändern Sie in der Registry unter `HKEY_USERS\.Default\Control Panel\Keyboard` den Parameter `InitialKeyboardIndicators` auf den Wert `2147483650` und starten Sie danach den PC neu. Jetzt ist `Num-Lock` beim Starten von Windows automatisch eingeschaltet.

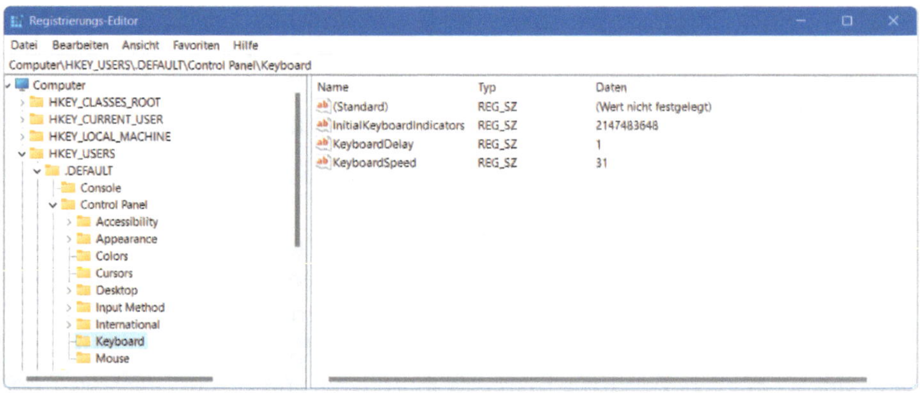

Dieser Registry-Parameter schaltet `Num-Lock` beim Starten ein.

Download
Sie brauchen diesen Registry-Tipp nicht manuell einzugeben. Die Datei steht unter *https://bildner-verlag.com/00533* zum Download zur Verfügung. Importieren Sie einfach die Datei *InitialKeyboard-Indicators.reg* per Doppelklick in die Registry.

8.25 Benutzeroberfläche reagiert auch nach Neustart nicht

Windows 11 lagert beim Herunterfahren Inhalte des Arbeitsspeichers in eine Datei *hiberfil.sys* auf der Festplatte aus, um schneller starten zu können. Bei einem normalen Neustart wird also nicht wirklich bei null gestartet, was dazu führen kann, dass Fehler einen Neustart überstehen. Besonders häufig tritt dieses Verhalten auf, wenn einzelne Elemente der Benutzeroberfläche nicht mehr reagieren.

Klicken Sie mit der rechten Maustaste auf das Windows-Logo und wählen Sie im Kontextmenü *Ausführen* ❶. Alternativ können Sie auch die Tastenkombination `Win`+`R` nutzen. Diese funktioniert selbst dann, wenn sich beim Rechtsklick kein Kontextmenü mehr öffnet. Geben Sie im Fenster folgende Befehlszeile ein:

```
shutdown /r /t 0
```
❷

Damit startet Windows 11 einmal komplett neu. Bei diesem sogenannten „Kaltstart“ werden keine Arbeitsspeicherinhalte auf der Festplatte abgelegt und danach wieder eingelesen, deshalb dauert der Start auch etwas länger.

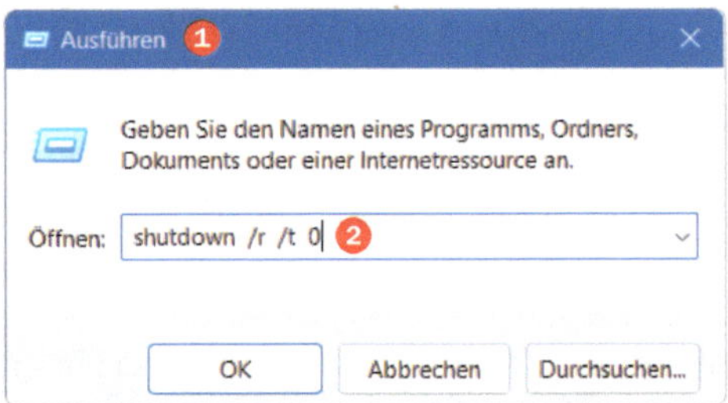

Neustart über einen Kommandozeilenbefehl.

8.26 Anmeldezwang nach Stand-by nervt

Windows 11 ist standardmäßig so eingestellt, dass sich der Benutzer, nachdem der PC wegen Inaktivität in den Stand-by-Modus geschaltet hat, neu anmelden muss, was auf Dauer ziemlich lästig sein kann.

Wählen Sie in den *Einstellungen* ❶ unter *Konten/Anmeldeoptionen* ❷ in der Zeile *Wann soll Windows eine erneute Anmeldung anfordern?* ❸ im Bereich *Zusätzliche Einstellungen* ❹ die Option *Nie* ❺. Nun können Sie den PC ohne erneute Anmeldung aus dem Stand-by-Modus wieder aufwecken.

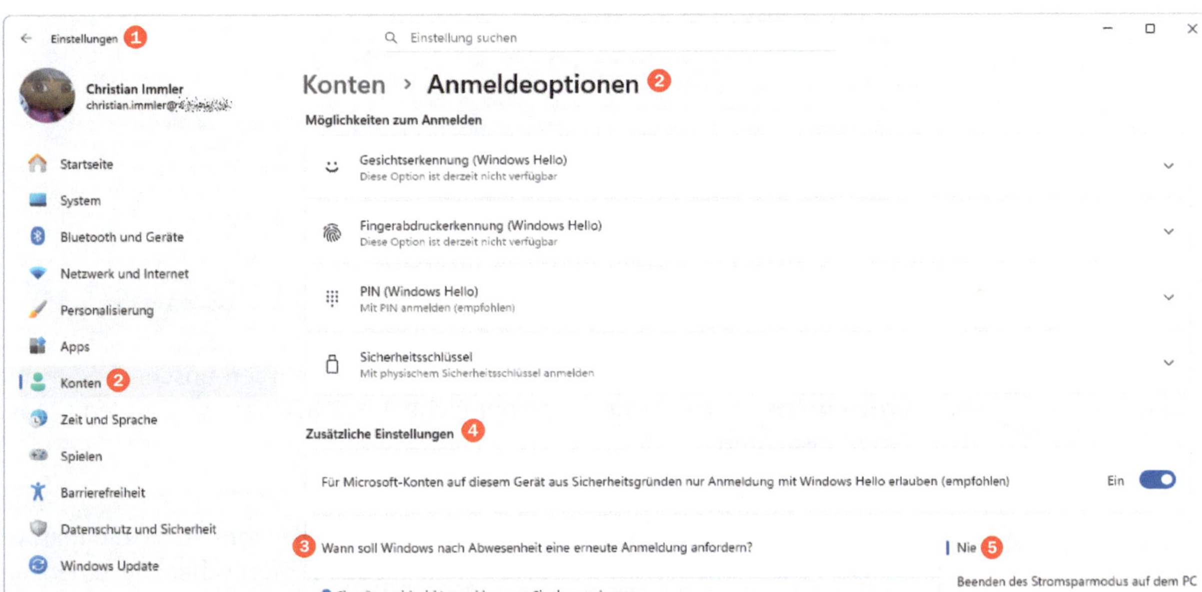

Anmeldezwang nach Stand-by-Modus abschalten.

8.27 Sperrbildschirm komplett abschalten

Trotz seiner vielfältigen Möglichkeiten ist der Sperrbildschirm bei vielen Anwendern nicht gerade beliebt. Hinzu kommt, dass Microsoft den in frühen Versionen von Windows 10 noch enthaltenen Schalter zum Deaktivieren des Sperrbildschirms aus den Einstellungen wieder entfernt hat.

Nur in der Pro-Version von Windows 11 gibt es eine Gruppenrichtlinie, die den Sperrbildschirm abschaltet.

Klicken Sie mit der rechten Maustaste auf das Windows-Logo und wählen Sie im Kontextmenü *Ausführen* oder drücken Sie die Tastenkombination `Win`+`R`. Geben Sie `gpedit.msc` ein und starten Sie damit den Gruppenrichtlinieneditor. Setzen Sie dort die Richtlinie *Sperrbildschirm nicht anzeigen* ❶ unter *Computerkonfiguration/Administrative Vorlagen/Systemsteuerung/Anpassung* auf *Aktiviert* ❷ und starten Sie den PC neu.

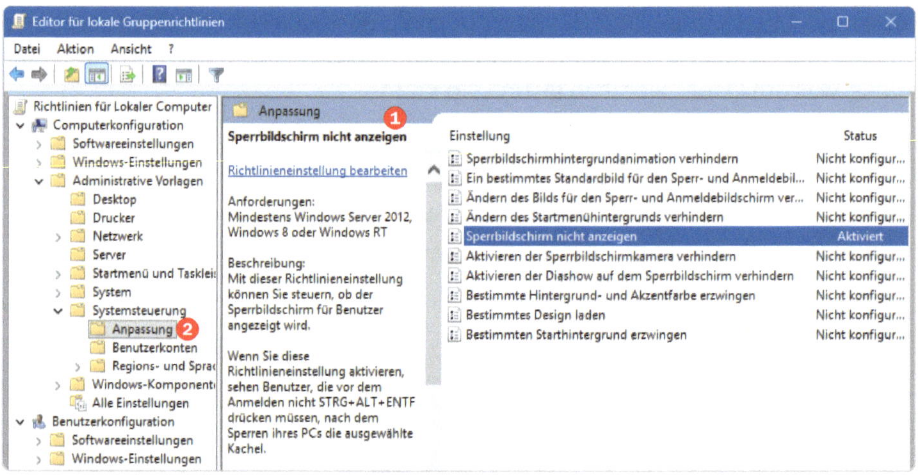

Diese Gruppenrichtlinie schaltet den Sperrbildschirm ab.

8.28 Schriften in Windows-Dialogen sind unscharf

Erscheinen die Schriften in den Windows-Systemdialogen unscharf oder mit farbigen Schatten, liegt dies an einer nicht zum Bildschirm passenden **ClearType**-Einstellung.

Klicken Sie in den *Einstellungen* unter *Personalisierung/Schriftarten/Verwandte Einstellungen* auf den Link *ClearType-Text anpassen*. Hier können Sie die Textoptimierung ein- und ausschalten und den Effekt auch sofort sehen. Bei einem alten Röhrenmonitor müssen Sie ClearType eventuell deaktivieren. Danach wird überprüft, ob der Monitor auf seine optimale Auflösung eingestellt ist.

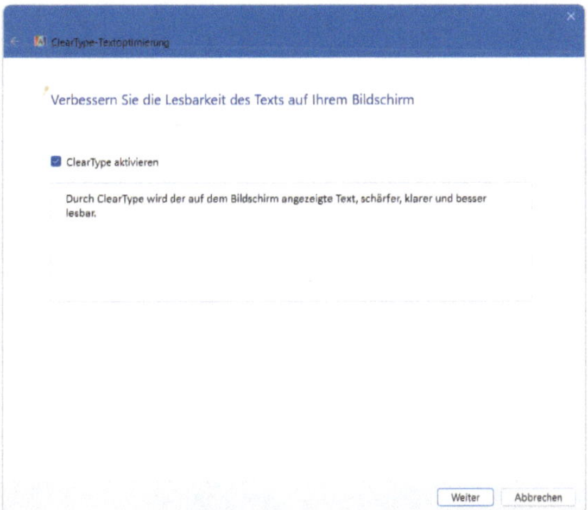

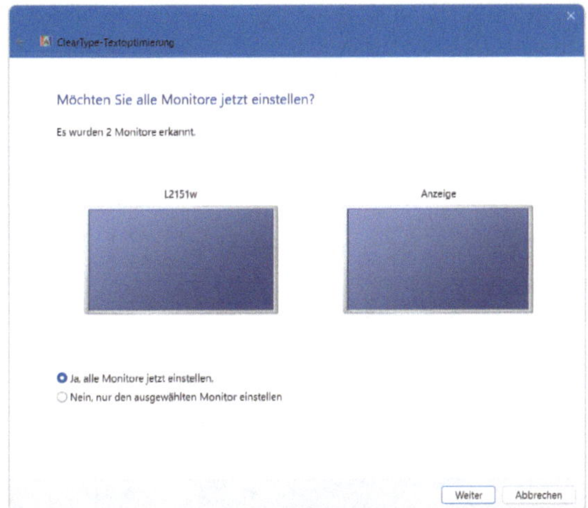

Einstellung zur Kantenglättung mit ClearType.

Anschließend startet eine Textoptimierung, die Sie in fünf Schritten auffordert, jeweils aus mehreren Textbeispielen die am besten lesbare Version auszuwählen. So wird die optimale Einstellung der Kantenglättung bestimmt.

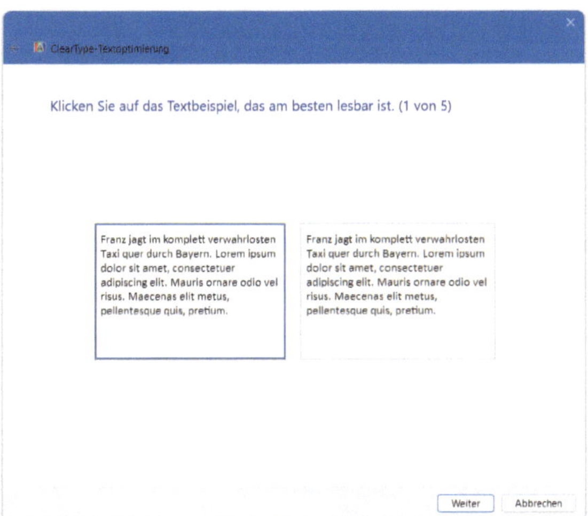

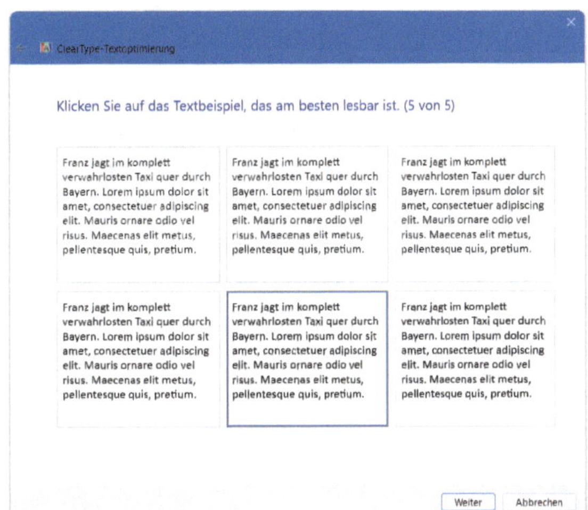

Die ClearType-Textoptimierung in Aktion.

8.29 Gibt es keine Analoguhr mehr?

Windows 11 enthält keine klassische Analoguhr mehr. In den Einstellungen erscheint die Zeit nur noch digital, und das beliebte Bildschirm-Widget aus Windows 7 ist auch verschwunden. Dabei sind Analoguhren deutlich schneller ablesbar, das Bild prägt sich in Sekundenbruchteilen in das Kurzzeitgedächtnis ein.

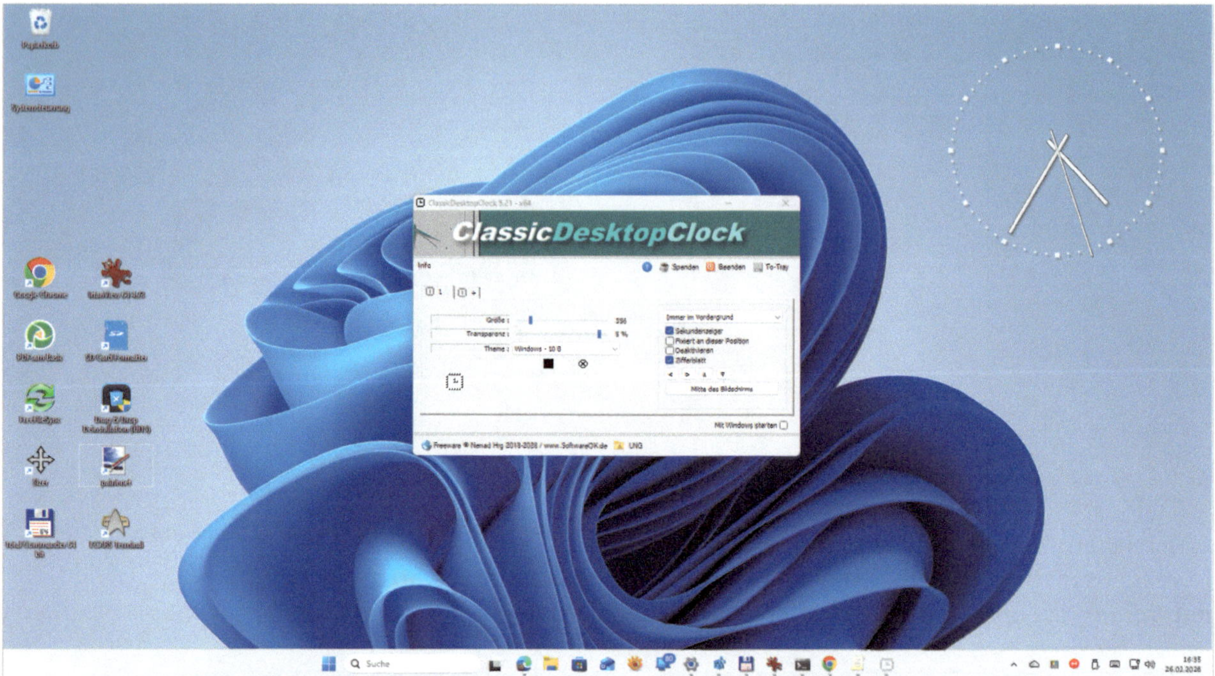

Analoguhr auf dem Desktop und die Einstellungen dazu.

ClassicDesktopClock (softwareok.com/?seite=Microsoft/ClassicDesktopClock) liefert eine Analoguhr für den Desktop mit vielfältigen Anpassungsmöglichkeiten. Das Programm, das entweder fest installiert oder portabel ohne Installation laufen kann, bietet verschiedene Farben und Designs für das Zifferblatt und die Zeiger. Wenn das Einstellungsfenster geschlossen wird, bleibt ein Symbol in der Taskleistenecke, um dieses wieder aufzurufen.

8.30 Zweistellige Jahreszahlen werden falsch interpretiert

Jahreszahlen werden nicht immer vierstellig, sondern manchmal auch zweistellig angegeben. Nur ist diese zweistellige Angabe nicht immer eindeutig. Bezeichnet z. B. 01.01.22 den ersten Januar des Jahres 2022 oder 1922?

Wie zweistellige Jahreszahlen interpretiert werden sollen, legen Sie in einem gut versteckten Dialogfeld fest.

Klicken Sie in der *Systemsteuerung* ❶ im Bereich *Zeit und Region* ❷ auf den Link *Zusätzliche Uhren* auf *Datums-, Uhrzeit- oder Zahlenformat ändern* ❸.

Einstellungen für Datum und Uhrzeit.

Klicken Sie im nächsten Fenster auf *Weitere Einstellungen* ❹. Daraufhin öffnet sich erneut ein Fenster. Gehen Sie hier auf die Registerkarte *Datum* ❺.

Tragen Sie im Bereich *Kalender* ❻ das höchste Jahr ein, das als zweistellige Jahreszahl interpretiert werden soll. Der Standardwert *2049* ❼ legt fest, dass alle zweistelligen Jahre, die kleiner als oder gleich 49 sind (00 bis 49), Jahre aus dem 21. Jahrhundert bezeichnen, 2000 bis 2049. Alle zweistelligen Jahre, die größer als 49 (50 bis 99) sind, bezeichnen Jahre aus dem 20. Jahrhundert, 1950 bis 1999.

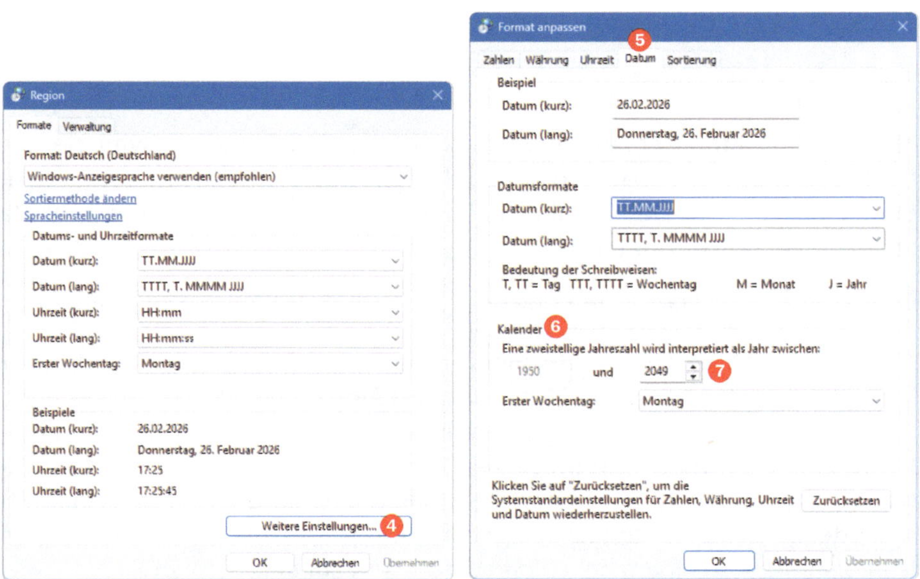

Interpretation zweistelliger Jahreszahlen.

8.31 Systemtools an das Startmenü anpinnen

Der frühere Startmenüpunkt *Windows-Zubehör* wurde in *Windows-Tools* umbenannt und öffnet jetzt ein Fenster mit zahlreichen nützlichen Programmen anstelle des bisherigen Untermenüs. Um leichter auf einzelne Tools zugreifen zu können, klicken Sie im Fenster *Windows-Tools* ❶ mit der rechten Maustaste auf ein Symbol und wählen im Kontextmenü *An Start anheften* ❷. Das Tool erscheint im Startmenü.

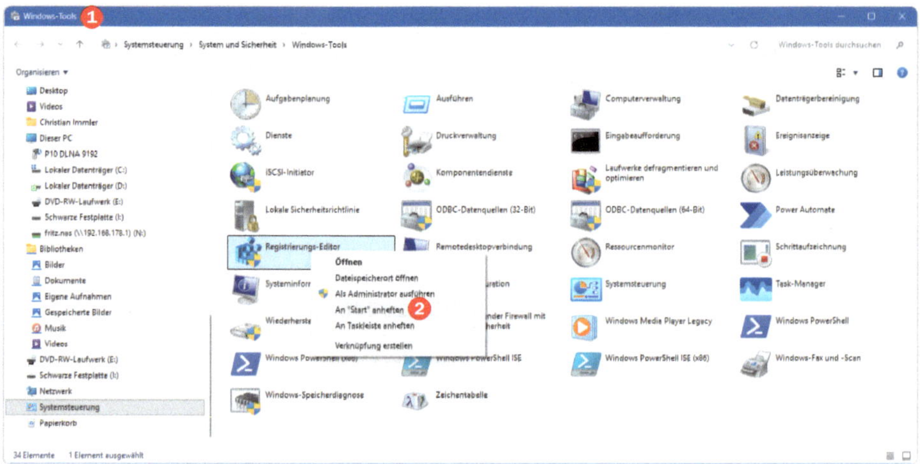

Windows-Tools an Startmenü anheften.

8.32 App-Symbole im Startmenü austauschen

Klassische Desktopprogramme verwenden zum Teil Programmsymbole, die heute zwischen den modernen Apps altbacken wirken. Besonders bei Verwendung eines dunklen Designs sind außerdem einige ältere Programmsymbole im Startmenü schwer zu erkennen.

verpassen Sie den klassischen Anwendungen moderne Programmsymbole:

Als Erstes benötigen Sie entsprechende Icons im ICO-Format, die Sie z. B. in der kostenlosen Icon-Sammlung **Metro UInvert Dock Icon Set** (*www.deviantart.com/dakirby309*) finden. Diese Icon-Sammlung enthält für zahlreiche bekannte Programme Symbole im modernen Windows-Stil mit transparentem Hintergrund. Diese Transparenz ist wichtig, damit der Hintergrund je nach Startmenüdesign hell oder dunkel dargestellt wird. Entpacken Sie die gewünschte Icon-Sammlung in einem beliebigen Verzeichnis auf der Festplatte.

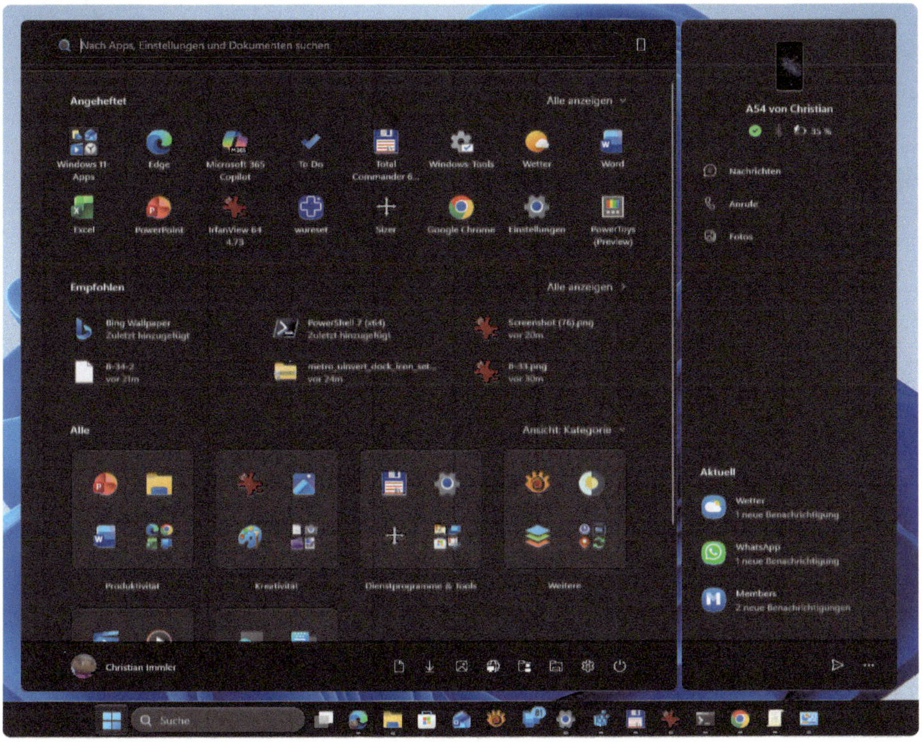

Startmenü im dunklen Design.

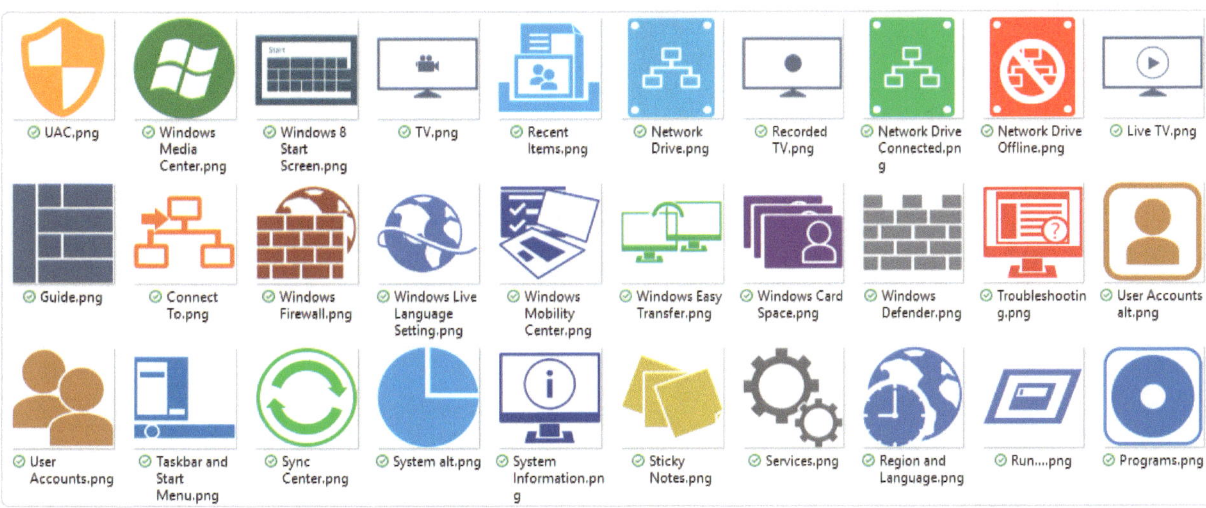

Die kostenlose Sammlung Metro UInvert Dock Icon Set des DeviantArt-Künstlers dAKirby309 enthält zahlreiche Icons im modernen Windows-Stil.

Klicken Sie jetzt mit der rechten Maustaste auf das Symbol des zu ändernden Programms und wählen Sie im Kontextmenü die Option *Dateispeicherort öffnen* ❶.

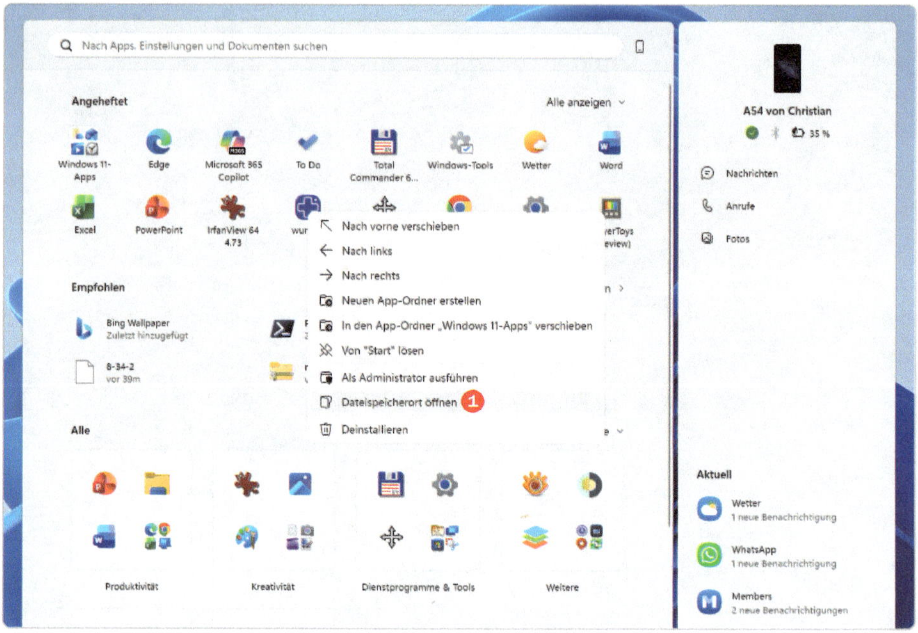

Über das Kontextmenü finden Sie die Verknüpfung eines Programms im Startmenü.

Der Explorer öffnet einen Ordner mit Verknüpfungen aus dem Startmenü, wobei die gewählte Verknüpfung bereits aktiviert ist. Klicken Sie mit der rechten Maustaste auf die Verknüpfung und wählen Sie im Kontextmenü *Eigenschaften* ❷.

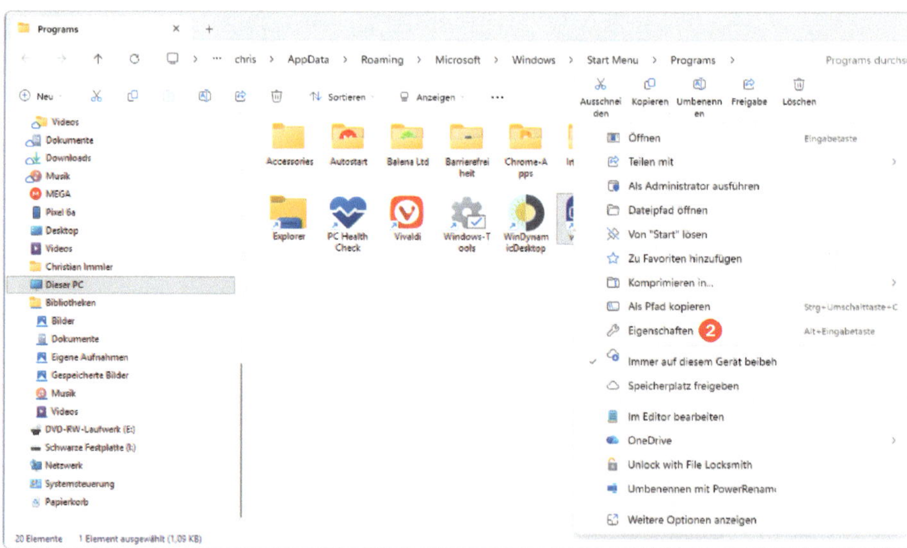

Das Programmsymbol im Explorer.

Das nächste Dialogfeld gleicht dem aus früheren Windows-Versionen bekannten *Eigenschaften*-Dialog für Desktopverknüpfungen. Klicken Sie hier auf *Anderes Symbol* ❸. Wählen Sie im nächsten Dialogfeld die gewünschte ICO-Datei aus der Icon-Sammlung aus und verlassen Sie das Fenster *Anderes Symbol* ❹ mit *OK* ❺.

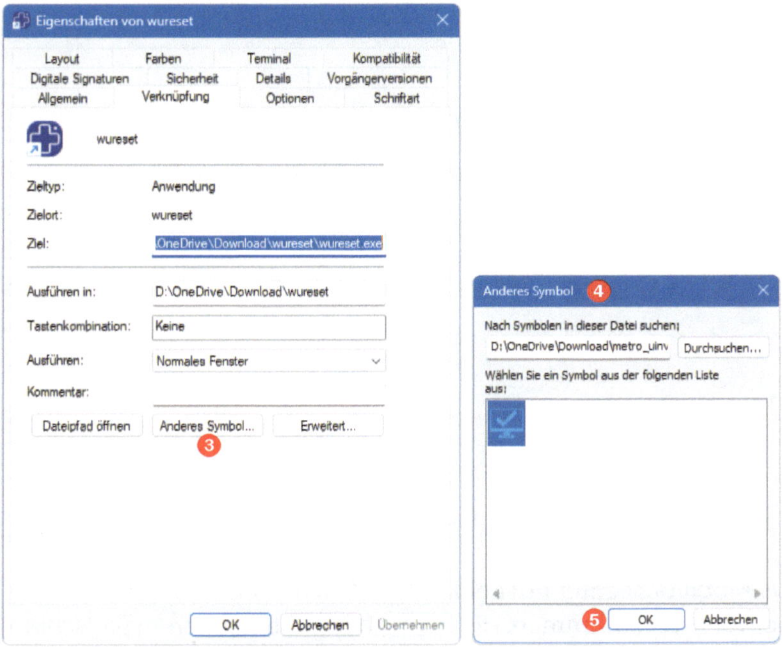

Im Eigenschaften-Dialog der Verknüpfung wird das Symbol ausgetauscht.

Bestätigen Sie das nächste Dialogfeld mit *OK*. Hier muss in einigen Fällen noch eine Anfrage der Benutzerkontensteuerung bestätigt werden. Danach zeigt das Startmenü auf der Kachel das neue Symbol an.

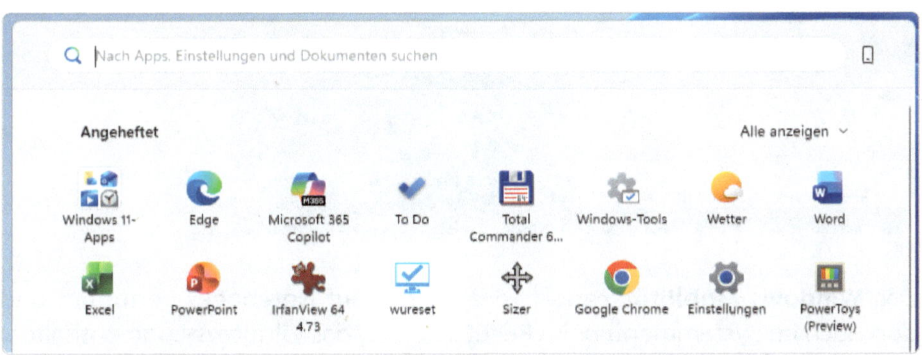

Programmsymbol im Startmenü im modernen Windows-Stil.

Anstelle vorgegebener Icons können Sie auch eigene Symbole verwenden. Windows benötigt Grafiken im ICO-Format, um sie als Programm- oder Kachelsymbole nutzen zu können. Einige Grafikprogramme speichern Grafiken auch direkt in diesem Format. Beachten Sie, dass die Grafiken quadratisch sein müssen. Die Website *www.icoconverter.com* konvertiert Grafiken aus anderen Formaten ins ICO-Format. Achten Sie dabei darauf, unter *Sizes* 6 alle Größen einzuschalten.

ICO converter erstellt Icons aus quadratischen Bildern.

8.33 Mobilitätscenter auch auf Desktop-PC nutzen

Das Windows-Mobilitätscenter fasst ein paar nützliche Einstellungen für Notebooks in einem Fenster zusammen. Hier können Sie unter anderem Bildschirmhelligkeit, Lautstärke und auch einen Energiesparplan einstellen.

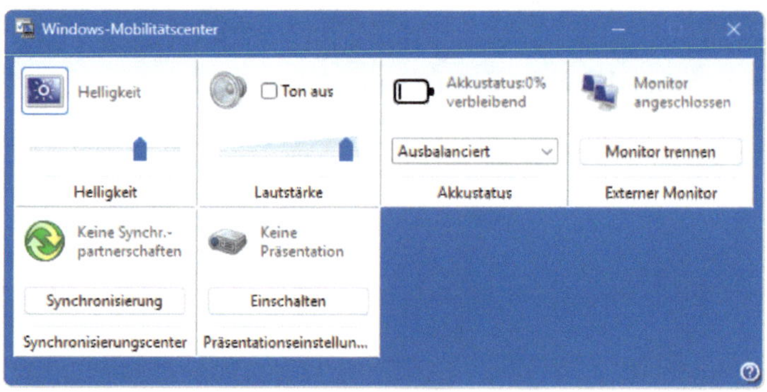

Das Windows-Mobilitätscenter.

Das **Windows-Mobilitätscenter** ist aber nur auf Notebooks verfügbar und dort auch im Systemmenü beim Rechtsklick auf das Windows-Logo enthalten. Dabei kann dieses Programm auf jedem Computer nützlich sein, insbesondere wenn man es über eine Verknüpfung auf dem Startbildschirm oder in der Taskleiste leicht zugänglich macht. Versucht man, über einen Rechtsklick auf das Windows-Logo und *Ausführen* den Befehl `mblctr` zu starten, erscheint auf stationären PCs eine Meldung.

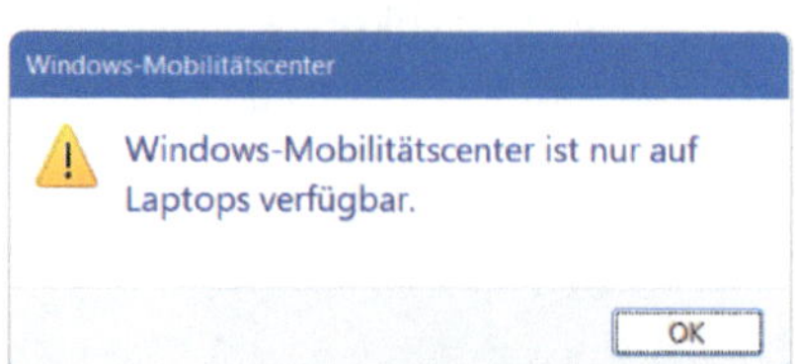

Meldung beim Versuch, das Windows-Mobilitätscenter auf einem PC zu starten.

- Legen Sie in der Registry unter `HKEY_CURRENT_USER\Software\Microsoft` einen neuen Schlüssel `MobilePC` an.
- Legen Sie in diesem Schlüssel zwei neue Schlüssel `AdaptableSettings` und `MobilityCenter` an.
- Legen Sie im Schlüssel `AdaptableSettings` einen neuen DWORD-Wert `SkipBatteryCheck` an und geben Sie diesem den Wert `1`.
- Legen Sie im Schlüssel `MobilityCenter` einen neuen DWORD-Wert `RunOnDesktop` an und geben Sie diesem den Wert `1`.

Jetzt können Sie das Mobilitätscenter über den Menüpunkt *Ausführen* im Systemmenü mit `mblctr` aufrufen, die Suche zum Starten nutzen oder auch eine Verknüpfung auf dem Desktop oder der Taskleiste anlegen.

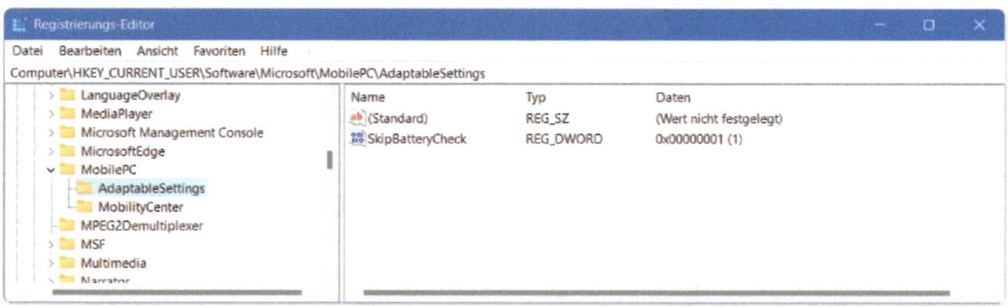

Registrierungsschlüssel für das Mobilitätscenter.

Download
Sie brauchen diesen Registry-Tipp nicht manuell einzugeben. Die Datei steht unter *https://bildnerverlag.com/00533* zum Download zur Verfügung. Importieren Sie einfach die Datei *MobilePC.reg* per Doppelklick in die Registry. Die Datei *MobilePC.reg* nimmt die Änderungen wieder zurück.

8.34 Bei schwierigen Lichtverhältnissen auf hohen Kontrast umschalten

Windows 11 liefert in den *Einstellungen* ❶ unter *Barrierefreiheit/Kontrast-Designs* ❷ spezielle Designs mit besonders starken Kontrasten auf hellem oder dunklem Hintergrund. Wenn Sie diese auswählen, geht zwar einiges von der optischen Eleganz der Oberfläche verloren und das Hintergrundbild verschwindet, aber dafür ist eine gute Lesbarkeit auch unter schwierigen Umständen gegeben.

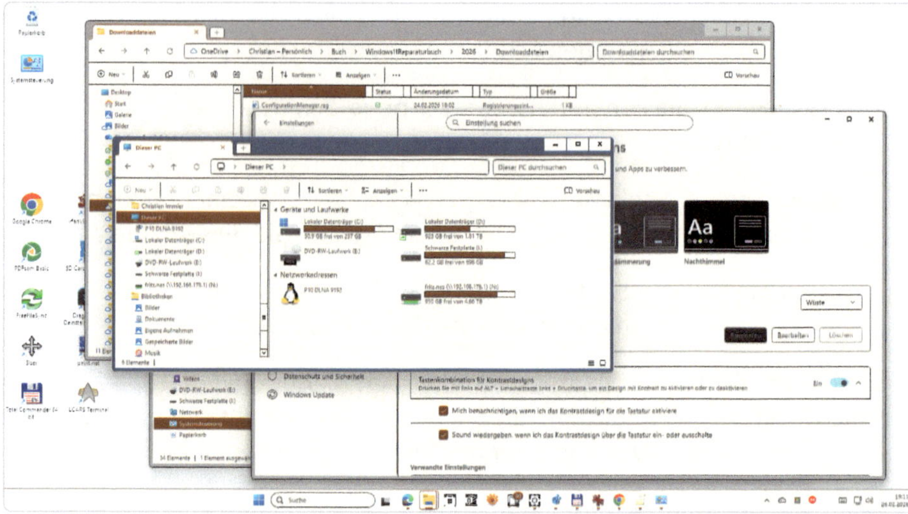

Windows 11 mit hohem Kontrast.

Möchten Sie nicht komplett auf ein Design mit hohem Kontrast wechseln, können Sie trotzdem kurzzeitig, wenn z. B. die Lichtverhältnisse es erfordern, auf eine Darstellung mit hohem Kontrast umschalten. Drücken Sie dazu die Tastenkombination `Alt`+`Umschalt links`+`Druck`. Mit der gleichen Tastenkombination kommen Sie auch wieder zurück.

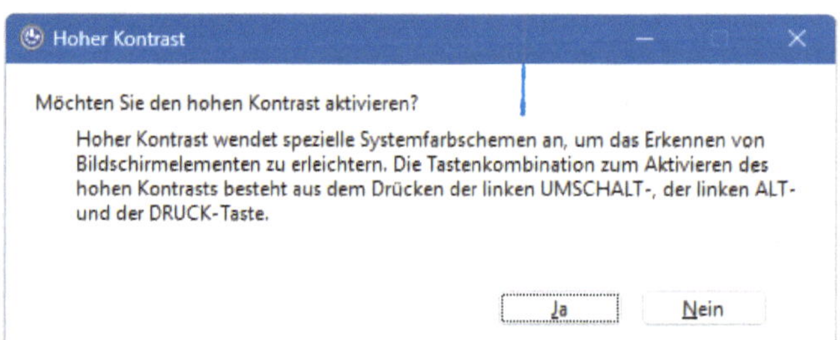

Meldung beim Umschalten auf hohen Kontrast.

Welches der Kontrastdesigns dabei verwendet wird, legen Sie im Auswahlfeld *Kontrast-Designs* ❸ fest.

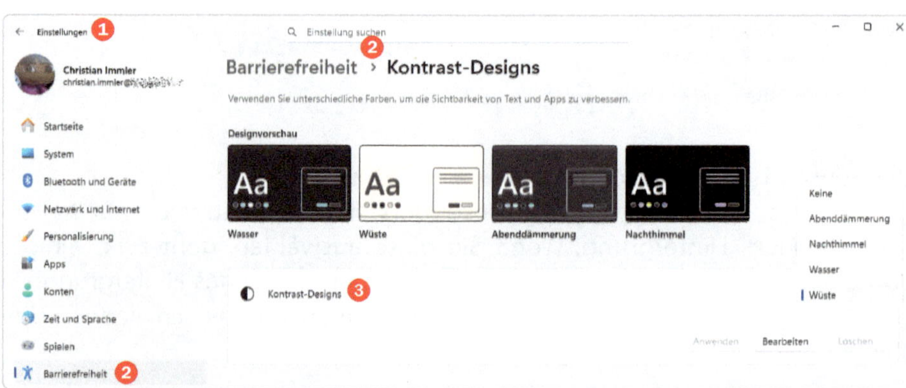

Kontrastdesign auswählen.

Mit der Schaltfläche *Bearbeiten* können Sie die Farben für das ausgewählte Kontrastdesign Ihren persönlichen Vorlieben anpassen und die bearbeitete Version als neues Kontrastdesign speichern.

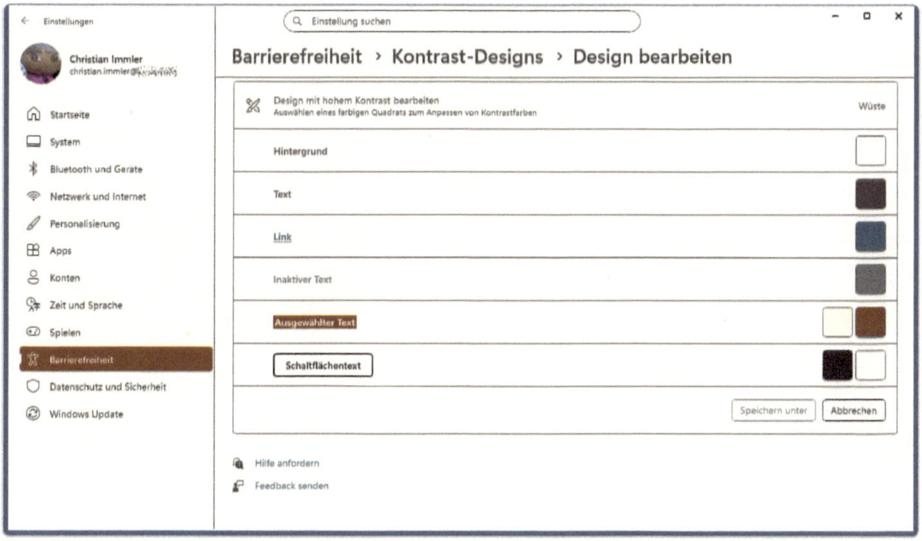

Kontrastdesign bearbeiten.

9 Datei-Explorer

9.1 Wo ist die Laufwerkansicht im Explorer geblieben?

Der **Explorer** in Windows 11 startet standardmäßig mit der Ansicht *Start*, die die zuletzt verwendeten Ordner und Dateien zeigt. Ein versteckter Schalter startet den Explorer wie früher mit einer Übersicht aller Laufwerke.

Klicken Sie im Explorer auf das Menü mit den drei Punkten und wählen sie *Optionen*. Wählen Sie hier oben im Listenfeld *Datei-Explorer öffnen für* ❶ die Option *Dieser PC* ❷. Bestätigen Sie mit *OK* ❸.

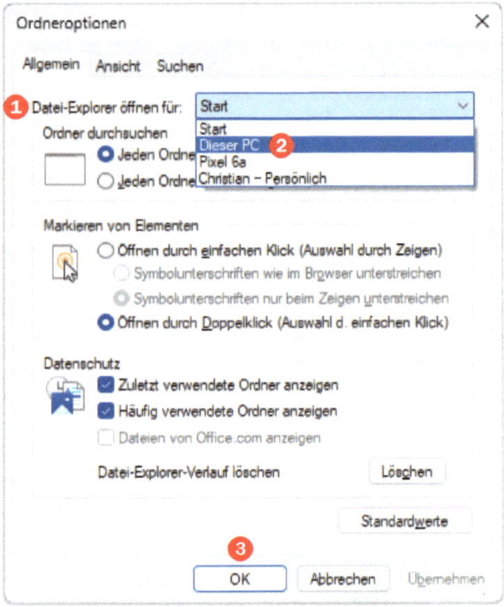

Ein versteckter Schalter startet den Explorer direkt in der Laufwerkansicht Dieser PC.

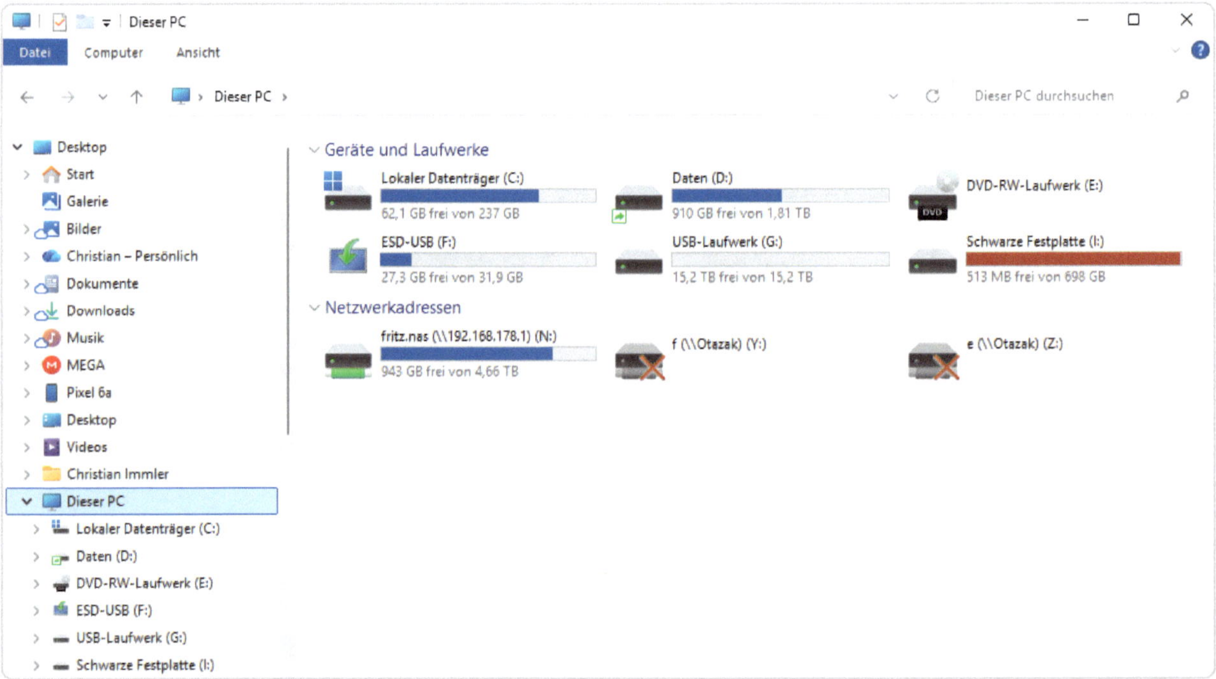

Beim nächsten Öffnen des Explorers erscheint die Laufwerkübersicht.

9.2 Papierkorb und Systemsteuerung sind im Explorer verschwunden

Der Navigationsbereich links im Explorer beinhaltet standardmäßig die Systemsteuerung und den Papierkorb nicht mehr, wie dies in früheren Windows-Versionen der Fall war.

Um die Systemsteuerung und den Papierkorb im Navigationsbereich anzuzeigen, wählen Sie im Menü *Optionen*. Im nächsten Dialogfeld schalten Sie auf die Registerkarte *Ansicht* und scrollen in der Liste nach unten in den Bereich *Navigationsbereich*. Schalten Sie dort *Alle Ordner anzeigen* ein.

9.3 Favoriten sind im Explorer verschwunden

Die ehemaligen Favoriten im Windows-Explorer von Windows 7 und 8.1 wurden in Windows 10 und 11 durch den Schnellzugriffsbereich ersetzt. Dieser wird über das Symbol *Start* und direkt beim Öffnen eines neuen Explorer-Fensters angezeigt.

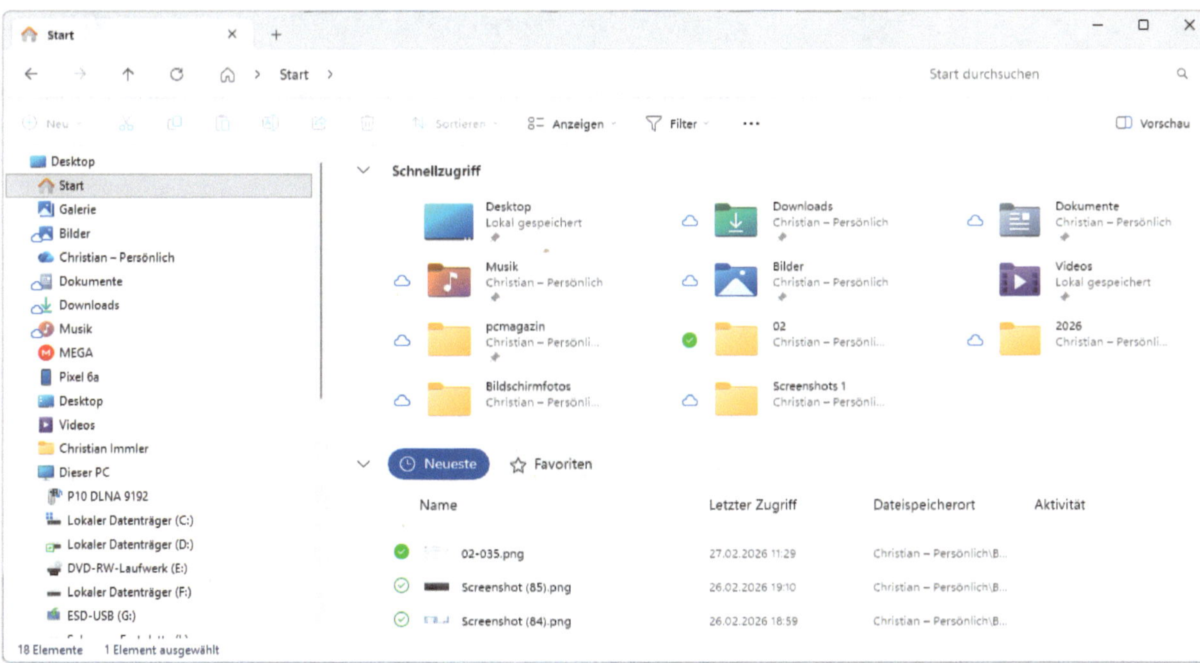

Schnellzugriff im Explorer.

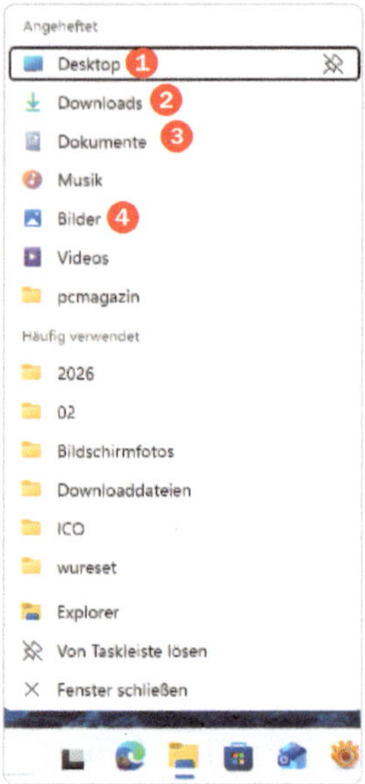

Schnellzugriff über das Explorer-Symbol auf der Taskleiste.

Der Bereich *Schnellzugriff* kombiniert automatisch Favoriten mit der Liste häufig verwendeter Ordner. Auf diese Weise können Sie auf alle Ordner, die Sie oft brauchen, schnell zugreifen.

Die Ordner *Desktop* ❶, *Downloads* ❷, *Dokumente* ❸ und *Bilder* ❹ sind hier automatisch angeheftet. Weitere Ordner können jederzeit mit einem Rechtsklick und dem Kontextmenüpunkt *An Schnellzugriff anheften* oder im Schnellzugriffsbereich verfügbar gemacht werden. Bei den Symbolen unter *Schnellzugriff* handelt es sich nur um Verknüpfungen. Die Ordner bleiben an ihrer Position im Dateisystem erhalten.

Klicken Sie mit der rechten Maustaste auf das Explorer-Symbol in der Taskleiste, haben Sie direkten Zugriff auf die angehefteten und häufig verwendeten Ordner, ohne den Explorer zuvor starten zu müssen.

Den klassischen Favoritenordner früherer Windows-Versionen unter *C:\Users\<Benutzername>* gibt es immer noch. Hier finden Sie die Lesezeichen aus dem **Microsoft-Edge-Browser** als einzelne Verknüpfungsdateien. Natürlich können Sie auch diesen Ordner wie jeden anderen Ordner per Rechtsklick an den Schnellzugriffsbereich im Explorer anheften.

9.4 Dateiendungen sind im Explorer verschwunden

Leider blendet der Windows-Explorer nach einem Upgrade auf Windows 11 die Dateiendungen standardmäßig aus, was ein großes Sicherheitsrisiko darstellt. Stellen Sie sich vor, Sie erhielten z. B. per E-Mail eine Datei namens *info.txt*. Sie

Die Dateinamenerweiterungen sollten immer eingeschaltet sein.

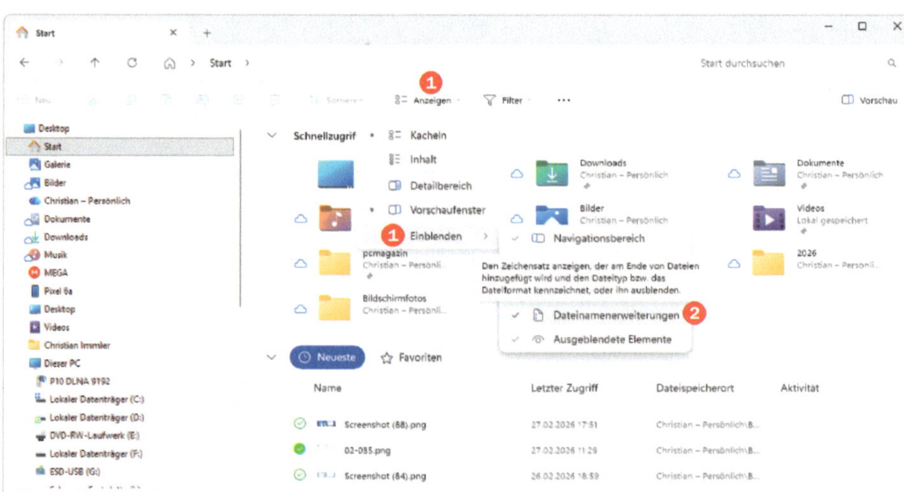

haben die Datei gespeichert und öffnen sie ohne Argwohn. Aber plötzlich haben Sie einen böswilligen Virus installiert. Die Datei war eine ausführbare Datei und hieß in Wirklichkeit *info.txt.exe*. Windows lässt leider mehrere Punkte im Dateinamen zu, nur der letzte trennt den eigentlichen Namen von der Endung.

Schalten Sie deshalb in der Symbolleiste des Explorers unter *Anzeigen/Einblenden* ❶ das Kontrollkästchen *Dateinamenerweiterungen* ❷ ein, um die Endungen wieder einzublenden.

9.5 Laufwerkbuchstaben sind im Explorer verschwunden

Der Explorer zeigt in der Ansicht *Dieser PC* ❶ wie auch im Navigationsbereich und in allen *Datei/Öffnen*-Dialogfeldern zusätzlich zu den Laufwerkbezeichnungen auch die Laufwerkbuchstaben an. Durch einen falschen Einsatz von Tuning-Programmen oder auch durch fehlerhafte andere Tools können diese Laufwerkbuchstaben verschwinden, was den unangenehmen Nebeneffekt hat, dass die Laufwerke auch in anderer Reihenfolge aufgelistet werden.

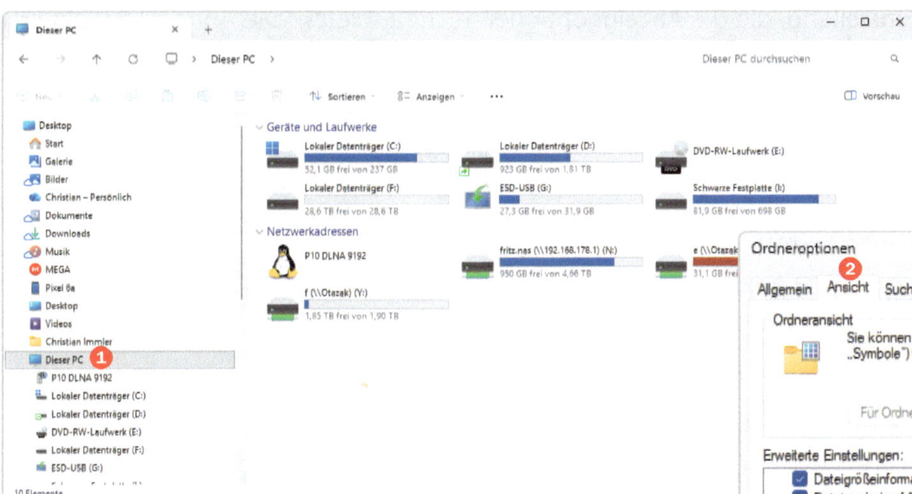

Standardansicht mit Laufwerkbuchstaben.

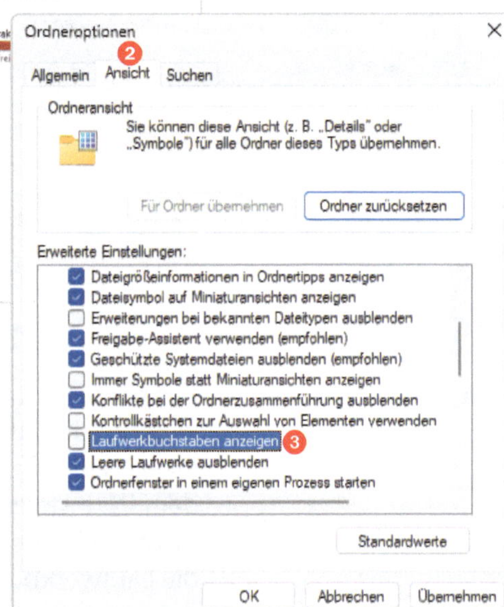

Laufwerkbuchstaben in den Ordneroptionen einschalten

Sind die Laufwerkbuchstaben verschwunden, wählen Sie im Menü *Optionen*. Aktivieren Sie im nächsten Dialogfeld auf der Registerkarte *Ansicht* ❷ den Schalter *Laufwerkbuchstaben anzeigen* ❸.

Ansicht ohne Laufwerkbuchstaben.

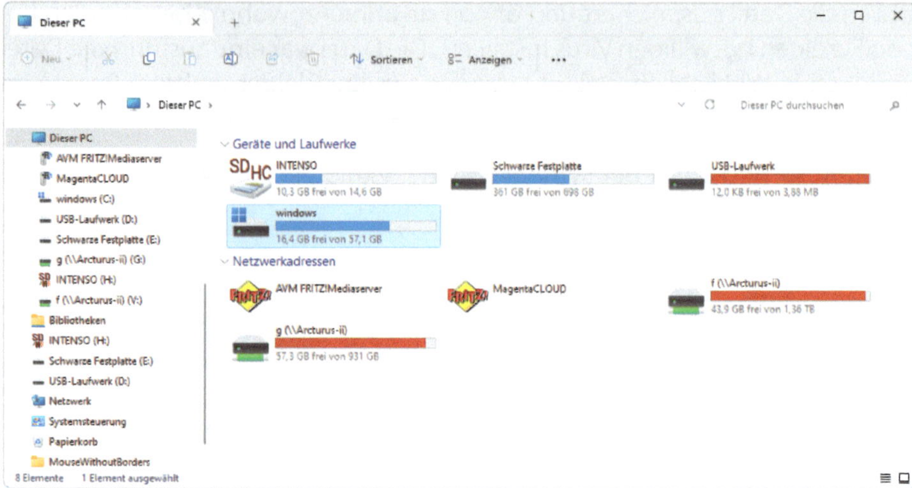

Der Wert ShowDriveLettersFirst im Registry-Schlüssel

HKEY_CURRENT_USER\Software\Microsoft\Windows\CurrentVersion\Explorer

legt die Darstellung der Laufwerkbuchstaben fest. Hier haben Sie sogar die Möglichkeit, die Laufwerkbuchstaben vor die Laufwerknamen zu setzen – eine Einstellung, die die Anzeigeoptionen nicht anbieten. Die Änderung wirkt erst nach einem Neustart des Windows-Explorer-Tasks im Task-Manager.

ShowDriveLettersFirst	Darstellung der Laufwerkbuchstaben
0	Laufwerkbuchstaben hinten
2	keine Laufwerkbuchstaben
4	Laufwerkbuchstaben vorne

Download

Die Reg-Dateien *ShowDriveLettersFirst0.reg*, *ShowDriveLettersFirst2.reg* und *ShowDriveLettersFirst4.reg* stehen zum Download unter *https://bildnerverlag.com/00533* zur Verfügung.

9.6 Laufwerke zur besseren Übersicht umbenennen

Zur besseren Übersicht können Sie den Laufwerken anstelle der leeren Laufwerkbezeichnung eigene Namen geben. Diese Namen werden direkt auf der jeweiligen Festplattenpartition gespeichert, gelten also auch für andere auf dem PC installierte Betriebssysteme und helfen bei Reparaturen und Neuinstallationen, die Laufwerke zu identifizieren, da im Gegensatz zu den Namen die Laufwerkbuchstaben in anderen Betriebssystemen anders lauten können.

Klicken Sie im Explorer mit der rechten Maustaste auf ein Laufwerk und wählen Sie im Kontextmenü *Eigenschaften*. Im nächsten Dialogfeld vergeben Sie den neuen Laufwerknamen.

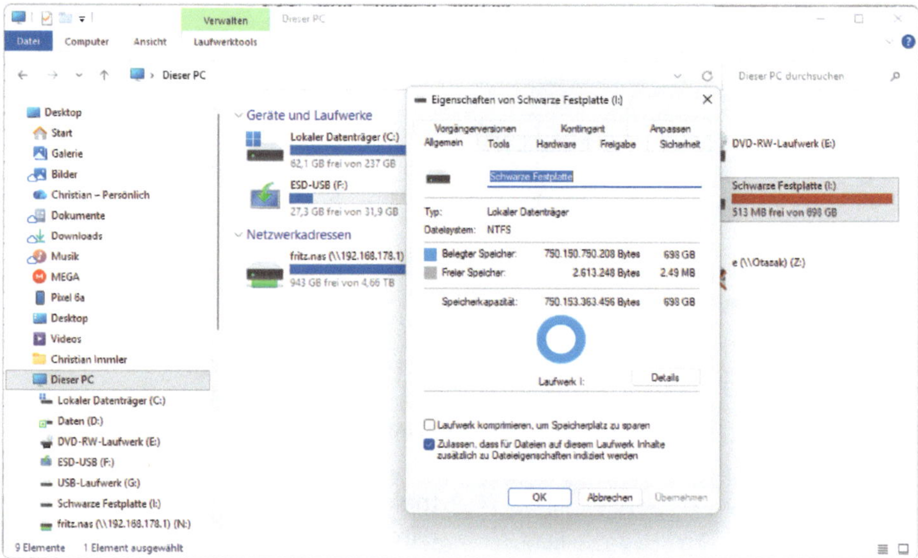

Laufwerknamen im Explorer eintragen.

9.7 Bibliotheken sind im Explorer verschwunden

Die aus Windows 7 und 8 bekannten Bibliotheken verschwinden mit dem Upgrade und werden im Explorer von Windows 11 und Windows 10 standardmäßig nicht mehr angezeigt. Sie können aber noch verwendet werden.

Um die Bibliotheken aufzurufen, wählen Sie im Menü *Optionen*. Im nächsten Dialogfeld schalten Sie auf die Registerkarte *Ansicht* ❶ und scrollen in der Liste nach unten in den *Navigationsbereich* ❷. Schalten Sie dort *Bibliotheken anzeigen* ❸ ein.

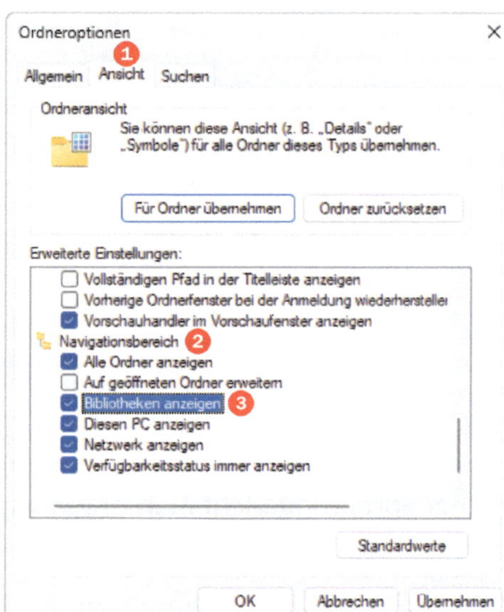

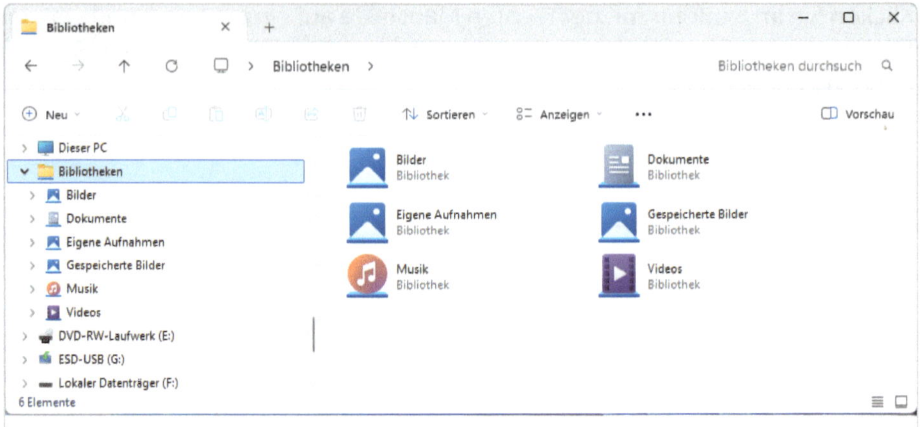

Mit wenigen Klicks tauchen die verschwundenen Bibliotheken im Explorer wieder auf.

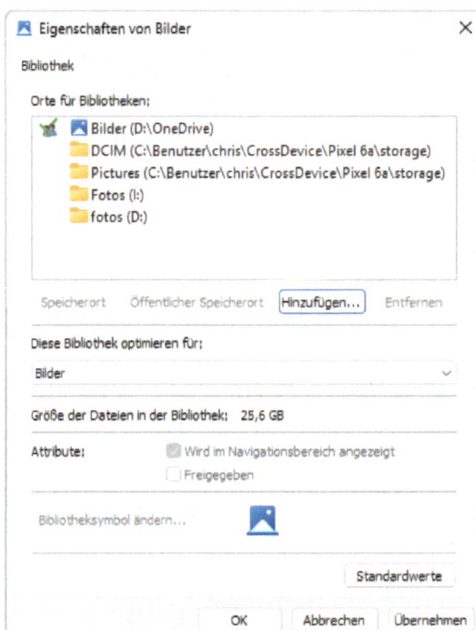

Die Eigenschaften von Bilder einer Bibliothek.

Wenn Sie mit der rechten Maustaste auf eine Bibliothek klicken und im Kontextmenü *Eigenschaften* wählen, können Sie weitere Ordner zur Bibliothek hinzufügen oder auch den Standardspeicherort wählen. Dort werden Dateien abgelegt, sofern sie aus einem Programm heraus in der Bibliothek gespeichert werden.

9.8 Numerische Sortierung der Dateien funktioniert nicht

Dateien mit Ziffern im Namen, wie z. B. Screenshots, werden bei alphanumerischer Sortierung nicht in ihrer logischen Reihenfolge im Explorer sortiert, da die führende 0 fehlt.

- Numerische Sortierung nach Zahlenwerten: 1, 2, 3, ..., 9, 10, 11, 12, ...
- Alphanumerische Sortierung nach einzelnen Zeichen: 1, 10, 11, 12, 13, ..., 2, 20, 21, 22, ...

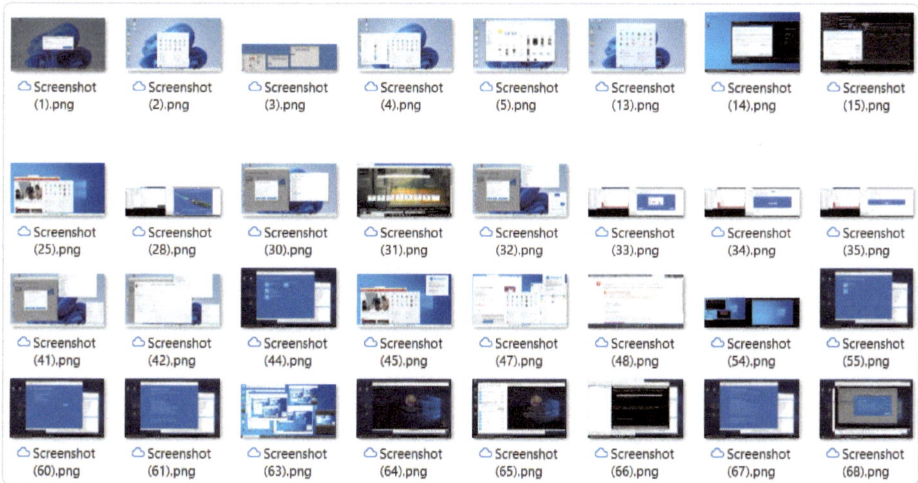

Numerische Sortierung von Dateien.

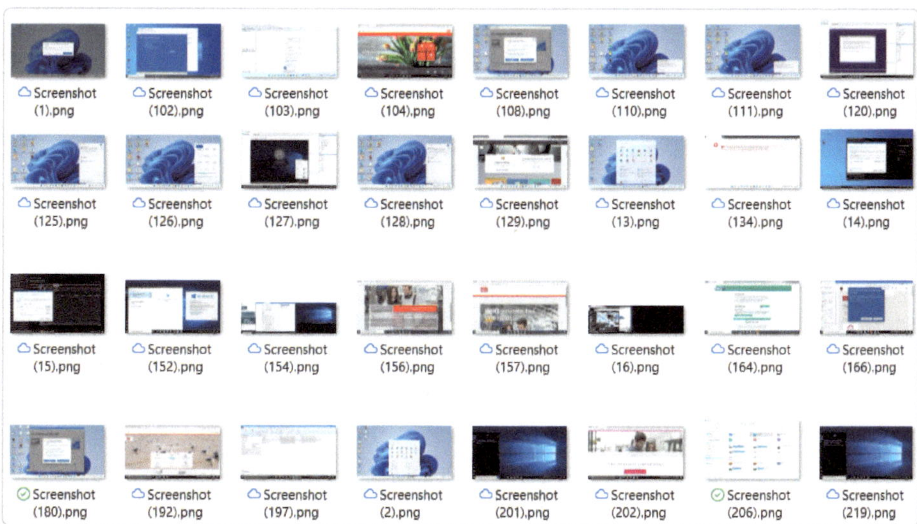

Alphanumerische Sortierung von Dateien.

Eine Gruppenrichtlinie schaltet die Sortierung um. Geben Sie im Feld *Ausführen* ([Win]+[R]) `gpedit.msc` ein und starten Sie damit den Gruppenrichtlinieneditor. Gruppenrichtlinien funktionieren nur in den Windows-Editionen Professional und Enterprise.

Setzen Sie unter *Computerkonfiguration/Administrative Vorlagen/Windows-Komponenten/Datei-Explorer* ❶ die Richtlinie *Numerische Sortierung im Datei-Explorer deaktivieren* ❷ auf *Aktiviert* ❸. Jetzt werden die Dateien im Explorer nach einzelnen Ziffern sortiert. Ist die Richtlinie dagegen deaktiviert oder nicht konfiguriert, werden die Dateien nach steigenden Zahlenwerten sortiert.

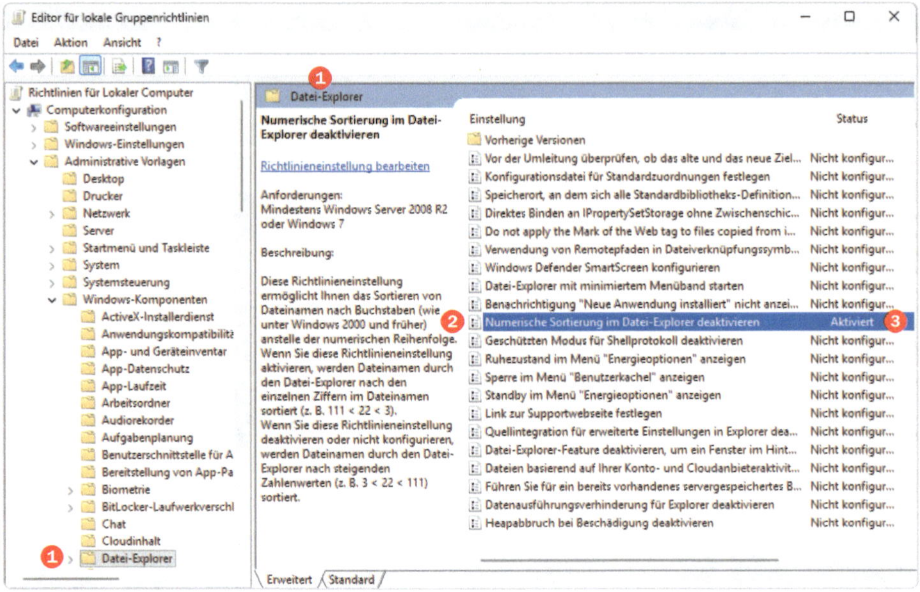

Diese Gruppenrichtlinie legt die Art der Sortierung im Explorer fest.

9.9 Auswahl für Aktionen bei USB-Sticks, DVDs und Speicherkarten erscheint nicht mehr

Standardmäßig erscheint beim Einstecken eines USB-Sticks, einer externen Festplatte oder einer Speicherkarte rechts unten eine Benachrichtigung. Klicken Sie darauf, erscheint rechts oben auf dem Bildschirm ein Auswahldialog, in dem Sie eine Aktion wählen können, wie z. B. *Ordner öffnen* oder *Fotos importieren*.

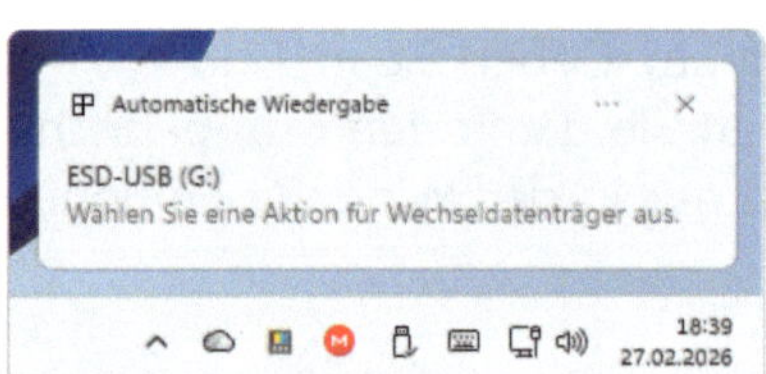

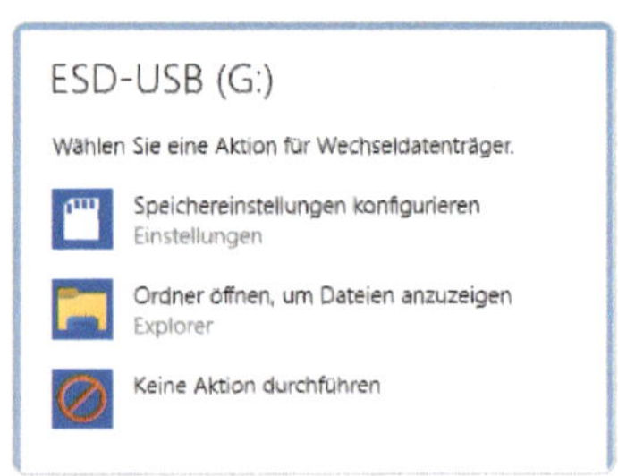

Benachrichtigung und Auswahl beim Anschließen eines USB-Sticks.

Sollte dieser Auswahldialog nicht erscheinen, ist in den *Einstellungen* ❶ unter *Bluetooth und Geräte/Automatische Wiedergabe* ❷ eine Standardaktion festgelegt. Hier können Sie für Wechseldatenträger (USB-Sticks und externe Festplatten) wie auch für Speicherkarten und auch für früher schon einmal angeschlossene bekannte Geräte wie zum Beispiel Smartphones unterschiedliche Standardaktionen festlegen. Bei der Auswahl *Jedes Mal nachfragen* ❸ erscheint der bekannte Auswahldialog.

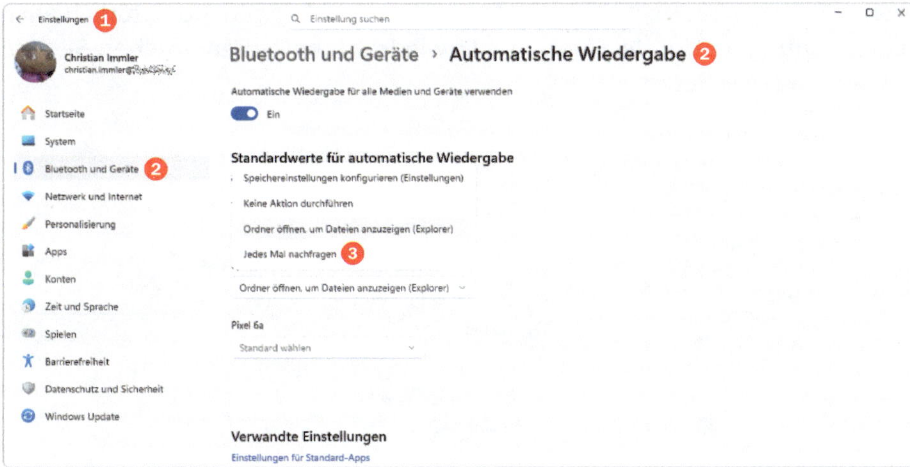

Einstellungen für die automatische Wiedergabe bei USB-Sticks und Speicherkarten.

9.10 Unbekannte Dateien mit dem Editor öffnen

Viele Readme-Dateien von Sharewareprogrammen verwenden die Dateiendungen *.1st* oder *.diz*. Dahinter verbergen sich reine Textdateien. Zahlreiche weitere Windows nicht bekannte Dateiarten wie unter anderem Protokolle und Konfigurationsdateien liegen in reinem ASCII-Format vor und lassen sich mit einem Texteditor problemlos anzeigen. Allerdings fehlt bei vielen Dateiformaten der Kontextmenüpunkt *Öffnen mit...* entweder komplett, oder es werden keine geeigneten Programme zur Auswahl angeboten.

Mit zwei neuen Einträgen in der Registry zeigt Windows in den Kontextmenüs unbekannter Dateien automatisch den Eintrag *Bearbeiten* an, der die Datei im Editor öffnet. Im Explorer von Windows 11 erscheint dieser Menüpunkt im erweiterten Kontextmenü mit einem Klick auf *Weitere Optionen anzeigen*.

Legen Sie in der Registry unter `HKEY_CLASSES_ROOT\Unknown\shell` einen neuen Schlüssel namens `Edit` an. Weisen Sie hier dem Parameter `(Standard)` die Zeichenkette `Bearbeiten` zu und legen Sie unterhalb dieses Schlüssels einen weiteren Schlüssel namens `command` an. Weisen Sie hier dem Parameter `(Standard)` die Zeichenkette `notepad.exe %1` zu.

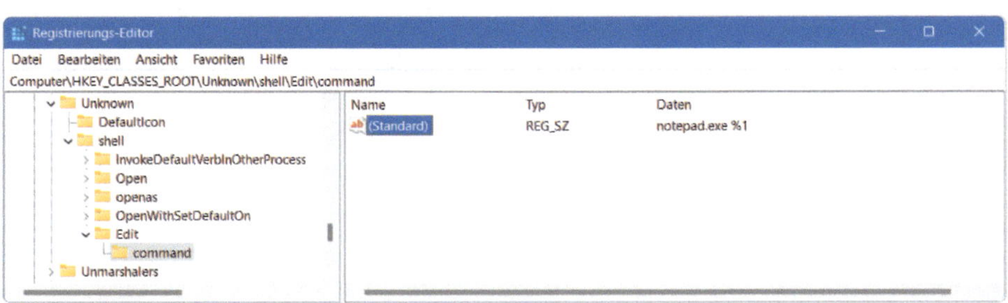

Der neue Menüpunkt in der Registry.

Wenn Sie lieber einen anderen Editor verwenden, können Sie natürlich auch diesen eintragen. Um den Menüpunkt wieder zu entfernen, löschen Sie den Schlüssel aus der Registry.

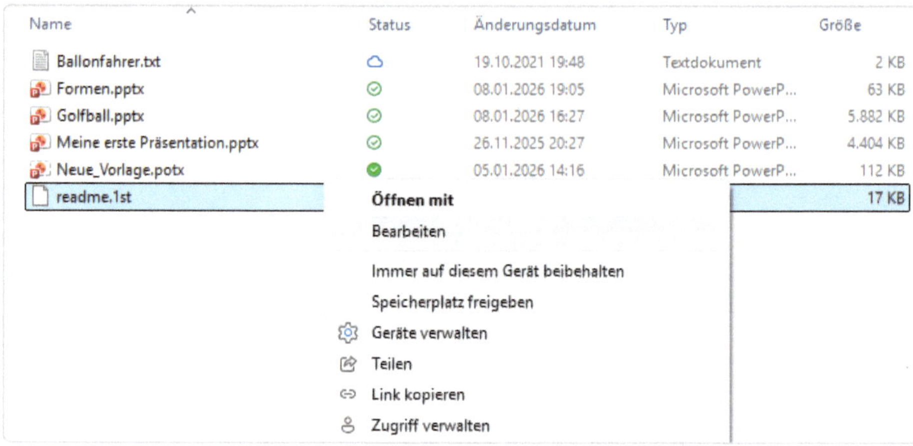

Ein neuer Kontextmenüpunkt ermöglicht das Bearbeiten unbekannter Dateiformate mit dem Editor.

Download

Sie brauchen diesen Registry-Tipp nicht manuell einzugeben. Die Datei steht unter *https://bildnerverlag.com/00533* zum Download zur Verfügung. Importieren Sie einfach die Datei *Editor.reg* per Doppelklick in die Registry. Die Datei *Editor.reg* nimmt die Änderungen wieder zurück.

9.11 Explorer stürzt immer wieder ab

Bei einigen Windows 11-Nutzern häufen sich Explorer-Abstürze nach dem Speichern von Dateien, besonders aus älteren Programmen heraus. Nach so einem Absturz lassen sich alle Windows-Fenster, die auf den Explorer zugreifen, nicht mehr bedienen.

Mit einem Schalter lassen sich zwar die Ursachen dieser Abstürze nicht beheben, der Explorer kann aber automatisch sofort wieder neu gestartet werden.

Klicken Sie im Explorer auf das Menü und wählen Sie *Optionen*. Aktivieren Sie dann auf der Registerkarte *Ansicht* ❶ den Schalter *Ordnerfenster in einem eigenen Prozess starten* ❷. Starten Sie danach den PC neu.

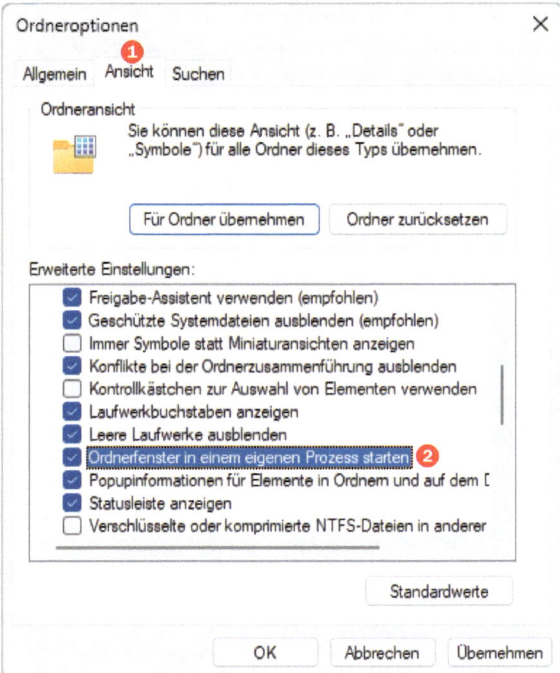

Dieser Schalter löst oftmals das Problem der Explorer-Abstürze.

9.12 Explorer-Fenster lassen sich nicht mehr bedienen

Lassen sich Explorer-Fenster oder andere Elemente der Benutzeroberfläche nicht mehr bedienen, starten Sie den Explorer-Prozess manuell neu.

Öffnen Sie dazu mit einem Rechtsklick auf das Windows-Logo in der Taskleiste den Task-Manager.

Klicken Sie in der Liste auf der Seite *Prozesse* ❶ mit der rechten Maustaste auf den Prozess *Windows-Explorer* ❷. Wählen Sie hier im Kontextmenü *Neu starten* ❸.

Auch einige Registry-Tipps, die die Benutzeroberfläche verändern, wirken erst nach einem Neustart des Explorer-Prozesses.

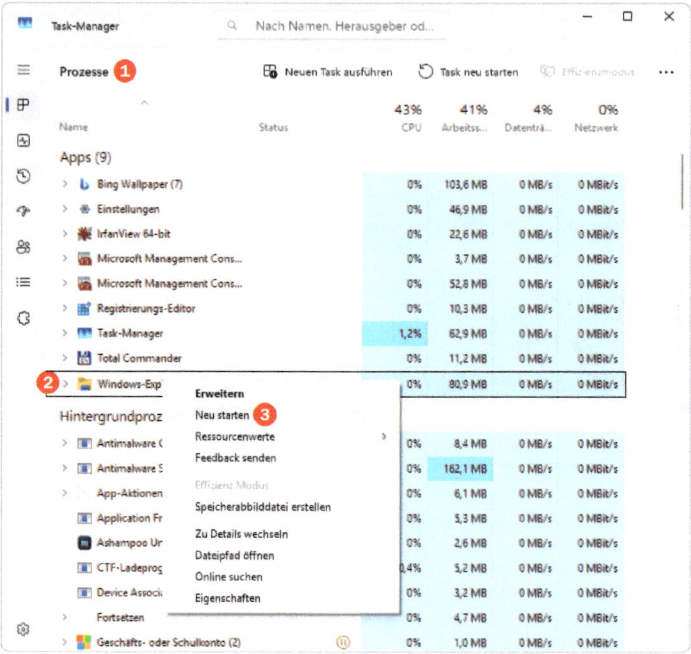

Explorer-Prozess im Task-Manager neu starten.

10 Microsoft Edge und andere Browser

10.1 Schwächen des Browsers, die sich nicht beheben lassen

Viele Fragen nach typischen Funktionen moderner Browser ließen sich früher für den Browser **Microsoft Edge** nur mit „gibt es nicht" beantworten:

- Lassen sich Favoriten automatisch nach verschiedenen Kriterien sortieren?
- Kann man die Verzeichnisse für Favoriten und Cache umstellen, z. B. auf ein Netzwerklaufwerk oder eine Datenpartition?

Auf diese Fragen gibt es derzeit nur eine Standardantwort: Diese Funktionen kennt Edge (noch) nicht. Wobei diese Antwort auf die zweite Frage auch nur noch eingeschränkt gilt. Edge speichert diese Daten inzwischen im Benutzerprofil. Legt man dieses auf ein Datenlaufwerk, landen die Favoriten auch dort.

In Windows 11 ist eine neue, auf der freien Chromium-Engine basierende Version des Edge-Browsers vorinstalliert, die für Windows 10 als optionales Update nachinstalliert werden konnte. Die folgenden Funktionen, die frühere Edge-Versionen noch nicht kannten, lassen sich inzwischen mit „Ja" beantworten:

- Gibt es einen Vollbildbildmodus (F11)?
- Gibt es einen Werbeblocker?
- Wie fügt man Ausnahmen dem Pop-up-Blocker hinzu?
- Kann man mehrere Schritte auf einmal zurückspringen (z. B. durch Rechtsklick auf die Pfeilsymbole), um Webseiten auszutricksen, die über Skripte Rückschritte verhindern?
- Kann man Unterordner von Favoritenordnern anlegen? Ja, mit Rechtsklick auf einen Favoriten.
- Kann man den Browserverlauf und andere Daten nach dem Beenden automatisch löschen? Ja, in den *Einstellungen* unter *Datenschutz, Suche und Dienste/Browserdaten löschen.*
- Kann man den Browser direkt im *InPrivate*-Modus starten? Ja, mit einem Rechtsklick auf das Edge-Symbol in der Taskleiste.

10.2 Werbeblocker im Microsoft-Edge-Browser nachrüsten

Der neue Microsoft-Edge-Browser unterstützt wie alle modernen Browser auch Erweiterungen. Diese können über den Microsoft Store oder direkt aus dem Browser heraus installiert werden. Da Edge auf Chromium basiert, können auch Erweiterungen aus dem Chrome Web Store genutzt werden.

Das Symbol *Erweiterungen* ❶ in der Browsersymbolleiste zeigt alle installierten Erweiterungen. Der Menüpunkt *Erweiterungen verwalten* ❷ öffnet eine Seite mit allen installierten Erweiterungen. Hier können Sie sie einzeln aktivieren oder deaktivieren.

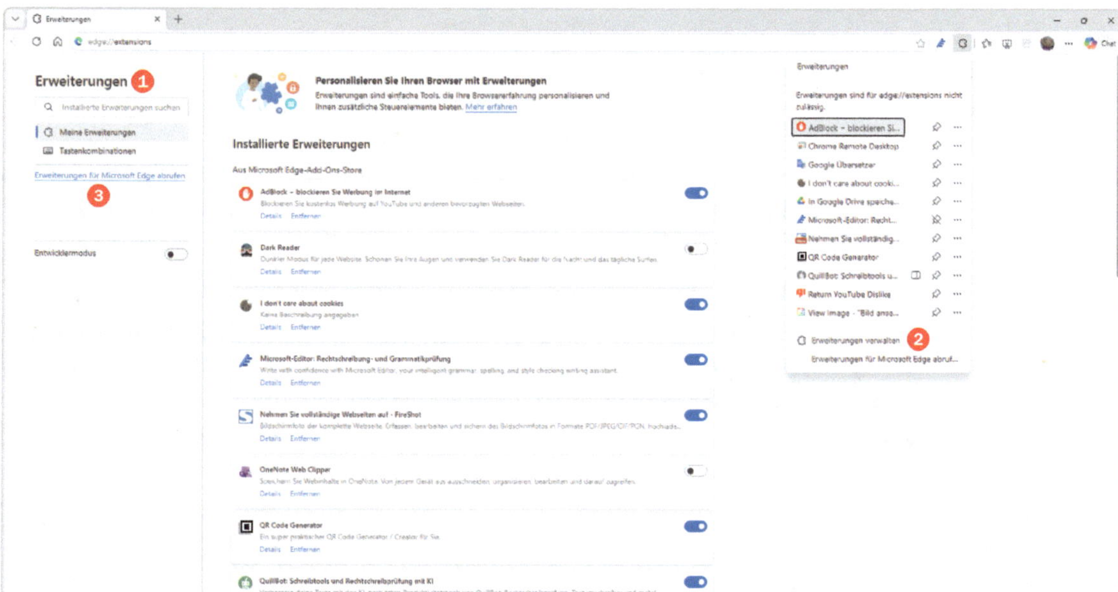

Erweiterungen im Edge-Browser verwalten.

Der Menüpunkt *Erweiterungen für Microsoft Edge abrufen* ❸ führt zu einem Web Store für Erweiterungen, in dem Sie die gewünschte Erweiterung suchen und herunterladen können. Werbeblocker gehören bei allen Browsern zu den beliebtesten Erweiterungen. Mittlerweile werden unter anderem die bekannten Werbeblocker **AdBlock**, **uBlock Origin**, **AdGuard**, **Adblocker Ultimate** und **Adblock Plus** angeboten. Ähnlich wie bei Virenscannern gilt auch hier: Entscheiden Sie sich für eine Software und installieren Sie keine zwei Werbeblocker parallel.

Über die *Details*-Links bei den installierten Erweiterungen in der Liste schalten Sie auf die Einstellungen-Seite der jeweiligen Erweiterung, auf der Sie je nach Art der Erweiterung unterschiedliche Einstellungen vornehmen können. Einige Erweiterungen erfordern eine Anmeldung mit einem Benutzerkonto beim jeweiligen Anbieter. Diese Anmeldung erfolgt meist ebenfalls über die Einstellungen oder bei der ersten Verwendung.

Der Katalog mit Add-ons im Edge-Browser.

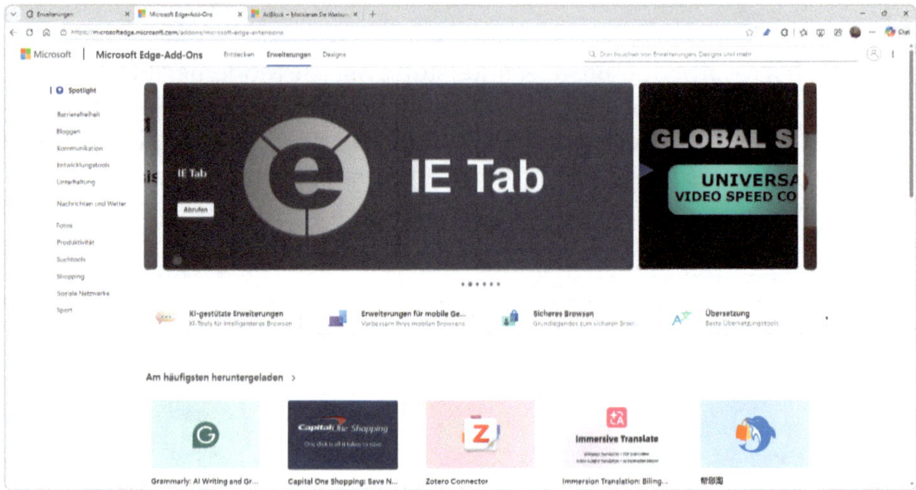

Die Erweiterungen legen üblicherweise bei der Installation ein Symbol rechts oben im Edge-Browser an. Ein Klick darauf blendet je nach Erweiterung unterschiedliche Funktionen ein.

Die Werbeblocker bieten an dieser Stelle auch noch erweiterte Optionen, um z. B. unaufdringliche Werbung zuzulassen oder auf bestimmten Websites den Werbeblocker ganz abzuschalten. In der Liste beim Klick auf das Erweiterungen-Symbol in der Symbolleiste wird bei jeder Erweiterung ein Auge angezeigt. Damit können Sie die Erweiterung ein- oder ausblenden.

Dialogfeld und Kontextmenü der Erweiterung AdBlock.

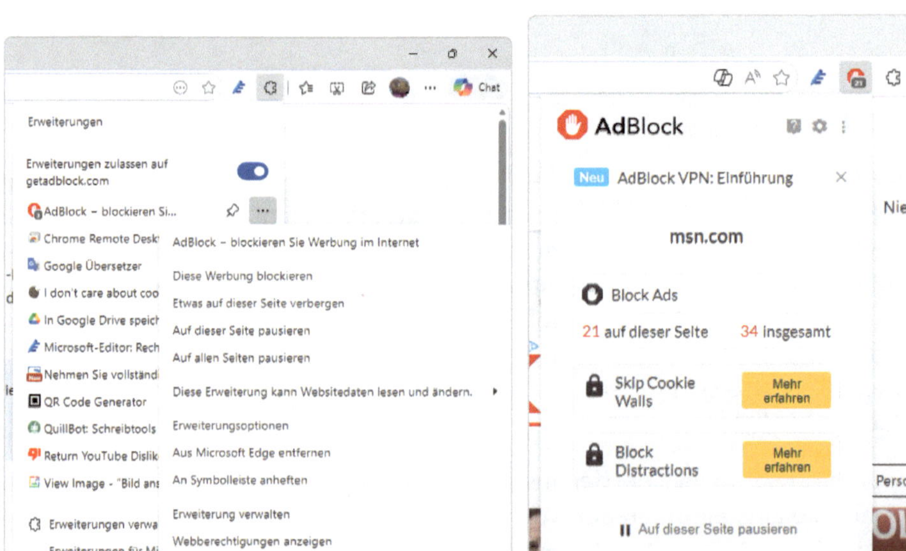

10.3 Alternativen Browser als Standard setzen

In früheren Windows-Versionen konnte sich jeder installierte Browser mit einem Klick selbst zum Standardbrowser machen, der beim Klick auf einen Weblink oder eine lokale HTML-Datei dann gestartet wurde. In Windows 10 mussten Nutzer externer Browser wie **Firefox** oder **Google Chrome** den Weg über die Einstellungen gehen, um dort mit einem Klick den Standardbrowser zu ändern.

In den Anfangszeiten von Windows 11 versuchte Microsoft, seinem Edge-Browser noch mehr Verbreitung zukommen zu lassen, indem den Nutzern anderer Browser weitere Klicks zugemutet werden.

Suchen Sie in den *Einstellungen* ❶ unter *Apps/Standard-Apps* ❷ den gewünschten Browser, der zum Standardbrowser erklärt werden soll.

Mittlerweile ist es wieder einfacher geworden. In der ersten Zeile in den Einstellungen eines Browsers unter Standard-Apps können Sie diesen Browser als Standard-Browser festlegen, sowie auch im Startmenü oder an der Taskleiste anheften. Da so gut wie jeder Browser inzwischen auch die Anzeige von PDF-Dokumenten unterstützt, können Sie den neu gewählten Standard-Browser auch als Standard PDF-Betrachter festlegen.

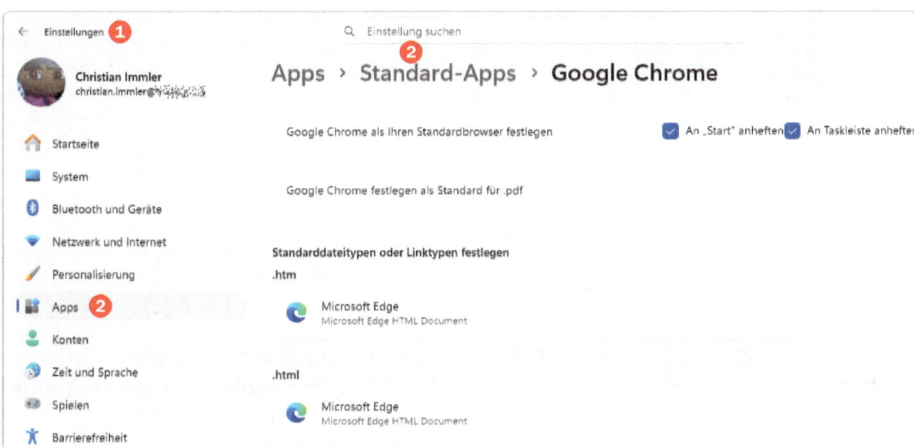

Die Einstellung des Standardbrowsers ist wieder einfacher geworden.

10.4 Inkompatible Webseiten im Internet-Explorer-Modus öffnen

Der Browser **Microsoft Edge** ist zu fast allen aktuellen Webstandards kompatibel – ganz im Gegensatz zu seinem früheren, seinerzeit weitverbreiteten Vorgänger, dem Internet Explorer. Die Inkompatibilität zu den meisten damaligen

Standards führte dazu, dass viele Webseitenbetreiber ihre Seiten so bauten, dass sie mit dem Internet Explorer optimal dargestellt wurden, was jetzt aber Darstellungsprobleme mit aktuellen standardkonformen Browsern mit sich bringt.

Der Microsoft-Edge-Browser bietet die Möglichkeit, bestimmte Webseiten bei Kompatibilitätsproblemen im **Internet-Explorer-Modus** zu öffnen.

Schalten Sie in den *Einstellungen* ❶ des Edge-Browsers unter *Standardbrowser* ❷ die Option *Neuladen von Websites im Internet Explorer-Modus (IE-Modus) zulassen* ❸ auf *Zulassen* ❹ und starten Sie dann den Edge-Browser neu.

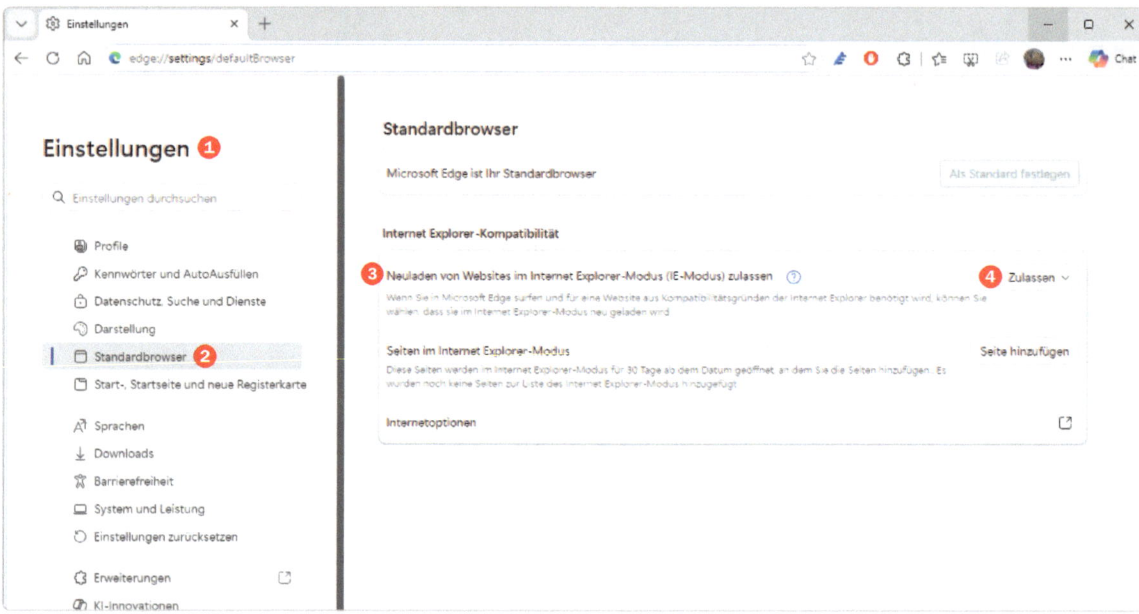

Internet-Explorer-Modus im Edge-Browser aktivieren.

Jetzt erscheint im Menü des Browsers ein neuer Menüpunkt *Im Internet Explorer erneut laden*. Damit können Sie die gerade angezeigte Seite im Internet Explorer laden. Dieser Modus läuft innerhalb des Edge-Browsers. Es wird kein eigenes Internet-Explorer-Fenster geöffnet.

Im Internet-Explorer-Modus erscheint links oben ein klassisches Internet-Explorer-Symbol, das ein Infofenster anzeigt. Hier können Sie festlegen, dass diese Seite beim nächsten Mal wieder im Internet-Explorer-Modus geöffnet wird. Dies gilt 30 Tage lang, danach wird die Seite wieder im Standardmodus von Edge geöffnet. Mit dem Button *Verwalten* oder auch in den *Einstellungen* des Edge-Browsers unter *Standardbrowser/Seiten im Internet Explorer-Modus* können Sie Seiten festlegen, die 30 Tage lang automatisch im Internet-Explorer-Modus geöffnet werden.

10.5 Passwort für eine Website vergessen

Haben Sie das **Passwort** für eine anmeldepflichtige Website vergessen, können Sie zwar von dem Browser aus, in dem es gespeichert ist, noch darauf zugreifen, nicht aber von einem anderen installierten Browser oder einem anderen Computer.

Wie fast alle Browser bietet auch der Microsoft-Edge-Browser eine Möglichkeit, gespeicherte Passwörter im Klartext anzuzeigen.

Beim ersten anzuzeigenden Passwort in den *Einstellungen* ❶ von Edge unter *Kennwörter und AutoAusfüllen/Microsoft-Kennwortmanager* ❷ muss noch einmal das eigene Windows-Benutzerkennwort eingegeben werden.

Benutzernamen und Passwörter von Webseiten in Edge anzeigen.

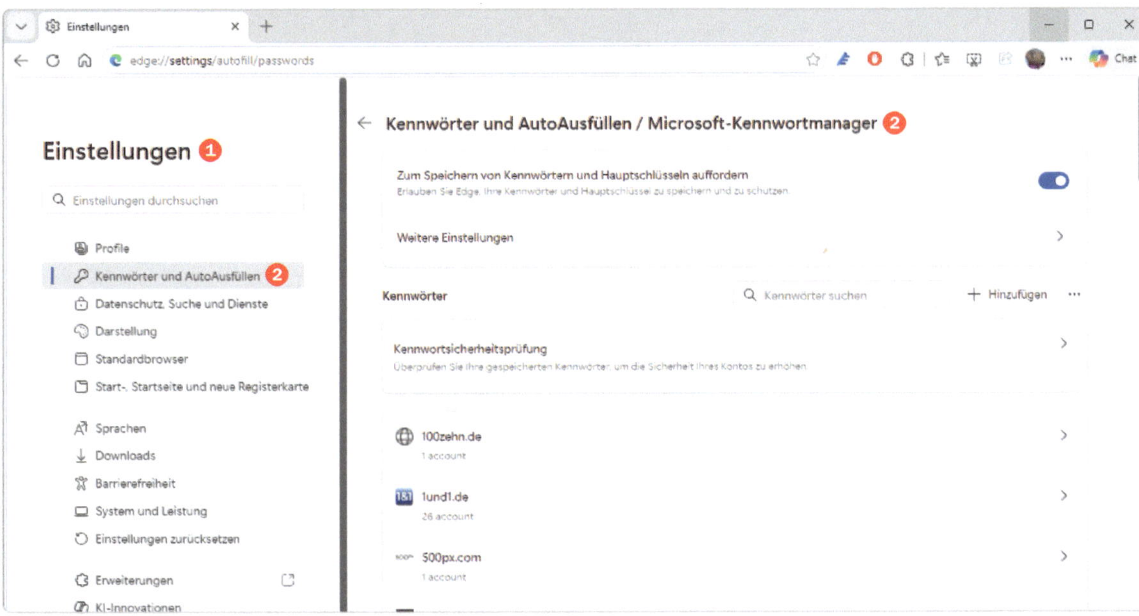

10.6 Anmeldeprobleme in Edge

Immer wieder berichten Nutzer von Anmeldeproblemen auf geschützten Websites wie z. B. Webmail-Diensten oder Onlineshops, wenn sie den Microsoft-Edge-Browser nutzen. Dabei handelt es sich allerdings um kein technisches Problem, stattdessen sind die Nutzer meistens einer der vielen zweifelhaften Anleitungen im Zusammenhang mit der Datenschutzparanoia gefolgt, die von manchen Medien seinerzeit kurz nach dem Start von Windows 10 vorangetrieben wurden. Oder aber sie haben eines der in diesen Anleitungen erwähnten Tools verwendet. Sofern dieses Tool nicht sogar grundsätzliche Einstellungen des Betriebssystems zerstört hat, reicht es oft aus, in den *Einstellungen* ❶ des Edge-Browsers unter *Datenschutz, Suche und Dienste/Cookies* ❷ den Schalter *Cookies von Drittanbietern blockieren* ❸ zu aktivieren, anstatt durch Ausschalten von *Zulassen, dass Websites Cookiedaten speichern und lesen* alle Cookies zu blockieren. Danach funktionieren die üblichen Websiteanmeldungen wieder.

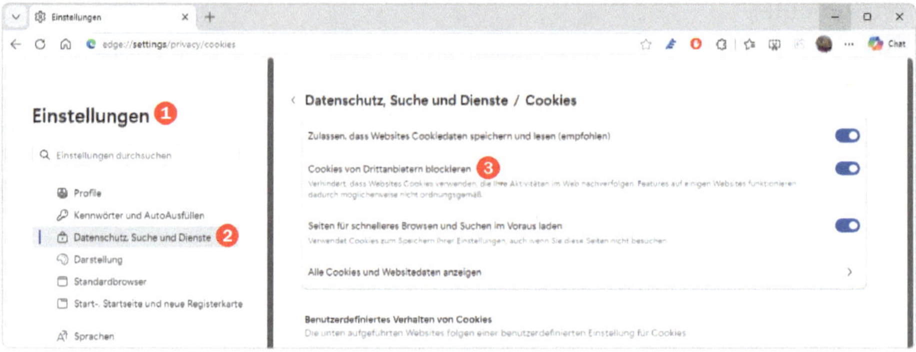

Die richtigen Cookie-Einstellungen im Edge-Browser verhindern die meisten Anmeldeprobleme in Onlineshops und Webmail-Diensten.

10.7 Andere Standardsuche als Bing in Edge einstellen

Der Microsoft-Edge-Browser sucht standardmäßig über Bing, wenn man in der Adresszeile oder im Suchfeld auf der Startseite einen Suchbegriff eingibt.

Diese Standardsuchmaschine lässt sich ändern. Wählen Sie dazu aus der Liste der Suchmaschinen in den *Einstellungen* ❶ unter *Datenschutz, Suche und Dienste/Suche und vernetzte Erlebnisse/Adressleiste und Suche/In Adressleiste verwendete Suchmaschine* ❷ die gewünschte aus.

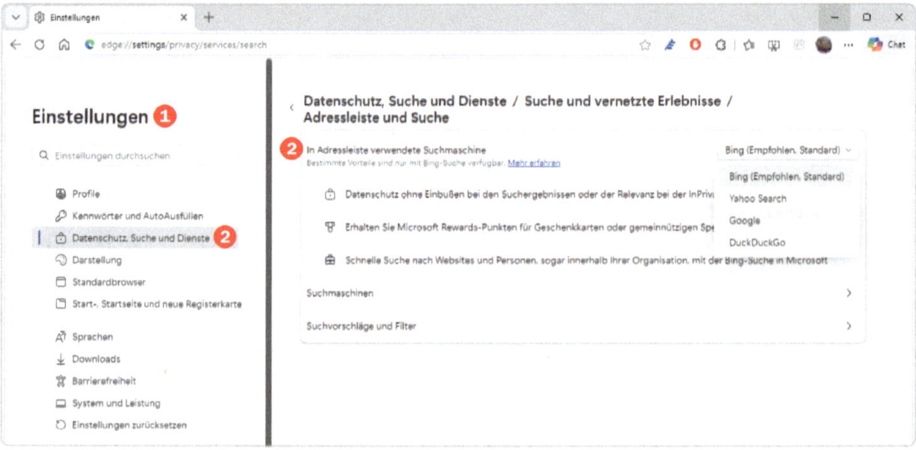

Suchmaschine in Edge als Standardsuche auswählen.

10.8 Die gewünschte Suchmaschine wird in Edge nicht angeboten

Sie können auch andere Suchmaschinen hinzufügen. Am einfachsten ist es, dazu zunächst einmal die Webseite der gewünschten Suchmaschine zu besuchen. Die meisten Suchmaschinen bieten direkt auf ihrer Startseite eine Möglichkeit, sie als Suchmaschine zum aktuell verwendeten Browser hinzuzufügen.

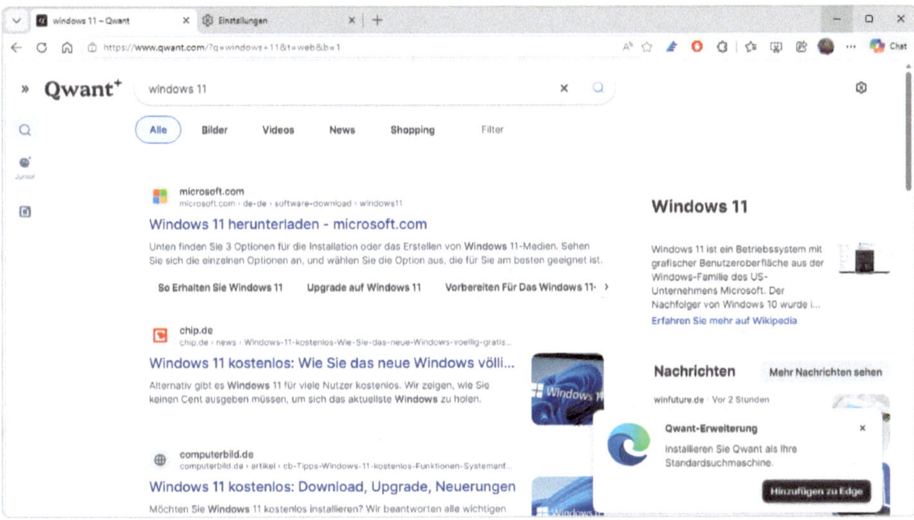

Nach der ersten Suche mit der neuen Suchmaschine erscheint diese in der Liste.

Gibt es keine solche Möglichkeit, fügen Sie die Suchmaschine manuell hinzu, indem Sie zunächst eine Suche durchführen. Sobald die Suchergebnisse angezeigt werden, wechseln Sie zu den Einstellungen des Edge-Browsers. Unter *Datenschutz, Suche und Dienste/Suche und vernetzte Erlebnisse/Adressleiste und Suche/Suchmaschinen* ❶ erscheint die neue Suchmaschine. Diese können Sie jetzt auch über das Menü mit den drei Punkten am Ende der Zeile als Standard auswählen.

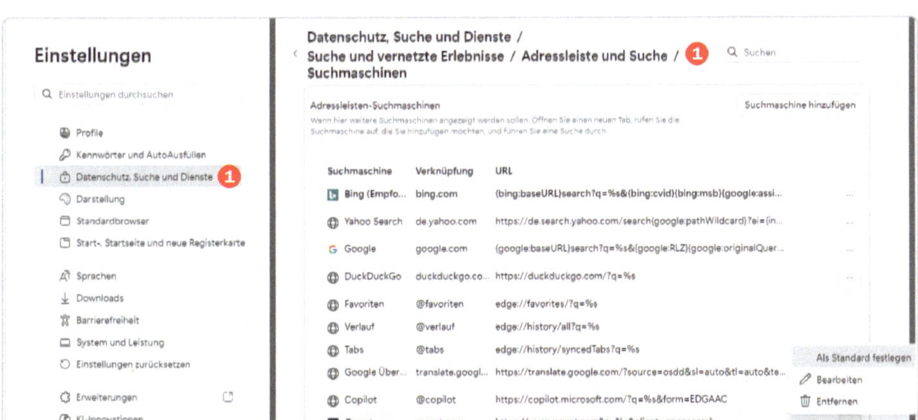

Suchmaschine in Edge als Standardsuche auswählen.

10.9 Probleme beim Hinzufügen einer Suchmaschine als Browser-Erweiterung

Da die Auswahl einer anderen Suchmaschine als Bing im Edge-Browser nicht besonders intuitiv ist, bieten einige Suchmaschinen Erweiterungen an, die nichts anderes tun, als die Standardsuchmaschine im Edge-Browser zu ändern.

Werbung für eine Browsererweiterung beim Aufruf der Suchmaschine Qwant.

Microsoft muss zwar nach einer kartellrechtlichen Vorgabe in der EU andere Suchmaschinen zulassen, versucht aber mit verschiedenen Meldungen im Browser, den Benutzer dazu zu bewegen, doch lieber bei Bing zu bleiben.

Klicken Sie auf die Schaltfläche zur Installation einer Browser-Erweiterung auf der Startseite einer Suchmaschine, werden Sie – wie bei fast allen Browsererweiterungen für den Edge-Browser – in den **Microsoft Edge Add-Ons Store** geleitet.

Installiertes Add-On wird deaktiviert.

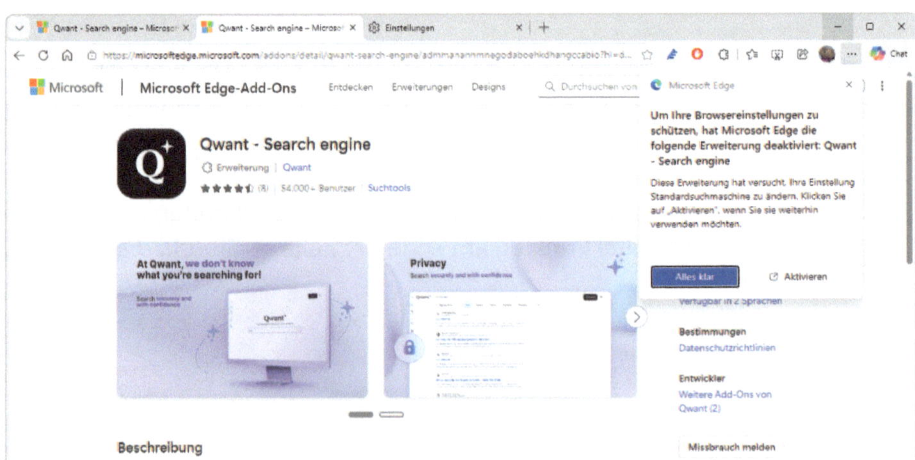

Nach der Installation der Erweiterung wird diese unter dem Vorwand des Schutzes der Browsereinstellungen, automatisch deaktiviert. Klicken Sie in der Meldung auf *Aktivieren* und nicht auf das hervorgehobene *Alles klar*.

Anstatt die Erweiterung direkt zu aktivieren, zeigt der Edge-Browser die Liste aller installierten Erweiterungen mit einem weiteren Hinweis auf die Deaktivierung. Schalten Sie auf dieser Seite den Schalter bei der neu installierten Suchmaschine ein.

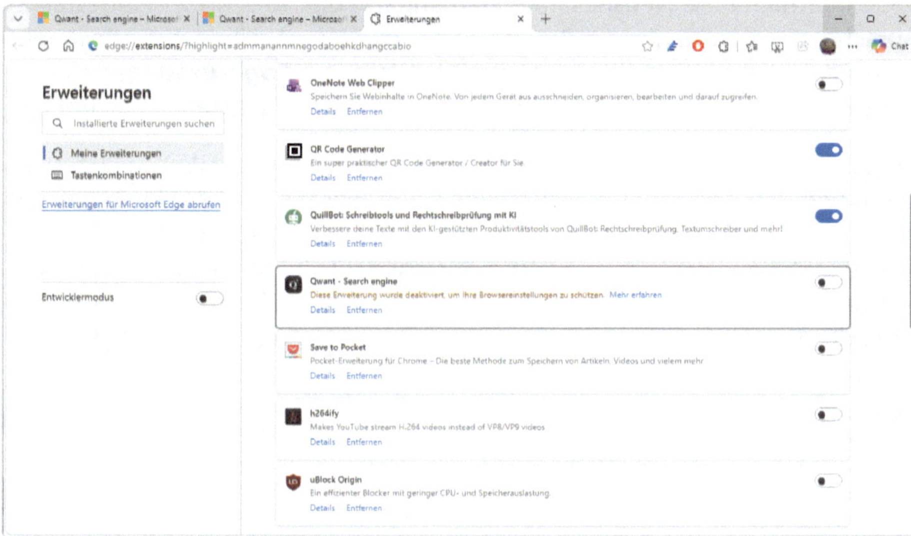

Liste der installierten Erweiterungen im Edge-Browser.

Wenn Sie jetzt zum ersten Mal über die Adressleiste im Browser etwas suchen, erscheint noch einmal ein Hinweis, dass die Suchseite geändert wurde. Erst wenn Sie hier auf *Änderungen beibehalten* klicken, werden Sie vor weiteren Hinweisen verschont und Ihre neu installierte Suchmaschine bleibt wirklich die Standardsuchmaschine im Edge-Browser.

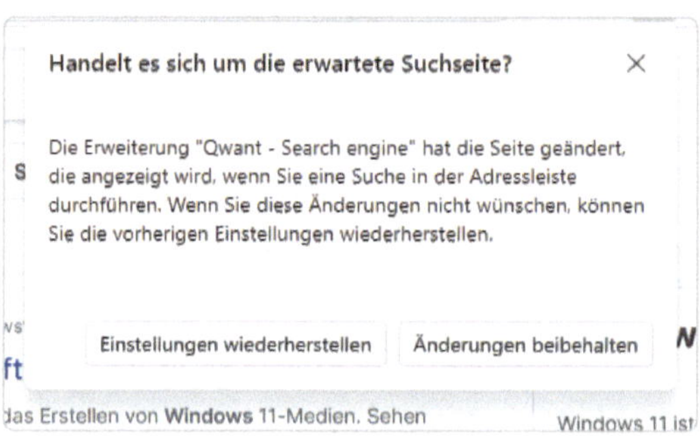

Der letzte Hinweis auf eine geänderte Suchseite.

10.10 Auf Deutsch verfügbare Webseiten werden auf Englisch angezeigt

Viele internationale Websites erkennen anhand der im Browser eingestellten Sprache die Sprache, die der Benutzer bevorzugt, und zeigen ihre Inhalte entsprechend in dieser Sprache an. Im neuen **Microsoft-Edge-Browser** ist im Gegensatz zu seiner Vorgängerversion wieder eine Spracheinstellung zu finden.

Sollte also in einem deutschen Windows eine internationale Website unerwartet in Englisch oder gar Chinesisch angezeigt werden, suchen Sie in den *Einstellungen* ❶ des Edge-Browsers unter *Sprachen* ❷, ob die Sprache *Deutsch* an oberster Stelle in der Liste steht. Ist dies nicht der Fall, klicken Sie auf das Menü mit den drei Punkten in der Zeile *Deutsch* und wählen *Nach oben verschieben*. Über den Button *Sprachen hinzufügen* ❸ können Sie weitere Sprachen für Webseiten im Edge-Browser hinzufügen.

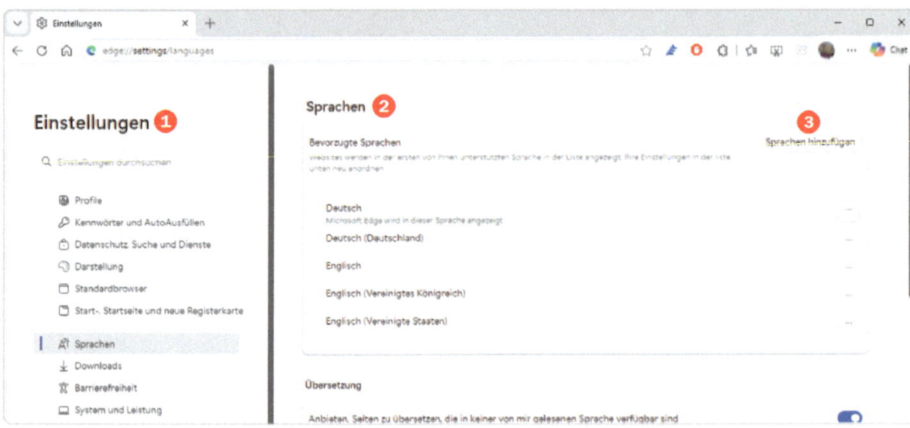

Die richtige Spracheinstellung ermöglicht die automatische Erkennung der Benutzersprache für eine Website.

10.11 Edge-Browser öffnet keine Apps

Webseiten können Links enthalten, die standardmäßig in Windows 11 durch Apps anstatt im Browser geöffnet werden, wenn diese Apps zusätzliche Funktionen bieten. Werden solche Webseiten im Edge-Browser geöffnet, erscheinen entsprechende Abfragen, die wissen möchten, ob diese Links in Zukunft mit der App statt im Browser geöffnet werden sollen.

In den *Einstellungen* ❶ von Windows unter *Apps/Apps für Websites* ❷ können Sie festlegen, welche Arten von Links in einer App statt im Browser geöffnet werden.

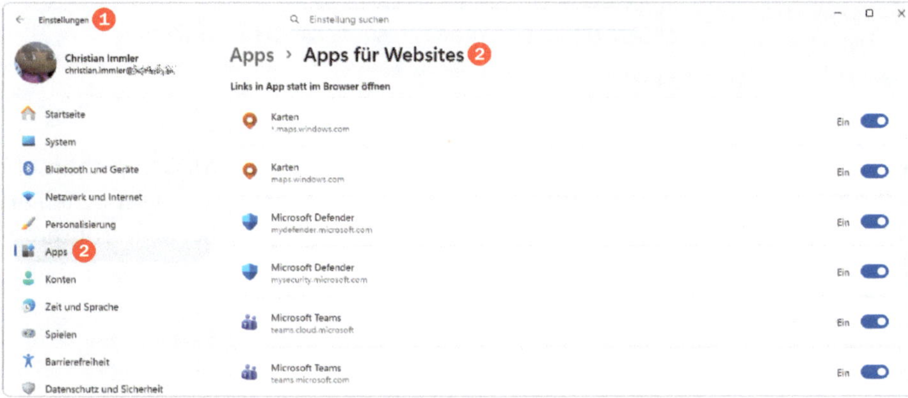

Links, die mit Apps statt im Browser geöffnet werden.

10.12 Cookie-Meldungen im Browser unterdrücken

Webseiten müssen nach EU-Recht vom Nutzer eine Zustimmung zum Speichern von Cookies einholen. Dazu werden teilweise die komplette Seite überlagernde Textmeldungen eingeblendet, die immer erst weggeklickt werden müssen.

Die meisten Nutzer werden diese Texte ohnehin nicht lesen und empfinden sie nur als störend. Die Browsererweiterung **I don't care about cookies** blendet auf den meisten Webseiten derartige Meldungen einfach aus – ähnlich wie ein Werbeblocker.

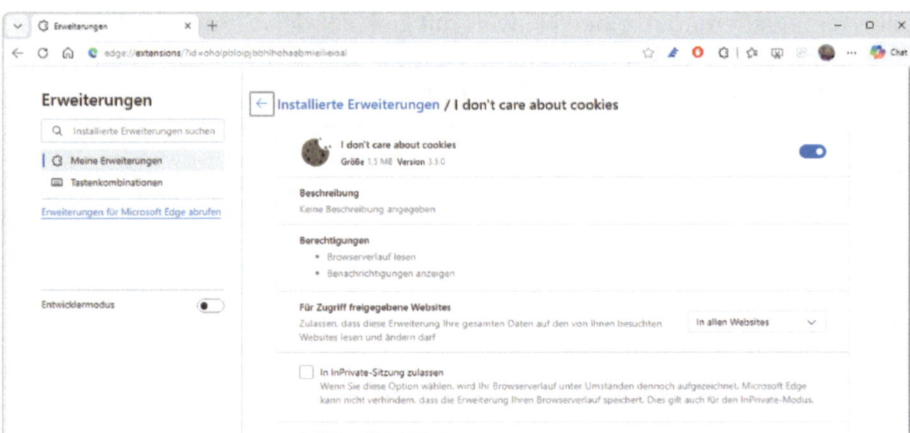

Die Erweiterung I don't care about cookies.

Sie können diese Erweiterung über *Erweiterungen für Microsoft Edge abrufen* auf der Seite *Erweiterungen verwalten* im Edge-Browser aus dem Microsoft-Katalog für Edge-Erweiterungen heraus installieren. Die Erweiterung enthält eine Whitelist, in der Sie Seiten eintragen können, die die Cookie-Hinweise weiterhin anzeigen sollen.

10.13 Erweiterungen ohne Microsoft Store installieren

In der aktuellen Version des Edge-Browsers müssen Erweiterungen nicht mehr unbedingt über den Microsoft Store oder den Web Store im Browser installiert werden. Sie können auch direkt von den Webseiten der Entwickler heruntergeladen und installiert werden.

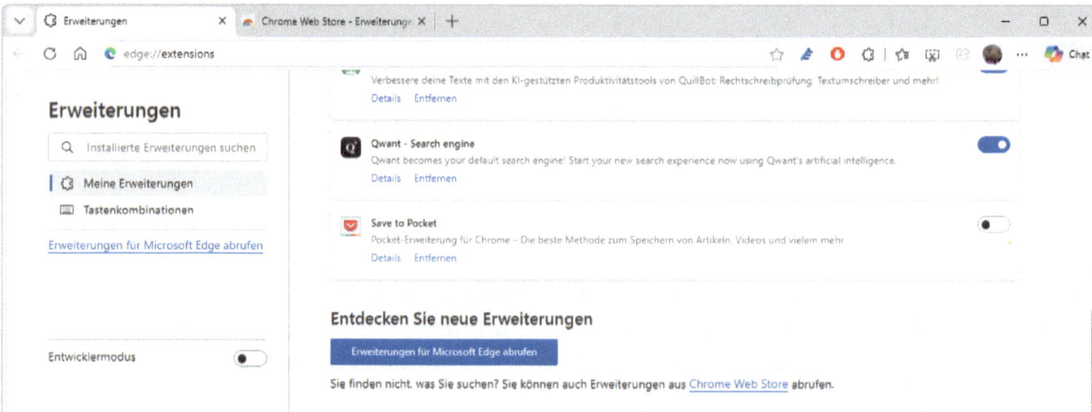

XXX

Der Chrome Web Store unter *chrome.google.com/webstore* enthält deutlich mehr Erweiterungen als der Microsoft Store. Diese können ebenfalls im Edge-Browser genutzt werden. Der Edge-Browser zeigt ganz unten in der Liste installierter Erweiterungen einen Hinweis mit Link auf den Chrome Web Store an. Eine vorherige Freigabe für Erweiterungen aus anderen Stores, wie in früheren Edge-Versionen, ist nicht mehr erforderlich.

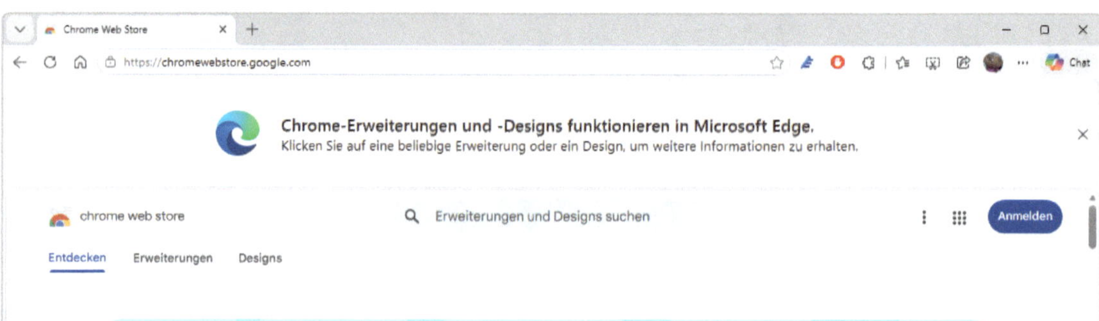

Erweiterungen für den Edge-Browser im Chrome Web Store finden.

10.14 Erweiterungen oder einzelne Browser-Tabs frieren ein

Schlecht programmierte Webseiten, fehlerhafte Erweiterungen, aber auch Fehler im Edge-Browser führen dazu, dass einzelne Browser-Tabs oder Erweiterungen „einfrieren" – also scheinbar nichts mehr tun –, wogegen andere Browser-Tabs normal oder verzögert weiterlaufen.

Der **Browser-Task-Manager**, der mit der Tastenkombination [⇧]+[Esc] oder über *Weitere Tools/Browser-Task-Manager* im Menü des Edge-Browsers aufgerufen wird, zeigt alle Tabs, Subframes und Erweiterungen mit ihrer jeweiligen CPU-Last und ihrem Speicherbedarf an. Hier können Sie einzelne Prozesse markieren und beenden, wenn diese nicht mehr reagieren.

Danach sollten Sie sicherheitshalber alle nicht gespeicherten Daten im Browser speichern und diesen neu starten.

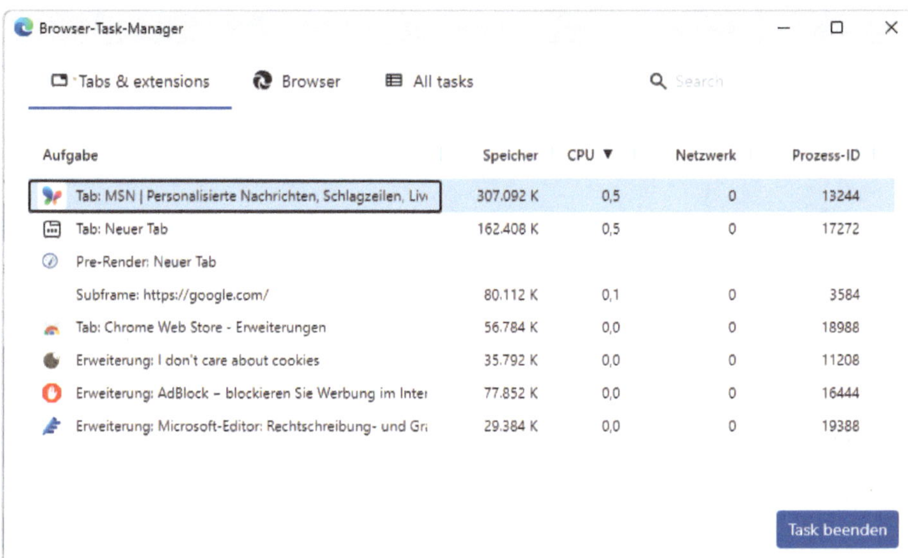

Der Browser-Task-Manager im Microsoft-Edge-Browser.

10.15 Edge-Browser zurücksetzen

Viele **Browserprobleme** lassen sich durch Zurücksetzen des Browsers auf die Werkeinstellungen beheben. Um den Microsoft-Edge-Browser zurückzusetzen, brauchen Sie auf Verlaufsliste, Favoriten und gespeicherte Passwörter nicht zu verzichten.

Klicken Sie in den *Einstellungen* ❶ des Microsoft-Edge-Browsers unter *Einstellungen zurücksetzen* ❷ auf *Einstellungen auf Standardwerte zurücksetzen*.

Die Hinweismeldung zeigt, welche Einstellungen zurückgesetzt werden. Klicken Sie auf *Zurücksetzen* ❸. Der Browser zeigt keine Erfolgsmeldung. Installierte Erweiterungen bleiben installiert, werden aber deaktiviert.

Bei Problemen den Browser zurücksetzen.

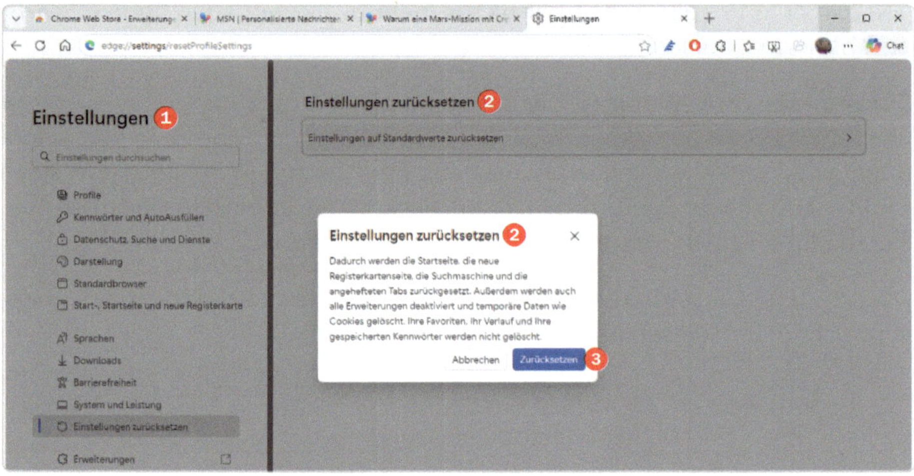

10.16 Edge-Browser reparieren

Leider kommt es immer wieder vor, dass der Microsoft-Edge-Browser nicht startet oder nach dem Start nicht richtig funktioniert, dass er Links nicht öffnet oder einfach einfriert.

In solchen Fällen ist es oft die einfachste Lösung, den Edge-Browser neu zu installieren, wobei alle persönlichen Daten sowie Verlaufsliste, Passwörter und Erweiterungen erhalten bleiben. Schließen Sie dazu zunächst den Edge-Browser.

Der Edge-Browser wird nicht wie viele andere vorinstallierte Apps über den Microsoft Store verwaltet. Nehmen Sie daher die Neuinstallation in den *Einstellungen* ❶ vor.

Suchen Sie in der Liste *Apps/Installierte Apps* ❷ den Browser *Microsoft Edge* und klicken Sie auf das Symbol mit den drei Punkten am Ende der Zeile. Wählen Sie im Menü *Ändern*.

Klicken Sie im nächsten Dialogfeld auf *Reparieren* ❸ und warten Sie, bis der Edge-Browser heruntergeladen und neu installiert wurde.

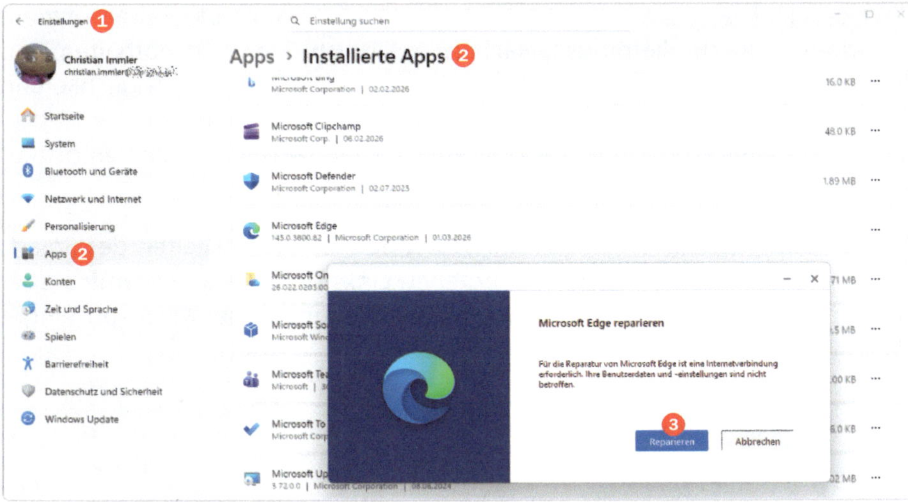

Microsoft-Edge-Browser reparieren.

10.17 Fehlalarm! – Edge-Browser sperrt harmlose Webseiten

Der im Edge-Browser eingebaute Filter **Microsoft Defender SmartScreen** warnt vor Websites, die als gefährlich eingestuft wurden. Microsoft greift dabei auf eine lange Liste an Seiten zurück, zusätzlich werden auch bestimmte Scripting-Techniken erkannt und lösen eine Warnung im Browser aus.

Sollte der SmartScreen-Filter eine harmlose Website fälschlicherweise sperren, klicken Sie in der Warnung auf *Weitere Informationen* und dann auf *Melden, dass diese Website keine Bedrohungen durch Schadsoftware enthält*. Damit wird Microsoft aufgefordert, die Seite erneut zu testen.

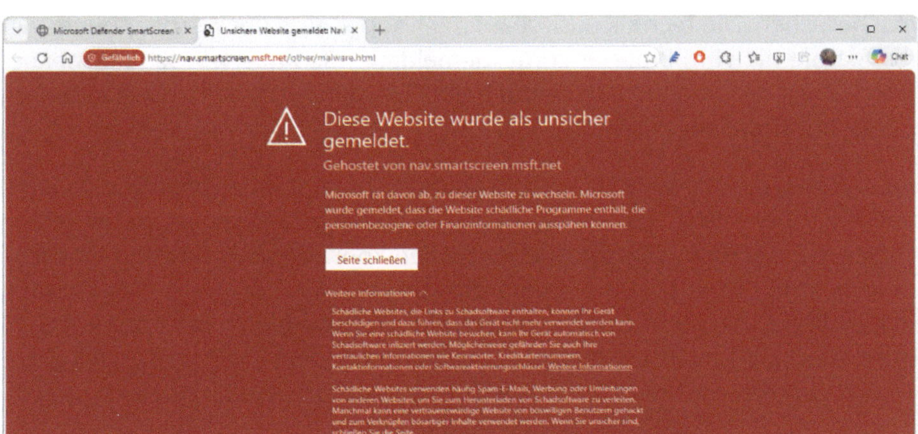

Als gefährlich gemeldete Website.

Über den Link *Weiter zu unsicherer Website* ❶ können Sie die Seite trotzdem besuchen. Sollte sie allerdings tatsächlich gefährliche Elemente enthalten, sind Sie diesen jetzt schutzlos ausgeliefert. Zusätzlich besteht die Möglichkeit, in den *Einstellungen* des Microsoft-Edge-Browsers unter *Datenschutz, Suche und Dienste* im Bereich *Sicherheit* den Microsoft Defender SmartScreen zu deaktivieren, was jedoch nicht zu empfehlen ist.

Auf der Seite *demo.smartscreen.msft.net* können Sie das Verhalten des SmartScreen-Filters testen. Die dort angebotenen Links sind allesamt harmlos, aber zu Demonstrationszwecken in der Malware-Datenbank bei Microsoft eingetragen.

10.18 Ich bekomme personalisierte Werbung, obwohl der Tracking-Schutz eingeschaltet ist

Erscheint auf einer Website, die man zuvor noch nie besucht hat, Werbung, die in offensichtlichem Zusammenhang mit den letzten Amazon-Käufen steht, löst dies bei manchen Benutzern paranoide Reaktionen aus. Dabei sollte man doch eigentlich froh sein, anstelle der üblichen Spielkasino- oder Erotikanzeigen möglicherweise interessante Produkte angeboten zu bekommen. Stattdessen schalten manche Nutzer gleich den Tracking-Schutz in den Einstellungen des Microsoft-Edge-Browsers ein.

Hier ein paar Hintergrundinformationen, um zu verstehen, warum der Tracking-Schutz heute fast nichts mehr bringt:

Der *Do Not Track*-Header (DNT) weist den jeweiligen Webserver an, Skripte von Drittanbietern zu blockieren. Dabei werden nur „heimliche" Aufrufe blockiert. Klicken Sie eine der betreffenden Websites direkt an, können Sie sie ganz normal besuchen. Die Technik basiert auf der Kooperation der Werbeanbieter, deren Skripte die vom Browser zurückgemeldeten Benutzerwünsche respektieren müssen. Wenn ein Webserver die DNT-Einstellung des Browsers ignoriert, ist der Tracking-Schutz wirkungslos.

Als Microsoft in Windows 8 den Tracking-Schutz standardmäßig aktivierte, nahm die beim W3C für dieses Thema zuständige Arbeitsgruppe öffentlich Stellung: Ein Nutzer solle selbst entscheiden können, ob er Tracking wünsche oder nicht, ein Browser dürfe standardmäßig keinen *Do Not Track*-Header übertragen. Wenn dies aber der Fall ist, werden Werbeanbieter ganz schnell dazu übergehen, DNT nicht mehr zu beachten. Websites mit offensichtlich illegalen Spionageinteressen werden den Tracking-Schutz ohnehin ignorieren.

Da in Windows 8 trotz aller Kritik der Tracking-Schutz im Internet Explorer voreingestellt blieb, solange Benutzer bei der Einrichtung die Express-Einstellungen verwendeten, gaben viele große Werbenetzwerke bekannt, DNT-Anfragen nicht mehr zu beachten. Unter den großen, bekannten Websites sind nur noch Pinterest und X (ehemals Twitter) bereit, *Do Not Track*-Anforderungen zu beachten.

Damit wurde eine ursprünglich für Ausnahmefälle gut gemeinte Funktion weitgehend wirkungslos. Im Microsoft-Edge-Browser von Windows 11 ist wie in allen anderen Browsern DNT wieder standardmäßig ausgeschaltet.

Moderne Browser, wie auch der Edge-Browser, bieten daher Funktionen, Tracker technisch zu blockieren. In den *Einstellungen* ❶ unter *Datenschutz, Suche und Dienste/Tracking-Verhinderung* ❷ können Sie zwischen drei Stufen wählen oder die Tracking-Verhinderung auch ganz ausschalten.

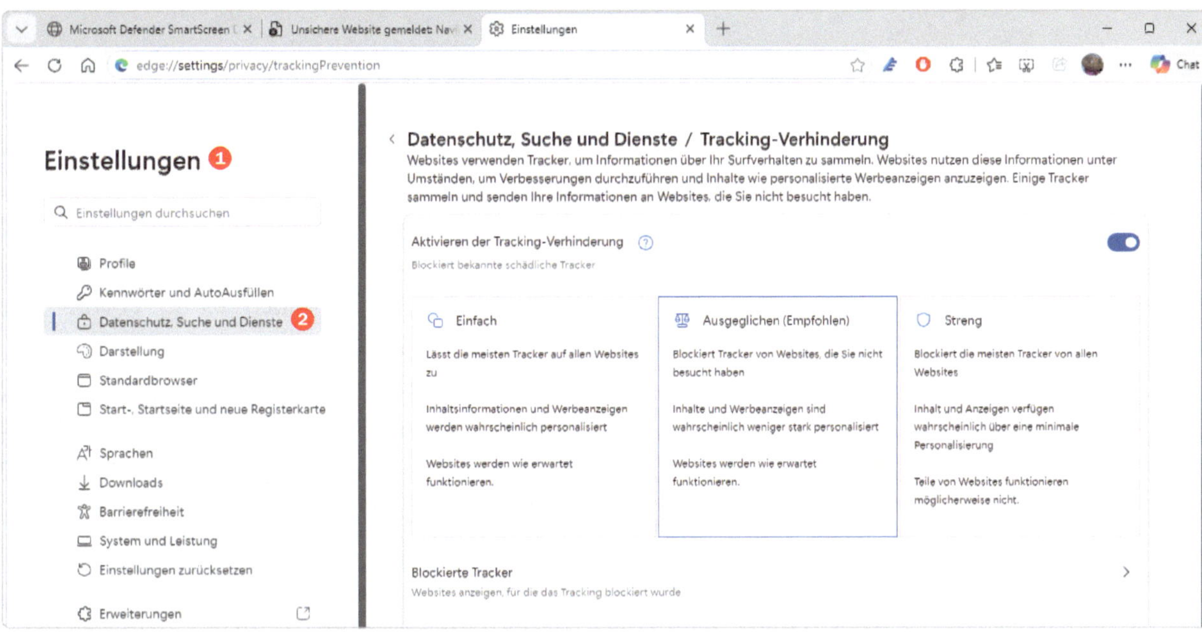

Einstellungen zum Tracking-Schutz in Microsoft Edge.

Hier gibt es auch eine Liste mit Trackern, die bereits blockiert wurden, und dazu die Information, auf welchen Seiten diese Tracker gefunden wurden. Bei technischen Problemen können Sie auf bestimmten Seiten Tracker zulassen, ohne den Verfolgungsschutz komplett ausschalten zu müssen.

Möchten Sie den alten Tracking-Schutz trotzdem verwenden, aktivieren Sie in den *Einstellungen* unter *Datenschutz, Suche und Dienste* im Bereich *Datenschutz* den Schalter *„Nicht verfolgen"-Anforderungen (Do not track) senden*.

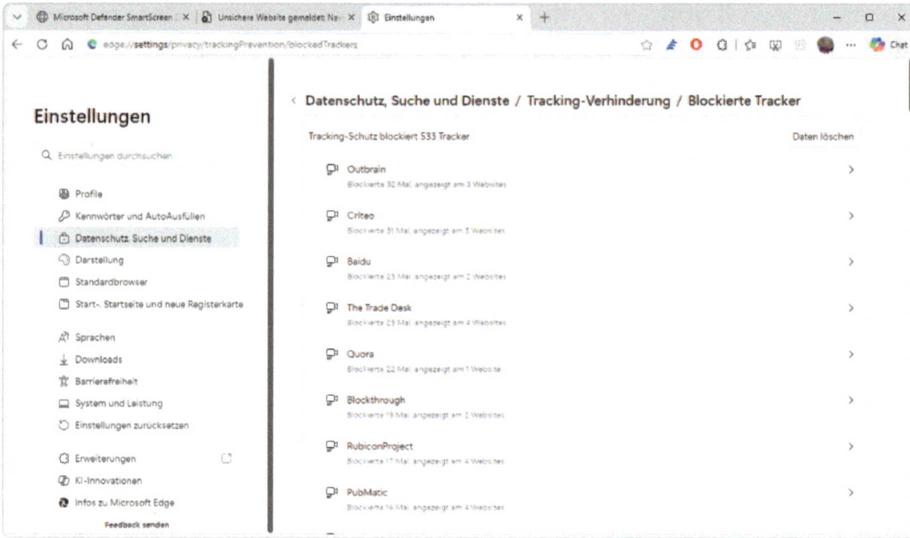

Liste blockierter Tracker in Microsoft Edge.

10.19 Microsoft-Webseiten funktionieren in Firefox nicht

Bei Verwendung des **Firefox-Browsers** kann es vorkommen, dass Microsoft-Webseiten, wie z. B. das Downloadcenter oder auch der Supportbereich, auf einmal nur noch eine weiße Seite anzeigen.

Das Problem entsteht durch ein fehlerhaftes Anmelde-Cookie, wenn Sie zuvor im Browser mit verschiedenen Microsoft-Konten personifizierte Microsoft-Angebote wie *onedrive.com* oder *outlook.com* genutzt haben. Auch die nicht an ein Microsoft-Konto gebundenen Microsoft-Webseiten zeigen teilweise oben rechts im Titelbalken das gerade angemeldete Microsoft-Konto an.

Sollte der Fehler auftreten, melden Sie sich zuerst auf einer beliebigen Microsoft-Seite durch einen Klick auf Ihr Profilbild oben rechts im Firefox-Browser von Ihrem Microsoft-Konto ab.

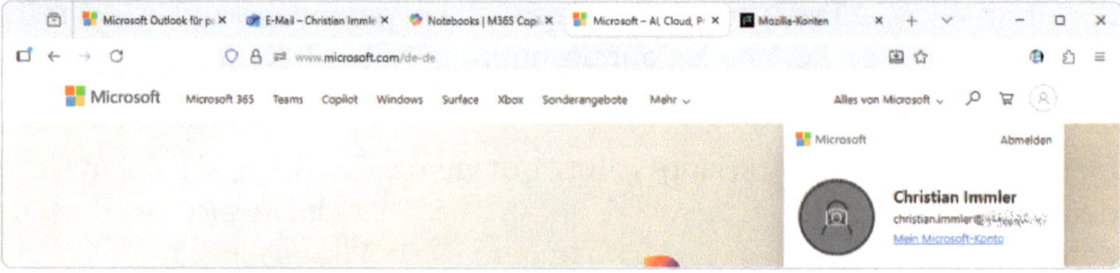

Im Browser vom Microsoft-Konto abmelden.

Öffnen Sie jetzt die Einstellungen von Firefox und klicken Sie im Bereich *Datenschutz und Sicherheit* unter *Cookies und Website-Daten* auf *Surf-Daten verwalten*.

Geben Sie in das Suchfeld `microsoft` ein, werden alle Cookies von Microsoft angezeigt, die im Browser gespeichert sind. Klicken Sie auf *Alle angezeigten löschen*, um alle angezeigten Cookies zu löschen. Cookies anderer Websites bleiben erhalten.

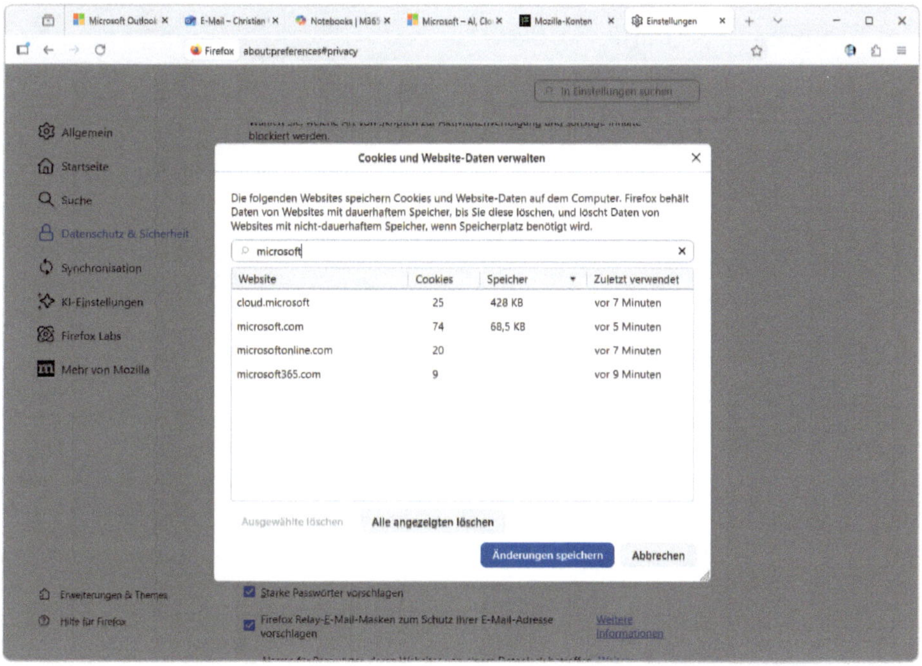

Alle Microsoft-Cookies entfernen.

Besuchen Sie jetzt wieder die zuvor fehlerhaft angezeigte Microsoft-Seite.

10.20 Firefox-Browser zurücksetzen

Firefox bietet einen eingebauten **Reparaturmechanismus**, um alle installierten Erweiterungen sowie alle persönlichen Einstellungen und Daten auf einmal zu löschen und den Browser auf den Werkzustand zurückzusetzen.

Geben Sie in der Adresszeile `about:support` ein und klicken Sie dann auf den Button *Firefox bereinigen* ❶. Nach einer Sicherheitsabfrage wird Firefox komplett zurückgesetzt.

Firefox bei Problemen mit einem Klick zurücksetzen.

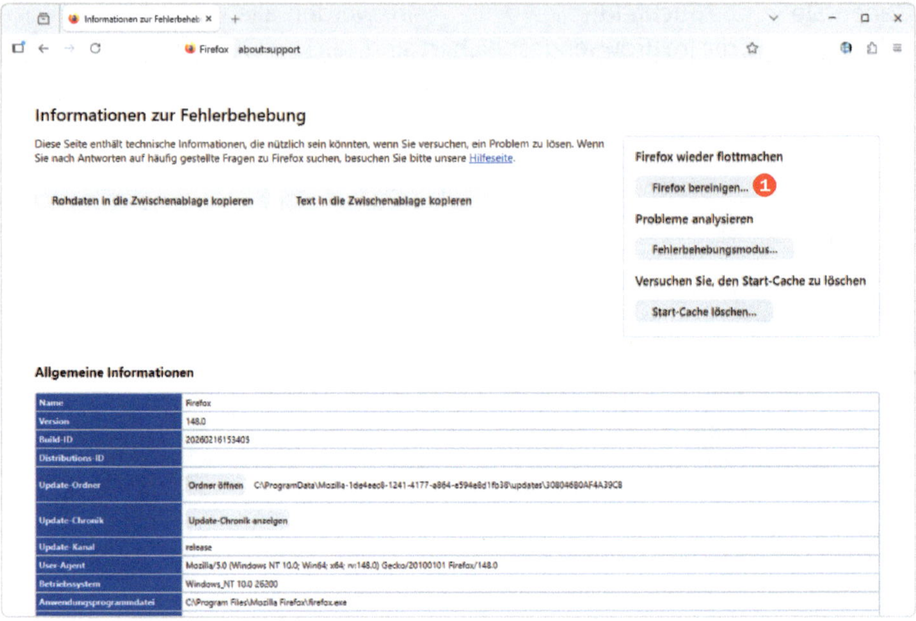

11 Probleme mit vorinstallierten Standard-Apps

11.1 Apps bei Fehlern auf den Originalzustand zurücksetzen

Wenn eine App nicht mehr zuverlässig funktioniert, können Sie, anstatt sie neu zu installieren, zunächst versuchen, sie zu reparieren, indem Sie sie auf die Werkeinstellungen zurücksetzen. Dabei gehen dann allerdings alle in der App gespeicherten Daten verloren. Wählen Sie die gewünschte App in den *Einstellungen* ❶ unter *Apps/Installierte Apps* ❷ aus, klicken Sie ganz rechts in der Zeile auf das Menü mit den drei Punkten und wählen Sie *Erweiterte Optionen*. Klicken Sie dann im nächsten Bildschirm auf *Reparieren* ❸. Damit wird zunächst versucht, die App ohne Datenverlust zu reparieren. Wenn das nicht funktioniert, klicken Sie auf *Zurücksetzen* ❹.

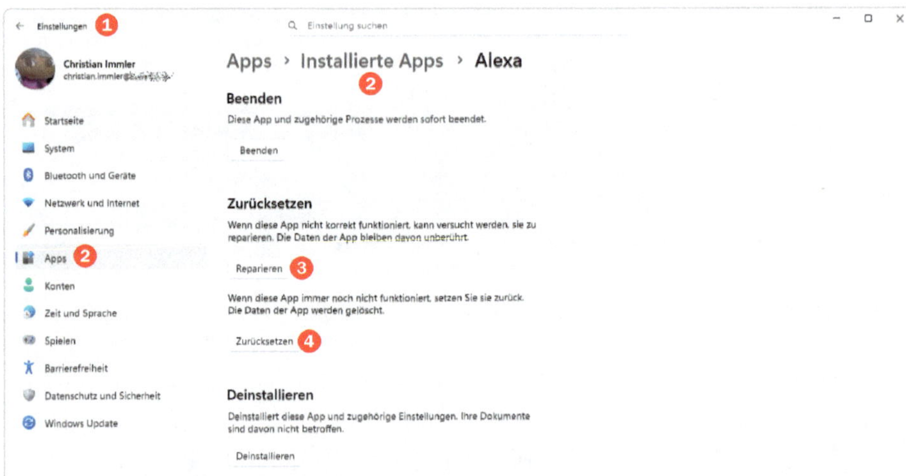

Bei Problemen kann eine App auf die Standardeinstellungen zurückgesetzt werden.

11.2 Fehler 0x8007054e beim Hinzufügen von Mailkonten

Die **Mail-App** zeigt ab und zu diesen Fehler bei dem Versuch, ein neues Mailkonto in der App anzulegen.

Aktivieren Sie im Explorer im Menü *Anzeigen/Einblenden* den Schalter *Ausgeblendete Elemente*. Benennen Sie dann unter *C:\Users\<Benutzername>\AppData\Local* den Ordner *Comms* in *Comms.old* um.

Starten Sie die Mail-App neu. Jetzt können Sie das neue Mailkonto problemlos anlegen. Wenn alles funktioniert, können Sie den Ordner *Comms.old* löschen.

11.3 Wo ist die Teilen-Funktion geblieben?

Windows 11 nimmt es mit der systemweiten **Teilen-Funktion** nicht mehr so genau. Mal heißt es *Teilen*, mal *Freigeben*, und auch das Symbol ist nicht immer an der gleichen Stelle in Apps zu finden – meistens im Kontextmenü einer Datei oder wie in der Fotos-App im Menü des gerade geöffneten Bilds.

Windows 11 bietet überall dort, wo dieses Symbol auftaucht, ein Dialogfeld zum Teilen von Daten aus Apps an, das ähnlich wie auf Smartphones funktioniert und von immer mehr Apps unterstützt wird.

Ein Klick auf das *Freigeben*-Symbol blendet das Dialogfeld ein, in dem wichtige Kontakte und alle Apps aufgelistet sind, die sich zum Teilen des gewählten Inhalts eignen. Die bisherige Kontaktleiste in der Taskleiste ist mit Windows 11 verloren gegangen. Beim Klick auf ein Kontaktbild im *Teilen*-Dialog kann nur noch eine E-Mail versendet werden. Die Auswahl an Kontakt-Apps gibt es hier nicht mehr.

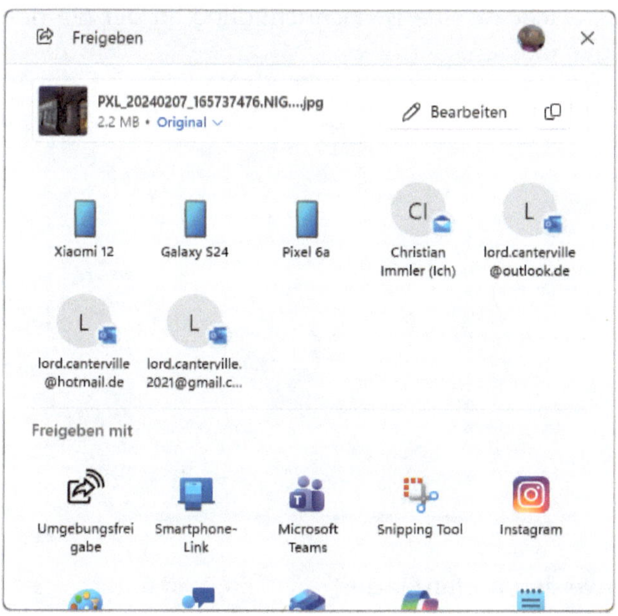

Das Dialogfeld zum Teilen eines Fotos in der Fotos-App.

Haben Sie bei einer Person mehrere E-Mail-Adressen gespeichert, müssen Sie zunächst eine auswählen. Anschließend wählen Sie ein eigenes E-Mail-Konto aus, das für den Versand verwendet werden soll. Danach öffnet sich das neue vorinstallierte Outlook, in dem Sie die E-Mail schreiben können. Das Foto ist automatisch bereits angehängt.

11.4 Bluetooth-Umgebungsfreigabe findet keine Geräte

Steht unterwegs kein Netzwerk zur Verfügung, konnte man immer schon Dateien per Bluetooth von einem PC auf einen anderen übertragen. Diese Methode ist aber so umständlich und entspricht so ganz und gar nicht dem bekannten Look-and-feel von Windows, dass sie kaum benutzt wurde und viele Anwender sie nicht einmal kennen. Die Umgebungsfreigabe in Windows 11 und 10 erleichtert das Weitergeben von Dateien zwischen PCs in Bluetooth-Reichweite.

Damit dies funktioniert, müssen auf beiden beteiligten Geräten in den Schnelleinstellungen die Schalter *Bluetooth* und *Umgebungsfreigabe* aktiviert sein.

Klicken Sie jetzt in einer App oder im Explorer im Kontextmenü der freizugebenden Datei auf das Symbol *Teilen*. Jetzt erscheint das Dialogfeld *Teilen*. Klicken Sie hier auf *Umgebungsfreigabe*. Automatisch werden Geräte in der Nähe gesucht. Klicken Sie auf das gefundene Gerät, um die Datei zu übertragen. Auf dem empfangenden Gerät erscheint eine Benachrichtigung, in der Sie den Empfang der Datei bestätigen müssen.

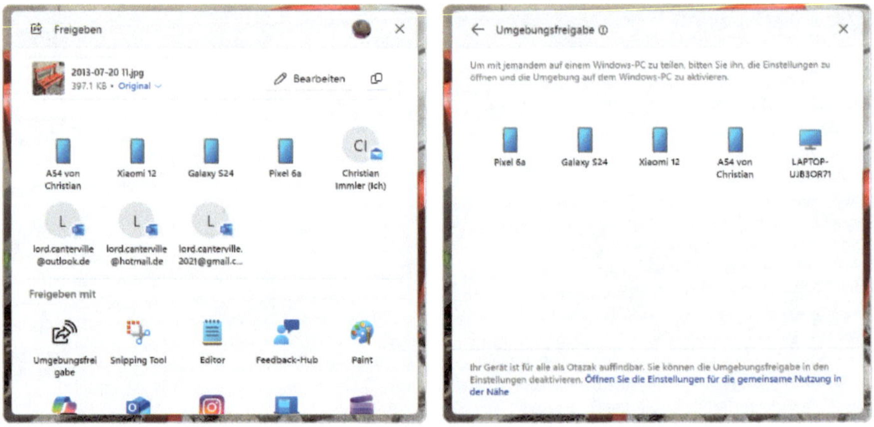

Dateien per Bluetooth an Geräte in der Nähe freigeben.

Sollte kein Gerät gefunden werden, prüfen Sie die *Einstellungen* ❶ unter *System/In der Nähe freigeben* ❷. Wählen Sie hier aus, ob Sie mit allen Personen in der Nähe kommunizieren möchten oder nur mit eigenen Geräten, die dasselbe Microsoft-Konto verwenden. Außerdem legen Sie noch ein Verzeichnis fest, in dem die empfangenen Dateien gespeichert werden sollen. Standardmäßig ist das Downloadverzeichnis im eigenen Benutzerprofil eingetragen.

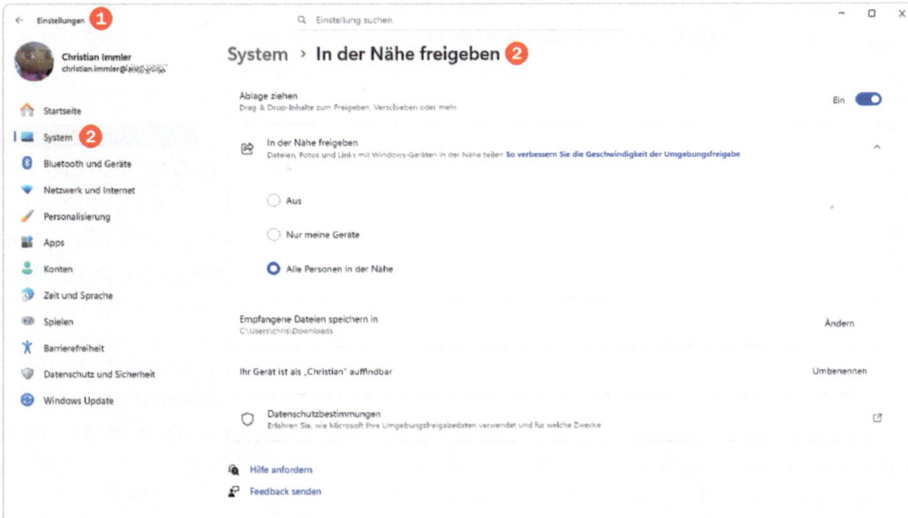

Einstellungen zur Bluetooth-Umgebungsfreigabe.

Die Umgebungsfreigabe benötigt spezielle Unterstützung durch die Bluetooth-Gerätetreiber. Windows 11 liefert für die meisten eingebauten Bluetooth-Module in Laptops und Tablets geeignete Treiber mit. Bluetooth-Sticks sind dagegen oft auf Treiberupdates der Hersteller angewiesen und funktionieren daher in der Regel erst nach manueller Installation eines geeigneten Treibers.

11.5 Bluetooth-Umgebungsfreigabe benachrichtigt nicht über eingehende Datei

Wenn Sie den Bitte-nicht-stören-Modus verwenden, achten Sie darauf, dass die **Umgebungsfreigabe** in der Prioritätsliste eingetragen ist, da Sie sonst keine Benachrichtigung erhalten, in der Sie eine Dateiübertragung akzeptieren können.

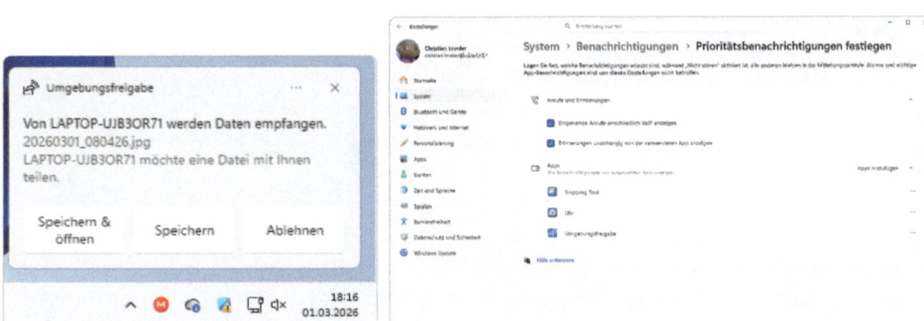

Benachrichtigungen für Bluetooth-Umgebungsfreigabe zulassen.

11.6 Eigene Musik taucht in der Medienwiedergabe-App nicht auf

Die neue **Medienwiedergabe**, ehemals **Groove-Musik-App** vereinte bis vor Kurzem ähnlich wie Google Play Music oder Apple iTunes einen Onlinemusikshop und einen Medienplayer für lokale Musik. Mittlerweile hat Microsoft seinen Onlinemusikdienst eingestellt und den Nutzern empfohlen, zum ehemaligen Konkurrenten **Spotify** zu wechseln.

Die Medienwiedergabe-App blieb in Windows 11 erhalten, spielt jetzt aber nur noch eigene Musik auf dem PC ab, der einstige Shop fehlt. Allerdings wird die eigene auf dem PC gespeicherte Musik nicht immer automatisch in der App angezeigt.

Medienwiedergabe spielt lokal gespeicherte Musik aus der Medienbibliothek ab.

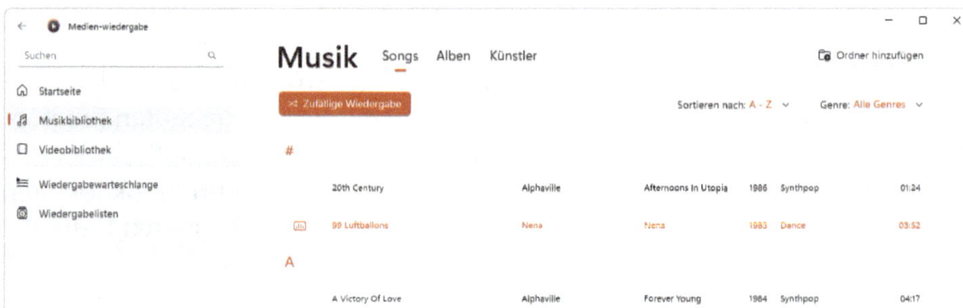

Die Medienwiedergabe durchsucht den Computer nach gespeicherter Musik und zeigt die eigene Musik aus den Verzeichnissen der *Musikbibliothek* an. Wenn Sie Ihre Musik nicht finden können, klicken Sie in den Einstellungen der Medienwiedergabe links unten im Bereich *Speicherorte der Musikbibliothek* ❶ auf *Ordner hinzufügen* ❷. Jetzt können Sie weitere Ordner hinzufügen, die automatisch nach Musik durchsucht werden. Die gefundenen Titel werden in der Medienwiedergabe-App angezeigt.

Neue Ordner zu Medienwiedergabe hinzufügen.

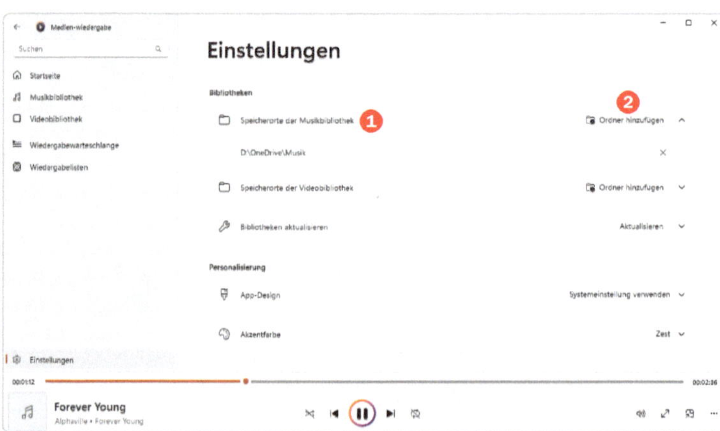

11.7 Kann man keine Audio-CDs mehr brennen?

In der **Medienwiedergabe-App** sucht man vergebens nach einer Funktion, gespeicherte Musik als Audio-CD zu brennen. Dazu muss der klassische **Windows Media Player Legacy** verwendet werden, der im neuen Startmenü von Windows 11 nicht wie erwartet unter *Unterhaltung*, sondern unter *Windows-11-Apps* zu finden ist. Hier gibt es wie in früheren Versionen des Windows Media Player oben rechts die Registerkarte *Brennen* ❶. Ziehen Sie die Stücke, die Sie auf die Audio-CD brennen möchten, dorthin und klicken Sie dann auf *Brennen starten*.

Audio-CD im Windows Media Player brennen.

11.8 Der Windows Media Player ist verschwunden

Vermutlich um die **Groove-App** zu pushen, hat Microsoft mit einem Funktionsupdate in Windows 10 den Windows Media Player bei vielen Nutzern abgeschaltet. Auf diesen PCs ist er auch nach dem Upgrade auf Windows 11 abgeschaltet. Er ist weiterhin auf dem System vorhanden, nur nicht verfügbar. So bekommen Sie ihn zurück:

Klicken Sie in den *Einstellungen* ❶ unter *System/Optionale Features* auf *Features anzeigen* ❷ in der Zeile *Optionales Feature hinzufügen*. Klicken Sie auf die Zeile *Verfügbare Features anzeigen*.

Suchen Sie im nächsten Fenster den Windows Media Player Legacy (App) in der Liste, setzen Sie das Häkchen und klicken Sie auf *Hinzufügen* ❸.

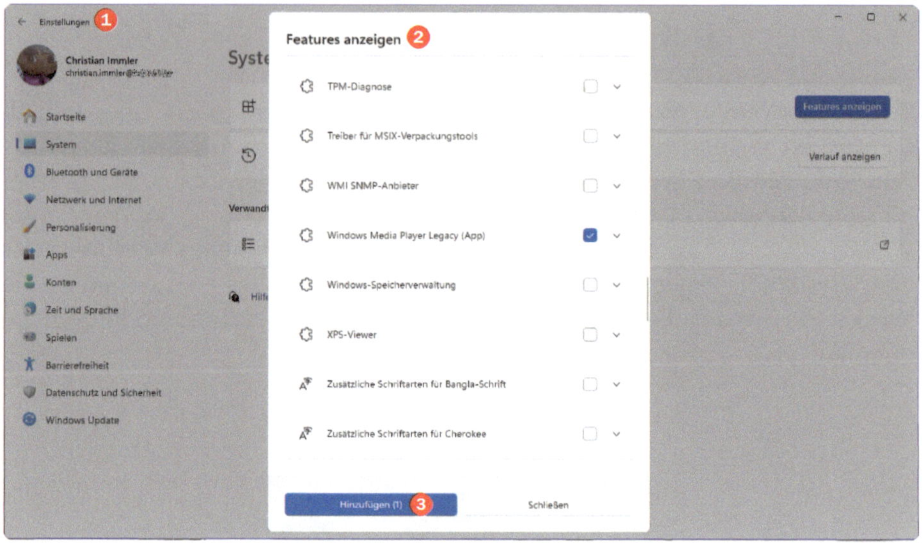

Windows Media Player nachinstallieren.

11.9 Windows 11 spielt keine DVDs ab

Windows 11 enthält keine Möglichkeit, DVDs, SVCDs oder andere Videodatenträger abzuspielen. Da auch das früher hierfür verwendete **Windows Media Center** nicht mehr nachinstalliert werden kann, wird eine externe App benötigt. Manche PC-Hersteller liefern die sonst kostenpflichtige App **Windows DVD Player** oder ein Programm eines Drittherstellers, wie z. B. **PowerDVD**, mit.

Die Freeware **VLC Media Player** war schon in früheren Windows-Versionen dafür bekannt, nahezu jedes Video- oder Audioformat abspielen zu können, auch DVDs und SVCDs. Der VLC Media Player ist für Windows 11 als App im Microsoft Store verfügbar – verwenden Sie diese App jedoch nicht! Zum Abspielen von DVDs kann nur die klassische Version des VLC Media Player von *www.videolan.org* genutzt werden.

Ist der VLC Media Player installiert, erscheint er automatisch im Auswahlfeld *Automatische Wiedergabe* beim Einlegen einer DVD. Diese kann dann damit abgespielt werden. Die VLC-App aus dem Microsoft Store spielt keine DVDs ab.

Automatische Wiedergabe beim Einlegen einer DVD.

Alternativ können Sie auch über den Menüpunkt *Medien/Medium öffnen* die DVD auswählen und abspielen.

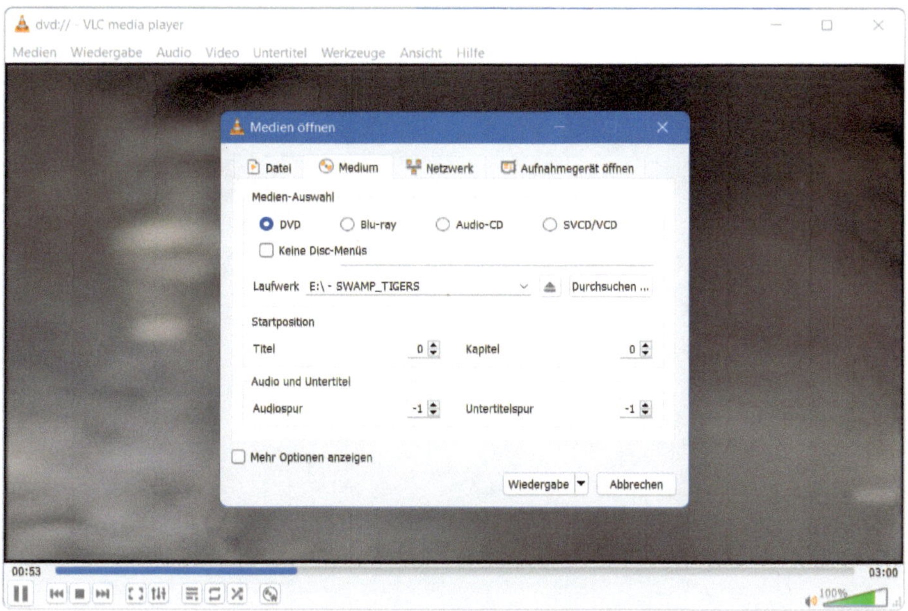

DVD im VLC Media Player.

12 Programme installieren, Apps und Microsoft Store

12.1 Programme lassen sich wegen einer Sicherheitsüberprüfung nicht installieren

In Windows 11 ist es möglich, nur noch Apps aus dem Microsoft Store zuzulassen und keine Installation klassischer Programme. Damit machen Sie ein Desktop-Windows ähnlich wie Smartphone-Betriebssysteme zu weitgehend geschlossenen Systemen, wenn Sie auf Microsofts Überprüfung der Microsoft-Store-Apps vertrauen. Dies soll die Sicherheit vor bösartiger Software erhöhen. Allerdings funktionierte in verschiedenen Tests diese Sperre nicht hundertprozentig.

Sollte sich ein klassisches Programm nicht installieren lassen, prüfen Sie in den *Einstellungen* ❶ unter *Apps/Erweiterte Einstellungen für Apps/Quellen zum Abrufen von Apps auswählen* ❷, ob Apps aus beliebigen Quellen oder nur aus dem Microsoft Store zugelassen sind. Sie können sich auch vor der Installation warnen lassen. Einige Installer zeigen nicht einmal einen Fehler an, sondern funktionieren einfach nicht, wenn die Installation von Apps aus beliebigen Quellen abgeschaltet ist.

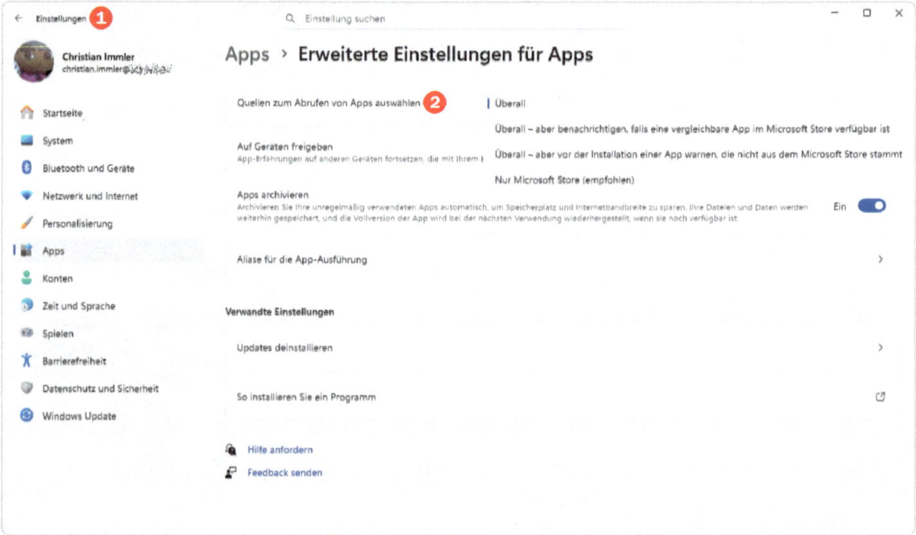

Festlegen, ob nur Apps aus dem Microsoft Store installiert werden dürfen.

12.2 Wo ist WordPad geblieben?

Mit dem Update 24H2 nahm Microsoft die, seit Windows 95 mitgelieferte einfache Textverarbeitung **WordPad** aus dem Betriebssystem heraus und liefert es auch in neueren Versionen nicht mehr mit.

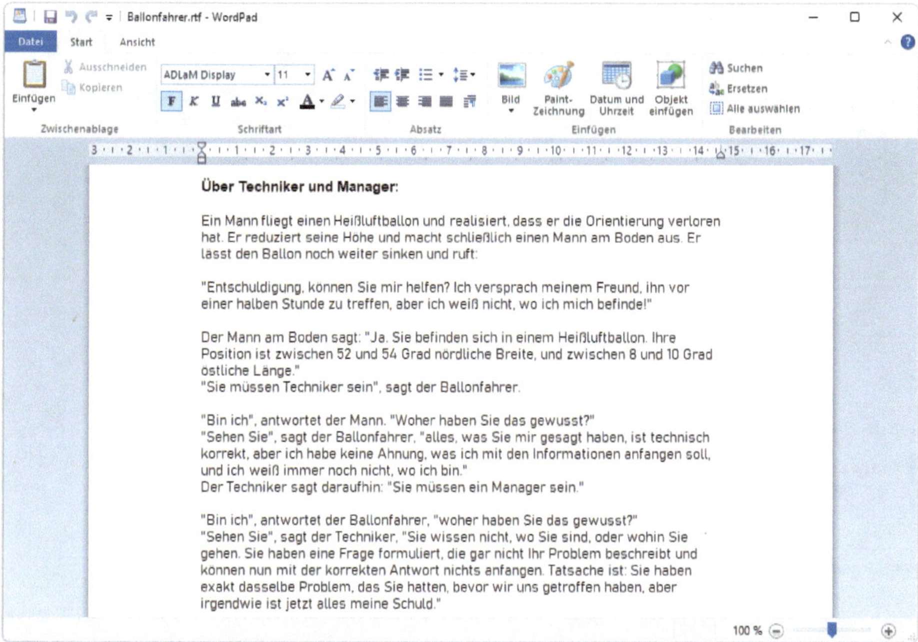

WordPad in Windows 11.

Dies hat keinerlei technische Gründe, es geht nur darum, Nutzer dazu zu bewegen, auf das kostenpflichtige Office von Microsoft umzusteigen. Dabei gibt es auch kostenlose Alternativen, wie z. B. **LibreOffice**.

Seit **WordPad** in Windows fehlt, gibt es keine vorinstallierte App mehr, mit der sich Dokumente in den Formatem DOCX oder RTF in Windows 11 öffnen lassen.

Sie müssen aber nicht unbedingt ein anderes Office installieren. Wer sich an **WordPad** gewöhnt hat, kann dies weiter nutzen. Sie brauchen sich nur die nötigen Dateien von einem PC mit einer älteren Windows 11 Version oder auch Windows 10 zu kopieren.

Kopieren Sie auf einem PC, auf dem WordPad noch läuft, die Dateien *WORDPAD.EXE*, *WORDPADFILTER.DLL* sowie den Unterordner *de-DE* auf ein freigegebenes Netzwerklaufwerk oder einen USB-Stick.

Legen Sie auf dem PC, auf dem WordPad nicht mehr läuft, im Ordner *C:\Program Files* einen Unterordner *WordPad* an. Hierzu sind Administratorrechte erforderlich. Kopieren Sie dann die beiden kopierten Dateien sowie den Unterordner in diesen Ordner.

Klicken Sie im Explorer mit der rechten Maustaste auf die Datei *WORDPAD.EXE* und wählen Sie im Kontextmenü *An „Start" anheften*, um **WordPad** ins Startmenü aufzunehmen.

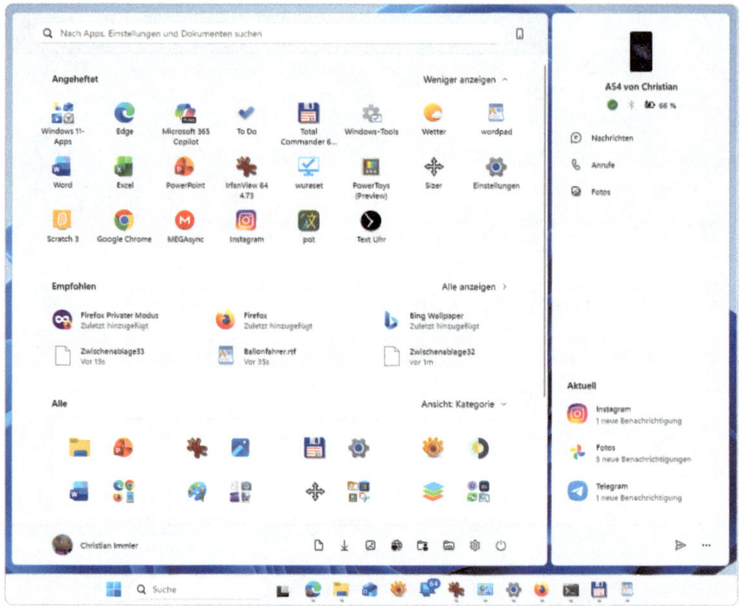

WordPad im Startmenü von Windows 11 25H2.

Möchten Sie RTF- oder DOCX-Dateien immer mit **WordPad** öffnen, klicken Sie im Explorer mit der rechten Maustaste auf eine RTF-Datei und wählen Sie *Öffnen mit*.

WordPad erscheint zunächst nicht in der Liste vorgeschlagener Programme. Klicken Sie deshalb ganz unten auf *Wählen Sie eine App auf Ihrem PC aus* und suchen die Datei *WORDPAD.EXE*. Klicken Sie dann auf *Immer*. Möchten Sie als zweites Dateiformat DOCX ebenfalls **WordPad** zuweisen, wird **WordPad** jetzt bereits automatisch mit vorgeschlagen.

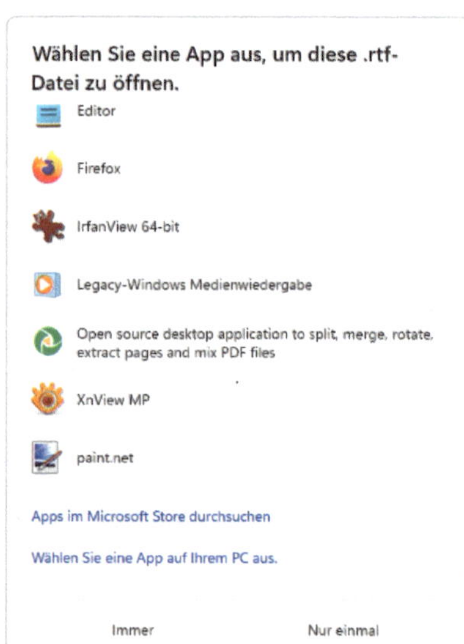

Viele der vorgeschlagenen Programme können keine RTF-Dateien öffnen, aber WordPad wird nicht automatisch vorgeschlagen.

■ **VOR DEM UPDATE BEACHTEN!**
Haben Sie noch Windows 11 23H2 oder älter laufen, sichern Sie sich die WordPad-Dateien in einen persönlichen Ordner, um **WordPad** auch nach dem Update auf 24H2 oder 25H2 weiter verwenden zu können.

12.3 PDF-Generator fehlt nach dem Upgrade

Beim Upgrade von einer früheren Windows-Version auf Windows 11 werden bestimmte ältere, bereits installierte Programme oft kommentarlos entfernt. Darunter fallen in vielen Fällen Programme, die eigene virtuelle Gerätetreiber installieren, wie z. B. PDF-Generatoren.

Windows 11 beinhaltet einen eigenen Druckertreiber zum Erstellen von PDF-Dokumenten. Man braucht keinen externen PDF-Generator mehr zu installieren. Wer viele PDF-Dokumente erstellt oder gar keinen „echten" Drucker angeschlossen hat, kann die PDF-Ausgabe wie jeden anderen Drucker als Standarddrucker einrichten und so aus jedem Programm heraus über die Schnelldruckfunktion ein PDF-Dokument erstellen, ohne einen Drucker auswählen zu müssen.

Wählen Sie in den *Einstellungen* ❶ unter *Bluetooth und Geräte/Drucker und Scanner* ❷ den Drucker *Microsoft Print to PDF* ❸ aus und im nächsten Fenster *Als Standard* ❹. Dieser Druckertreiber ist in Zukunft in den Druckdialogen aller Programme vorausgewählt und wird auch für die Schnelldruckfunktionen z. B. in Word oder WordPad verwendet.

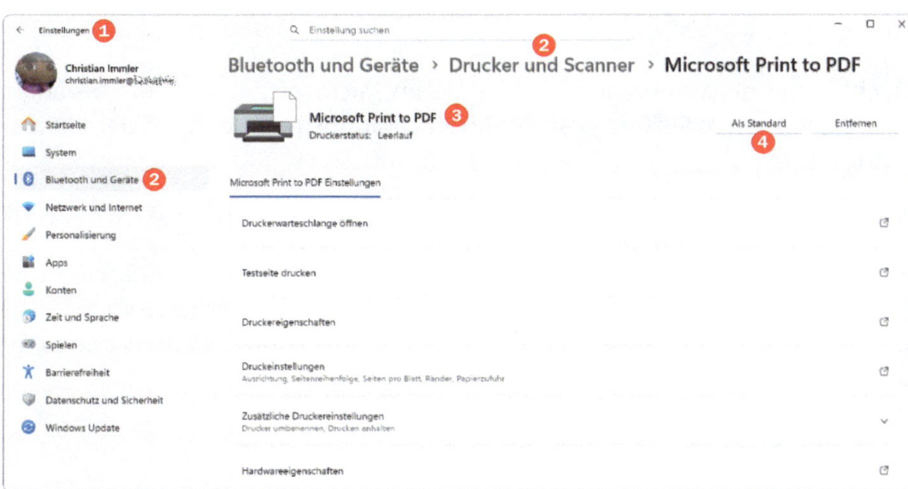

PDF-Ausgabe als Standarddrucker einrichten.

12.4 Eine kostenlose Microsoft-Store-App hat Geld abgebucht

Selbst wenn Sie ausschließlich kostenlose Apps verwenden, können einige von ihnen In-App-Käufe für Zusatzkomponenten enthalten. Achten Sie darauf, dass in den *Einstellungen* des Stores – erreichbar über einen Klick auf das Profilbild rechts oben im Store – der Schalter *Ohne Passcode kaufen* ❶ deaktiviert ist. Nur dann müssen Sie vor jedem Kauf, auch bei In-App-Käufen, Ihre PIN oder das Kennwort Ihres Microsoft-Kontos zur Sicherheit noch mal eingeben. Der Text ist etwas verwirrend formuliert. Ist der Schalter aktiviert, *...benötigen Sie keine PIN oder Kennwort*.

Der Schalter Ohne Passcode kaufen verhindert versehentliche In-App-Käufe im Microsoft Store.

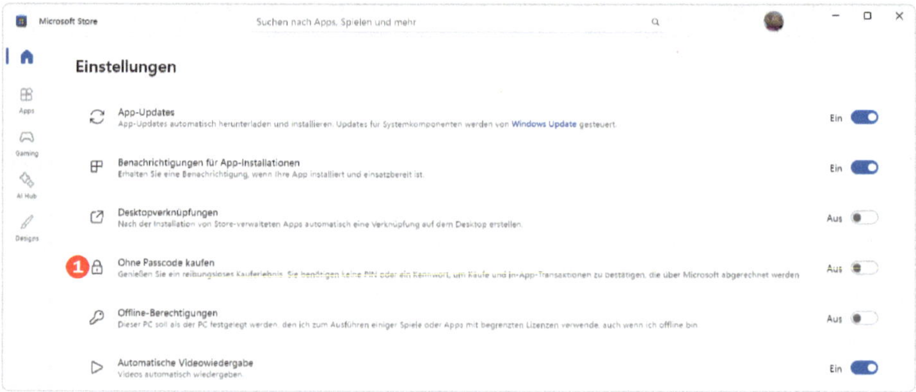

12.5 Zahlungsmethoden im Microsoft Store löschen

Möchten Sie ganz sichergehen, dass Sie im Microsoft Store nichts bezahlen müssen, entfernen Sie Ihre gespeicherten Zahlungsmethoden aus dem Microsoft-Konto.

Klicken Sie im Menü des Microsoft Store auf *Zahlungsmethoden* ❶.

Jetzt öffnet sich ein Browserfenster, das Ihre gespeicherten Kreditkarten und PayPal-Konten anzeigt. Über *Karte entfernen* ❷ können Sie die jeweiligen Daten löschen. Dies gilt für alle Microsoft Stores und Microsoft-Webseiten, auch für den Xbox Store.

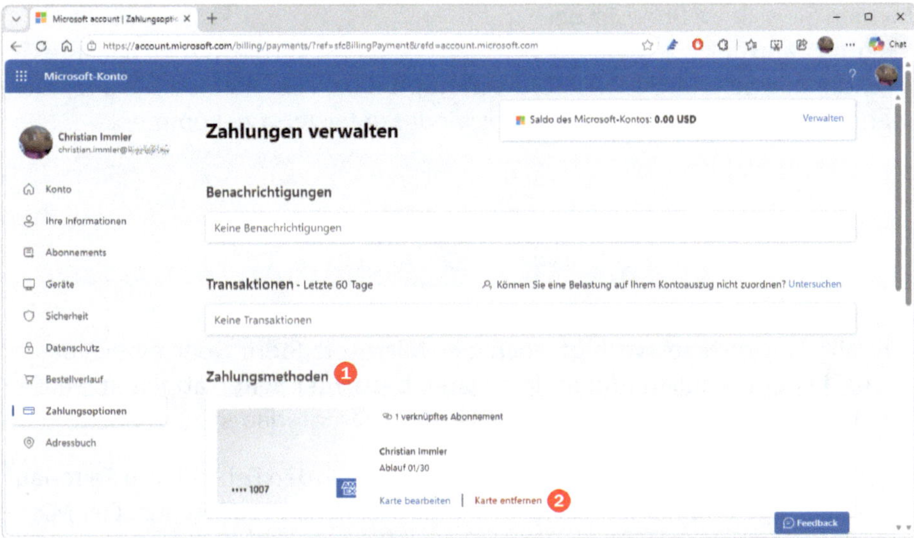

Zahlungsinformationen im Microsoft-Konto.

12.6 Apps lassen sich nicht installieren – zu viele Geräte

Microsoft-Store-Apps können unter Windows 11 und Windows 10 auf bis zu zehn PCs oder Tablets gleichzeitig verwendet werden, solange diese mit dem gleichen Microsoft-Konto angemeldet sind. Sie können zwar mehr Geräte mit dem gleichen Microsoft-Konto betreiben, aber nur auf zehn Geräten neue Apps aus dem Microsoft Store installieren. Sollten Sie einmal eine kostenpflichtige App aus dem Microsoft Store nutzen wollen, brauchen Sie diese ebenfalls nicht für jeden PC einzeln zu erwerben. Dies gilt nicht für alle Spiele.

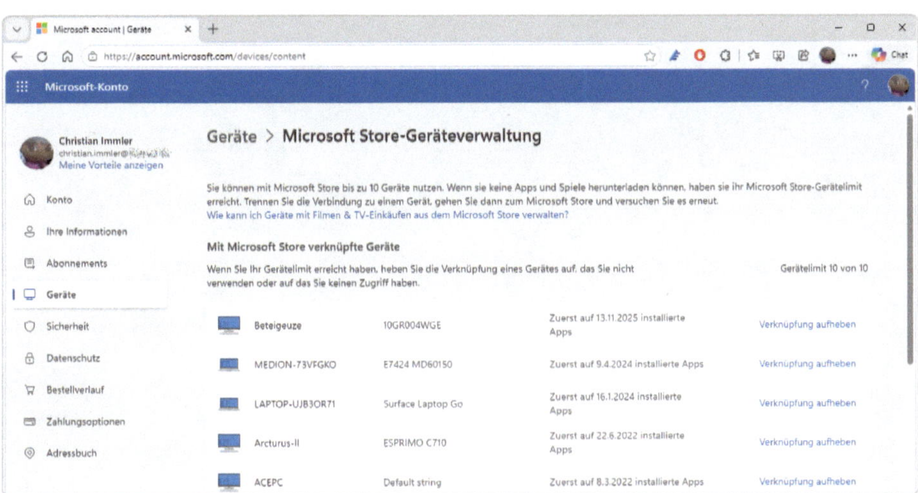

Liste der mit einem Microsoft-Konto angemeldeten Geräte.

Melden Sie sich im Browser bei *account.microsoft.com* an, klicken links auf *Geräte* und dann auf *Microsoft Store-Geräteverwaltung*. Die Liste zeigt alle Ihre Geräte, die mit dem Microsoft Store verknüpft sind. Hier können Sie alte, nicht mehr genutzte Geräte entfernen, um wieder unter zehn zu kommen.

12.7 Microsoft-Store-Cache löschen

Wie alle Webbrowser verfügt auch der Microsoft Store über einen lokalen Cache, in dem Grafiken und andere Daten besuchter Seiten abgelegt werden, um diese beim nächsten Besuch nicht erneut herunterladen zu müssen.

Lässt sich der Microsoft Store nicht starten oder werden Fehler beim Seitenaufbau angezeigt, empfiehlt es sich, diesen Cache manuell zu löschen. Der Microsoft Store bietet dafür leider keine Funktion in der Benutzeroberfläche an.

Schließen Sie zuerst den Microsoft Store, falls dieser geöffnet ist.

Aktivieren Sie im Windows-Explorer im Menüband *Ansicht* den Schalter *Ausgeblendete Elemente*, um auch versteckte Ordner zu sehen.

Wechseln Sie in das Verzeichnis *C:\users\<Benutzername>\AppData\Local\Packages*. Dort gibt es ein Unterverzeichnis, dessen Name mit *Microsoft.WindowsStore* beginnt und dann noch eine Zahlen-Buchstaben-Kombination enthält.

Wechseln Sie in dieses Verzeichnis und dort ins Verzeichnis *LocalCache*. Löschen Sie das Unterverzeichnis, dessen Name mit *perUserCache* beginnt.

Starten Sie danach den Microsoft Store neu.

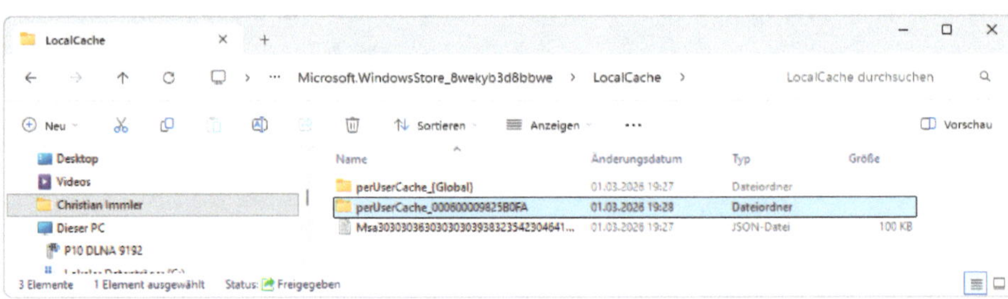

In diesem Verzeichnis verbirgt sich der Cache des Microsoft Store.

12.8 Microsoft Store bei Problemen zurücksetzen

Dass der Microsoft Store manchmal nicht startet oder sofort wieder beendet wird, ist ein bekanntes Problem. Deshalb liefert Microsoft ein eigenes Reparaturtool für solche Fälle mit.

Starten Sie über die Tastenkombination [Win]+[R] oder *Ausführen* im Systemmenü beim Rechtsklick auf das Windows-Logo das Programm *WSReset.exe*.

Es öffnet sich ein leeres Fenster ohne erkennbaren Inhalt. Warten Sie einfach, bis sich dieses Fenster wieder automatisch schließt. Das kann einige Sekunden bis Minuten dauern. Danach startet der Microsoft Store automatisch wieder.

12.9 Der Microsoft Store ist verschwunden

Für den Fall, dass der Microsoft Store nicht mehr funktioniert oder durch fehlerhaften Einsatz eines Tuningtools im System deaktiviert wurde, können Sie ihn mit der PowerShell wieder neu installieren.

Klicken Sie mit der rechten Maustaste auf das Windows-Logo und wählen Sie im Systemmenü *Terminal (Administrator)*.

Sollte der Microsoft Store noch existieren, aber nicht mehr funktionieren, geben Sie im PowerShell-Fenster diese Befehlsfolge ein:

```
Get-AppxPackage *windowsstore* | Remove-AppxPackage
```

Ist der Store nicht mehr vorhanden, geben Sie im PowerShell-Fenster nacheinander die folgenden Befehle ein:

```
Get-AppXPackage *WindowsStore* -AllUsers |
Foreach {Add-AppxPackage -DisableDevelopmentMode -Register
"$($_.InstallLocation)\AppXManifest.xml"}
Get-AppXPackage -AllUsers -Name Microsoft.WindowsStore |
Foreach {Add-AppxPackage -DisableDevelopmentMode -Register
"$($_.InstallLocation)\AppXManifest.xml" -Verbose}
Get-AppXPackage | Foreach {Add-AppxPackage
-DisableDevelopmentMode -Register "$($_.InstallLocation)\
AppXManifest.xml"}
PowerShell -ExecutionPolicy Unrestricted -Command "&
{$manifest = (Get-AppxPackage Microsoft.WindowsStore).
InstallLocation + '\AppxManifest.xml' ; Add-AppxPackage
-DisableDevelopmentMode -Register $manifest}"
Get-AppxPackage -allusers Microsoft.WindowsStore |
Foreach {Add-AppxPackage -DisableDevelopmentMode -Register
"$($_.InstallLocation)\AppXManifest.xml"}
```

Einige der Befehlszeilen laufen mehrere Minuten. Starten Sie am Ende des letzten Befehls, sobald der Prompt in der PowerShell erscheint, den Computer neu. Danach können Sie den Store wieder verwenden.

Um auch das Taskleistensymbol wiederherzustellen, klicken Sie mit der rechten Maustaste auf den Eintrag *Microsoft Store* ❶ im Startmenü unter *Dienstprogramme und Tools* und wählen im Kontextmenü *An Taskleiste anheften* ❷.

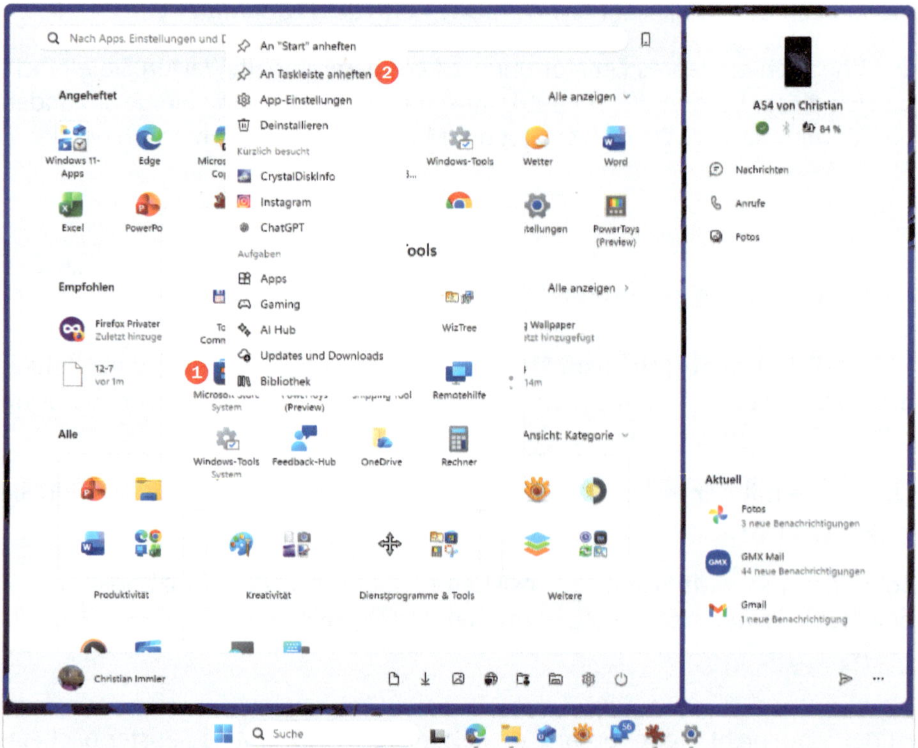

Taskleistensymbol für den Microsoft Store wiederherstellen.

12.10 Speicherfresser finden und deinstallieren

Irgendwann ist auch die größte Festplatte voll – spätestens dann sollte man darüber nachdenken, nicht benötigte Programme zu deinstallieren.

Die Liste *Installierte Apps* ❷ in den *Einstellungen* ❶ unter *Apps* zeigt den Speicherbedarf aller installierten Apps an. Wenn der Speicherplatz auf Ihrer Festplatte knapp wird, können Sie hier die größten Speicherfresser finden und deinstallieren. In Windows 11 werden sowohl die modernen Microsoft-Store-Apps wie auch die meisten Anwendungen auf dem klassischen Desktop angezeigt. Die Systemsteuerung zeigt unter *Programme* hingegen nur klassische Programme an.

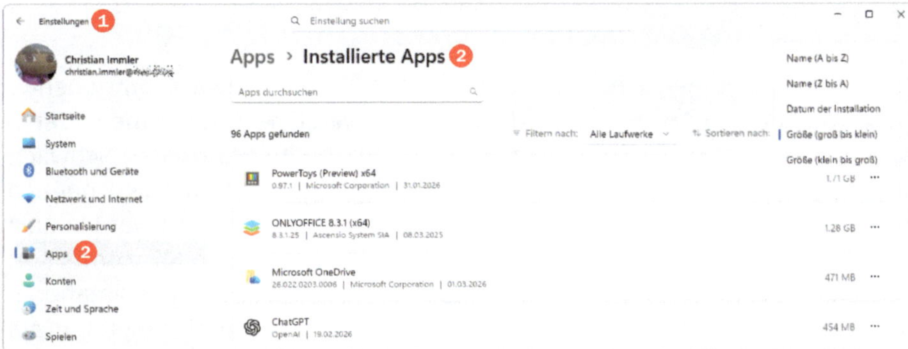

Die Liste installierter Apps und Programme.

Wenn Sie diese Liste nach Größe sortieren, lassen sich die Speicherfresser leicht finden. Klicken Sie auf ein Programm, um es zu deinstallieren. Einige Store-Apps unterstützen die Option *Verschieben*, mit der sie auf ein anderes Laufwerk wie z. B. eine zweite Festplattenpartition verschoben werden können, auf dem noch genügend Speicherplatz vorhanden ist. Bei klassischen Desktopprogrammen und vorinstallierten System-Apps ist das Verschieben nicht möglich.

12.11 Apps aus dem Microsoft Store auf einem anderen Laufwerk installieren

Wenn der Speicherplatz auf Laufwerk C: knapp wird, können Sie festlegen, dass künftig zu installierende Apps aus dem Microsoft Store auf einem anderen Laufwerk installiert werden.

Wählen Sie dazu das gewünschte Laufwerk für neue Apps in den *Einstellungen* ❶ unter *System/Speicher/Erweiterte Speichereinstellungen* aus. Klicken Sie dort auf die Zeile *Speicherort für neue Inhalte* ❷. Dies gilt nicht für Programme, die auf klassischem Weg installiert werden. Hier bietet das Installationsprogramm üblicherweise die Möglichkeit, Laufwerk und Verzeichnis für die Installation zu wählen.

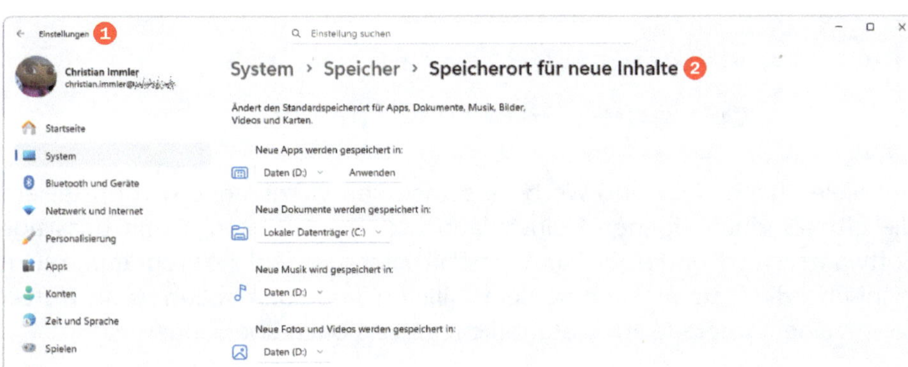

Laufwerk zur Installation von Apps wählen.

12.12 Java, Flash und Silverlight entfernen

Noch bis vor wenigen Jahren waren auf jedem PC die Softwarekomponenten **Java** und **Flash** installiert, da sie die Basis für zahlreiche Programme bildeten. Mittlerweile sind diese Technologien für ihre sicherheitskritischen Schwachstellen berühmt und werden von nur noch wenigen Programmen genutzt, aber sie laufen im Hintergrund auf den meisten PCs weiter und werden auch beim Upgrade auf Windows 11 übernommen. Flash wie auch Microsofts Konkurrenzprodukt **Silverlight** wurden früher zur Darstellung von Animationen und Videos auf Websites und innerhalb von Programmen eingesetzt, inzwischen aber weitgehend durch HTML5 ersetzt.

Prüfen Sie also genau, ob eines Ihrer installierten Programme heute noch Java, Flash oder Silverlight benötigt. Ist dies nicht der Fall, deinstallieren Sie die jeweilige Software über das Systemsteuerungsmodul *Programme*. In den *Einstellungen* unter *Apps/Installierte Apps* werden diese Softwarekomponenten in den meisten Fällen nicht angezeigt.

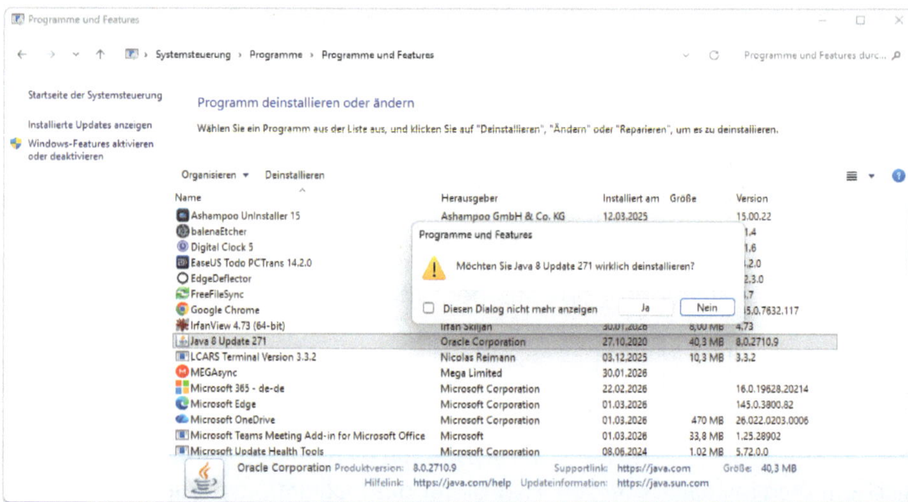

Java und andere überflüssige Komponenten deinstallieren.

12.13 Vorinstallierte Werbeversionen von Virenscannern entfernen

Auf vielen neuen PCs sind Werbeversionen von Virenscannern vorinstalliert, die oftmals einen eigenen Deinstallationsschutz enthalten, damit bösartige Software sie nicht entfernen kann. Deshalb lassen sich solche Programme auch nicht über die Systemsteuerung deinstallieren. Außerdem sollen sie die Nutzer so von einem Upgrade auf kostenpflichtige Versionen überzeugen.

ESET, ein bekannter Hersteller von Sicherheitssoftware, bietet ein sogenanntes **AV Remover** an, das auf dem PC installierte Virenscanner und andere Sicherheitstools erkennen und entweder direkt beseitigen kann oder Links zu speziellen Entfernungstools der jeweiligen Hersteller anbietet.

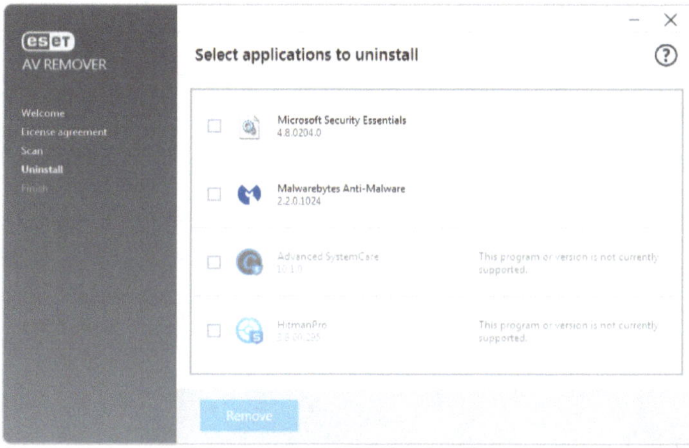

Das ESET AV REMOVER-Tool hilft beim Entfernen vorinstallierter Virenscanner.

12.14 Bloatware durch Zurücksetzen auf das Original-Windows komplett beseitigen

Kauft man heute einen neuen Computer, sind jede Menge Programme vorinstalliert, die niemand wirklich haben will, wie z. B. angebliche Tuningtools, Browsertoolbars, Apps für mehr oder weniger bekannte Onlineshops, Lieferdienste, Hotelbuchungssysteme und – besonders lästig – zeitlich beschränkte Testversionen von Virenscannern und Sicherheitssuiten, die sich so tief ins System eingraben, dass sie sich über die Systemsteuerung nicht restlos beseitigen lassen.

Microsoft hat das Problem der sogenannten Bloatware (zu Deutsch etwa „Blähware") schon länger erkannt und bietet im eigenen Microsoft Store Laptops und Tablets in der sogenannten Signature Edition an, die frei von solchen Softwarezugaben sind. Windows 11 bietet Nutzern die Möglichkeit, auf einem neuen PC ein sauberes Windows zu installieren.

Wenn Sie einen neu gekauften PC zum ersten Mal starten, richten Sie als Erstes das Microsoft-Konto und die Internetverbindung ein. Nachdem die Ersteinrichtung durchlaufen ist, erscheinen im Startmenü und auf der Taskleiste diverse bunte Symbole und teilweise sogar Pop-up-Meldungen, die nicht zu Windows gehören.

Klicken Sie jetzt in den *Einstellungen* über *System/Wiederherstellung* unter der Überschrift *Diesen PC zurücksetzen* auf den Button *PC zurücksetzen*. Hier können Sie auswählen, ob Sie persönliche Dateien, die möglicherweise schon auf dem PC sind, behalten oder wirklich alles löschen möchten.

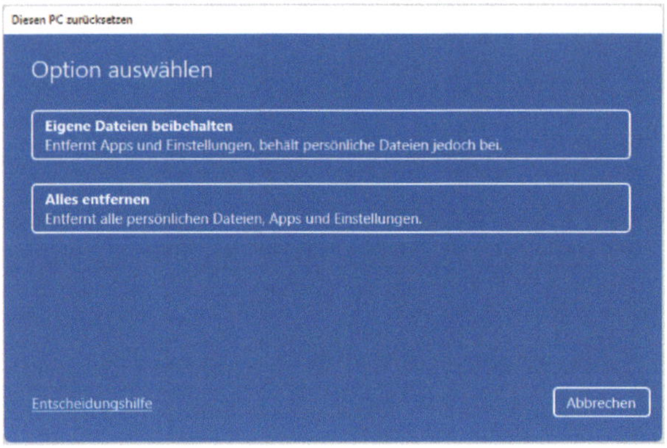

Optionen vor dem Zurücksetzen.

Zum Zurücksetzen ist der Originalinstallationsdatenträger oder ein Image auf einer zweiten Partition erforderlich. Alternativ können Sie auch *Cloud-Download* wählen und die etwa 4 GB großen Windows-Installationsdateien bei Microsoft herunterladen. In den zusätzlichen Einstellungen legen Sie fest, ob vorinstallierte Apps bei der Neuinstallation wiederhergestellt werden sollen oder nicht.

Vorinstallierte Apps wiederherstellen oder nicht?

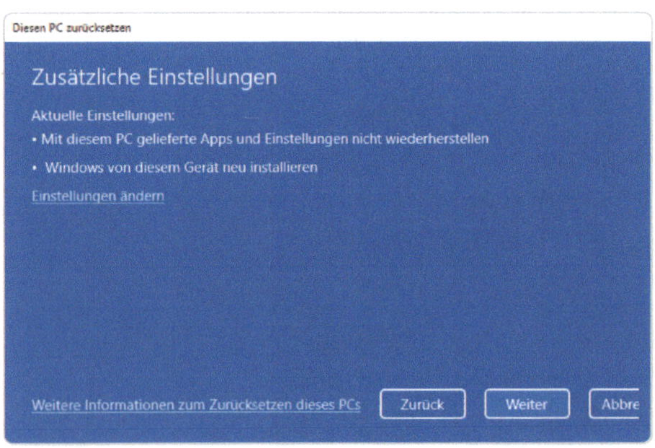

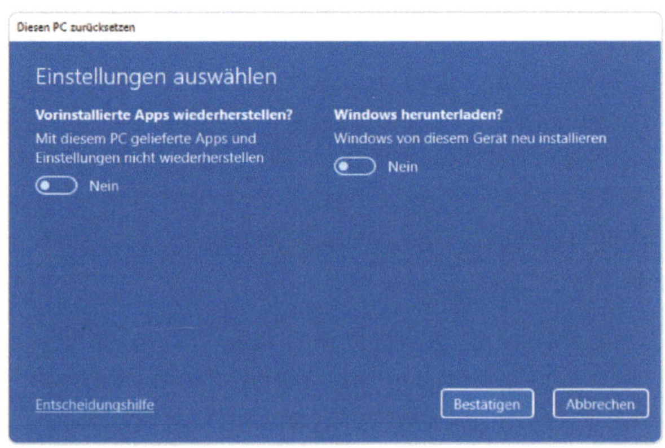

Im letzten Schritt wird noch angezeigt, welche Aktionen beim Zurücksetzen vorgenommen und welche Apps dabei entfernt werden.

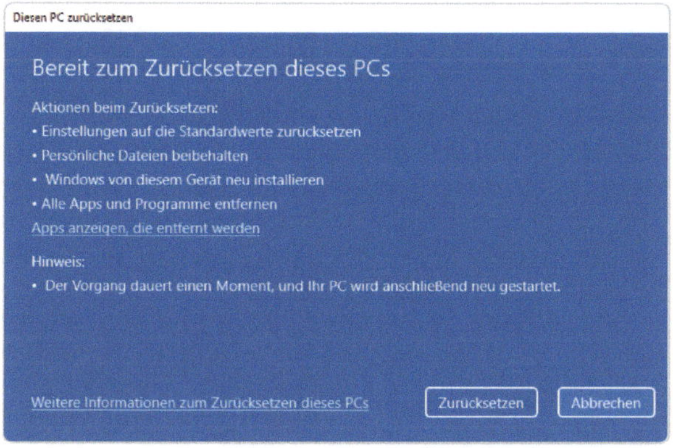

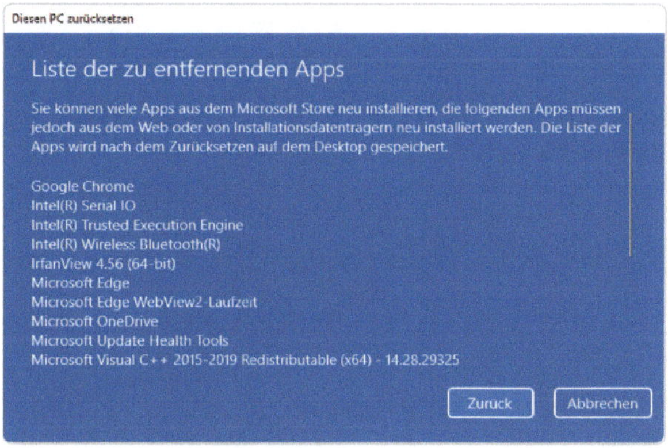

Windows wird danach neu lizenziert und aktiviert, was durch die neue Methode, die Lizenz im Microsoft-Konto zu speichern, aber keine Schwierigkeit mehr darstellt. Sollten dabei ehemals vorinstallierte Gerätetreiber verloren gehen, können diese über Windows Update nachgeladen werden – vorausgesetzt, die Hardwarehersteller haben sich an Microsofts Entwicklerrichtlinien gehalten.

Das Zurücksetzen beseitigt vorinstallierte Bloatware wie auch selbst installierte Programme.

Wichtig!

Setzen Sie einen neuen PC gleich nach dem ersten Start zurück, da diese Funktion alle Apps und Programme entfernt, die nicht zum Standardlieferumfang von Windows 11 gehören, also auch selbst installierte Desktopprogramme, Microsoft Office und Microsoft-Store-Apps.

12.15 Systemtools lassen sich nicht aufrufen

Lassen sich Kommandozeilentools nicht aufrufen, liegt dies in den meisten Fällen an fehlenden Angaben in der Systemvariablen `Path`. Windows 11 bietet eine komfortable Möglichkeit, die Systemvariablen zu bearbeiten.

Wählen Sie in den *Einstellungen System/Info* oder drücken Sie die Tastenkombination `Win`+`Pause`.

Klicken Sie unterhalb der Gerätespezifikationen auf *Erweiterte Systemeinstellungen* und im nächsten Dialogfeld auf der Registerkarte *Erweitert* ❶ auf den Button *Umgebungsvariablen* ❷.

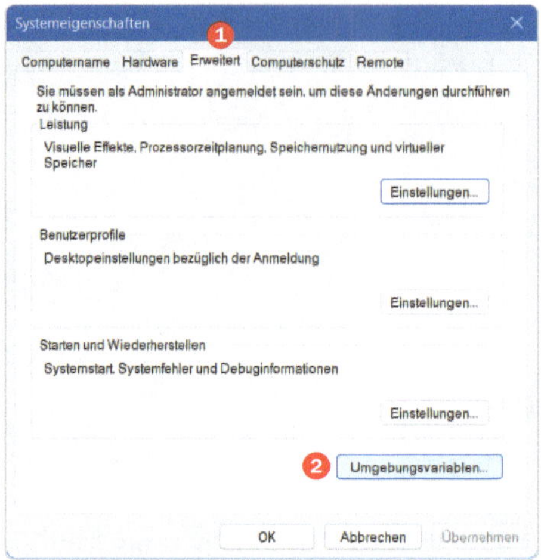

Erweiterte Systemeinstellungen.

Im unteren Bereich des nächsten Fensters sind alle Systemvariablen aufgelistet. Wählen Sie die Variable `Path` und klicken Sie auf *Bearbeiten* ❸.

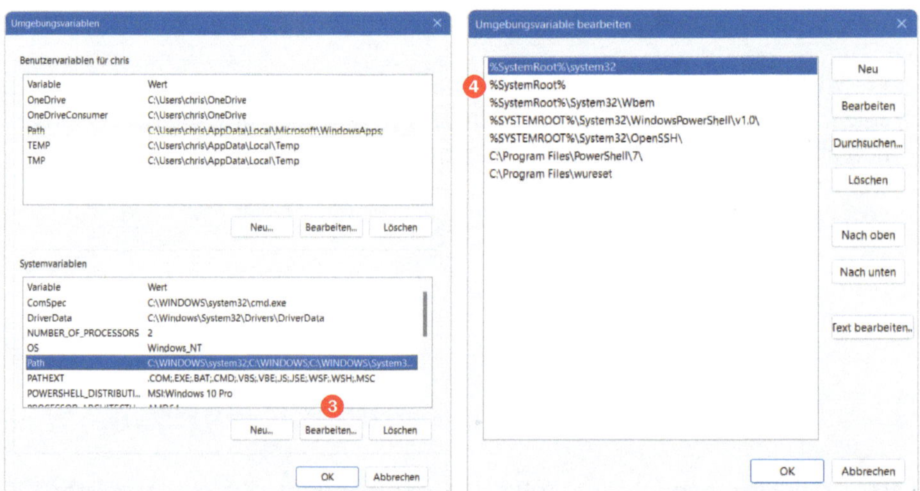

Umgebungsvariablen anzeigen und bearbeiten.

Im nächsten Fenster sind alle Verzeichnisse aufgelistet, aus denen Kommandozeilentools direkt aufgerufen werden können. Alle in der Abbildung gezeigten Pfade, die mit *%SystemRoot%* ❹ beginnen, müssen auf jeden Fall eingetragen sein. Sollte hier einer fehlen, tragen Sie ihn anhand der Abbildung nach. Fügen Sie zusätzliche Ordner hinzu, in denen Kommandozeilentools nachträglich installiert wurden.

12.16 Ältere Systemtools funktionieren nicht

Ältere Tools, die systemnahe Funktionen verwenden oder einfach nur ältere Methoden einsetzen, um Dateien in Verzeichnissen abzulegen, die unter Windows dem Administrator vorbehalten sind, scheitern beim normalen Start oft an den in Windows 11 eingeschränkten Rechten des angemeldeten Benutzers.

Programme, die über das Startmenü bzw. über die Taskleiste oder eine Desktopverknüpfung aufgerufen werden, haben normalerweise keine Möglichkeit, systemkritische Änderungen vorzunehmen. Möchten Sie ein Programm mit vollen Administratorrechten starten, sodass Sie damit jede (auch noch so gefährliche) Änderung am System durchführen können, klicken Sie mit der rechten Maustaste auf das Programmsymbol und wählen Sie im Kontextmenü die Option *Als Administrator ausführen* ❶.

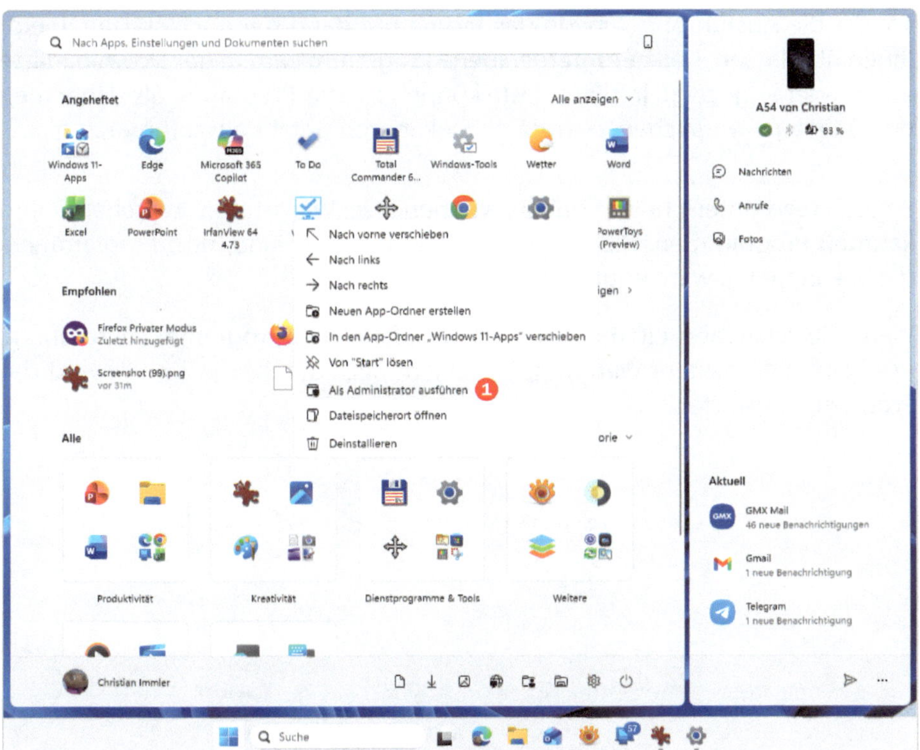

Über das Kontextmenü lassen sich viele Programme als Administrator ausführen.

Noch einfacher geht es mit einem Tastenkürzel. Wenn Sie die Tasten Strg + ⇧ gedrückt halten, während Sie auf das Programmsymbol klicken, starten Sie das Programm ebenfalls als Administrator.

Dabei verdunkelt sich der Bildschirm, und eine Abfrage der Benutzerkontensteuerung erscheint. Sogar wenn Sie selbst als Administrator auf dem Computer angemeldet sind, müssen Sie diese Anfrage bestätigen. Als eingeschränkter Benutzer müssen Sie ein Administratorkennwort eingeben, um das Programm in diesem Modus starten zu können.

12.17 Programm wird vom SmartScreen-Filter blockiert

Erscheint beim Versuch, ein Programm im Browser herunterzuladen oder ein heruntergeladenes Programm zu starten, eine Sicherheitsmeldung, hat der **SmartScreen-Filter** dieses Programm als gefährlich eingestuft und blockiert vorerst die Ausführung. Ob Sie das Programm dann dennoch starten, bleibt Ihnen überlassen. Das heruntergeladene Programm wird in der Downloadliste im Browser angezeigt. In dieser Liste können Sie das Programm als sicher melden oder auch versuchen, es trotz der bekannten Gefahr auszuführen.

SmartScreen unterscheidet dabei zwischen zwei Warnstufen: zwischen unbekannten Programmen, die möglicherweise unsicher sind, und Programmen, die bekannte Malware enthalten.

Wenn Sie versuchen, ein möglicherweise gefährliches Programm auszuführen, erscheint eine weitere Warnung. Mit einem Klick auf *Beibehalten* ❶ wird das Programm gestartet.

Downloadliste mit unbekanntem Programm.

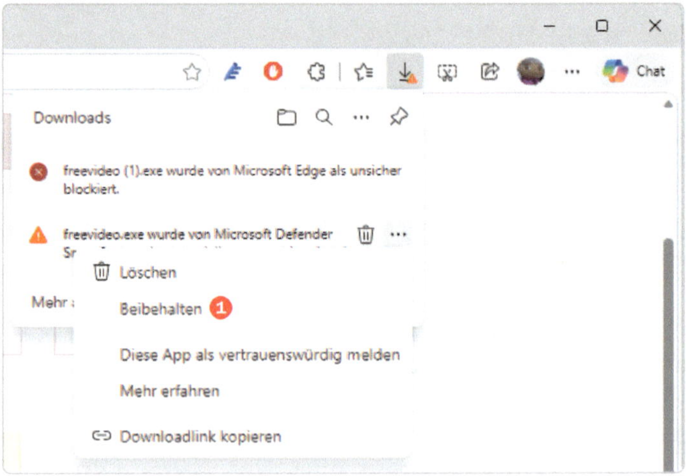

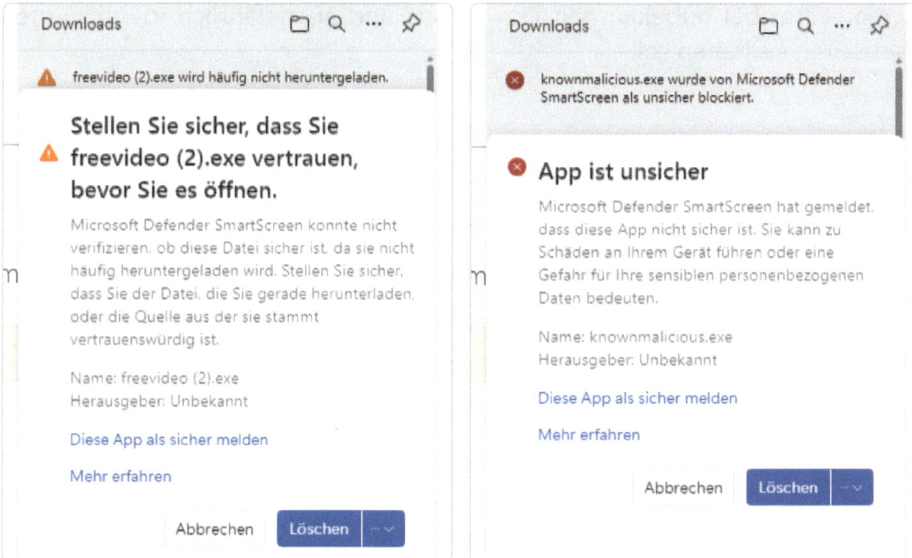

Warnung beim Download eines möglicherweise gefährlichen und eines als gefährlich bekannten Programms.

Wenn Sie dieses Programm trotzdem ausführen, erscheint noch eine auffällige rote Meldung, die auf die Gefahr hinweist. *Trotzdem ausführen* ist hier weiterhin möglich, aber der Link ist deutlich unauffällig gestaltet.

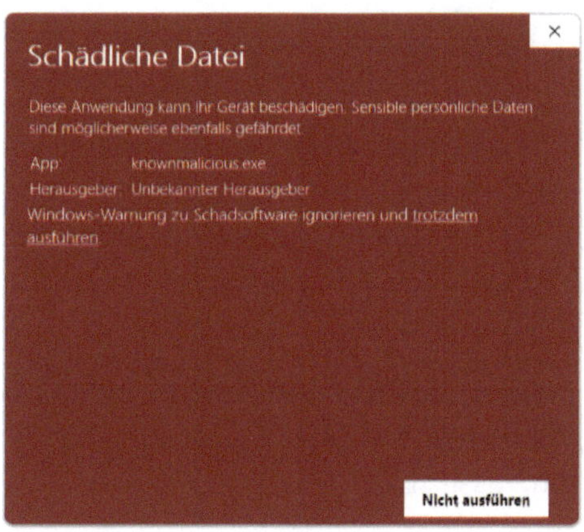

Warnung beim Ausführen eines als gefährlich bekannten Programms.

In vielen Fällen werden Sie das Programm gar nicht ausführen können, da es, bis Sie an dieser Stelle angelangt sind, bereits vom Virenscanner erkannt und in Quarantäne verschoben wurde.

Wer selbst Programme entwickelt oder viel mit Betaversionen zu tun hat, wird häufig Fehlalarme des SmartScreen-Filters wegen unbekannter Programme erleben.

Auf der Seite *App- & Browsersteuerung* ❷ im Programm **Windows-Sicherheit** legen Sie im Bereich Zuverlässigkeitsbasierter Schutz fest, wie sich der Smart-

Screen-Filter bei unbekannten Downloads und als gefährlich identifizierten Webseiten verhalten soll.

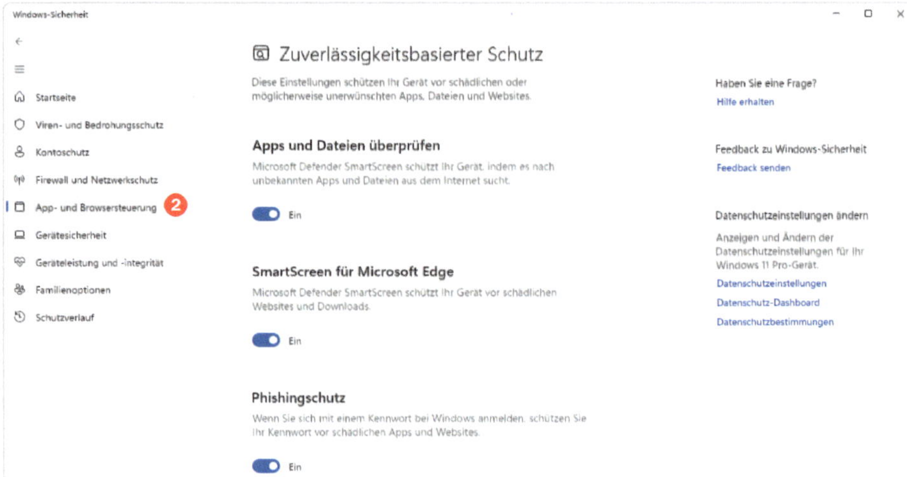

Einstellungen für den SmartScreen unter App- und Browsersteuerung im Programm Windows-Sicherheit.

12.18 Probleme mit der Datenausführungsverhinderung beheben

Die **Datenausführungsverhinderung** von Windows soll verhindern, dass Programme auf unzulässige Weise auf gemeinsam genutzte Speicherbereiche zugreifen und so andere Programme oder Systemfunktionen stören. Sollte ein Programm nicht laufen, kann es daran liegen, dass es durch die Datenausführungsverhinderung blockiert wird.

Einzelne Programme können in der Datenausführungsverhinderung als Ausnahme hinzugefügt werden. Allerdings birgt das die Gefahr, dass ein solches Programm tatsächlich Windows-Systemprozesse stört.

Wählen Sie *System/Info* in den *Einstellungen* oder drücken Sie die Tastenkombination `Win`+`Pause`.

Klicken Sie in der Mitte unterhalb der Gerätespezifikationen auf *Erweiterte Systemeinstellungen* und im nächsten Dialogfeld auf der Registerkarte *Erweitert* im Bereich *Leistung* auf den Button *Einstellungen*.

Wählen Sie im nächsten Fenster auf der Registerkarte *Datenausführungsverhinderung* ❶ die Option *Datenausführungsverhinderung für alle Prozesse und Dienste mit Ausnahme der ausgewählten einschalten* ❷.

Fügen Sie über den Button *Hinzufügen* das problematische Programm hinzu und verlassen Sie beide Dialogfelder mit *OK*.

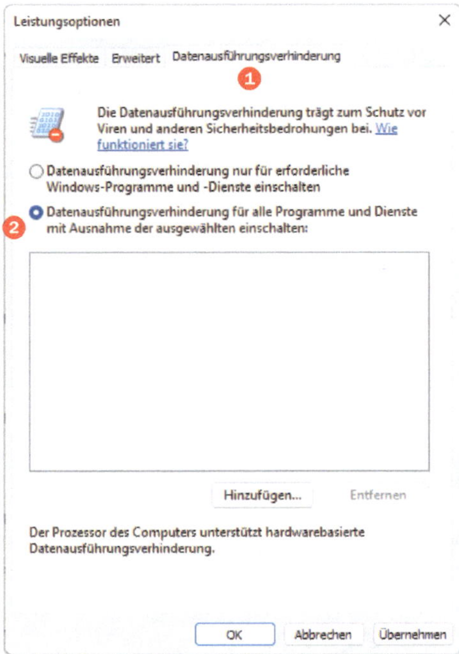

Programm als Ausnahme in der Datenausführungsverhinderung hinzufügen.

12.19 Ältere Programme lassen sich nicht installieren

Startet eine Installationsroutine für ein älteres Programm nicht oder bleibt sie während der Installation einfach hängen, probieren Sie, dieses Programm im Kompatibilitätsmodus zu starten.

Klicken Sie dazu mit der rechten Maustaste auf die Installationsdatei und wählen Sie *Weitere Optionen anzeigen/Behandeln von Kompatibilitätsproblemen*.

Wählen Sie im nächsten Dialogfeld *Empfohlene Lösung* 1.

Wählen Sie das Problem aus, das Sie mit diesem Programm haben oder klicken Sie auf *Keines der oben genannten* 2, wenn das Problem nicht aufgelistet ist, um das Programm mit diesen Einstellungen zu installieren. In vielen Fällen müssen Sie noch eine Anfrage der Benutzerkontensteuerung bestätigen.

Die Problembehandlung testet die Kompatibilitätsoptionen.

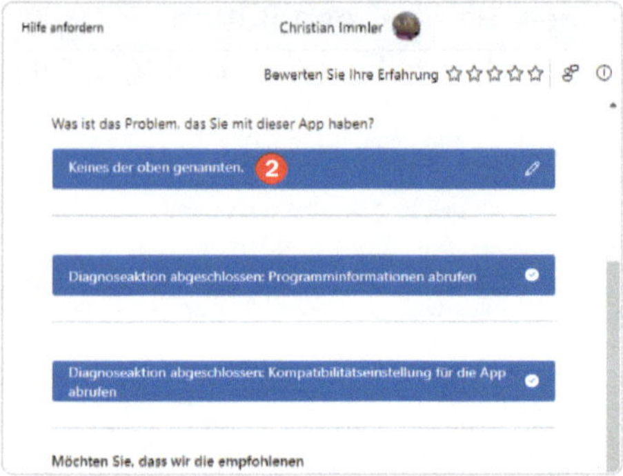

Ließ sich das Programm installieren, wählen Sie im nächsten Dialogfeld *Ja* ❸. Funktionierte die Installation nicht, wählen Sie *Nein* ❹ und markieren dann die Probleme, die aufgefallen sind. Die Problembehandlung startet nun neu mit angepassten Einstellungen.

Bei Problemen hilft ein neuer Versuch mit anderen Einstellungen.

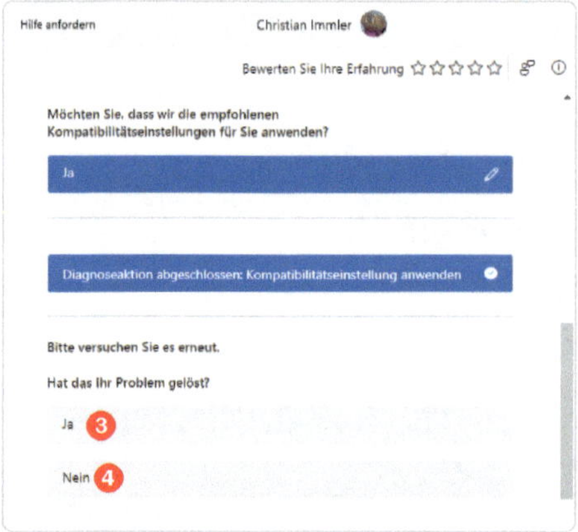

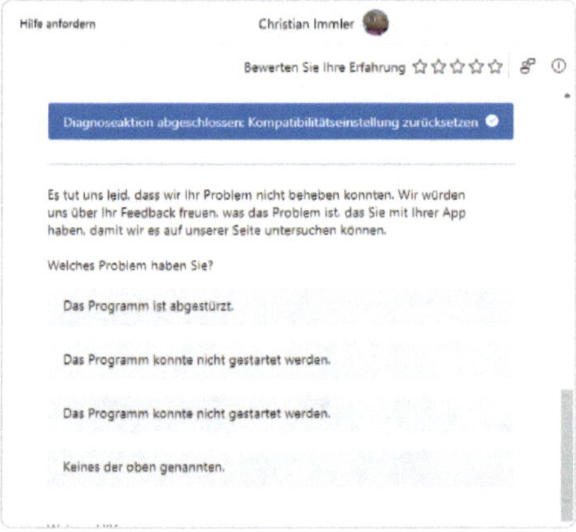

12.20 Ältere Programme laufen nach Installation nicht

Ließ sich ein Programm installieren, läuft dann aber wegen Kompatibilitätsproblemen nicht, hilft die Problembehandlung in den *Einstellungen* ❶ unter *System/Problembehandlung* ❷.

Klicken Sie hier auf *Andere Problembehandlungen*, wählen Sie dann *Problembehandlung bei der Programmkompatibilität* und klicken Sie auf *Ausführen*.

Wählen Sie im nächsten Fenster das installierte Programm aus, das nicht wie erwartet läuft. Ist es in der Liste nicht aufgeführt, klicken Sie oben auf *keines der oben genannten*, suchen die EXE-Datei und markieren sie.

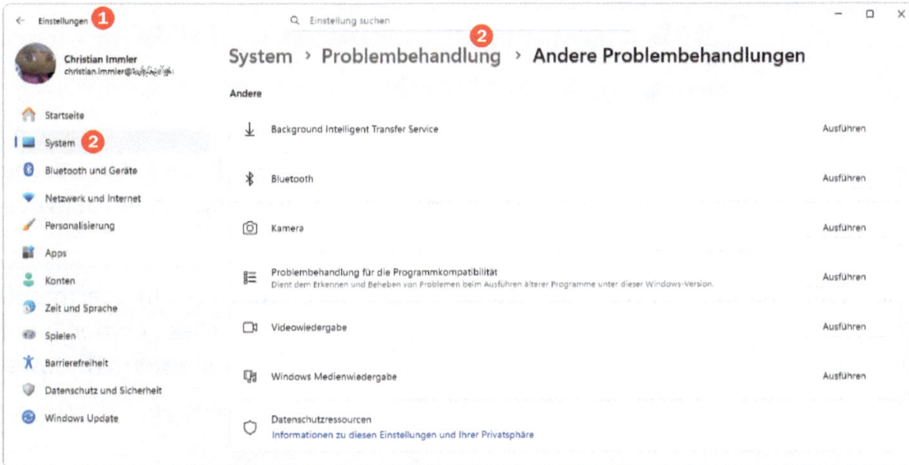

Die Problembehandlung für Kompatibilitätsprobleme.

Wählen Sie im nächsten Fenster das Problem mit diesem Programm. Danach startet erneut die Problembehandlung und testet verschiedene Kompatibilitätsoptionen. Wenn das Programm funktioniert, speichern Sie die gewählten Einstellungen, um es in Zukunft immer mit diesen Einstellungen zu starten. Funktioniert es nicht, wählen Sie ein anderes Problem aus, um andere Kompatibilitätseinstellungen zu testen.

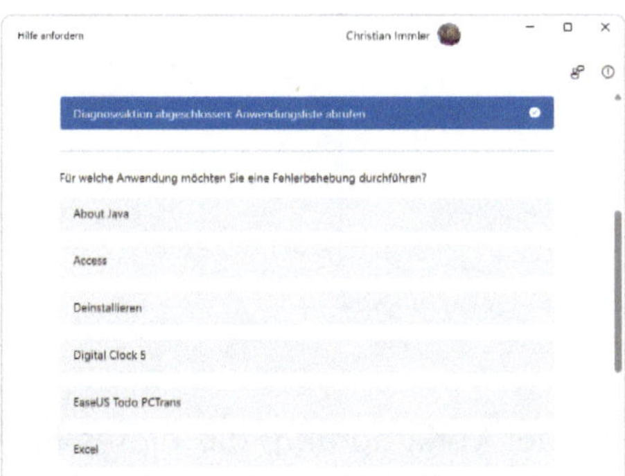

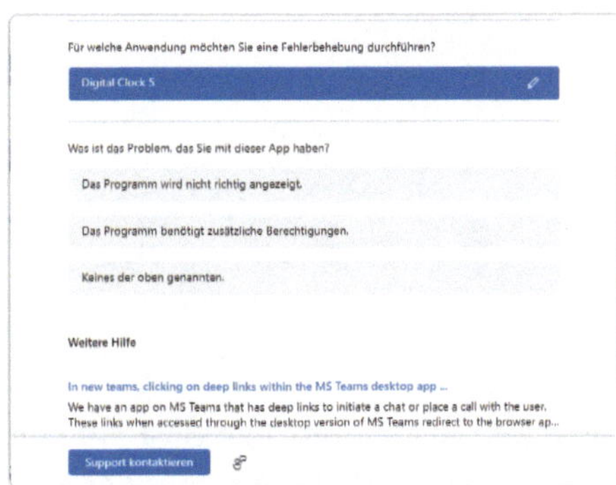

Problembehandlung bei Kompatibilitätsproblemen installierter Programme.

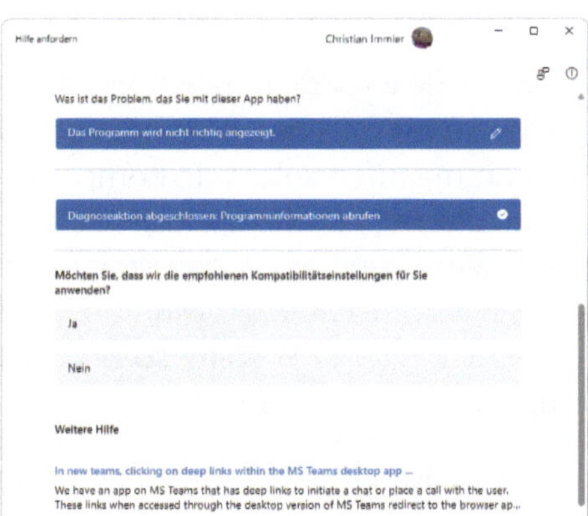

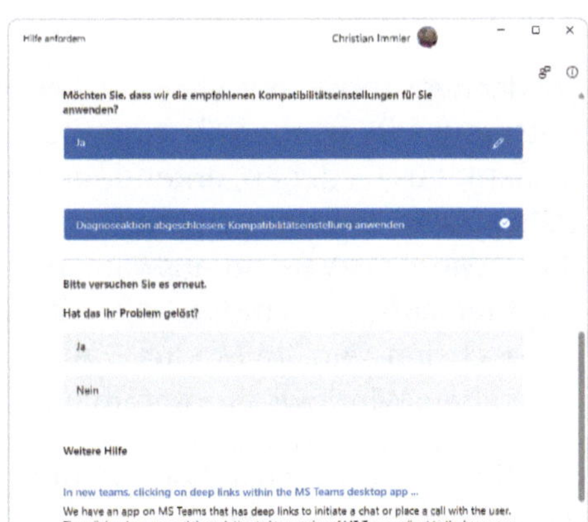

Verschiedene Kompatibilitätsoptionen versuchen, ein Programm zum Laufen zu bringen.

12.21 Kompatibilitätseinstellungen manuell anpassen

Sollte ein installiertes Programm nicht laufen und führt auch die automatische Problembehandlung zu keinem Erfolg, nehmen Sie die Kompatibilitätseinstellungen manuell vor.

Klicken Sie mit der rechten Maustaste auf das Programmsymbol im Startmenü und wählen Sie im Kontextmenü *Dateispeicherort öffnen* ❶. Diese Option steht nur bei klassischen Desktopprogrammen und nicht bei modernen Windows-Apps aus dem Microsoft Store zur Verfügung.

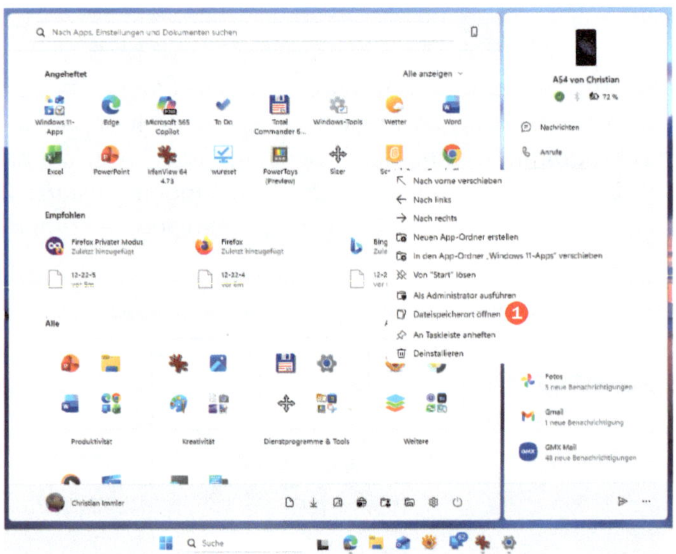

Kontextmenü eines neu installierten Programms.

Jetzt öffnet sich ein Explorer-Fenster mit der Verknüpfung, die dieses Programm startet. Klicken Sie mit der rechten Maustaste darauf und wählen Sie im Kontextmenü *Eigenschaften*.

Auf der Registerkarte *Kompatibilität* ❷ finden Sie die verschiedenen Kompatibilitätsmodi. Hier können Sie eine ältere Windows-Version simulieren oder einen Grafikmodus festlegen, unter dem das Programm laufen soll. Viele Kompatibilitätsprobleme lassen sich lösen, indem Sie im oberen Teil des Dialogfelds eine ältere Windows-Version auswählen, von der Sie wissen, dass das Programm darunter läuft. Dazu muss *Programm im Kompatibilitätsmodus ausführen für* ❸ eingeschaltet sein. Im Modus *Windows XP (Service Pack 3)* ❹ sollte so ziemlich jedes ältere Windows-Programm unter Windows 11 noch laufen.

Bestätigen Sie die Einstellung in diesem Dialogfeld mit *OK* ❺ und starten Sie danach das Programm neu.

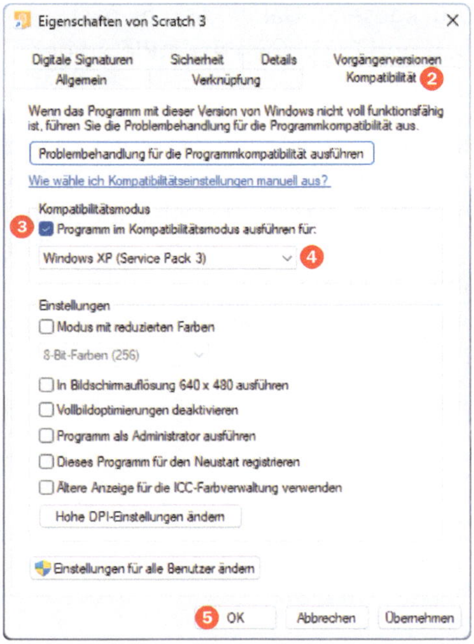

Kompatibilitätseinstellungen für ältere Programme.

12.22 Alte Spiele verstehen moderne Grafikkarten nicht

Vor allem alte Windows-Spiele haben häufig Probleme mit der heute selbstverständlichen TrueColor-Darstellung. Unter Windows 9x konnte ein Programm selbstständig die Farbtiefe des Monitors herabsetzen, was unter Windows 11 nicht mehr möglich ist. Die Kompatibilitätsoption *Modus mit reduzierten Farben* schaltet beim Start des Programms das Programmfenster auf 256 oder 65.536 Farben um. Die Einstellung gilt nur für das jeweilige Programmfenster, das auch im Stil der Basisoberfläche von Windows 7 dargestellt wird, nicht für die gesamte Windows-Oberfläche.

Alte interaktive Multimedia-Programme – wie auch manche Spiele – laufen nur in der Auflösung 640 × 480 Pixel. In höheren Auflösungen kommt es zu Problemen, sodass einzelne Elemente der interaktiven Oberfläche nicht mehr an ihrem richtigen Platz sitzen oder Texte nicht mehr zu den Grafiken passen. Die Kompatibilitätsoption *In Bildschirmauflösung 640x480 ausführen* schaltet beim Start des Programms den Monitor auf die Auflösung 640 × 480 Pixel um – eine Auflösung, die normalerweise von Windows 11 nicht mehr unterstützt wird. Die Einstellung gilt dann für die gesamte Windows-Oberfläche. Bei Verwendung mehrerer Monitore wird nur der umgeschaltet, auf dem dieses Programm dargestellt wird. Beim Beenden des Programms wird die Auflösung wieder auf den ursprünglichen Wert zurückgesetzt. Dabei kann es passieren, dass sich beim Zurückschalten die Größen und Positionen der anderen geöffneten Fenster verändern.

Windows 11 kann Desktopelemente abhängig vom DPI-Wert des Monitors skalieren. Auf diese Weise werden bei sehr hohen Bildschirmauflösungen wichtige Texte oder Bedienelemente größer dargestellt, sodass sie weiterhin erkennbar bleiben. Diese Technik ist mit vielen älteren Programmen nicht kompatibel, d. h., hier kann es passieren, dass bestimmte Programmelemente nicht mehr zu erkennen sind. In solchen Fällen deaktivieren Sie die automatische Skalierung in den Kompatibilitätseinstellungen mit einem Klick auf *Hohe DPI-Einstellungen ändern* ❶.

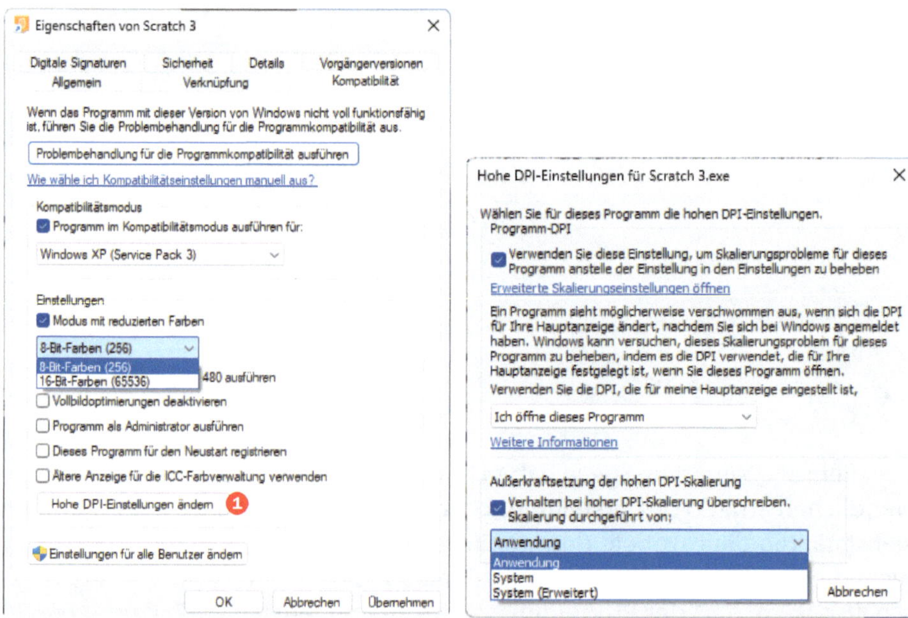

Grafikeinstellungen und hohe DPI-Einstellungen in den Kompatibilitätseinstellungen für ältere Programme ändern.

12.23 DOS-Programme funktionieren nicht

Läuft ein DOS-Programm im Eingabeaufforderungsfenster von Windows 11 nicht oder hat es Probleme beim Öffnen und Speichern von Dateien, kann dies an den im betreffenden Verzeichnis verwendeten Dateinamen liegen.

Die DOS-Emulation von Windows 11 arbeitet generell mit allen Windows-Dateinamen. Allerdings konnte DOS ursprünglich nur Dateinamen verarbeiten, die folgende Konventionen nach ISO-Standard erfüllen:

Es werden maximal acht Zeichen verwendet, danach folgen ein Punkt und eine Erweiterung von maximal drei Zeichen.

Die folgenden logischen Gerätenamen dürfen nicht als Dateinamen verwendet werden: AUX, COM1, COM2, CON, LPT1, LPT2, NUL, PRN. Das Gleiche gilt für alle Namen von DOS-Befehlen.

Folgende Zeichen dürfen im Namen nicht vorkommen: `<>=,;:*?&![]()/\$"+~` sowie der Punkt, sofern er nicht als Trennzeichen zwischen Dateiname und Erweiterung verwendet wird.

Wegen der Länge und des Formats der Dateinamen wird dieses Format auch als 8+3-Format oder 8dot3-Format bezeichnet. Nutzen Sie für Dateien und Verzeichnisse, die in der DOS-Emulation verwendet werden, nur solche ISO-Dateinamen, damit alle alten DOS-Programme damit umgehen können.

Windows 11 generiert standardmäßig aus Gründen der Kompatibilität aus langen Dateinamen automatisch kurze Dateinamen, die von DOS-Anwendungen verwendet werden können. Dabei wird folgendermaßen vorgegangen:

- Die ersten sechs Zeichen des langen Namens werden übernommen, danach folgt die Zeichenkombination ~1. Deutsche Umlaute und andere Sonderzeichen werden automatisch weggelassen. Die Endung wird automatisch auf drei Stellen abgeschnitten.
- Ergibt sich daraus ein kurzer Dateiname, der in diesem Verzeichnis schon existiert, wird die 1 am Ende durch eine 2 ersetzt. Die Ziffer wird, wenn nötig, bis 4 erhöht.
- Ergibt sich dann immer noch ein vorhandener Dateiname, werden für alle weiteren Dateien, deren lange Namen mindestens in den ersten sechs Zeichen gleich sind, nur noch die ersten beiden Zeichen zur Bildung des Kurznamens herangezogen. Danach folgen eine vierstellige Hex-Zahl, die aus dem Dateinamen berechnet wird, und dahinter die Zeichenfolge ~1 zur eindeutigen Kenntlichmachung eines automatisch gekürzten Dateinamens.

Ob diese Namen tatsächlich generiert wurden und wie sie aussehen, können Sie mit dem Befehl dir /x /p in einem Eingabeaufforderungsfenster feststellen.

Mit dem folgenden Befehl können Sie die Einstellung zum Erstellen kurzer Dateinamen in der Eingabeaufforderung überprüfen:

```
fsutil 8dot3name query
```

In den meisten Fällen wird die Standardeinstellung 2 angezeigt, die die Erstellung von 8+3-Namen für jedes Laufwerk einzeln festlegen lässt. Sollten die 8+3-Namen fehlen und DOS-Programme deshalb Probleme bereiten, können

Sie mit folgendem Befehl in einer Eingabeaufforderung mit Administratorrechten das Erstellen kurzer Dateinamen für alle Laufwerke einschalten:

```
fsutil 8dot3name set 0
```

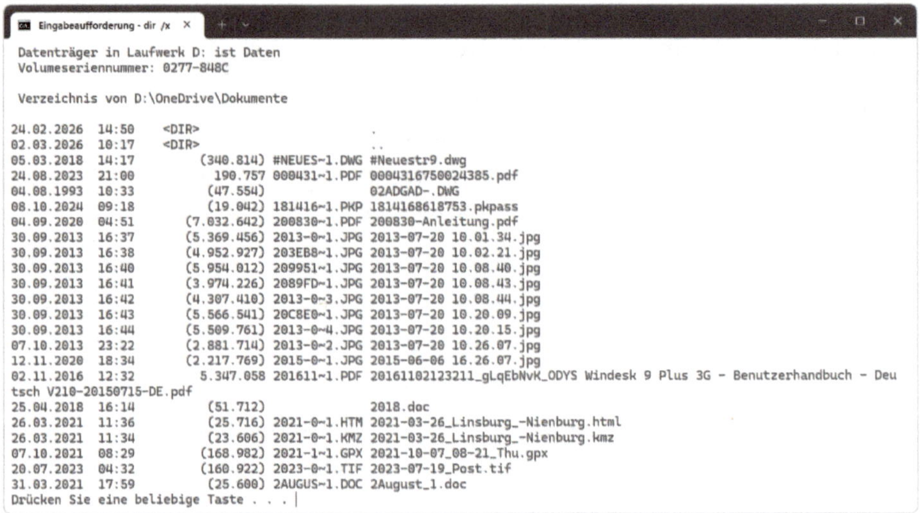

Automatisch generierte kurze Dateinamen.

12.24 Wenn alles nicht hilft: DOSBox startet alte DOS-Spiele

Einige alte DOS-Programme, vor allem Spiele, lassen sich mit den Kompatibilitätseinstellungen nicht zum Laufen bringen. Einen Ausweg bietet das kostenlose Programm **DOSBox** (*www.dosbox.com*).

Laden Sie sich im Downloadbereich die Installationsdatei für Windows sowie das deutsche Sprachpaket herunter und installieren Sie DOSBox. Dabei ist kein Kompatibilitätsmodus erforderlich.

Starten Sie DOSBox über das Startmenü und beenden Sie das Programm gleich wieder. Dies dient nur dem Anlegen der Verzeichnisstruktur.

Kopieren Sie nun alle Dateien aus dem Zip-Archiv des deutschen Sprachpakets in dieses Verzeichnis:

```
C:\Users\<Benutzername>\AppData\Local\DOSBox
```

Starten Sie jetzt DOSBox erneut.

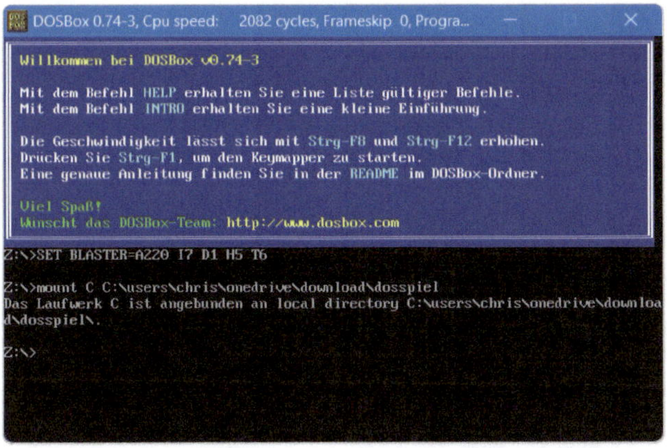

DOSBox mit deutschem Sprachpaket.

Als Erstes müssen Sie das Verzeichnis, in dem Ihre DOS-Programme auf der Festplatte liegen, als Laufwerk `C:` des virtuellen DOS-PCs mounten, z. B. folgendermaßen (beachten Sie, dass dieses Verzeichnis einen DOS-kompatiblen Namen haben muss):

```
mount C C:\Users\<Benutzername>\Downloads\oldgames
```

Wechseln Sie jetzt auf das Laufwerk `C:` und dort mit dem DOS-Befehl `cd` in das Unterverzeichnis, in dem Sie ein DOS-Programm starten möchten. Geben Sie hier den entsprechenden Startbefehl ein.

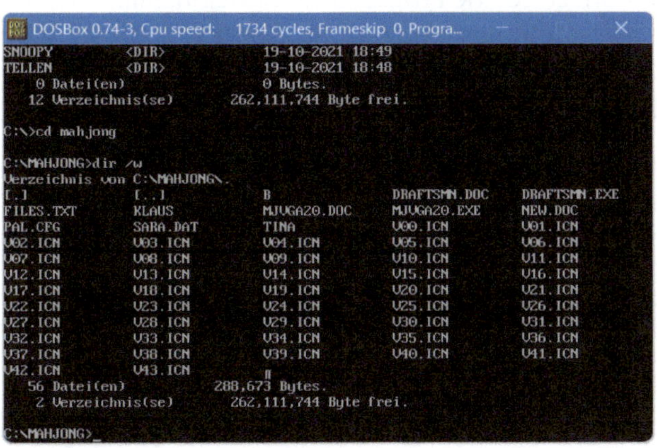

Ordner mit einem DOS-Spiel im virtuellen Laufwerk C:.

Bei grafischen Programmen wie Spielen ändert das DOSBox-Fenster automatisch seine Größe entsprechend der Auflösung des Programms. Verwendet ein Programm eine Maus, wird der Mauszeiger im DOSBox-Fenster gefangen, es kann also nicht mehr über das *Schließen*-Symbol oben rechts geschlossen werden. Geben Sie zum Beenden von DOSBox den Befehl `exit` ein.

Ein beliebtes grafisches DOS-Spiel in DOSBox.

12.25 Kopiergeschützte Programme lassen sich nach dem Upgrade auf Windows 11 nicht mehr installieren

Einige ältere kopiergeschützte Programme verwenden die Volumeseriennummer zur Identifikation des Laufwerks. Sollten Sie aus irgendeinem Grund die Festplatte formatieren und danach solche Programme wieder installieren wollen, speichern Sie vorher die alte Volumeseriennummer der Festplatte ab. Beim Formatieren wird eine neue vergeben. Volumeseriennummern sind immer Hexadezimalzahlen aus zwei vierstelligen Blöcken.

Die Volumeseriennummer wird mit dem Befehl `dir /p` ❶ im Eingabeaufforderungsfenster angezeigt und kann mit Windows-Bordmitteln nicht verändert werden.

Der Befehl `dir` zeigt die Volume-ID der Festplatte.

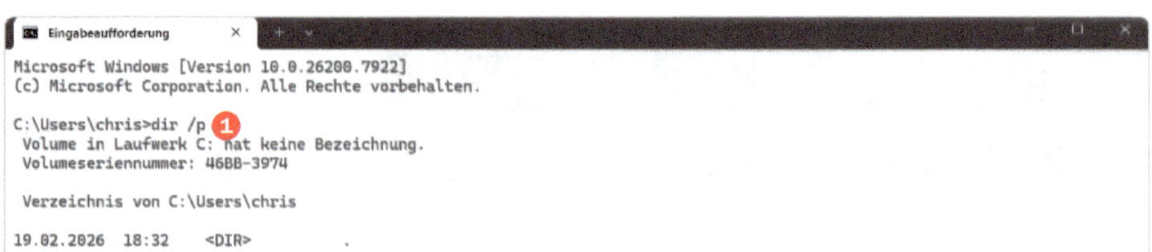

Microsoft bietet das kostenlose Werkzeug **VolumeID** an (*learn.microsoft.com/de-de/sysinternals/downloads/volumeid*), das diese Funktion in Windows nachliefert.

Setzen Sie nach dem Formatieren oder Neupartitionieren die Volumeseriennummer mit VolumeID wieder auf die alte Volumeseriennummer zurück. Die Änderungen sind erst nach einem Neustart sichtbar.

13 Festplattenprobleme und Datensicherung

13.1 Früheren Bearbeitungsstand einer Datei wiederherstellen

Die in Windows 11 eingebaute Funktion **Dateiversionsverlauf** sichert automatisch bearbeitete Dateien, um bei Fehlern frühere Bearbeitungsstände wiederherzustellen. In Windows 11 ist der Dateiversionsverlauf weiterhin vorhanden, aber nicht mehr so übersichtlich.

Markieren Sie im Explorer die Datei, von der Sie ältere Versionen suchen möchten, klicken Sie mit der rechten Maustaste darauf und wählen Sie im Kontextmenü *Weitere Optionen anzeigen/Vorgängerversionen wiederherstellen*.

Frühere Versionen einer Datei finden und wiederherstellen.

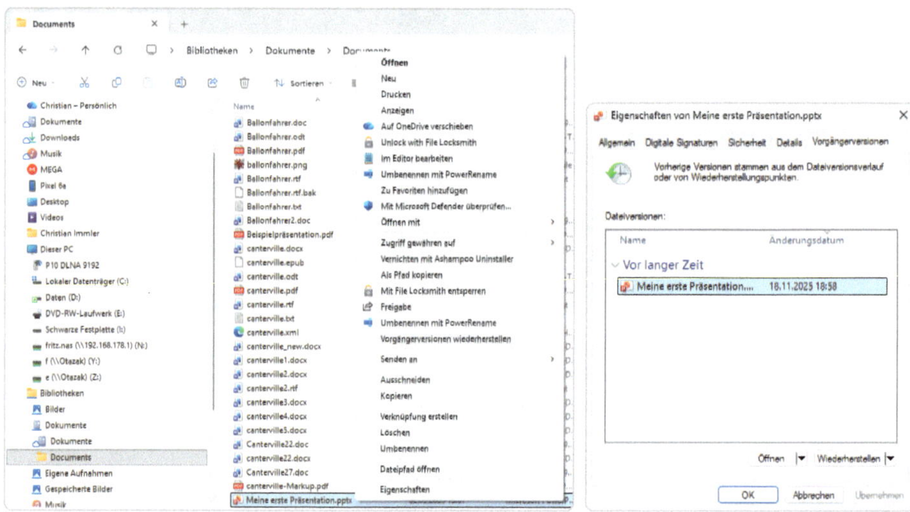

Es öffnet sich ein neues Fenster, das die zuletzt gesicherten Versionen dieser Datei anzeigt. Hier können Sie den gewünschten Änderungsstand der Datei öffnen oder die aktuelle Datei durch diese ältere Version ersetzen.

13.2 Keine früheren Versionen einer Datei vorhanden

Damit der **Dateiversionsverlauf** funktioniert, muss er einmal aktiviert werden. Schalten Sie den Dateiversionsverlauf in der *Systemsteuerung* unter *System und Sicherheit/Dateiversionsverlauf* ❶ ein.

Wählen Sie hier das gewünschte Sicherungslaufwerk aus. Ist eine externe Festplatte verfügbar, das für den Dateiversionsverlauf geeignet ist, wird dieses

Laufwerk automatisch angeboten. Alternativ können Sie auch ein Netzwerklaufwerk auswählen. Eine Sicherung auf der lokalen Festplatte ist nicht möglich und wäre auch bei einem Hardwareausfall sinnlos. Schalten Sie dann den Dateiversionsverlauf ein.

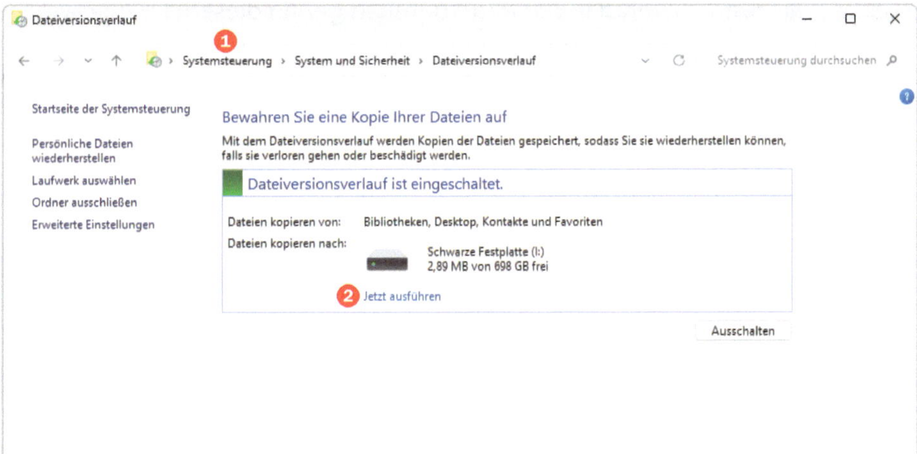

Dateiversionsverlauf auf einer externen Festplatte einschalten.

Nach dem Einschalten wird der Dateiversionsverlauf im Hintergrund aktiviert. Klicken Sie auf *Jetzt ausführen* ❷, um sofort mit dem Kopieren vorhandener Daten auf das Sicherungslaufwerk zu beginnen. Andernfalls würden Daten erst bei der ersten Änderung kopiert. Um die Sicherung der Daten in persönlichen Benutzerverzeichnissen, Kontakten, Favoriten und auf dem Desktop brauchen Sie sich nun nicht weiter zu kümmern.

13.3 Ohne Papierkorb gelöschte Datei wiederherstellen

Solange eine gelöschte Datei noch im Papierkorb liegt, ist sie leicht wiederherzustellen. Der **Dateiversionsverlauf** speichert aber auch Dateien, deren Originale längst gelöscht wurden. Allerdings können Sie auf diese Dateien nicht ganz so leicht zugreifen, da Sie nicht – wie bei einer vorhandenen Datei – im Explorer einfach mit der rechten Maustaste darauf klicken können.

Windows 10 bot eine übersichtliche Zeitleiste für den Dateisystemverlauf. Diese ist in Windows 11 in der Systemsteuerung versteckt, kann aber immer noch dazu genutzt werden, gelöschte Dateien wiederzufinden.

Klicken Sie in der Systemsteuerung unter *Dateiversionsverlauf* auf *Stellt Dateien mit dem Dateiversionsverlauf wieder her*.

Ein Fenster zeigt alle Ordner, die vom Dateiversionsverlauf gesichert werden. Blättern Sie mit den Pfeilsymbolen am unteren Fensterrand auf das gewünschte Datum, an dem die gelöschte Datei noch vorhanden war.

Suchen Sie die Datei im Ordner, in dem sie lag und stellen Sie sie mit einem Klick auf das runde Symbol in der Mitte unten in genau diesem Ordner wieder her.

Zeitleiste des Dateiversionsverlaufs.

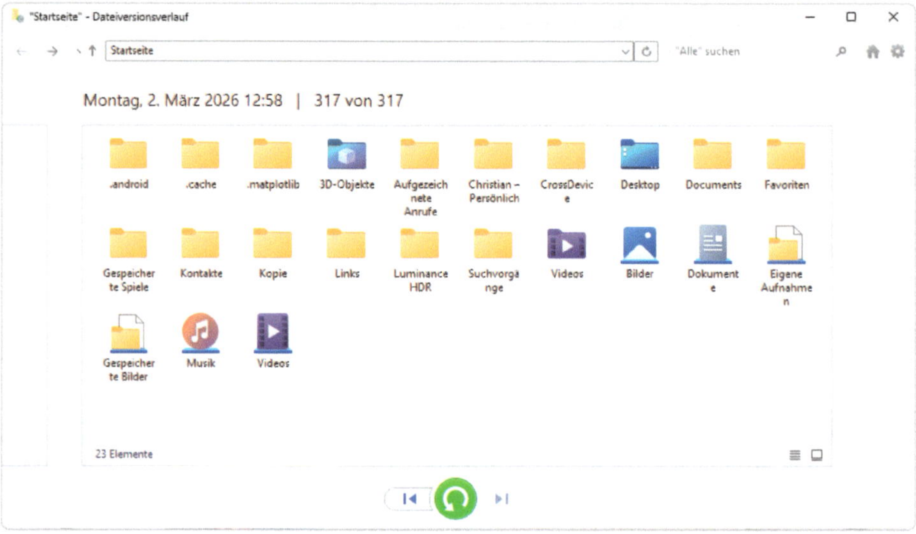

13.4 Bestimmte Dateien fehlen im Dateiversionsverlauf

Vermissen Sie bei einer Datei alte Versionen, liegt diese Datei höchstwahrscheinlich in einem Ordner, der vom **Dateiversionsverlauf** nicht automatisch erfasst wurde. Standardmäßig sichert der Dateiversionsverlauf Dateien aus den persönlichen Bibliotheken. Da diese im Gegensatz zu Windows 8.1 nicht mehr so prominent im Explorer angezeigt werden, fehlt die Übersicht.

Falls die Bibliotheken im Explorer nicht angezeigt werden, klicken Sie im Explorer auf das Menü mit den drei Punkten und wählen *Optionen*. Aktivieren Sie im nächsten Fenster auf der Registerkarte *Ansicht* den Schalter *Bibliotheken anzeigen*.

Klicken Sie mit der rechten Maustaste auf eine Bibliothek im Explorer und wählen Sie *Eigenschaften*. Hier können Sie Ordner der Bibliothek hinzufügen.

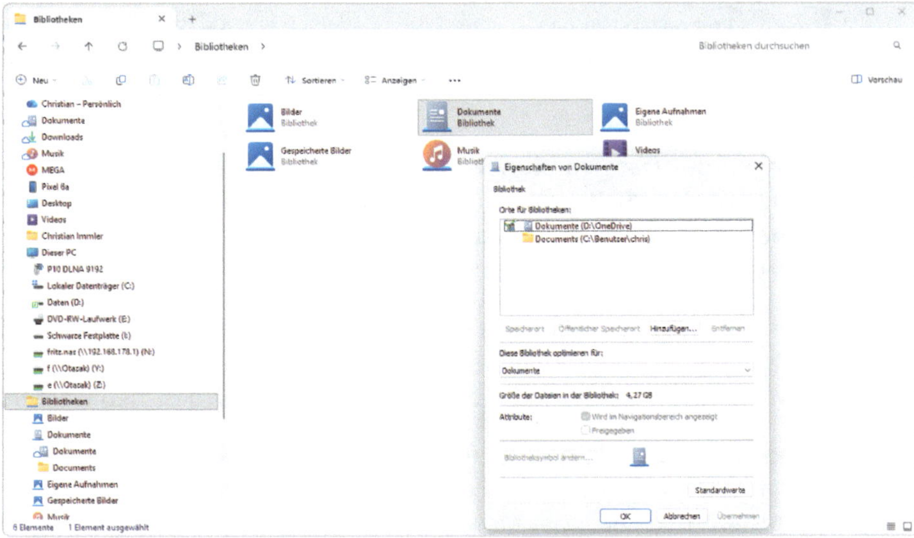

Ordner einer Bibliothek hinzufügen.

Um einzelne Ordner auszuschließen, die nicht gesichert werden sollen, wenn diese Unterordner eines zu sichernden Ordners sind und daher nicht einfach über die Bibliotheken abgeschaltet werden können, klicken Sie in der *Systemsteuerung* unter *System und Sicherheit/Dateiversionsverlauf* auf *Ordner ausschließen*. Hier können Sie einzelne Ordner innerhalb der Bibliotheken wählen, die nicht mit dem Dateiversionsverlauf gesichert werden sollen.

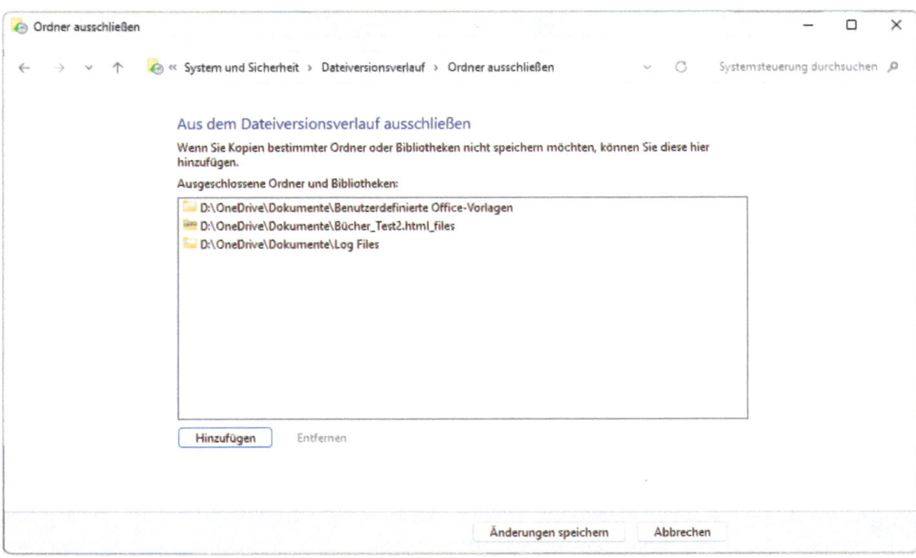

Zu sichernde Ordner auswählen.

13.5 Dateiversionsverlauf belegt zu viel Speicherplatz

Die Sicherungen des **Dateiversionsverlaufs** belegen mit der Zeit einiges an Speicherplatz auf dem Sicherungslaufwerk. Üblicherweise brauchen Sie alte Dateiversionen aber nicht ewig. Deshalb sollten Sie von Zeit zu Zeit aufräumen – entweder automatisch oder manuell.

Dazu können Sie in den erweiterten Einstellungen des Dateiversionsverlaufs in der Systemsteuerung festlegen, wie lange die Dateikopien des Dateiversionsverlaufs aufbewahrt werden sollen und wie oft veränderte Dateien gesichert werden.

In der Grundeinstellung bleiben sie für immer auf dem Sicherungslaufwerk, was aber meistens nicht nötig ist. In der Regel braucht man alte Datensicherungen spätestens nach ein paar Monaten nicht mehr, insbesondere wenn es neuere Sicherungen gibt.

Um Platz zu sparen, können Sie manuell Dateiversionen, die ein bestimmtes Alter überschritten haben, aus dem Dateiversionsverlauf entfernen. Die betreffenden Dateien und Ordner werden auf dem Sicherungslaufwerk gelöscht.

Klicken Sie dazu im Fenster *Erweiterte Einstellungen* ❶ auf *Versionen bereinigen* ❷.

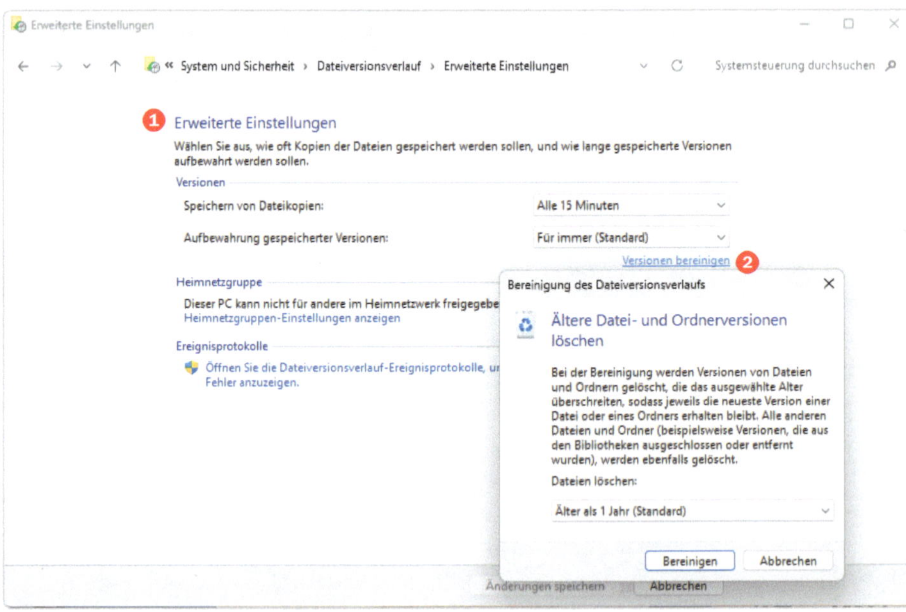

Ältere Dateiversionen in den erweiterten Einstellungen des Dateiversionsverlaufs bereinigen.

Beim Bereinigen älterer Dateiversionen ist nur zu bedenken, dass im Dateiversionsverlauf auch Dateien enthalten sein können, deren Originale mittlerweile von der Festplatte gelöscht wurden. Diese gehen beim Bereinigen natürlich ebenfalls verloren.

13.6 Automatischen Versionsverlauf auf OneDrive nutzen

OneDrive verwendet einen eigenen Versionsverlauf, über den Sie jede Datei in einem früheren Zustand wiederherstellen können, ohne dass Sie auf dem PC ein lokales Sicherungslaufwerk vorhalten müssen.

Suchen Sie im Explorer die Datei, die Sie auf einen früheren Zustand zurücksetzen möchten, klicken mit der rechten Maustaste darauf und wählen im Kontextmenü *Weitere Optionen anzeigen/Versionsverlauf* ❶.

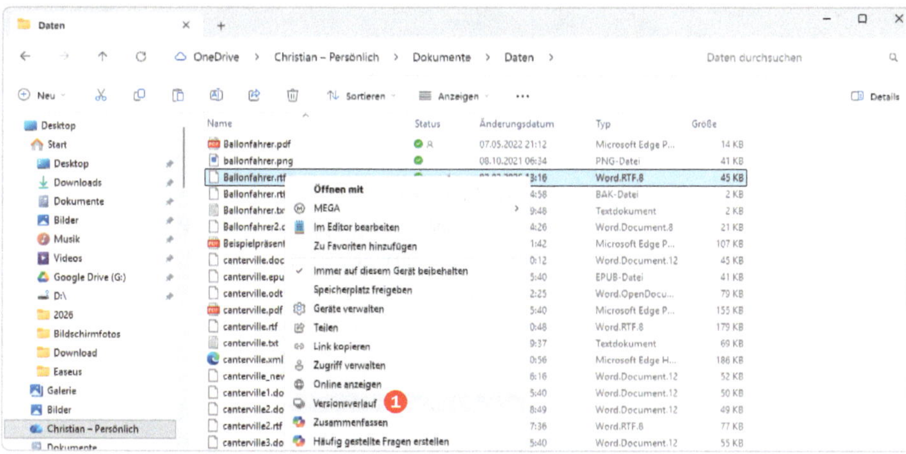

Versionsverlauf in einem OneDrive-Ordner.

Eine Zeitleiste zeigt alle gespeicherten Versionen dieser Datei mit Datum und Uhrzeit. Markieren Sie die gewünschte Version, klicken sie auf das Symbol mit den drei Punkten rechts in der Zeile und wählen Sie *Wiederherstellen*, um diese Version der Datei wiederherzustellen.

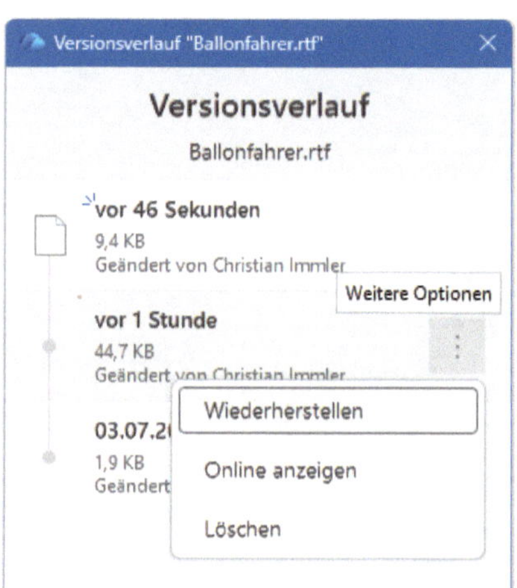

Versionsverlauf einer Datei auf OneDrive.

> **VORSCHAU VOR DEM WIEDERHERSTELLEN**
>
> Bevor Sie eine Datei aus einer älteren Version wiederherstellen und damit die aktuelle Version überschreiben, können Sie sich diese Datei erst einmal ansehen. Wählen Sie dazu im Menü Online anzeigen. Die Datei wird im Browser angezeigt. Hier können sie sie auch herunterladen und in einem anderen Ordner ablegen, um sie weiter zu bearbeiten ohne die neue Version zu überschreiben.

13.7 Gesicherte Dateien aus Windows 7 retten

Haben Sie schon unter Windows 7 Ihre persönlichen Daten regelmäßig auf einem externen Laufwerk gesichert, können Sie auch nach dem Upgrade auf Windows 11 auf diese Daten zugreifen. Windows 11 enthält neben dem Dateiversionsverlauf und der OneDrive-Sicherung auch noch ein Windows 7-kompatibles **Datensicherungsprogramm**.

Klicken Sie in der *Systemsteuerung* ❶ unter *System und Sicherheit* ❷ auf *Sichern und Wiederherstellen (Windows 7)* ❸.

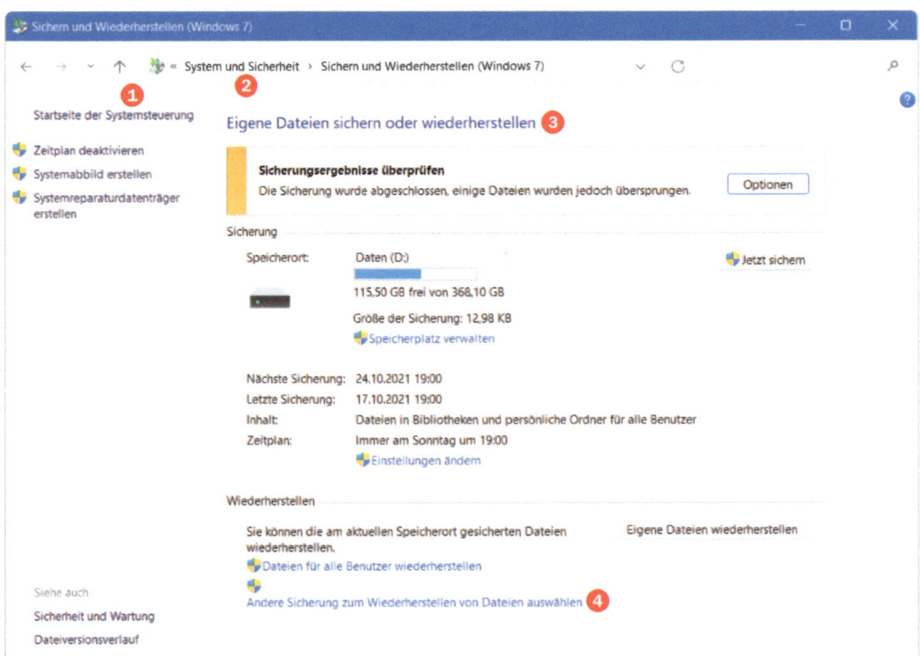

Das ältere Datensicherungsprogramm aus Windows 7 ist in Windows 11 immer noch vorhanden.

Klicken Sie im nächsten Fenster auf den Link *Andere Sicherung zum Wiederherstellen von Dateien auswählen* ❹, um auf eine ältere Datensicherung zuzugreifen, die nicht von Windows 11 erstellt wurde.

Im nächsten Dialogfeld werden die verfügbaren Sicherungsgeräte nach kompatiblen Datensicherungen durchsucht. Wählen Sie hier eine Datensicherung aus. Über den Button *Netzwerkadresse durchsuchen* können Sie Datensicherungen auf Netzwerklaufwerken suchen, um daraus Daten wiederherzustellen.

Im nächsten Schritt können Sie aus dieser Sicherung einzelne Dateien oder Ordner auswählen, die wiederhergestellt werden sollen.

13.8 Festplatte arbeitet ständig

Läuft die Festplatte ständig und möchten Sie herausfinden, welches Programm dafür verantwortlich ist, starten Sie mit einem Rechtsklick auf das Windows-Logo den *Task-Manager*. Dieser zeigt auf der Seite *Leistung* die tatsächliche Datenträgeraktivität an, die sich von der gefühlten Aktivität deutlich unterscheiden kann.

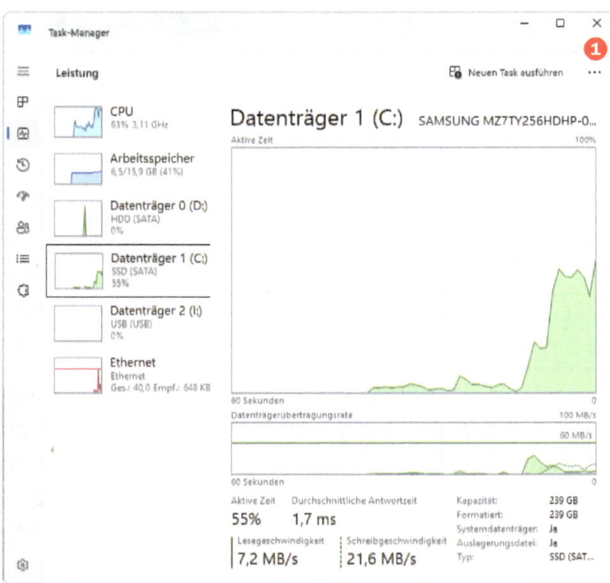

Die Leistungsanzeige im Task-Manager.

Die Anzeige ist nach physikalischen Datenträgern aufgeteilt. Festplatten, auf denen sich mehrere Partitionen befinden, werden nur als ein Datenträger angezeigt.

Klicken Sie rechts oben im Menü mit den drei Punkten ❶ *Ressourcenmonitor*. Hier sehen Sie im Bereich *Datenträger* ❷ detailliert, welcher Prozess gerade wie viele Daten auf der Festplatte liest oder schreibt. Alternativ können Sie den Ressourcenmonitor auch im Startmenü über das Fenster *Windows-Tools* direkt starten.

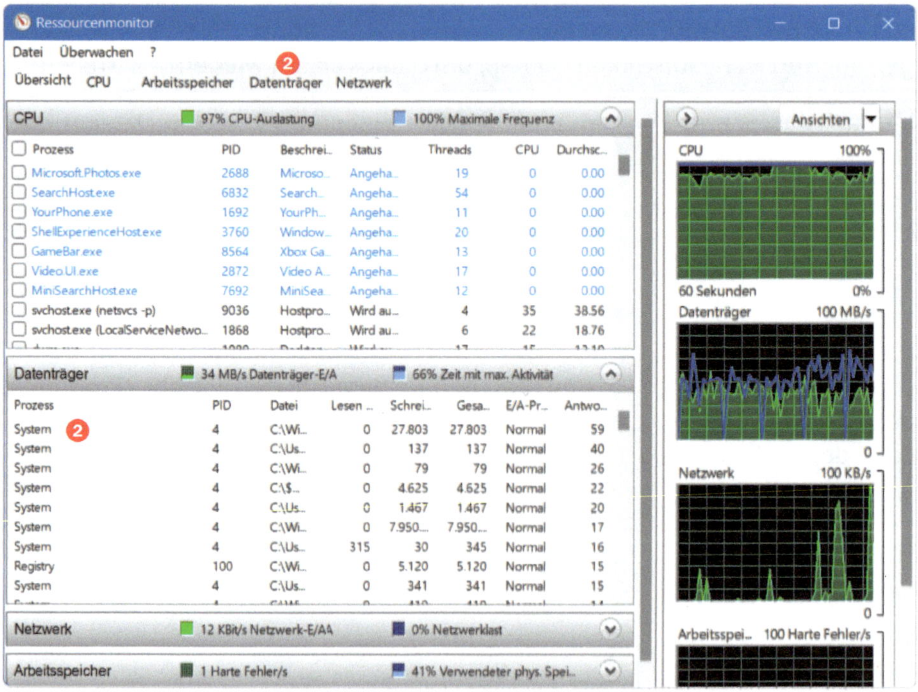

Datenträgeraktivität im Ressourcenmonitor.

13.9 ISO- und IMG-Dateien lassen sich nicht als Laufwerke einbinden

Bootfähige CDs oder DVDs, wie z. B. Windows-Installationsmedien, Linux-Distributionen oder Notfall-DVDs, können nicht einfach als Ansammlung von Dateien gebrannt werden, da dann der Bootsektor nicht korrekt geschrieben würde. Solche CDs oder DVDs werden im Internet als ISO-Datei zum Download angeboten. Diese Dateien enthalten die komplette Struktur der CD bzw. DVD einschließlich aller Ordner, Dateien sowie des Bootblocks in einer einzigen Datei.

Windows 11 ist wie schon Windows 10 in der Lage, ISO-Abbilder direkt als Laufwerke einzubinden, auch ohne sie auf einen Datenträger zu brennen. Wenn Sie dazu doppelt auf eine ISO-Datei klicken oder im Kontextmenü *Bereitstellen* ❶ wählen, erscheint deren Inhalt im Explorer-Fenster. Das neue virtuelle Laufwerk bekommt sogar einen Laufwerkbuchstaben zugeordnet.

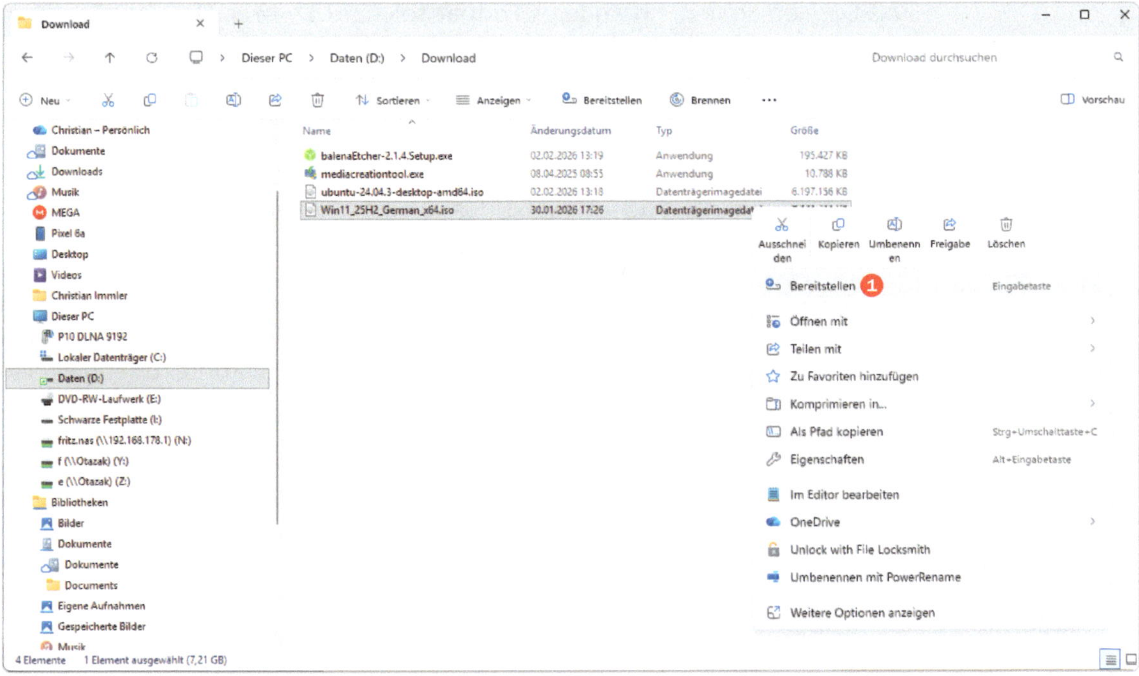

ISO-Datei als Laufwerk bereitstellen.

Möchten Sie das virtuelle Laufwerk wieder abmelden und nicht mehr nutzen, klicken Sie mit der rechten Maustaste darauf und wählen im Kontextmenü *Auswerfen* ❷. Das ist auch notwendig, bevor die ISO-Datei selbst auf ein anderes Laufwerk verschoben wird.

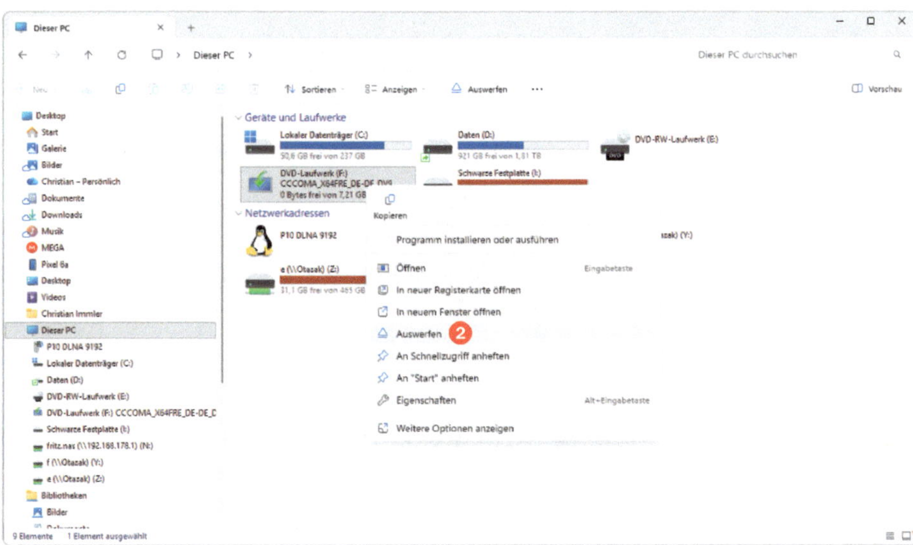

ISO-Datei als Laufwerk im Explorer.

IMG-Dateien stellen ein anderes Format solcher CD- bzw. DVD-Abbilder dar, können aber auf die gleiche Weise genutzt werden.

Sollte das Einbinden einer Abbilddatei nicht funktionieren, ist in Windows die Dateitypzuordnung verloren gegangen. Das passiert besonders bei IMG-Dateien häufig, da diese Endung außer für Dateisystemabbilder auch für ein exotisches Bildformat genutzt wird, das von zahlreichen Programmen zur Bildbetrachtung immer noch unterstützt wird.

Standardeinstellungen für das Einbinden von Dateisystemabbildern festlegen.

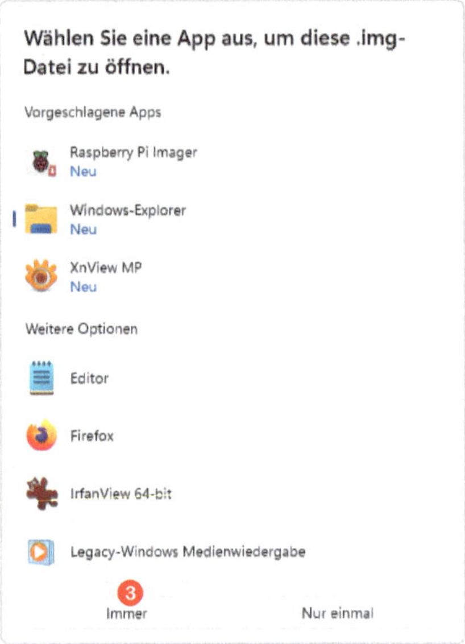

Klicken Sie im Explorer mit der rechten Maustaste auf eine ISO- oder IMG-Datei und wählen Sie im Kontextmenü *Öffnen mit/Andere App auswählen*.

Wählen Sie im nächsten Dialogfeld den Windows-Explorer und klicken unten auf *Immer* ❸. Gehen Sie bei einer IMG-Datei gleichermaßen vor. Danach können Sie ISO- und IMG-Dateien wieder per Doppelklick als Laufwerk einbinden.

Um eine ISO-Datei auf eine DVD zu brennen, klicken Sie mit der rechten Maustaste auf die Datei und wählen im Kontextmenü *Weitere Optionen anzeigen/Datenträgerabbild brennen*.

13.10 Gebrannte CD ist unter Linux, macOS und älteren Windows-Versionen nicht lesbar

Windows 11 unterstützt zwei verschiedene Formate, in denen CDs und DVDs beschrieben werden können: das klassische Mastered-Dateisystem und das moderne Livedateisystem.

Im **Livedateisystem**, auch als **UDF** bezeichnet, werden die Daten nicht auf der Festplatte zwischengelagert, sondern direkt auf die CD oder DVD gebrannt. Das Format bietet sich an, wenn eine CD ständig im Laufwerk liegt. Diese kann wie ein USB-Stick oder eine Speicherkarte als Datenspeicher verwendet werden, ohne dass ein spezieller Brennvorgang gestartet werden muss.

Mit dem Livedateisystem erstellte CDs und DVDs können mit Windows ab Version XP genutzt werden. Sie sind weder kompatibel zu CD- und DVD-Playern noch zu Macintosh- und Linux-Rechnern. Eine Auswahl älterer UDF-Versionen zur Unterstützung von Windows 2000 wird in Windows 11 nicht mehr angeboten. Wenn Sie selbst gebrannte CDs mit älteren Windows-Versionen vor XP verwenden wollen, müssen Sie also auf das Mastered-Dateisystem zurückgreifen.

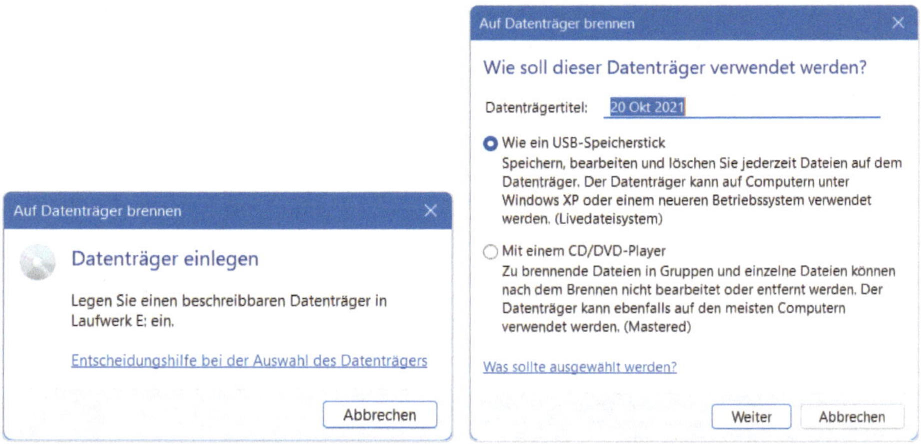

Vorbereitung zum Brennen einer CD bzw. DVD mit dem Livedateisystem.

13.11 Speicherplatz wird beim Löschen von Daten einer CD nicht freigegeben

Beim Brennen von CDs und DVDs mit dem Livedateisystem können Sie auch Daten vom Laufwerk löschen und überschreiben. Allerdings werden diese auf einfachen CD-R-Medien nicht physikalisch gelöscht, und daher wird auch kein Speicherplatz freigegeben. Es wird lediglich ein neues Inhaltsverzeichnis geschrieben. Die scheinbar gelöschten Dateien sind nicht mehr zu sehen. Durch häufiges Ändern und erneutes Speichern einer Datei ist die CD irgendwann voll, ohne dass tatsächlich große Datenmengen vorhanden sein müssen. Wenn Sie ein wiederbeschreibbares CD-RW-Medium im Brenner verwenden, können Sie Dateien tatsächlich löschen und überschreiben.

13.12 Nicht ausreichend freier Festplattenplatz zum Brennen einer DVD

Beim Brennen mit dem Mastered-Dateisystem ist besonders bei DVDs sehr viel Festplattenplatz für die temporären Kopien der Dateien erforderlich. Diese müssen aber nicht unbedingt auf Laufwerk C: abgelegt werden. Wenn Sie auf einem anderen Laufwerk mehr Speicherplatz frei haben, können Sie auch das für die temporären Dateien nutzen. Verwenden Sie für diesen Temporärordner nur lokale Laufwerke, keine Netzwerklaufwerke oder externe Festplatten.

Klicken Sie dazu im Explorer mit der rechten Maustaste auf das CD/DVD-Laufwerk und wählen Sie im Kontextmenü *Eigenschaften*. Auf der Registerkarte *Aufnahme* ❶ können Sie in der unteren Liste das Laufwerk auswählen, auf dem die Daten vor dem Brennen zwischengespeichert werden sollen.

Laufwerk für temporäre Dateien beim Brennen auswählen.

13.13 Festplattenplatz freigeben

Die **Speicherverwaltung** unter *System/Speicher* ❶ zeigt, welche Dateitypen wie viel zur Festplattenauslastung beitragen, und kann so dafür sorgen, überflüssige Dateien zu finden und zu beseitigen, um damit freien Speicherplatz zu schaffen.

Hier finden Sie große Ordner und können auch Temporärdateien einfach löschen. Im Bereich *Temporäre Dateien* ❷ werden verschiedene Kategorien solchen Datenmülls angezeigt. Alle die, die man üblicherweise nie wieder benötigt, werden bereits zum Löschen vorgeschlagen. Nur beim Papierkorb und bei vorherigen Windows-Installationen muss der Benutzer entscheiden, was auf der Festplatte verbleiben soll. Wer den Papierkorb bewusst als Speicher für möglicherweise noch benötigte Dateien verwendet, sollte diesen nicht gedankenlos leeren. Werden die vorherigen Windows-Installationen, die in einem für den normalen Benutzer gesperrten Ordner *Windows.old* liegen, gelöscht, kann Windows bei Problemen nicht mehr auf den Stand vor dem letzten Funktionsupdate zurückgesetzt werden.

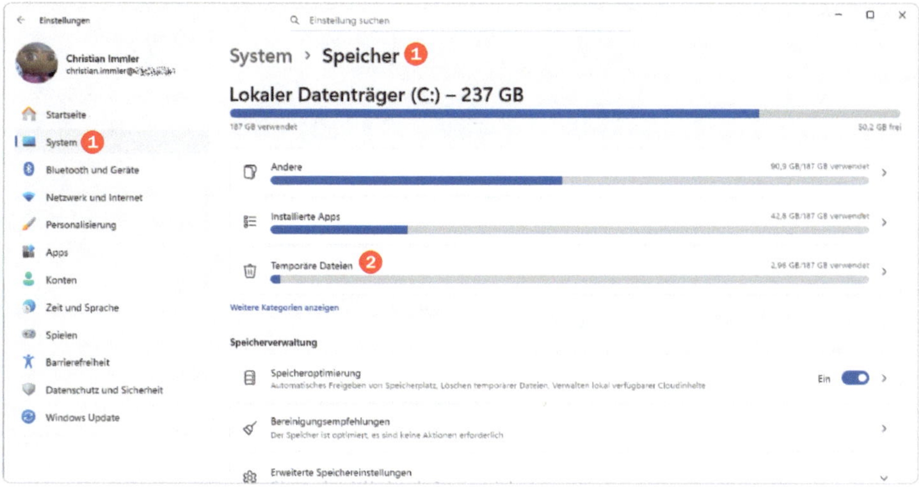

Übersicht über die Speicherbelegung.

13.14 Festplatte mit der Speicheroptimierung automatisch aufräumen

Nicht jeder denkt daran, regelmäßig für freien Speicherplatz zu sorgen. Deshalb beinhaltet Windows 11 in den *Einstellungen* ❶ unter *System/Speicher* ❷ die *Speicheroptimierung* ❸, mit der sich häufig auftretende Typen überflüssiger Dateien einfach oder sogar automatisch löschen lassen.

Die Speicheroptimierung löscht mit einem Klick oder automatisch temporäre Dateien von Apps sowie Dateien, die seit mehr als 14, 30 oder 60 Tagen im Papierkorb liegen. Auf Wunsch können auch Dateien im Ordner *Downloads* nach diesem Zeitraum automatisch gelöscht werden.

Dateien auf OneDrive können, nachdem sie über einen bestimmten Zeitraum nicht verwendet wurden, automatisch auf *Nur online* gesetzt werden, um Speicherplatz auf der Festplatte freizugeben. Sie lassen sich weiterhin im Explorer öffnen und werden dazu automatisch von OneDrive heruntergeladen.

Bei wenig freiem Speicherplatz oder auch in bestimmten Zeitintervallen können Sie die Speicheroptimierung automatisch starten und damit temporäre Dateien wie auch Dateien, die schon sehr lange im Papierkorb liegen, automatisch löschen lassen. In diesem Fall wird der Papierkorb nicht komplett geleert. Dateien, die erst in den letzten Tagen dort hineingeworfen wurden, können beim Bereinigen dort verbleiben.

Die Speicheroptimierung gibt automatisch Speicherplatz auf der Festplatte frei.

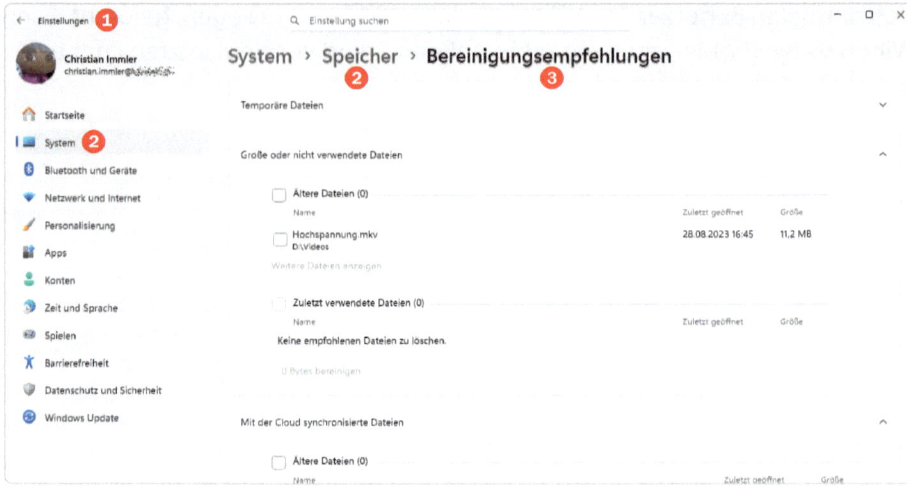

13.15 Automatische Empfehlungen für zu löschende Dateien

Die neue Option *Bereinigungsempfehlungen* ❸ in den *Einstellungen* ❶ unter *System/Speicher* ❷ schlägt große, lange nicht genutzte Dateien wie besonders Videos vor, die, um Speicherplatz zu sparen, mit wenigen Klicks gelöscht werden könnten.

Empfehlungen, um freien Speicherplatz zu gewinnen.

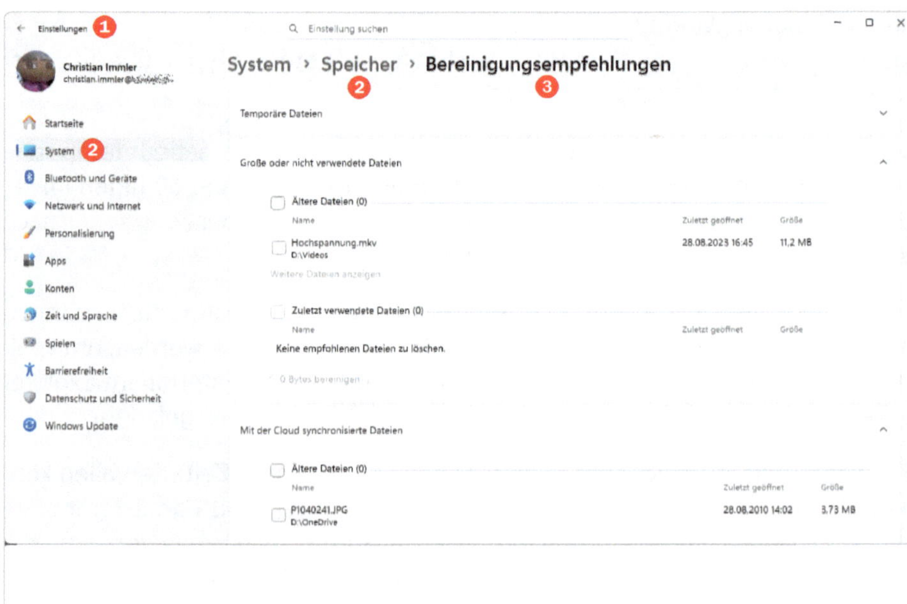

13.16 Wo ist die alte Datenträgerbereinigung?

Die alte **Datenträgerbereinigung** verschwand mit dem Frühjahrs-Update 2023 endgültig.

13.17 Festplattenplatz alter Systemwiederherstellungspunkte freigeben

Klicken Sie in den *Einstellungen* unter *System/Info* auf *Erweiterte Systemeinstellungen*. Klicken Sie im nächsten Dialogfeld auf der Registerkarte *Computerschutz* auf *Konfigurieren* und im nächsten Fenster auf *Löschen* ❶. Hier werden alle Systemwiederherstellungspunkte gelöscht. Die Möglichkeit, den neuesten Systemwiederherstellungspunkt zu behalten, ist mit einem Update verloren gegangen.

Durch das Löschen dieser Daten kann sehr viel Speicherplatz freigegeben werden. Allerdings lässt sich der PC dann nicht mehr auf einen älteren Zustand als den des letzten Systemwiederherstellungspunkts zurücksetzen.

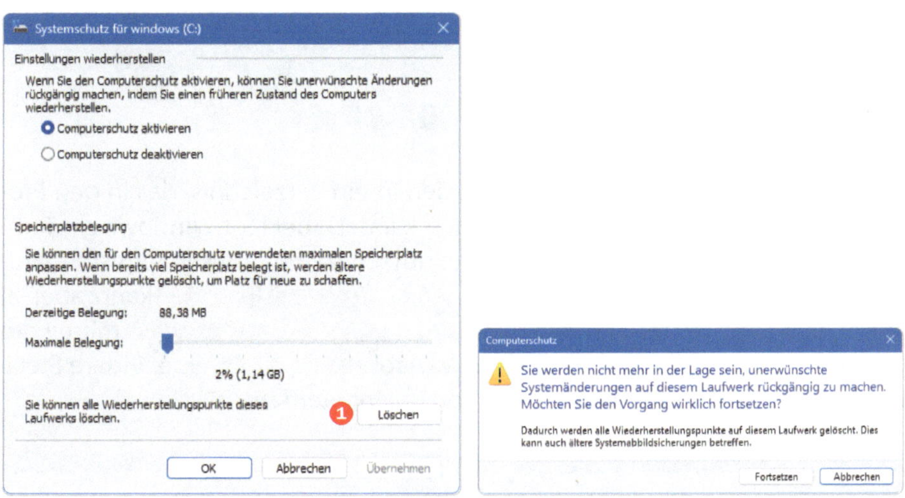

Systemwiederherstellungspunkte löschen.

13.18 Festplattenplatz des Papierkorbs begrenzen

Wenn der freie Platz auf der Festplatte knapp wird, können Sie den Speicherplatz begrenzen, den der Papierkorb belegen darf. Klicken Sie dazu mit der rechten Maustaste auf das Papierkorbsymbol auf dem Desktop oder im Explorer und wählen Sie im Kontextmenü *Eigenschaften*.

Hier können Sie für jedes Festplattenlaufwerk getrennt festlegen, wie viel Speicherplatz der Papierkorb maximal belegen darf. Wird dieser Speicherplatz überschritten, werden automatisch die ältesten Dateien im Papierkorb gelöscht.

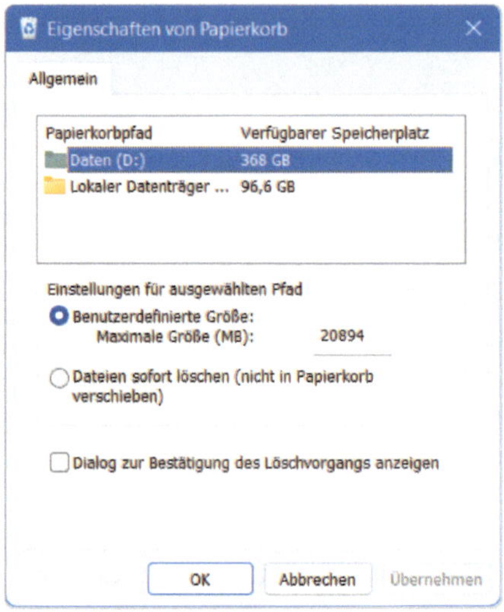

Maximalen Speicherplatz für den Papierkorb begrenzen.

13.19 Eigenes Temporärverzeichnis anlegen und automatisch aufräumen

Viele Programme legen temporäre Dateien in ein Verzeichnis, das in den Programmeinstellungen konfiguriert werden kann. Dabei legt Windows ein Temporärverzeichnis an, das alle Programme nutzen sollten. Dieses liegt standardmäßig unter *C:\Users\<Benutzername>\AppData\Local\Temp* ❶, kann aber in den *Einstellungen* unter *System/Info/Erweiterte Systemeinstellungen* mit einem Klick auf *Umgebungsvariablen* über die Variable TEMP ❷ an eine andere Stelle oder auf eine andere Festplattenpartition gelegt werden.

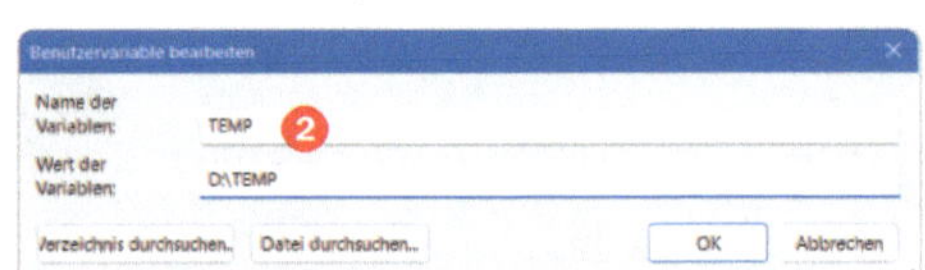

Eigenes Temporärverzeichnis über Umgebungsvariable anlegen.

Geben Sie in allen Programmen in den jeweiligen Einstellungen für Temporärverzeichnisse dieses Verzeichnis oder Unterverzeichnisse davon an. Aufräumprogramme wie die Windows-Datenträgerverwaltung können das in der Variablen `TEMP` festgelegte Verzeichnis automatisch aufräumen.

Haben Sie das Temporärverzeichnis an eine andere Stelle verlegt, z. B. unter *D:\TEMP*, können Sie es über die **Aufgabenplanung** automatisch bei jedem Neustart leeren. Die Windows-Benutzerkontensteuerung verhindert leider in vielen Fällen das Löschen des Originalverzeichnisses im Benutzerprofil. Legen Sie eine Aufgabe an, die bei jedem Neustart des PCs diese beiden Kommandozeilen ausführt:

```
rd D:\TEMP /S /Q
md D:\TEMP c
```

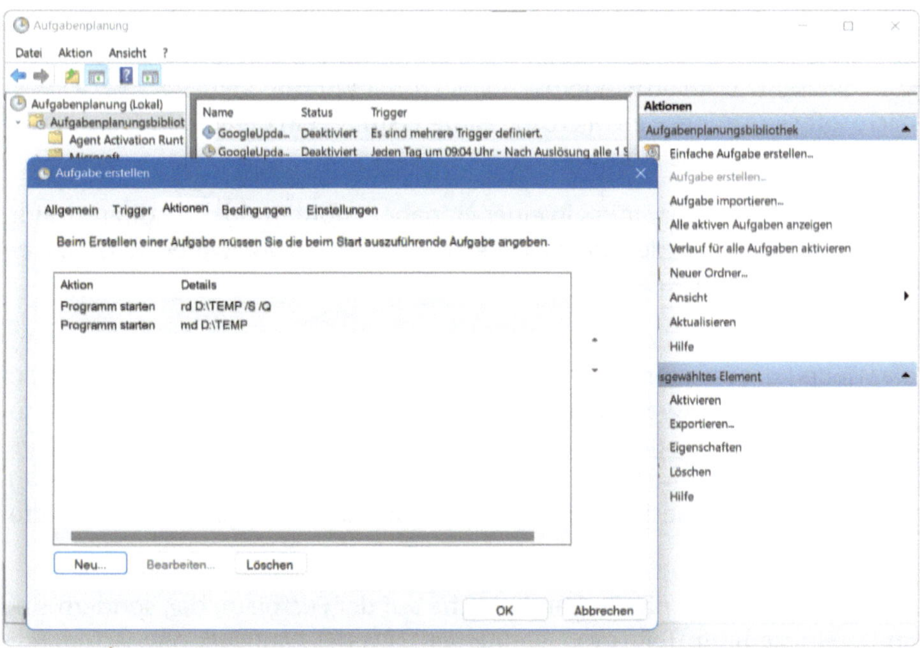

Temporärverzeichnis über die Aufgabenplanung automatisch löschen.

13.20 Gelöschte Dateien liegen nicht im Papierkorb

Sollten Dateien beim Löschen nicht im Papierkorb landen, ist der Schalter *Dateien sofort löschen* in den *Einstellungen* des Papierkorbs ausgewählt. Schalten Sie auf *Benutzerdefinierte Größe* um, damit gelöschte Dateien wieder in den Papierkorb gelegt werden.

13.21 Endgültig gelöschte Dateien wiederherstellen

Eine gelöschte Datei verschwindet beim Löschen nicht komplett von der Festplatte. Die Daten bleiben gespeichert, der Eintrag der Datei im Inhaltsverzeichnis wird entfernt, und der von der Datei belegte Speicherplatz wird als frei markiert, aber nicht überschrieben. Solange Windows keine anderen Dateien an diese Stelle auf die Festplatte schreibt, bleiben die Daten der gelöschten Datei gespeichert und können gelesen und wieder als neue Datei gespeichert werden. Deshalb ist es wichtig, zu versuchen, eine gelöschte Datei möglichst schnell zu retten und in der Zwischenzeit keinerlei Programme in Windows zu nutzen. Auch Hintergrundaktivitäten, Cache- und Temporärdateien können den als frei markierten Platz der gesuchten Datei überschreiben.

Schon seit DOS-Zeiten gibt es externe Tools, um endgültig und ohne Papierkorb gelöschte Dateien wiederherzustellen. Mit **Windows File Recovery** liefert Microsoft selbst über den Microsoft Store erstmals ein derartiges Tool, das auf Kommandozeilenbasis läuft.

Windows File Recovery muss in einer Eingabeaufforderung mit Administratorrechten gestartet werden, da die Dateien unabhängig von Windows-Benutzerrechten gescannt werden.

Nach dem Start legt das Tool im angegebenen Zielverzeichnis einen Ordner für die wiederhergestellten Dateien an. Das Zielverzeichnis muss in jedem Fall auf einem anderen Laufwerk liegen als die gelöschten Dateien, damit die geretteten Dateien keine möglicherweise noch wertvollen Fragmente überschreiben. Das Quelllaufwerk wird komplett durchsucht. Daher hängt die Dauer des Scannens eher von der Gesamtgröße der Festplatte ab als davon, wie viel gerettet werden kann.

Ordner stellen keine physischen Bereiche auf der Festplatte dar, sondern sind im Dateisystem nur Teile des Dateinamens. Da das Laufwerk physisch durchsucht wird, kann `winfr` auch keine Dateien aus freigegebenen Netzwerkordnern oder von Cloudspeichern retten. Dort wird nur logisch auf die Dateien zugegriffen.

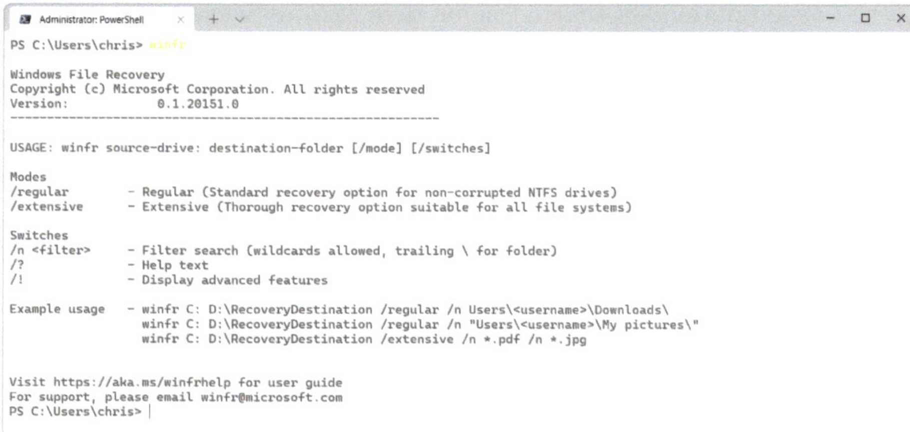

Das Kommandozeilentool `winfr` stellt gelöschte Dateien wieder her.

13.22 Auslagerungsdatei, Ruhezustand und andere Dateien sind im Explorer nicht zu sehen

Einige besonders systemkritische Dateien, wie unter anderem der Bootmanager `bootmgr`, die Auslagerungsdatei *pagefile.sys* oder die Datei für den Ruhezustand, *hiberfil.sys*, werden im Explorer auch dann nicht angezeigt, wenn im Menü unter *Anzeigen/Einblenden* der Schalter *Ausgeblendete Elemente* aktiviert ist.

Um diese Dateien im Explorer zu sehen, klicken Sie im Menü mit den drei Punkten auf *Optionen* und schalten im nächsten Dialogfeld *Geschützte Systemdateien ausblenden (empfohlen)* ❷ auf der Registerkarte *Ansicht* ❶ aus. Dabei muss eine zusätzliche Sicherheitsmeldung bestätigt werden.

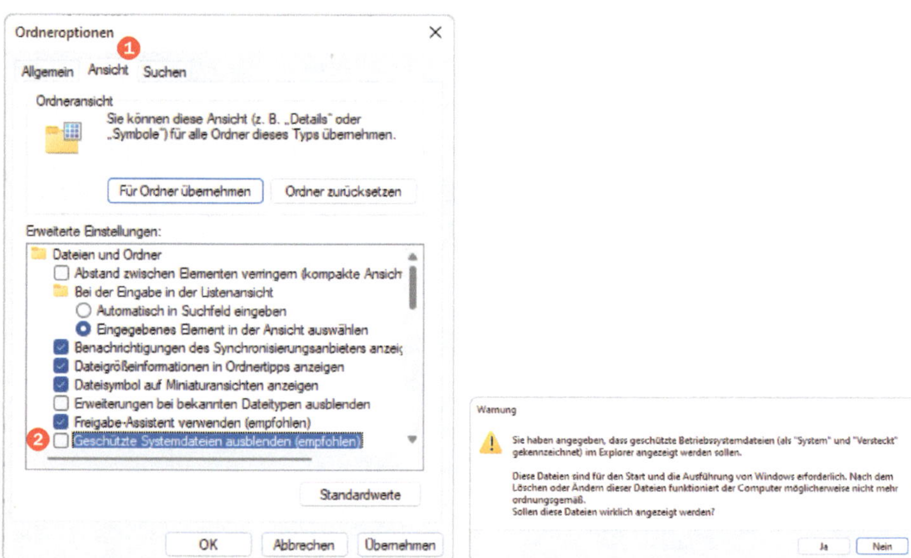

Geschützte Systemdateien im Explorer einblenden.

Diese Dateien dürfen auf keinen Fall mit dem Explorer verschoben, gelöscht oder anderweitig verändert werden. Nach solchen Veränderungen startet Windows meistens nicht mehr. Deshalb sind diese Dateien standardmäßig ausgeblendet.

13.23 Ruhezustand fehlt im Ausschaltmenü

Über das Ausschaltsymbol im Startmenü können Sie den Computer in den **Ruhezustand** versetzen. Allerdings fehlt dieser Menüpunkt oft.

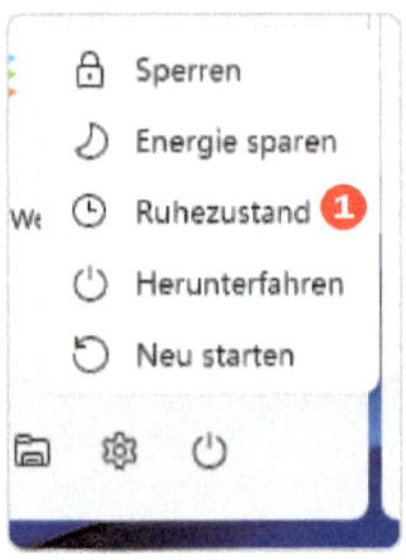

Ruhezustand ❶ *im Ausschaltmenü.*

Klicken Sie in der *Systemsteuerung* unter *Hardware und Sound/Energieoptionen* links auf den Link *Auswählen, was beim Drücken des Netzschalters geschehen soll*.

Klicken Sie im nächsten Fenster auf *Einige Einstellungen sind momentan nicht verfügbar*.

Aktivieren Sie den Schalter *Ruhezustand im Energiemenü anzeigen* ❶. Klicken Sie danach auf *Änderungen speichern* ❷.

Einstellungen für das Herunterfahren in der Systemsteuerung.

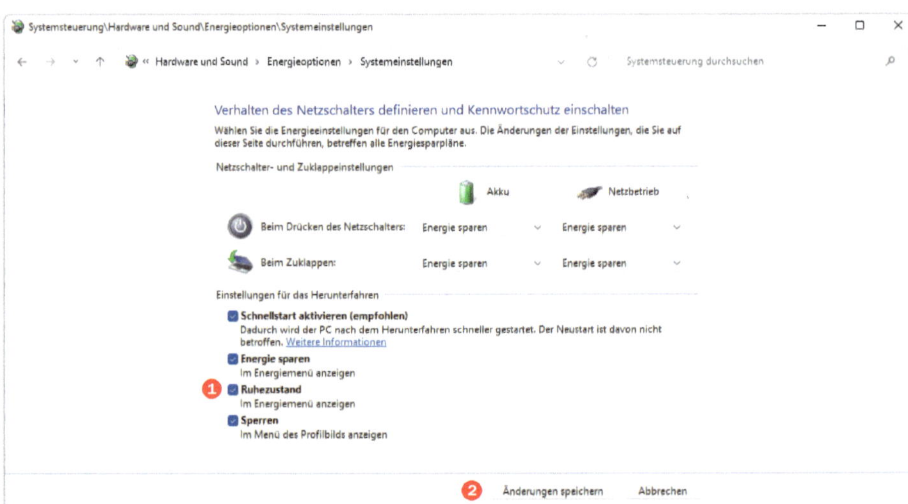

13.24 Ruhezustand funktioniert nicht

Wenn der Ruhezustand nicht funktioniert, liegt dies in vielen Fällen daran, dass die Datei für den Ruhezustand, *hiberfil.sys*, zu klein bemessen ist.

Diese Datei kann zwischen 50 % und 100 % der Größe des installierten Arbeitsspeichers haben, wird aber vom System nicht dynamisch in der Größe angepasst. Eine große Ruhezustandsdatei belegt viel Platz auf der Festplatte, obwohl dieser möglicherweise gar nicht gebraucht wird. Bei einer zu kleinen Datei kann es passieren, dass der Ruhezustand bei hoher Arbeitsspeicherauslastung nicht funktioniert, da nicht der gesamte Inhalt des Arbeitsspeichers in die Datei geschrieben werden kann.

Um die Größe der Ruhezustandsdatei festzulegen, klicken Sie mit der rechten Maustaste auf das Windows-Logo und wählen im Systemmenü *Windows-Terminal (Administrator)*.

Geben Sie hier ein:

```
powercfg /hibernate /size 75
```

Dies setzt die Ruhezustandsdatei auf 75 % der Speichergröße. Auf Computern, deren Arbeitsspeicher stark ausgelastet ist, können Sie die Ruhezustandsdatei noch weiter vergrößern:

```
powercfg /hibernate /size 100
```

13.25 Daten gehen beim Schreiben auf externe Laufwerke verloren

Enthält eine externe Festplatte oder ein USB-Stick nach dem vermeintlichen Speichern einer Datei nicht immer wirklich deren aktuelle Version, liegt das am Schreibcache, der dafür sorgen soll, dass die Leistung von Festplatten erhöht wird. Dabei werden Daten beim Schreiben nicht direkt auf der Festplatte abgelegt, sondern in einem deutlich schnelleren Cachespeicher. Das Betriebssystem kopiert die Daten dann „nebenbei" in den Speicher, signalisiert den Anwendungen und dem Benutzer aber, dass sie bereits geschrieben sind.

Diese Option birgt ein leichtes Datenverlustrisiko, da der Cachespeicher seine Daten verliert, wenn der Strom abgeschaltet wird. Man sollte den Schreibcache also nicht verwenden, wenn das Risiko eines Stromausfalls besteht, wie dies beispielsweise bei externen Festplatten immer der Fall ist. Windows 11 schaltet den Schreibcache nur bei internen Festplatten automatisch ein.

Klicken Sie mit der rechten Maustaste auf das Windows-Logo und wählen Sie im Systemmenü *Geräte-Manager* ❶.

Klicken Sie hier auf das kleine Dreieck vor *Laufwerke* ❷. Es werden alle Festplatten und USB-Speicherlaufwerke angezeigt. Klicken Sie doppelt auf die Festplatte, deren Schreibcache Sie abschalten wollen, um Datenverluste zu vermeiden.

Wählen Sie im nächsten Dialogfeld auf der Registerkarte *Richtlinien* ❸ die Option *Schnelles Entfernen (Standard)* ❹ aus, um den Schreibcache für dieses Laufwerk zu deaktivieren.

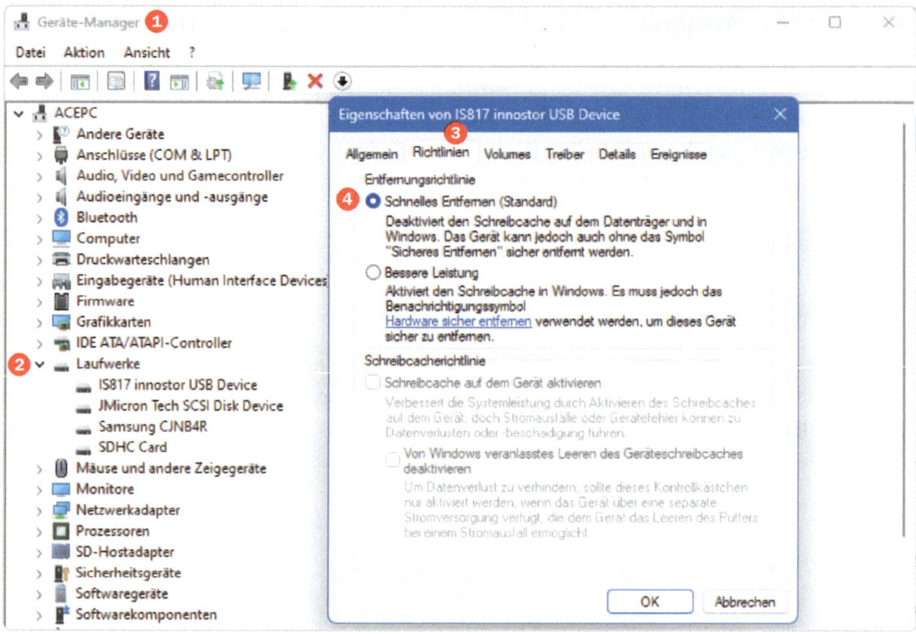

Schreibcache für schnelles Entfernen abschalten.

Wenn Sie den Schreibcache für ein externes Laufwerk aktiviert haben, dürfen Sie dieses Laufwerk nicht mehr im laufenden Betrieb trennen, also nicht einfach das USB-Kabel abziehen. Klicken Sie stattdessen auf das Symbol *Hardware sicher entfernen* in der Taskleistenecke. Hier wird eine Liste der externen Geräte angezeigt. Wählen Sie aus, welches davon Sie entfernen wollen.

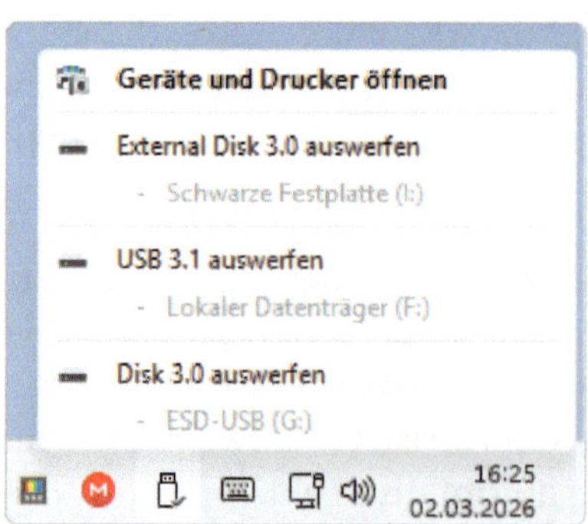

Hardware sicher entfernen in der Taskleiste.

Jetzt schreibt Windows die Daten aus dem Schreibcache, die noch nicht geschrieben wurden, auf das Laufwerk. Danach erscheint die Meldung, dass das Gerät sicher entfernt werden kann. Bei USB-Laufwerken mit LED wird diese ausgeschaltet.

13.26 Defragmentierung zeigt immer 0 %

Die Möglichkeit, Festplatten zu defragmentieren, ist in Windows 11 in den Eigenschaften eines Laufwerks auf der Registerkarte *Tools* nur noch aus historischen Gründen enthalten. Moderne Dateisysteme müssen nicht mehr manuell defragmentiert werden, bei Netzwerklaufwerken und SSDs verursacht der Versuch der Defragmentierung sogar mehr Schaden als Nutzen.

Die neue Laufwerkoptimierung optimiert die Laufwerke passend zu ihren Dateisystemen automatisch im Hintergrund. Sparen Sie sich daher den Versuch, Laufwerke manuell zu defragmentieren.

Dank automatischer Optimierung werden die Laufwerke fast immer als 0 % defragmentiert angezeigt.

13.27 Persönliche Dateien unwiderruflich beseitigen

Windows 11 enthält leider immer noch kein komfortables Tool, um eine Datei so zu löschen, dass sie sich selbst mit Datenrettungstools nicht wiederherstellen lässt. Microsoft bietet aber das kostenloses Werkzeug **SDelete** an, das diese Funktion in Windows nachliefert: *learn.microsoft.com/de-de/sysinternals/downloads/sdelete*.

Das Befehlszeilentool `SDelete` löscht beliebige Dateien so, dass sie sich nicht wiederherstellen lassen. Die Dateien werden dazu mit einem Zufallsmuster überschrieben, das dem äußerst strengen Standard DOD 5220.22-M des US-amerikanischen Verteidigungsministeriums zur Datenbereinigung entspricht.

Kopieren Sie die Datei *sdelete64.exe* aus dem Download in das Verzeichnis *C:\Windows*. Dann können Sie sie in einem Eingabeaufforderungsfenster aus jedem Ordner heraus starten.

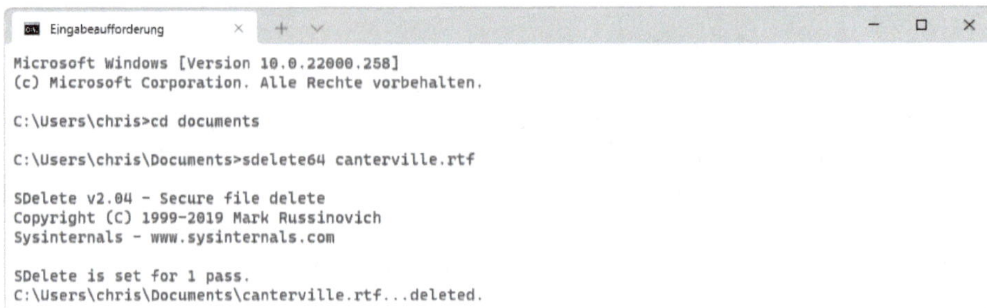

Das Kommandozeilentool `SDelete` löscht Dateien unwiderruflich.

Mit dem Parameter `-z` überschreibt `SDelete` den freien Platz auf der Festplatte auf die gleiche Weise, was bei großen Festplatten einige Stunden dauern kann.

13.28 Persönliche Dateien schnell unauffindbar löschen

In vielen Fällen müssen die Dateien, die verschwinden sollen, gar nicht aufwendig überschrieben werden, sondern es reicht aus, wenn die üblichen Datenwiederherstellungstools sie nicht auffinden können.

Um ein Dokument *Geheim.doc* unauffindbar zu löschen, geben Sie in einem Eingabeaufforderungsfenster ein:

```
type nul > Geheim.doc
del Geheim.doc
```

Bei dieser Methode wird die vorhandene Datei durch eine null Byte große Datei überschrieben, und diese wird anschließend gelöscht. Damit wird die sogenannte **File Allocation Chain** unterbrochen. Ein Datenwiederherstellungsprogramm kann einen alten Verzeichniseintrag zu dem geheimen Dokument finden, dieser aber führt ins Leere. Der ursprüngliche Inhalt des überschriebenen Dokuments ist zwar noch auf der Festplatte vorhanden, kann aber keiner Datei mehr zugeordnet werden. Man müsste also mit einem Datenrettungstool Byte für Byte nach bestimmten möglichen Dateiinhalten suchen, um Fragmente wiederzufinden, die dann aber in keinem Zusammenhang mehr mit dem ursprünglichen Dateinamen stehen.

14 Sicherheitssperren und Passwörter

14.1 Automatische Anmeldung ohne Passwort

Windows 11 bietet wie frühere Versionen die Möglichkeit, das Passwort auf dem PC zu speichern und sich so ohne Passworteingabe beim Windows-Start anzumelden. Das funktioniert gleichermaßen mit Microsoft-Konten wie auch mit lokalen Benutzerkonten.

Windows 11 fordert bei der Installation auf, eine PIN zur einfachen Anmeldung festzulegen. Diese PIN verhindert allerdings die völlig automatische Anmeldung.

Entfernen Sie als Erstes in den *Einstellungen* ❶ unter *Konten/Anmeldeoptionen* ❷ die Anmelde-PIN. Klicken Sie dazu in der Zeile *PIN (Windows Hello)* ❸ auf *Entfernen* ❹ und bestätigen Sie, dass Sie die PIN wirklich entfernen wollen. Leider funktioniert dies in aktuellen Windows 11 Versionen nicht mehr immer, was dazu führt, dass Sie sich auf einigen PCs nicht mehr ohne PIN anmelden können.

Geben Sie im Feld *Ausführen* (Win+R) `netplwiz` ein. Schalten Sie hier *Benutzer müssen Benutzernamen und Kennwort eingeben* ❺ aus. Nach einem Klick auf *OK* ❻ müssen Sie das aktuelle Kennwort zur Sicherheit noch einmal eingeben und bestätigen. Starten Sie danach den Computer neu.

Mit dem Februar-Update 2023 erscheint das entscheidende Häkchen in `netplwiz` oft nicht mehr. In diesem Fall hilft ein Griff in die *Registry*. Schalten Sie im Zweig `HKEY_LOCAL_MACHINE\SOFTWARE\Microsoft\Windows NT\CurrentVersion\PasswordLess\Device` den Wert `DevicePasswordLessBuildVersion` von 2 auf 0 um. Melden Sie sich danach ab und wieder an und rufen `netplwiz` wieder auf.

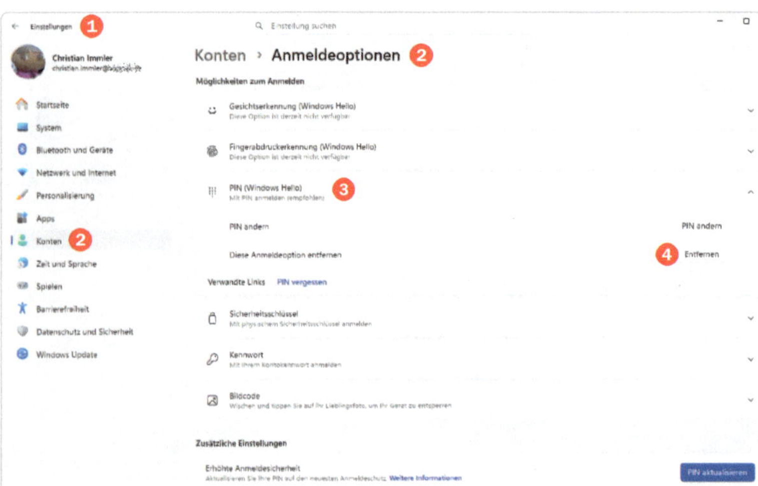

Windows-Anmelde-PIN entfernen.

Ein verstecktes Windows-Tool ermöglicht die automatische Benutzeranmeldung ohne Passworteingabe.

14.2 Sicherheitsinfos im Microsoft-Konto zum Schutz vor Passwortverlust

Ein nicht zu unterschätzender Vorteil eines Microsoft-Kontos gegenüber einem lokalen Benutzerkonto ist die unkomplizierte Lösung, ein vergessenes Kennwort zurückzusetzen – vorausgesetzt, Sie haben vorgesorgt und Sicherheitsinfos hinterlegt.

Besuchen Sie mit dem Edge-Browser die Seite *account.microsoft.com*. In den meisten Fällen werden Sie automatisch angemeldet, wenn Sie mit dem Microsoft-Konto in Windows angemeldet sind. Erscheint ein Anmeldeformular, melden Sie sich auf der Seite mit dem Microsoft-Konto an, das Sie auch zur Anmeldung am PC nutzen.

Wählen Sie auf der Verwaltungsseite für das Microsoft-Konto links *Sicherheit* und dann *Verwalten, wie ich mich anmelde*. Da Sie hier einen Bereich mit besonders sicherheitskritischen Informationen betreten, müssen Sie noch einmal Ihr Kennwort eingeben, auch wenn Sie automatisch angemeldet sind. Legen Sie hier eine alternative E-Mail-Adresse oder eine Handynummer fest, auf die Sie auch dann Zugriff haben, wenn Sie das Kennwort des Microsoft-Kontos vergessen haben sollten.

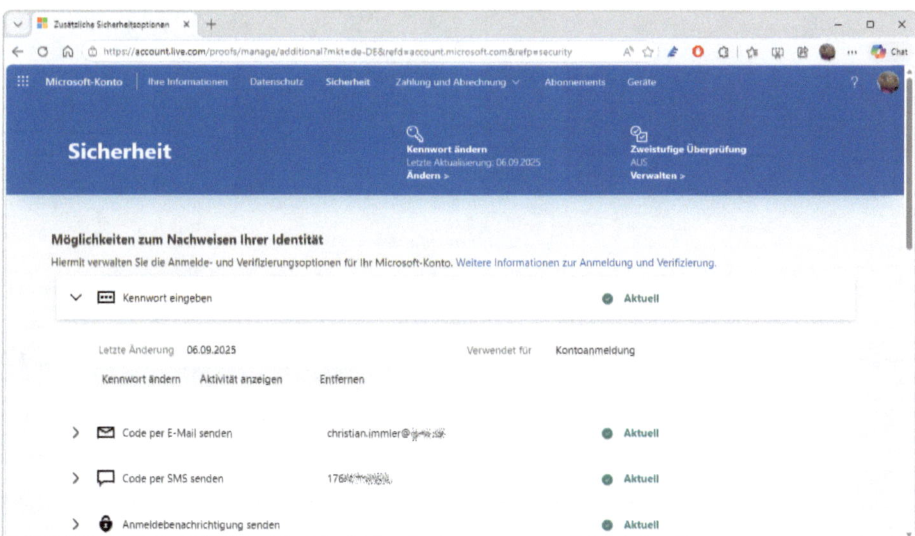

Im Microsoft-Konto hinterlegte Sicherheitsinformationen helfen, ein vergessenes Kennwort zurückzusetzen.

14.3 Gerade kein Zugriff auf das Kennwort für das Microsoft-Konto

Sollte der Fall eintreten, dass Sie sich nicht anmelden können, aber wissen, dass Sie das Passwort auf einem anderen Gerät noch gespeichert haben, brauchen Sie es nicht zu ändern, da Sie es sonst auf allen Geräten, auf denen es gespeichert ist, ändern müssten. Besuchen Sie auf einem beliebigen PC oder Smartphone die Seite *account.microsoft.com* und klicken Sie dort auf *Anmelden* ❶. Sollte auf dem verwendeten PC ein anderes Microsoft-Konto angemeldet sein, verwenden Sie ein anonymes Browserfenster.

Geben Sie im Anmeldefenster Ihr Microsoft-Konto ein und klicken Sie im Kennworteingabefeld auf den Link *Code per E-Mail an…* Hier können Sie sich einen Code zur einmaligen Anmeldung an die zuvor gespeicherte E-Mail-Adresse oder Handynummer schicken lassen. Von dieser E-Mail-Adresse werden nur die ersten Zeichen angezeigt. Geben Sie zur Sicherheit die E-Mail-Adresse komplett ein. Erst dann wird der Code versendet.

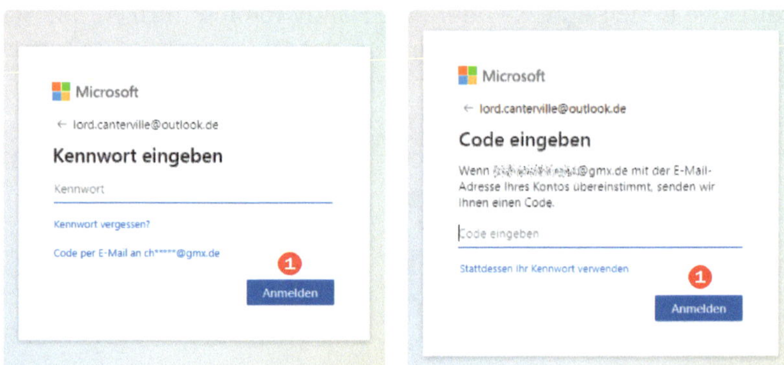

Code zur einmaligen Anmeldung am Microsoft-Konto anfordern und eingeben.

14.4 Kennwort für das Microsoft-Konto komplett vergessen

Sollte dieser Fall wirklich einmal eintreten, besuchen Sie auf einem beliebigen PC oder Smartphone die Seite *account.microsoft.com* und klicken dort auf *Anmelden*. Ist auf dem verwendeten PC ein anderes Microsoft-Konto angemeldet, verwenden Sie ein anonymes Browserfenster.

Geben Sie im Anmeldefenster Ihr Microsoft-Konto ein und klicken Sie im Kennworteingabefeld auf *Kennwort vergessen*. Hier können Sie sich einen Code zum Zurücksetzen des Kennworts an die zuvor gespeicherte E-Mail-Adresse oder Handynummer schicken lassen. Geben Sie auch hier zur Sicherheit die E-Mail-Adresse komplett ein. Erst dann wird der Code versendet. Nach Eingabe dieses Codes vergeben Sie ein neues Kennwort, mit dem Sie sich auch wieder an Ihrem eigenen PC anmelden können. Dieses Kennwort muss neu sein, es darf zuvor in diesem Microsoft-Konto noch nicht verwendet worden sein.

14.5 Authenticator-App zur Anmeldung nutzen

Anstatt sich beim Zugriff auf besonders vertrauliche Daten jedes Mal einen Code per E-Mail oder SMS zuschicken zu lassen und diesen manuell einzugeben, können Sie sich noch einfacher mit Ihrem Smartphone autorisieren.

Nach der Installation der App **Microsoft Authenticator** melden Sie sich in der App mit Ihrem Microsoft-Konto an. Bei jeder Anmeldung, die eine zusätzliche Sicherheitsautorisierung benötigt, erscheint auf dem Smartphone eine Benachrichtigung, in der Sie die Anmeldung genehmigen können. Sie brauchen dazu die App nicht zu starten. Um die Sicherheit zu erhöhen, lässt sich die App *Microsoft Authenticator* mit einer PIN oder einem Fingerabdruck vor unbefugter Nutzung sperren.

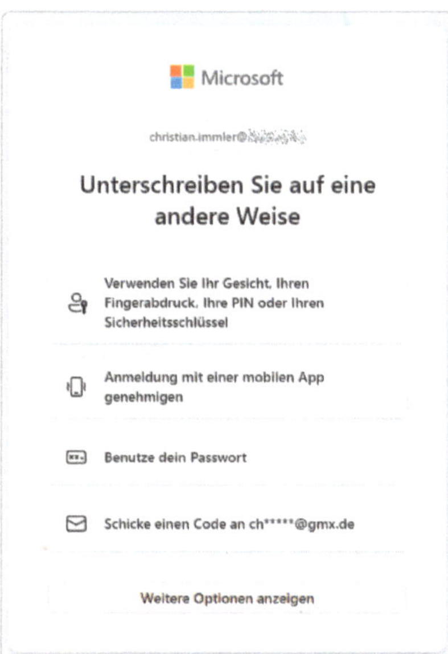

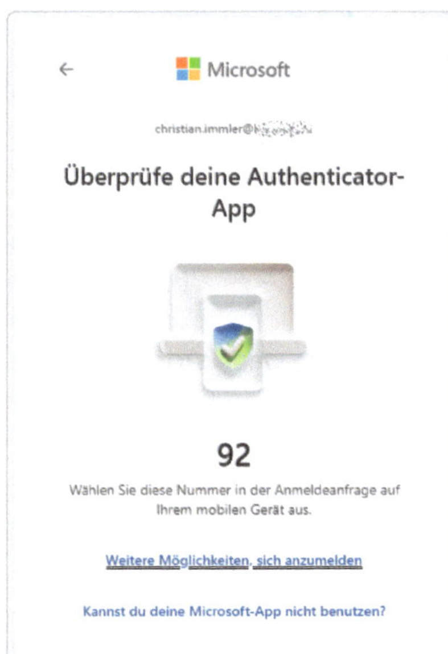

Bei der Anmeldung auf dem PC im Browser den Microsoft Authenticator als Anmeldemethode angeben.

Link zur App im Play Store

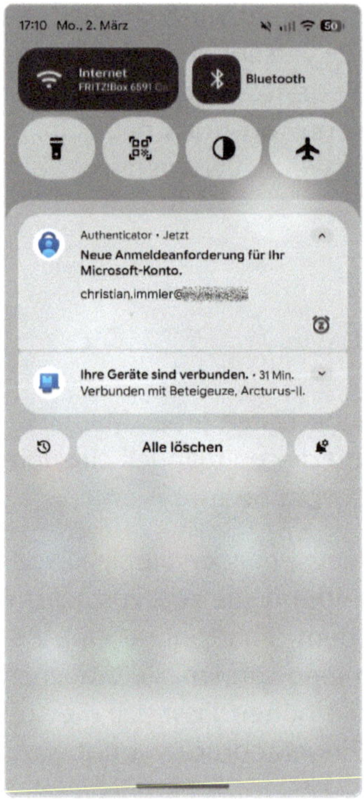

Anmeldung über die App Microsoft Authenticator.

14.6 Kennwort eines lokalen Benutzerkontos ändern, ohne das alte Kennwort zu kennen

Haben Sie das Passwort für Ihr Windows-Benutzerkonto vergessen, können sich aber noch anmelden – z. B. über eine PIN oder ein Bildschirmsperrmuster –, haben Sie die Möglichkeit, das Passwort zurückzusetzen. Das verwendete Benutzerkonto muss dazu Administratorrechte haben und ein lokales Konto sein. Die beschriebene Methode funktioniert nur mit der Pro-Edition von Windows 11.

Klicken Sie mit der rechten Maustaste auf das Windows-Logo und wählen Sie im Systemmenü *Computerverwaltung* ❶ oder starten Sie die Computerverwaltung über *Windows-Tools*.

Springen Sie im Navigationsbereich links auf *System/Lokale Benutzer und Gruppen/Benutzer* ❷.

Klicken Sie jetzt mit der rechten Maustaste auf den gewünschten Benutzer und wählen Sie im Kontextmenü *Kennwort festlegen* ❸.

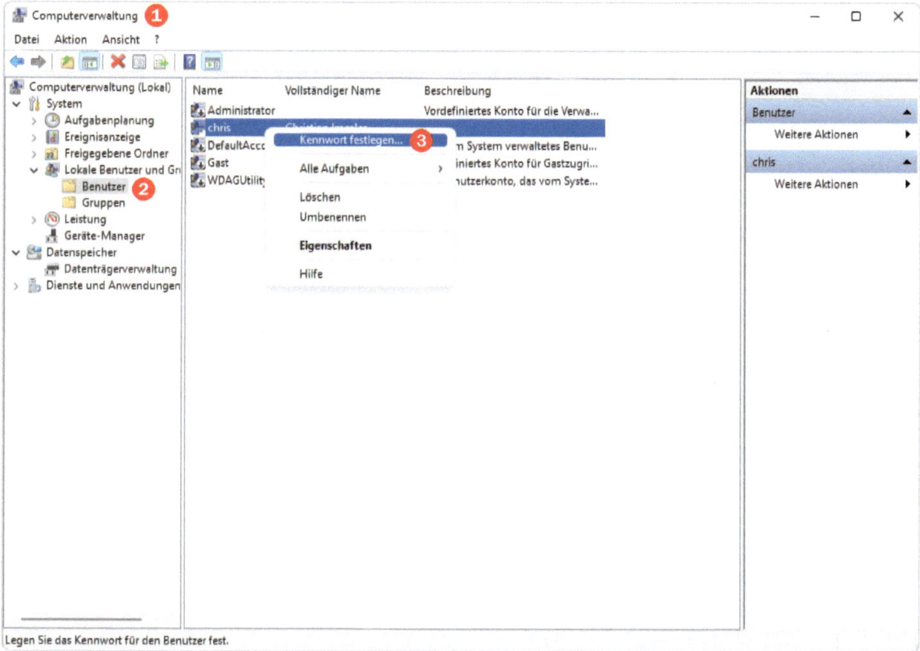

Benutzerkennwort in der Computerverwaltung ändern.

Jetzt müssen Sie noch eine Warnung bestätigen. Verwenden Sie diese Methode nicht, wenn Sie mit BitLocker verschlüsselte Daten nutzen, da die Entschlüsselung nach einer Veränderung des Kennworts nicht mehr funktioniert.

Zum Schluss legen Sie ein neues Kennwort fest und bestätigen dieses noch einmal. Danach kann das alte Kennwort nicht mehr zur Anmeldung verwendet werden.

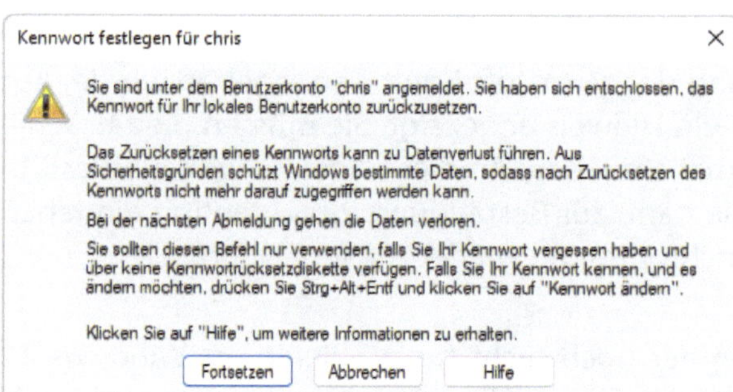

Warnung vor dem Zurücksetzen des Benutzerkennworts.

14.7 Anmeldeinformationen und Passwörter werden nicht synchronisiert

In den *Einstellungen* ❶ unter *Konten/Windows-Sicherung/Meine Einstellungen speichern* ❷ können Sie festlegen, dass verschiedene Windows-Einstellungen automatisch zwischen mehreren PCs synchronisiert werden sollen.

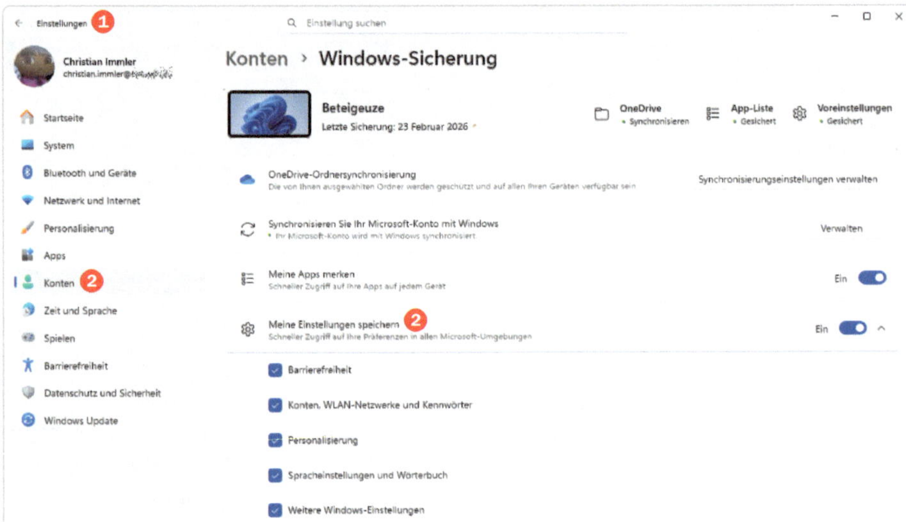

Einstellungen synchronisieren.

Erscheint in den *Einstellungen* unter *Konten/Windows-Sicherung* die Meldung, dass Kennwörter nicht synchronisiert werden, muss das Microsoft-Konto auf diesem PC noch bestätigt werden. Klicken Sie dazu in dieser Meldung auf *Bestätigen* ❸. Jetzt müssen Sie die zweite E-Mail-Adresse oder die Handynummer wählen, die bei der Einrichtung des Microsoft-Kontos angegeben wurde. Aus Sicherheitsgründen wird nur ein Hinweis angezeigt, Sie müssen die tatsächliche E-Mail-Adresse noch einmal eingeben. An diese Adresse wird ein Bestätigungscode versendet, den Sie dann zur Bestätigung Ihrer Identität eingeben müssen. Danach steht die Synchronisation wieder zur Verfügung.

Sollte die Synchronisation immer noch nicht funktionieren, ist Windows 11 wahrscheinlich noch nicht aktiviert. Eine der Einschränkungen nicht aktivierter Windows-Versionen ist, dass diesen PCs nicht „vertraut" werden kann, man also sein Konto dort nicht bestätigen kann und daher die erwähnten Synchronisationsfunktionen nicht verfügbar sind.

14.8 Angemeldete und unbekannte Benutzer auf dem eigenen PC finden

In privaten Netzwerken aus mehreren Computern verliert man oft die Übersicht über die Freigaben auf dem Computer, oder man möchte einfach nur wissen, wer gerade noch auf dem eigenen PC angemeldet ist.

Das Kommandozeilentool `net user` zeigt ohne weitere Parameter eine Liste aller Benutzer an. Geben Sie als zusätzlichen Parameter einen Benutzernamen ein, sehen Sie unter anderem, wann dieser Benutzer sich zum letzten Mal angemeldet hat und in welchen Benutzergruppen er Mitglied ist, woraus sich Zugriffsrechte ergeben. Benutzernamen mit Leer- oder Sonderzeichen müssen in Anführungszeichen eingegeben werden. Um Benutzer zu bearbeiten, muss dieser Befehl in einem Windows-Terminal-Fenster mit Administratorrechten ausgeführt werden.

Setzen Sie Benutzer, deren Sinn sich Ihnen zunächst nicht erschließt, erst einmal mit dem Parameter `/active:no` auf inaktiv, bevor Sie sie später löschen, da sie möglicherweise doch für bestimmte Systemaufgaben gebraucht werden. Deaktivieren Sie nie Ihren eigenen Benutzernamen.

Die Benutzer *Administrator*, *DefaultAccount*, *Gast* und *WDAGUtilityAccount* sind auf dem System vorinstalliert und standardmäßig alle inaktiv. Letzterer kann durch den **Windows Defender Application Guard** automatisch aktiviert werden. Löschen Sie diese Benutzer nicht, da sie vom System benötigt werden.

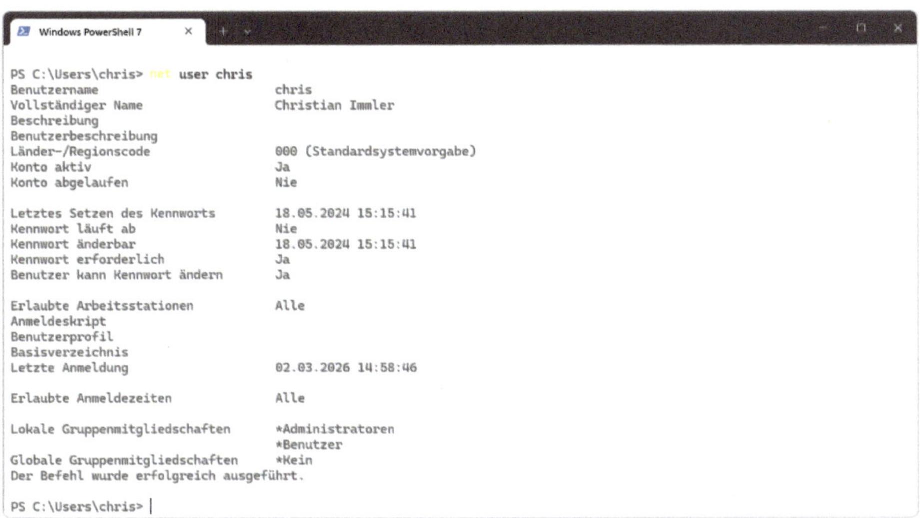

`net user` *informiert über Benutzer auf dem PC.*

14.9 Benutzerkontensteuerung meldet sich zu oft

Für alle systemkritischen Vorgänge fragt Windows explizit nach Ihrer Zustimmung. Alle Funktionen in der Windows-Benutzeroberfläche, die eine solche Zustimmung erfordern können, sind mit einem farbigen Schildsymbol gekennzeichnet. Nerven Sie die ewigen Nachfragen der Benutzerkontensteuerung zu sehr, können Sie sie entweder ganz deaktivieren oder sich zumindest seltener warnen lassen.

Die Einstellungen dazu finden Sie in der *Systemsteuerung* ❶ unter *Benutzerkonten/Einstellungen der Benutzerkontensteuerung ändern* ❷. Jede Änderung muss mit Administratorrechten bestätigt werden.

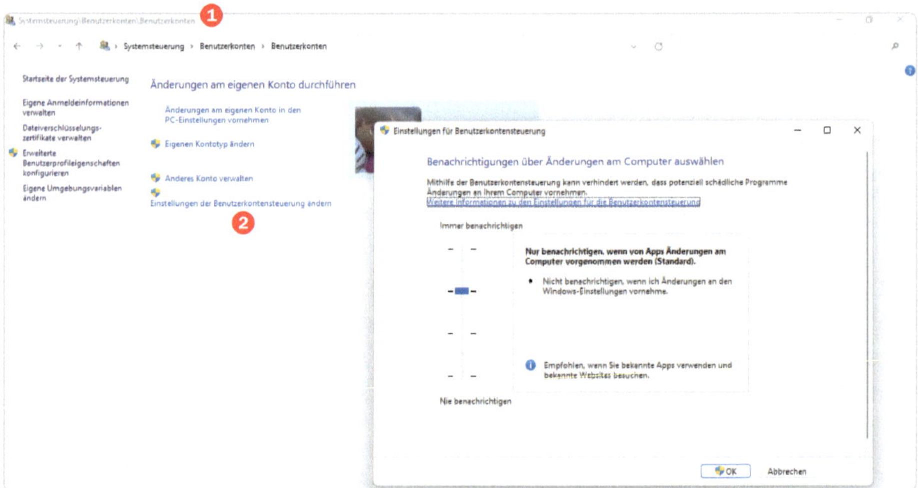

Die Benutzerkontensteuerung bietet vier verschiedene Stufen an – von Meldungen bei jeglicher Änderung bis hin zu der Einstellung, nie benachrichtigt zu werden.

14.10 Programminstallation scheitert auf verschlüsseltem Laufwerk

Die Installation neuer Software kann bei eingeschalteter BitLocker-Echtzeitverschlüsselung sehr lange dauern. Einige ältere Programme lassen sich auf BitLocker-Laufwerken zwar nutzen, aber nicht installieren. Aus diesen Gründen empfiehlt es sich, vor der Installation klassischer Desktopprogramme BitLocker vorübergehend anzuhalten und danach wieder fortzusetzen.

Klicken Sie im Explorer mit der rechten Maustaste auf das verschlüsselte Laufwerk und wählen Sie im Kontextmenü *BitLocker verwalten*.

Jetzt öffnet sich die BitLocker-Laufwerkverschlüsselung in der *Systemsteuerung*. Klicken Sie hier auf *Schutz anhalten*. Nach der Installation der Software können Sie die Verschlüsselung wieder fortsetzen.

15 Systembremsen, Einstellungen, Konfiguration und Tricks

15.1 Der geheimnisumwobene God-Mode

Computerspiele bieten oft einen versteckten sogenannten **God-Mode** bzw. Gottmodus an, in dem der Spieler unsterblich ist, was auch immer passieren mag. In Windows gibt es ebenfalls einen undokumentierten God-Mode, der Windows zwar nicht unsterblich macht, dem Benutzer aber einen schnellen Zugriff auf diverse Einstellungen bietet, die sonst nur über zahlreiche Klicks in der Systemsteuerung erreichbar sind. Gerade bei Problemen will man schließlich nicht ewig suchen.

Legen Sie auf dem Desktop über das Kontextmenü *Neu/Ordner* einen neuen Ordner an mit dem Namen:

`GodMode.{ED7BA470-8E54-465E-825C-99712043E01C}`

Nach dem Anlegen des Ordners ändert sich automatisch dessen Symbol, und die lange Zahlenkombination verschwindet aus dem sichtbaren Namen.

Ein Doppelklick auf diesen Ordner zeigt diverse Systemeinstellungen. Bei den meisten handelt es sich um Module der Systemsteuerung, die man auf diesem Weg übersichtlich und mit weniger Klicks erreicht.

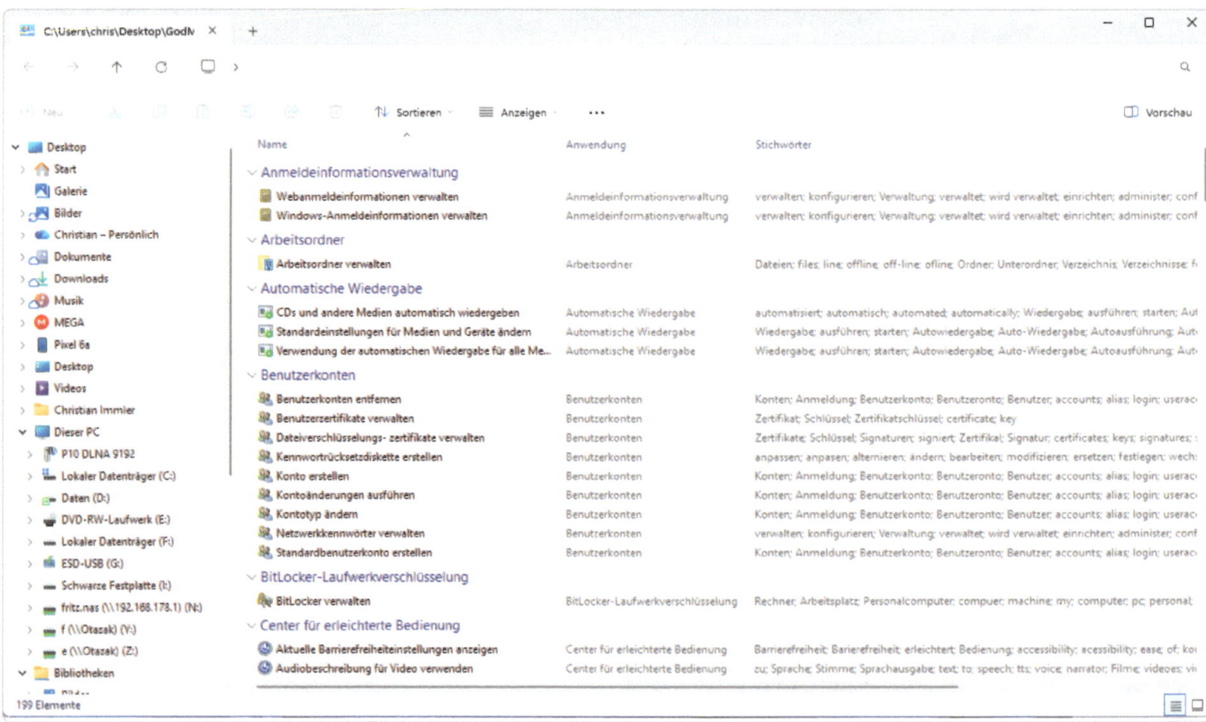

Der God-Mode zeigt diverse Systemeinstellungen übersichtlich geordnet an.

15.2 Windows-Zuverlässigkeitsprüfung deckt Fehler auf

Dank automatischer Wartung und automatischer Updates brauchen Sie sich um die Stabilität und Zuverlässigkeit Ihres Systems kaum noch zu kümmern. Wer trotzdem genau darüber informiert sein möchte, was im Hintergrund auf dem Computer passiert, musste bisher einen Blick in die Ereignisanzeige werfen. Den meisten Anwendern ist diese Anzeige jedoch zu unübersichtlich, da sie viel zu viele Einzelinformationen liefert, mit denen die meisten Nutzer nichts anzufangen wissen.

Der **Zuverlässigkeitsverlauf** in der *Systemsteuerung* unter *System und Sicherheit/Sicherheit und Wartung* ❶ zeigt sehr übersichtlich eine Art „Fieberkurve" für den Zustand des Systems.

Hier finden Sie den Zuverlässigkeitsverlauf in der Systemsteuerung.

Sollte das System oder eine Komponente abstürzen oder einfach nicht mehr reagieren, bricht die Kurve ein und erholt sich mit jedem Tag, an dem das System stabil läuft. Tage, an denen automatische Updates oder neue Software installiert wurden, werden mit einem blauen Symbol gekennzeichnet. Rote Symbole stehen für kritische Ereignisse, Anwendungsfehler, Hardwarefehler oder Windows-Fehler.

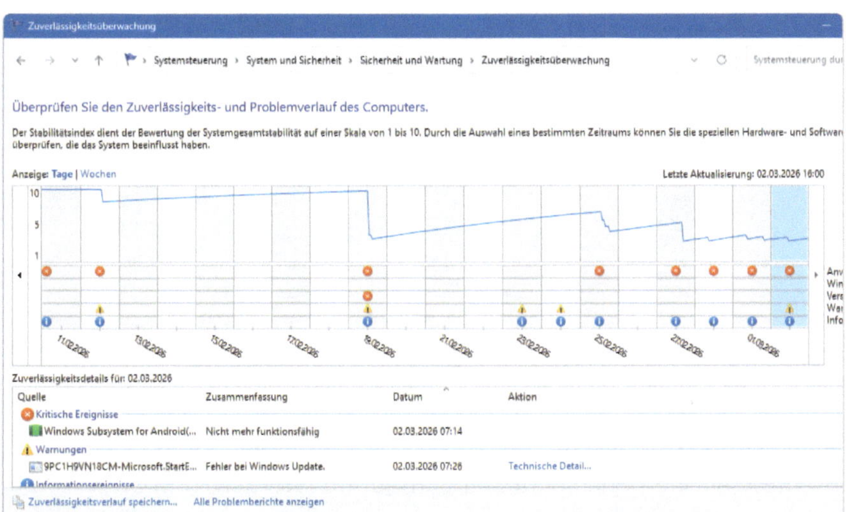

Die „Fieberkurve" von Windows.

15.3 Windows-Systemfehler entschlüsseln

Windows-Systemfunktionen und Programme, die auf solche Systemfunktionen zugreifen, zeigen bei Fehlern standardisierte Fehlercodes als Dezimalzahl zwischen 0 und 15999 oder als Hex-Zahl zwischen 0x0 und 0x3e7f an. Die Bedeutung dieser Fehlercodes können Sie auf *learn.microsoft.com/de-de/windows/win32/debug/system-error-codes* nachlesen.

Microsoft erklärt Systemfehlercodes.

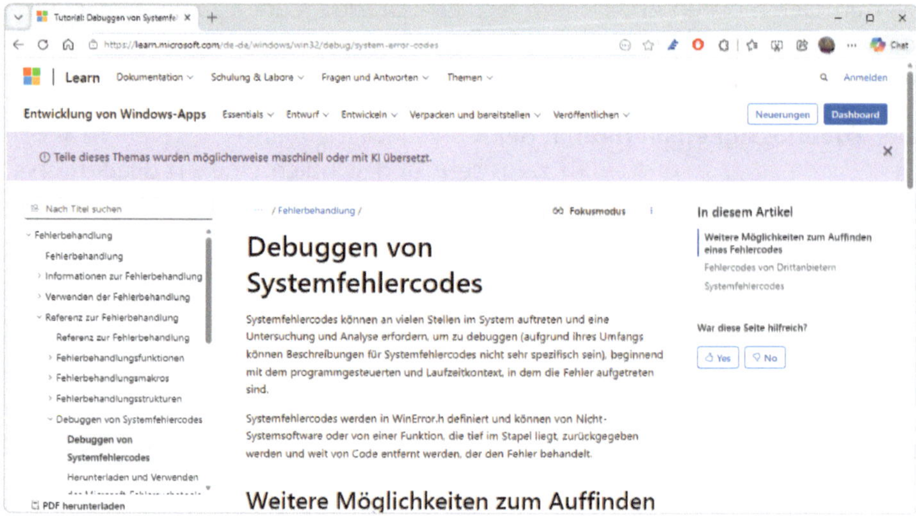

Einfacher und vor allem auf Deutsch liefert der Befehl net helpmsg <Fehlernummer> Informationen zum Fehler.

Fehlernummern per Kommandozeilenbefehl entschlüsseln.

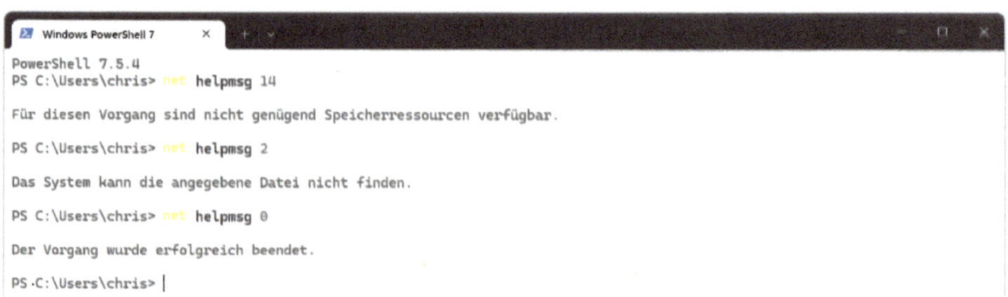

15.4 Win32-Fehlercodes entschlüsseln

Win32-Fehlercodes sind vierstellige Hex-Zahlen im Bereich von 0x0000 bis 0xFFFF. Diese können auch achtstellig angezeigt werden, und zwar im Bereich von 0x00000000 bis 0x0000FFFF. Die Seite *msdn.microsoft.com/de-*

de/library/cc231199.aspx (*bit.ly/3C6FhBE*) liefert Erklärungen zu diesen Fehlern – allerdings nur auf Englisch.

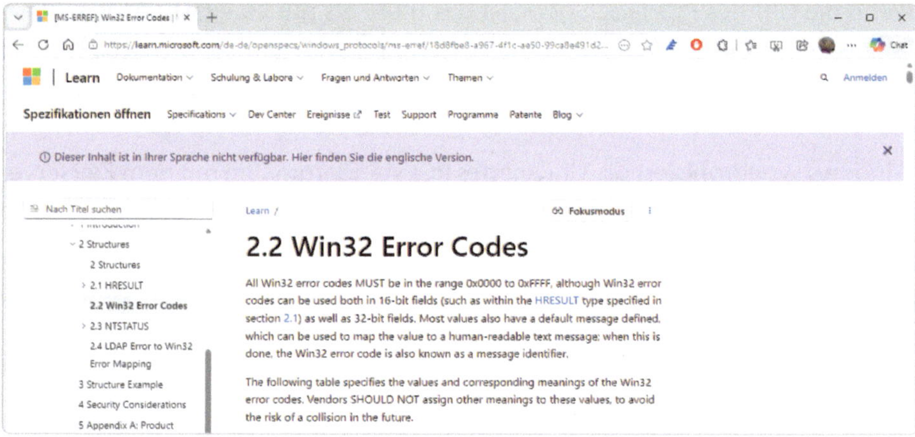

Microsoft erklärt Win32 Error Codes.

15.5 HRESULT-Fehlercodes entschlüsseln

HRESULT ist ein spezieller Datentyp zur Darstellung von Fehler- und Statusmeldungen in Windows-Programmen. Dabei handelt es sich um 32-Bit-Zahlen, die üblicherweise als achtstellige Hex-Zahlen angegeben werden. Microsoft liefert auf *learn.microsoft.com/de-de/openspecs/windows_protocols/ms-erref/705fb797-2175-4a90-b5a3-3918024b10b8* Erklärungen zu den HRESULT-Codes – leider nur auf Englisch.

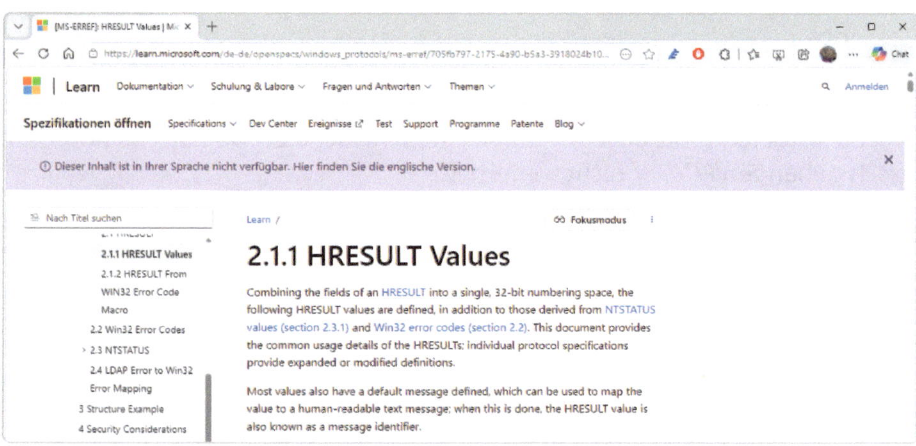

Microsoft erklärt HRESULT Values.

15.6 Die Uhr geht falsch

Wenn die Uhr des PCs falsch geht, ist das mehr als nur eine lästige Kleinigkeit. Bei größeren Abweichungen kann es zu Zertifikatsfehlern bei sicheren Internetverbindungen, zu Anmeldefehlern in Shops und auf anderen Websites sowie beim Abruf von E-Mails kommen.

Windows synchronisiert die Uhrzeit des PCs standardmäßig mit dem Zeitserver *time.windows.com*. So brauchen Sie sich theoretisch um die korrekte Uhrzeit nicht zu kümmern.

In den *Einstellungen* ❶ unter *Zeit und Sprache/Datum und Zeit* ❷ können Sie eine Synchronisierung anstoßen, um sofort die richtige Uhrzeit zu haben. Diese Seite erreichen Sie auch mit einem Rechtsklick auf die Uhr in der Taskleiste.

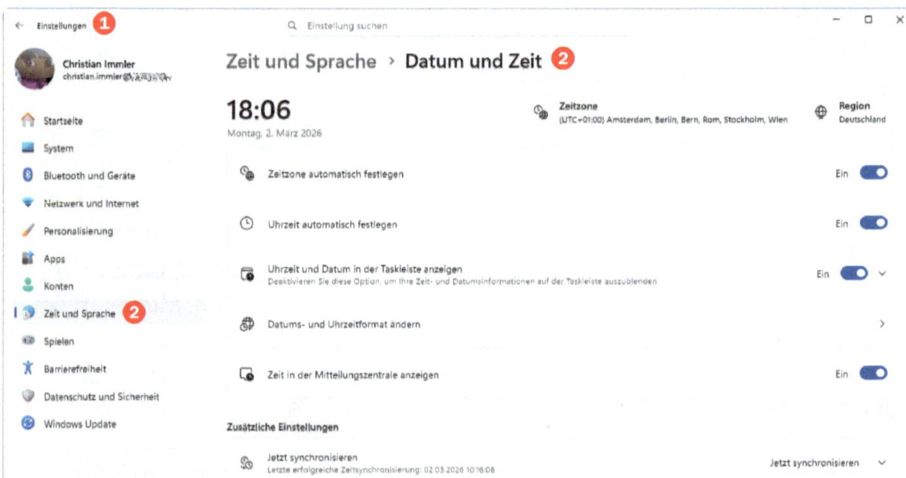

Einstellungen für Datum und Zeit.

Download: Sie brauchen diesen Registry-Tipp nicht manuell einzugeben. Die Datei steht unter *https://bildnerverlag.com/00533* zum Download zur Verfügung. Importieren Sie einfach die Datei *SpecialPollIntervall.reg* per Doppelklick in die Registry. Diese Datei setzt das Aktualisierungsintervall auf 3.600 Sekunden, was einer Stunde entspricht.

Das automatische Aktualisierungsintervall ist aber standardmäßig auf eine Woche festgelegt, was bei einer durch eine schwache CMOS-Batterie notorisch falsch gehenden PC-Uhr nicht weiterhilft.

Der Parameter `SpecialPollIntervall` im Registry-Schlüssel

```
HKEY_LOCAL_MACHINE\System\CurrentControlSet\Services\W32Time\
TimeProviders\NtpClient
```

enthält das Aktualisierungsintervall der Uhr in Sekunden. In der Grundeinstellung steht hier `604800`, was genau sieben Tagen entspricht. Geben Sie im Modus `Dezimal` einen kleineren Wert ein, wenn die PC-Uhr oft falsch geht. Dann wird die Uhrzeit entsprechend öfter mit dem Zeitserver abgeglichen.

15.7 Was tun bei einem Virusfund?

Wenn Sie eine Datei, die einen Virus enthält, herunterladen, öffnen oder kopieren wollen, versucht der in Windows 11 integrierte **Viren- und Bedrohungsschutz**, dieses Problem selbstständig zu beheben. Sollte das nicht funktionieren, schlägt er sofort Alarm. In den meisten Fällen ist nur eine kurze Meldung zu sehen, und der Viren- und Bedrohungsschutz blockiert das Ausführen der gefährlichen Datei. In der Benachrichtigungsleiste bleibt die Benachrichtigung für später erhalten.

Meldungen bei erkannter Malware.

Der Versuch, die gefährliche Datei auf der Festplatte zu speichern, schlägt fehl, da der Viren- und Bedrohungsschutz den Zugriff auf diese Datei verweigert.

Kann eine Bedrohung nicht automatisch bereinigt werden, klicken Sie auf die Benachrichtigung und öffnen damit den *Viren- und Bedrohungsschutz*. Hier finden Sie Hinweise dazu, wie Sie die Bedrohung beseitigen können.

Zwischendurch sollten Sie immer mal wieder in das Protokoll des Viren- & Bedrohungsschutzes sehen, um den Überblick darüber zu behalten, was auf Ihrem Computer an gefährlichen Dateien gefunden wurde. Klicken Sie dazu im Programm *Windows-Sicherheit* ❶ unter *Viren- und Bedrohungsschutz* ❷ auf *Schutzverlauf* ❸. Die Liste zeigt alle Aktivitäten.

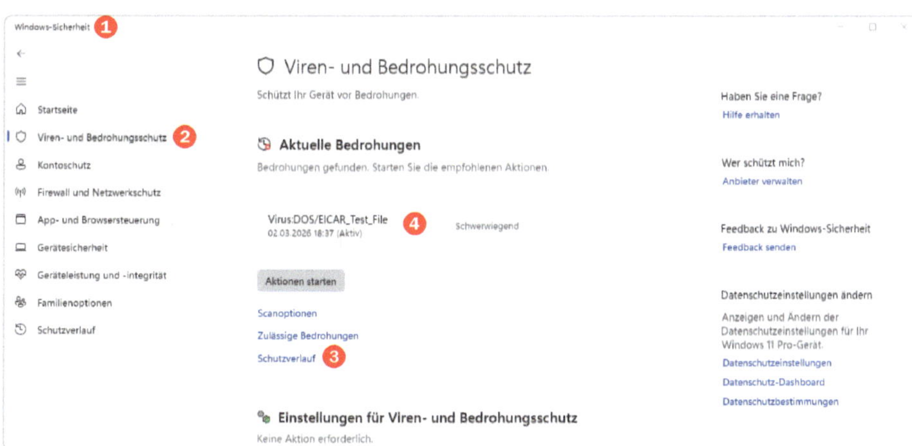

Der Bedrohungsverlauf zeigt gefundene Bedrohungen.

Klicken Sie auf einen Eintrag in der Liste ❹, um zu sehen, in welcher Datei sich die Malware versteckt.

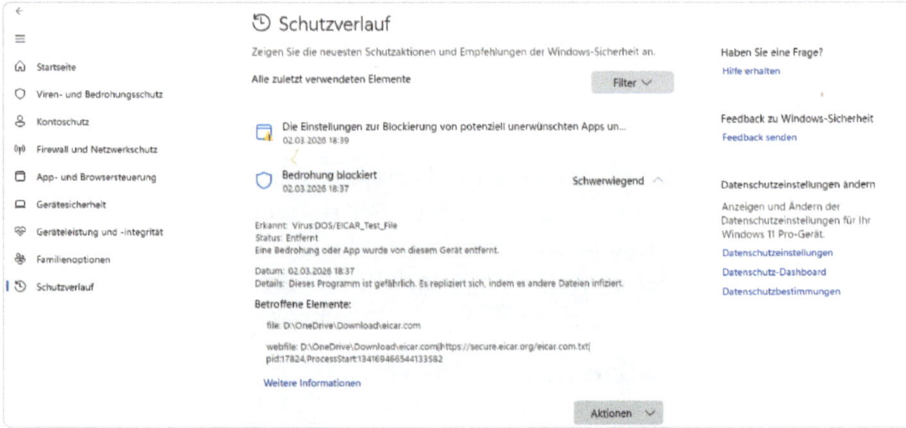

Erkannte Bedrohung im Viren- und Bedrohungsschutz bereinigen.

15.8 Harmlose Datei stellt sich später als gefährlich heraus

Sollte der **Viren- und Bedrohungsschutz** einen Fehlalarm melden und deshalb eine harmlose Datei in Quarantäne verschoben haben, können Sie das betreffende Programm in der Verlaufsliste unter *Viren- und Bedrohungsschutz/Schutzverlauf* markieren, mit dem Button *Aktionen* ❶ aus der Quarantäne wiederherstellen und dann ganz normal benutzen. Der Viren- & Bedrohungsschutz meldet in diesem Fall die gleiche Datei in Zukunft nicht mehr als gefährlich.

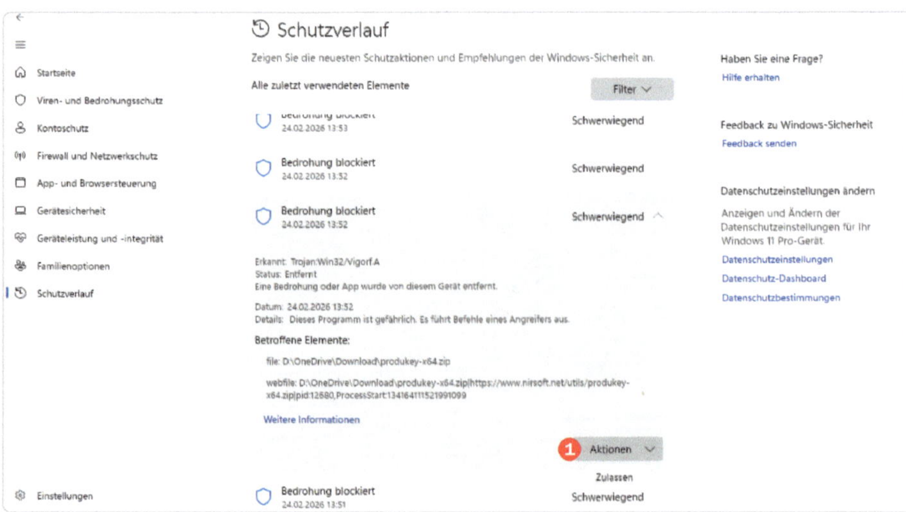

Fehlerhaft als Bedrohung erkannte Datei im Viren- und Bedrohungsschutz zulassen.

Sollte sich die Datei später doch als gefährlich erweisen, markieren Sie sie im *Schutzverlauf* unter *Zulässige Bedrohungen*. Klicken Sie auf *Nicht zulassen*, um sie vom PC zu entfernen. Bei erneutem Download wird sie dann wieder geprüft und voraussichtlich als gefährlich eingestuft.

15.9 Funktioniert der Virenscanner überhaupt?

Wenn Sie einen Virenscanner installiert haben, wollen Sie natürlich wie bei jedem anderen Programm wissen, ob er zuverlässig funktioniert. Besonders wichtig ist es, zu ermitteln, ob die im Hintergrund laufenden Funktionen beim Öffnen oder Kopieren einer infizierten Datei sofort Alarm schlagen. Um das nicht mit einem wirklichen Virus ausprobieren zu müssen, hat das *European Institute for Computer Antivirus Research* (**EICAR**, *www.eicar.org*) einen Test-String veröffentlicht, der sich gegenüber Antivirenprogrammen wie ein Virus verhält, aber keinerlei Wirkung hat.

Der darin enthaltene Virus vervielfältigt sich nicht und hat auch sonst keine nachteilige Wirkung auf Ihr System. Sie können die Datei nach dem Test einfach wieder löschen oder von Ihrem Virenscanner automatisch löschen lassen.

Ist der Virenscanner richtig installiert, muss er die Datei als infiziert erkennen, was auch bedeutet, dass Sie schon Schwierigkeiten haben sollten, diese überhaupt herunterzuladen oder zu kopieren. In den meisten Fällen verhindert schon der SmartScreen-Filter den Download.

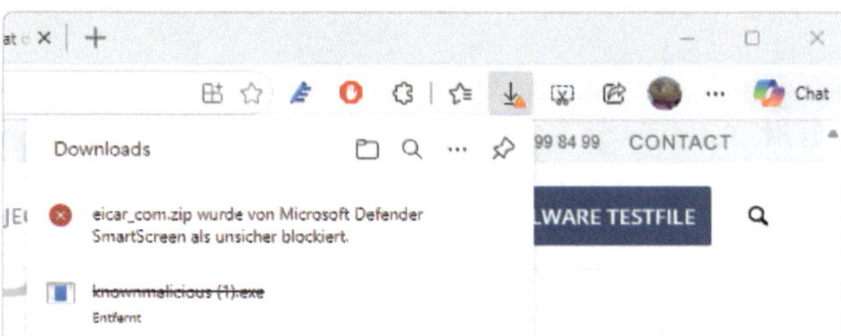

Meldung beim Versuch, die Anti-Malware-Testdatei herunterzuladen.

Sollte der in Windows 11 mitgelieferte *Viren- und Bedrohungsschutz* keinen Alarm schlagen, ist er nicht richtig konfiguriert. Starten Sie in diesem Fall das Programm *Windows-Sicherheit* über das Symbol in der Taskleistenecke.

Solange das Symbol in der Taskleiste ein grünes Häkchen zeigt, ist alles in Ordnung, und Sie brauchen sich um nichts zu kümmern. Sicherheitsprobleme werden durch auffällige gelbe oder rote Kennzeichnungen auf dem Taskleistensymbol angezeigt. Sollten der Echtzeitschutz oder die automatischen Updates deaktiviert sein oder liegt ein anderweitiges Problem vor, zeigen die betreffenden Elemente der Benutzeroberfläche ein auffälliges rotes Symbol, bei Warnungen ein gelbes Dreieck. Aktivieren Sie in diesem Fall den Echtzeitschutz und die automatischen Updates mit einem Klick. Danach werden sowohl die Anti-Malware-Testdatei wie auch echte Malware sofort erkannt.

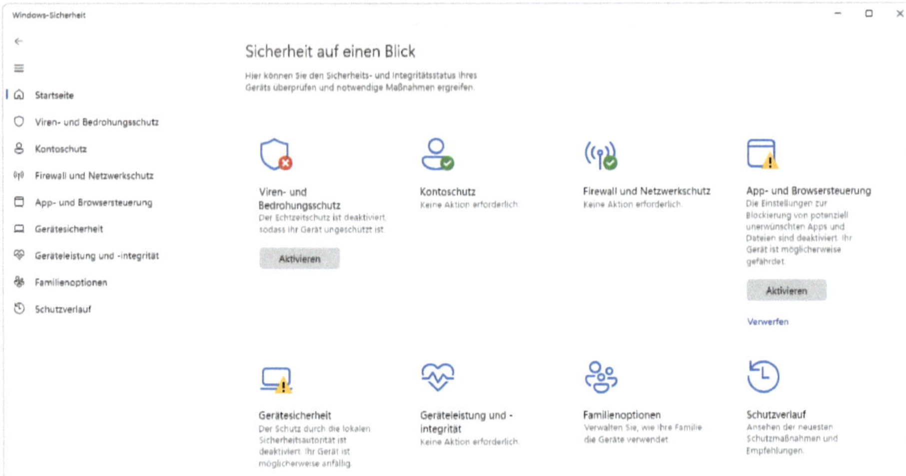

Warnung bei deaktiviertem Echtzeitschutz.

15.10 Adware-Schutz im Viren- und Bedrohungsschutz von Windows aktivieren

Der **Viren- und Bedrohungsschutz** schützt zusätzlich auch vor Software, die Werbekomponenten enthält. Allerdings ist diese Einstellung in den meisten Fällen standardmäßig deaktiviert. Aktivieren Sie im Programm *Windows-Sicherheit* ❶ unter *App- & Browsersteuerung* ❷ den *Zuverlässigkeitsbasierten Schutz* ❸, um vor einer solchen unerwünschten Software gewarnt zu werden. In den Einstellungen zum zuverlässigkeitsbasierten Schutz legen Sie fest, ob potenziell unerwünschte Apps und Downloads automatisch blockiert werden sollen.

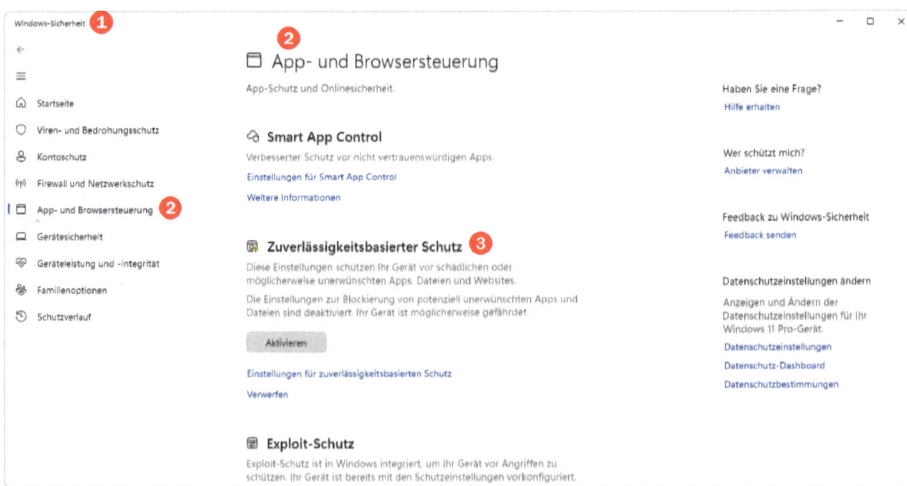

Adware-Schutz im Viren- und Bedrohungsschutz aktivieren.

15.11 Ein Virus lässt sich nicht beseitigen

Besonders hartnäckige Malware setzt sich so im System fest, dass sie im laufenden Betrieb von Windows nicht beseitigt werden kann. Der Viren- & Bedrohungsschutz bietet zusätzlich eine sogenannte Offlineüberprüfung an.

Starten Sie diese Überprüfung mit *Microsoft Defender Offline* ❶ über die *Scanoptionen* im Programm *Windows-Sicherheit*. Dazu wird der Computer neu gestartet, und vor dem eigentlichen Windows-Start wird eine Schnellprüfung aller Systemdateien durchgeführt.

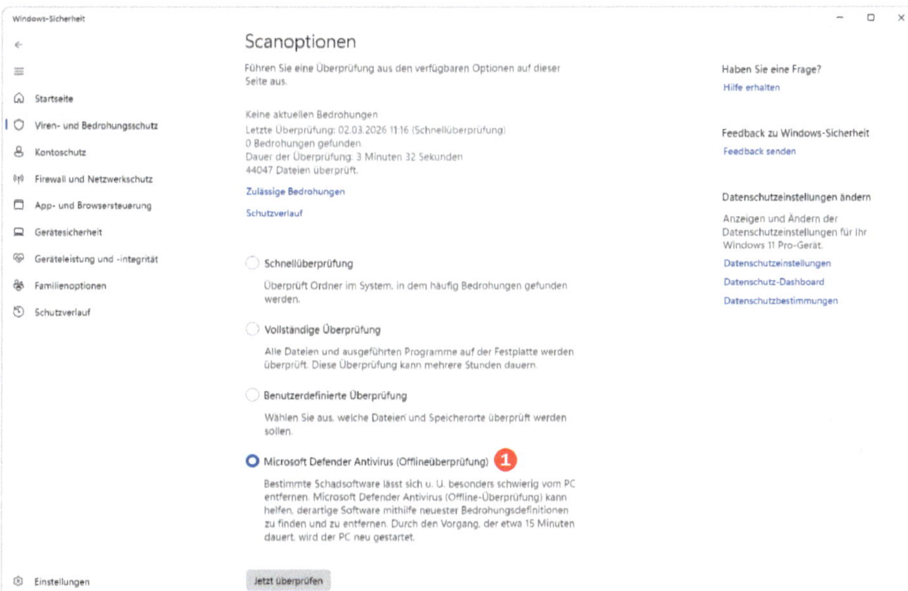

Offlineprüfung mit Microsoft Defender Offline.

15.12 Welches Programm greift auf Dateien und Registry zu?

Wurden Dateien oder die Registry unerwartet verändert, bleibt der Benutzer oft im Unklaren darüber, welches Programm oder welche Windows-Komponente dafür verantwortlich war.

Microsoft bietet dazu das kostenlose Werkzeug **Process Explorer** (*learn.microsoft.com/de-de/sysinternals/downloads/process-explorer*). Dieses äußerst leistungsfähige Dienstprogramm zeigt Dateien, Registrierungsschlüssel und andere Objekte, die in Prozessen geöffnet sind, geladene DLLs und vieles mehr an. Ganz oben werden CPU- und Systemauslastung in Echtzeit grafisch dargestellt. Diese Anzeige lässt sich mit der Tastenkombination `Strg`+`I` in einem eigenen Fenster vergrößern.

Das Symbol *Show Lower Pane* in der Symbolleiste blendet unten ein Teilfenster ein, in dem zu jedem Prozess geöffnete Dateien und Registry-Schlüssel angezeigt werden.

Mit dem Radarsymbol in der Symbolleiste können Sie herausfinden, welches Windows-Fenster welche Prozesse startet. Ziehen Sie dieses Symbol aus der Symbolleiste auf das zu untersuchende Fenster. Die zugehörigen Prozesse werden im Process Explorer hervorgehoben.

Über den Menüpunkt *Check Virustotal.com* beim Rechtsklick auf einen Prozess können Sie jeden laufenden Prozess durch den Onlinedienst *www.virustotal.com* überprüfen lassen. Hier testen die Anti-Malware-Engines von derzeit 73 Virenscannern unabhängig voneinander die Datei, sodass Fehlalarme weitgehend auszuschließen sind. Das Ergebnis wird in einer zusätzlichen Spalte ganz rechts angezeigt.

Der Process Explorer.

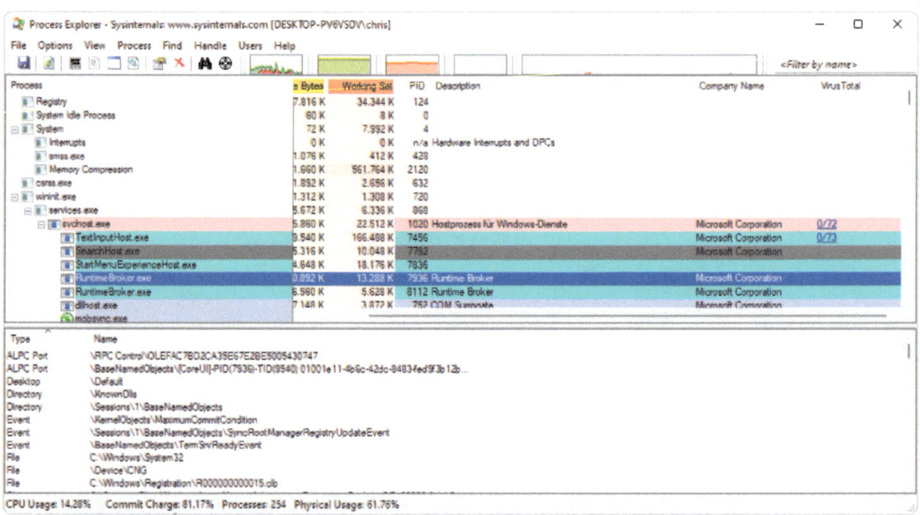

15.13 Systemdateien reparieren

Bei Abstürzen und insbesondere bei Fehlern während der Installation von Windows-Updates können Systemdateien beschädigt werden. Windows verfügt über eine integrierte Systemdateiprüfung, die eventuell vorhandene falsche Systemdateien durch die Originalversionen von Microsoft ersetzen kann. Bei Fehlern startet die Systemdateiprüfung automatisch.

Sie können sie aber auch aus einem Windows-Terminal mit Administratorberechtigung mithilfe des Befehls `sfc` und den entsprechenden Parametern aufrufen, um Systemdateien jederzeit zu prüfen. Der Befehl

```
sfc /scannow
```

überprüft alle geschützten Systemdateien und repariert sie bei Problemen.

Findet `sfc` beschädigte Dateien, die nicht repariert werden können, wird das Ergebnis zumindest in der Datei *C:\Windows\Logs\CBS\CBS.log* protokolliert. Diese kann nur in einem Editor mit Administratorberechtigung geöffnet werden.

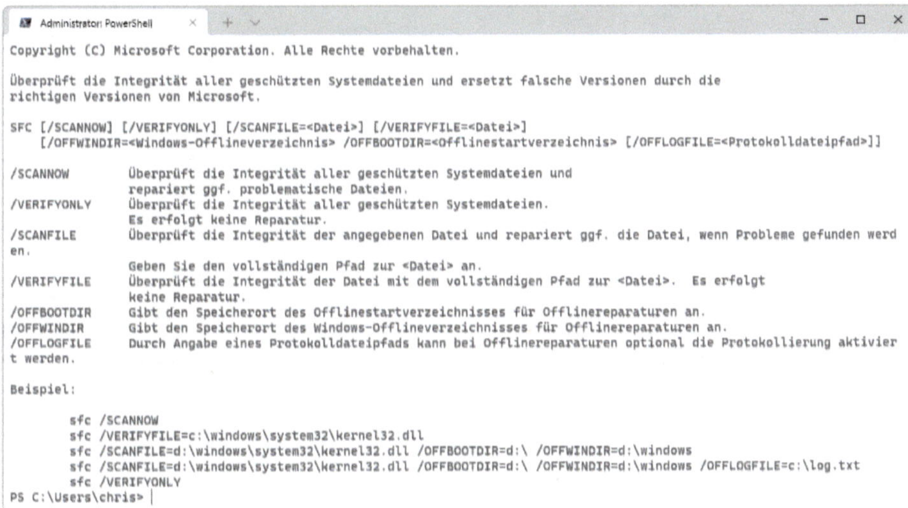

Mögliche Parameter des Windows-Ressourcen-überprüfungs-programms.

15.14 Die eingebaute Windows-Überprüfung

Funktioniert Windows nicht mehr richtig, weil die Registry oder Systemdateien beschädigt sind, kann die eingebaute Reparaturfunktion `dism` Windows überprüfen und mithilfe von Windows Update auch wieder reparieren.

Öffnen Sie mit einem Rechtsklick auf das Windows-Logo ein Windows-Terminal mit Administratorrechten. Geben Sie hier ein:

```
dism /Online /Cleanup-Image /CheckHealth
```

Damit wird die Registry auf logische Fehler überprüft. Ob alle Einträge dort auch sinnvoll sind, kann eine solche Schnellprüfung natürlich nicht feststellen.

Vermuten Sie den Fehler eher im Dateisystem von Windows, geben Sie ein:

```
dism /Online /Cleanup-Image /ScanHealth
```

Hier dauert die Suche allerdings deutlich länger. Sollten Fehler auftreten, können die fehlerhaften Dateien über Windows Update durch die korrekten Versionen ersetzt werden. Geben Sie dazu ein:

```
dism /Online /Cleanup-Image /RestoreHealth
```

Nach dem Austausch der Dateien sollten Sie das System noch einmal überprüfen:

```
dism /Online /Cleanup-Image /ScanHealth
```

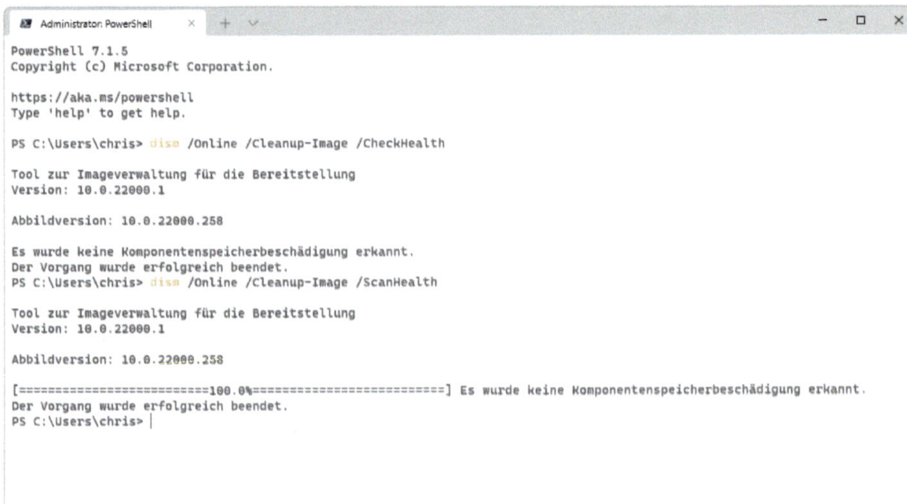

Die Windows-Reparaturfunktion `dism`.

16 Reparatur in ganz harten Fällen

16.1 Verschwundene Partitionen wiederfinden

Findet das Betriebssystem eine Festplattenpartition nicht mehr, sind jedoch nicht zwingend alle Daten für immer verloren. In den meisten Fällen liegen die Partitionen noch physisch auf der Festplatte, nur durch einen Fehler in der Partitionstabelle besteht kein Zugriff mehr darauf.

Das Freewaretool **Partition Find and Mount** (*www.findandmount.com*) durchsucht eine Festplatte nach typischen Signaturen, die üblicherweise den Anfang einer Partition bezeichnen. Von dort aus versucht das Tool, eine virtuelle Datenpartition zu erstellen und diese im System zu mounten. Das erfolgt immer schreibgeschützt, sodass keine Gefahr besteht, die verloren geglaubten Daten tatsächlich zu beschädigen. Anschließend lassen sich diese auf ein anderes Laufwerk kopieren, oder man generiert eine Image-Datei der Partition, um sie auf anderen PCs zu bearbeiten. Verschiedene Scanmethoden versuchen, Partitionen innerhalb von Sekunden zu finden oder durch eine gründliche Suche nach Stunden noch letzte Spuren zu entdecken.

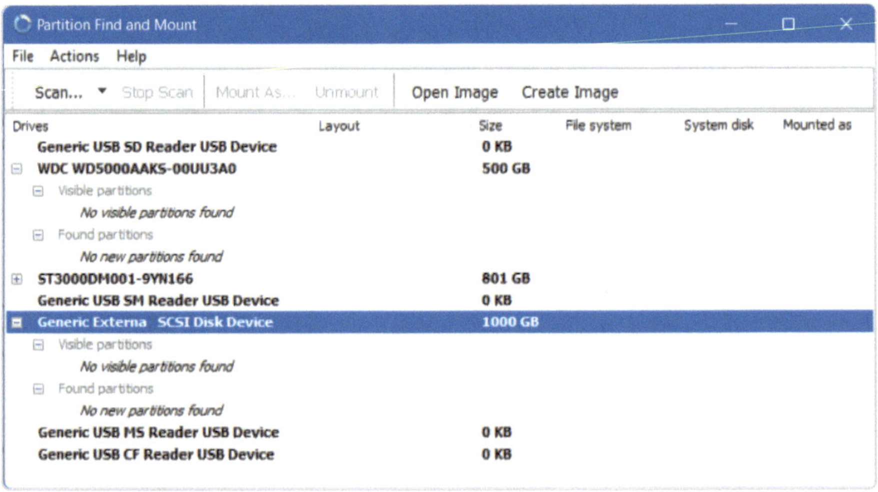

Partition Find and Mount versucht, verlorene Festplattenpartitionen zu finden, um Daten zu retten.

16.2 Master Boot Record mit Linux neu generieren

Erscheint beim Einschalten des PCs nur noch ein schwarzer Bildschirm mit einer Meldung, dass kein Betriebssystem gefunden wurde, liegt dies in den meisten Fällen an einem beschädigten Master Boot Record, kurz **MBR**. Dieser Eintrag im ersten Sektor einer Festplatte enthält ein kleines Startprogramm sowie eine Partitionstabelle der Festplatte. Bei der Neuinstallation eines Betriebssystems kommt es leider allzu oft zu Beschädigungen des MBR.

Mithilfe der bootfähigen Linux-CD **Rescatux** (*www.rescatux.org*) lassen sich schwerwiegende und nicht gerade seltene Probleme mit Windows-Boot, Systempartition oder Benutzeranmeldung lösen.

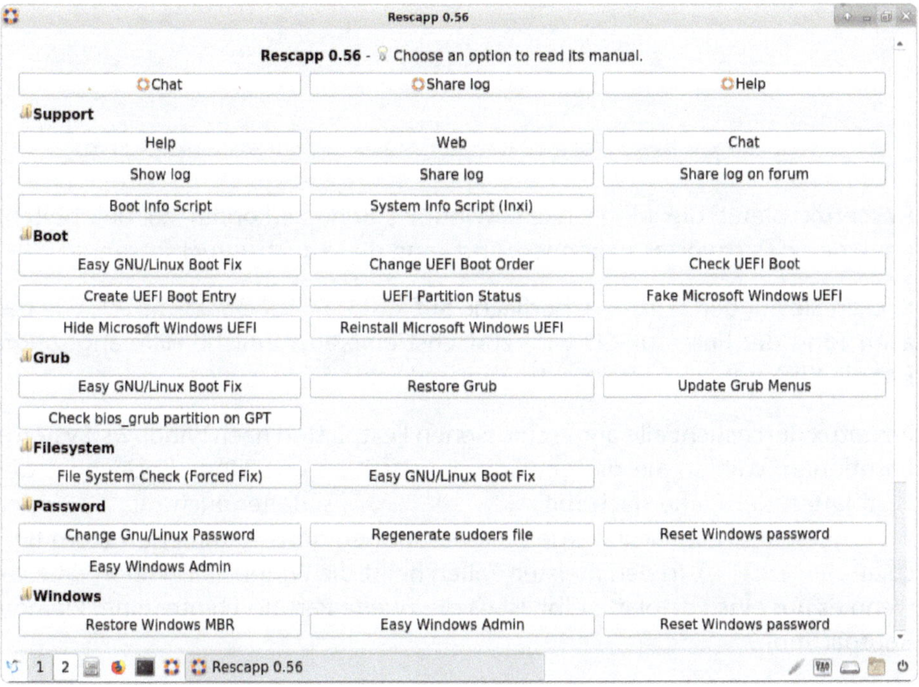

Rescatux bietet diverse Tools zur Reparatur von Windows-Problemen.

Booten Sie den PC mit der Rescatux-CD und wählen Sie die verwendete Hardwareplattform (64 Bit oder 32 Bit). Nach einem kurzen Systemtest startet eine eigene Oberfläche *Rescapp*, die gezielt Lösungen für typische Windows-Probleme anbietet.

Das Tool *Restore Windows MBR* in Rescatux schreibt in den meisten Fällen sehr zuverlässig einen neuen MBR auf die Festplatte, damit Windows wieder booten kann.

Dazu durchsucht das Programm alle angeschlossenen Festplatten nach primären Partitionen und listet diese auf. Wählen Sie hier die Windows-Partition, meistens gibt es nur eine davon. Sind mehrere Windows-Installationen auf dem PC vorhanden, wählen Sie am besten die aus, die Sie zuerst installiert haben. Danach erscheint die Frage, auf welcher Festplatte der neue MBR installiert werden soll. Wählen Sie hier die Festplatte, die in der Bootreihenfolge im BIOS an erster Stelle steht. Da die Festplatten nur mit ihren Linux-Gerätenamen und nicht mit ihrer Hardwarebezeichnung angezeigt werden, müssen Sie anhand der Größe die richtige Festplatte herausfinden. Danach muss noch einmal die Position der Festplatte angegeben werden. Wählen Sie auch hier auf Position 1 die soeben ausgewählte Bootfestplatte.

Das Schreiben des MBR kann einige Zeit dauern. Warten Sie, bis die Meldung *Windows mbr was installed OK* erscheint, auch wenn zwischenzeitlich kein Wartehinweis zu sehen ist. Danach verlassen Sie Rescatux und starten den PC von der Festplatte neu.

16.3 Vergessenes Admin-Passwort zurücksetzen

Rescatux bietet die Möglichkeit, Windows-Benutzerkonten zu bearbeiten, ohne deren Passwörter zu kennen, und kann diese auch zurücksetzen.

Klicken Sie auf der *Rescapp*-Oberfläche auf *Reset Windows password* ❶. Wie bei allen Tools der Rescatux-CD wird zunächst eine ausführliche Hilfe angezeigt. Erst ein Klick auf *Run* ❷ startet das Tool wirklich.

Rescatux durchsucht alle angeschlossenen Festplatten nach Windows-Systempartitionen. Wählen Sie die gewünschte Partition aus. Linux bezeichnet die Festplatten der Reihe nach mit `sda`, `sdb`, `sdc`, seltener auch mit `hda` oder `hdb`. Auf jeder Festplatte werden die Partitionen durchnummeriert (zum Beispiel `sda1`, `sda2`). In den meisten Fällen heißt die Windows-Partition `sda2` – wenn es nur eine Festplatte gibt, ist es die zweite Partition hinter einer kleinen Bootpartition.

Rescatux setzt das Passwort eines beliebigen Windows-Benutzers zurück.

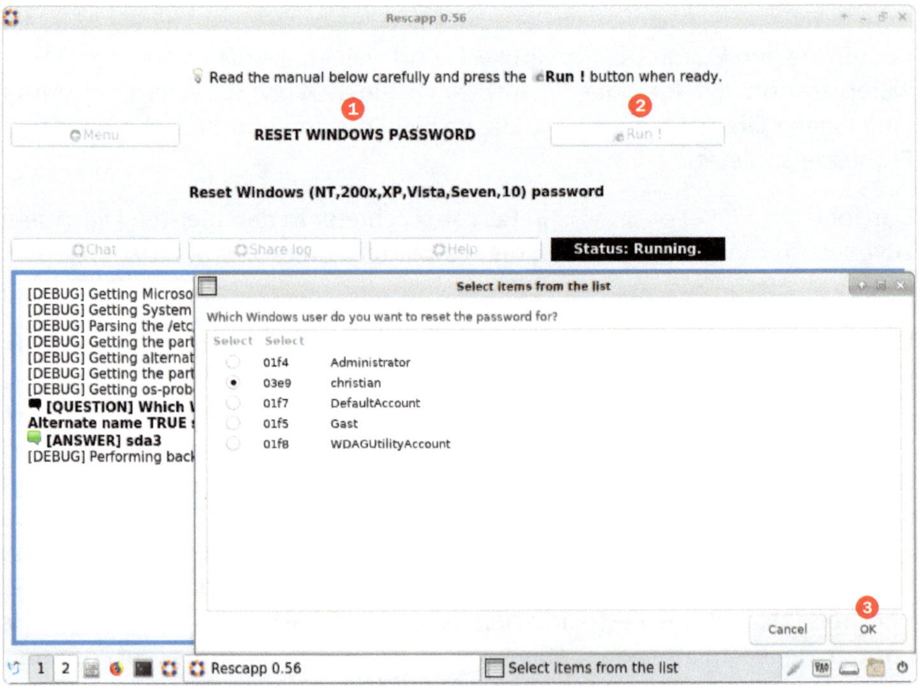

Nach Auswahl der Windows-Partition werden alle in diesem Windows eingerichteten Benutzer angezeigt. Wählen Sie einen aus, wird mit einem Klick auf *OK* dessen Passwort zurückgesetzt.

Beenden Sie das Passwort-Reset-Tool mit *OK* ❸. Jetzt brauchen Sie nur noch das Rescatux-Linux mit einem Klick auf den Ausschaltbutton rechts unten herunterzufahren und Windows normal von der Festplatte zu booten. Der gewählte Benutzer kann sich ohne Passworteingabe anmelden.

In Windows sollte sich der Benutzer dann selbst wieder ein neues Passwort geben.

Das Tool *Easy Windows Admin* funktioniert ähnlich; es macht den ausgewählten Benutzer zum Administrator und löscht zusätzlich das Passwort des gewählten Benutzers. *Unlock Windows User* gibt einen gesperrten Benutzer wieder frei, sodass dieser sich unter Windows erneut ganz normal anmelden kann.

16.4 Registry-Sperre knacken

Einträge in der Registry müssen selbst im normalen Betrieb ständig geändert werden. Ein paar Bereiche der Registry sollten aber für Veränderungen gesperrt sein. Möchten Sie verhindern, dass ein Benutzer in der Registry herumspielt, können Sie **Regedit** und auch alle anderen Tools sperren, die direkt auf die Registry zugreifen. Sie müssen hierzu als Administrator angemeldet sein, und es muss mindestens ein weiterer Benutzer auf dem PC existieren – sonst sperren Sie sich selbst aus.

Windows schreibt die Benutzernamen nicht im Klartext in die Registry, deshalb müssen Sie den Benutzer, für den der Registry-Zugriff gesperrt werden soll, erst suchen. In diesem Registry-Schlüssel finden Sie verschiedene Unterschlüssel mit Namen wie `S-1-5` und einer längeren Zahlenkombination. Wenn Sie diese im linken Fenster durchblättern, finden Sie rechts unter `ProfileImagePath` relativ einfach den Benutzernamen:

```
HKEY_LOCAL_MACHINE\SOFTWARE\Microsoft\Windows NT\
CurrentVersion\ProfileList
```

Merken Sie sich die so gefundene Benutzer-ID des gesuchten Benutzers. Im Normalfall unterscheiden sich die Benutzer-IDs nur in den letzten Ziffern. Wechseln Sie jetzt in den Registry-Schlüssel:

```
HKEY_USERS\<Benutzer-ID>\SOFTWARE\Microsoft\Windows\
CurrentVersion\Policies\System
```

Legen Sie in diesem Schlüssel den DWORD-Wert `DisableRegistryTools` an und geben Sie ihm den Wert `1`.

Benutzer-ID in der Registry finden.

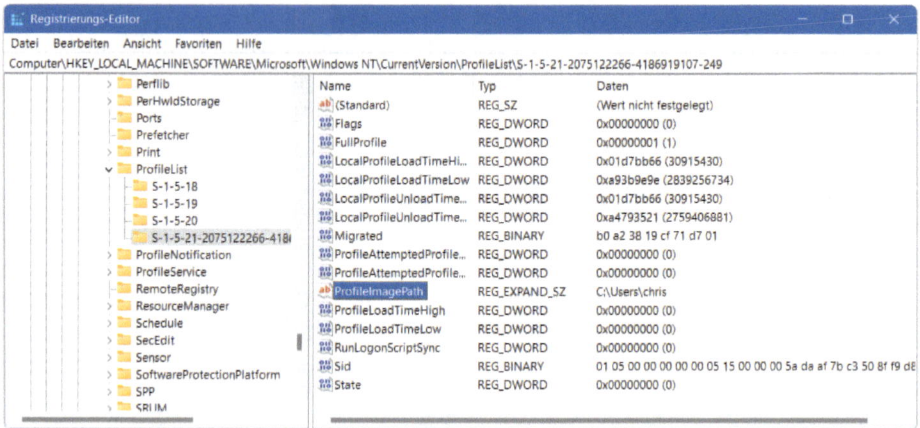

Wenn sich der Benutzer jetzt wieder anmeldet, hat er keine Möglichkeit, `regedit` oder einen anderen Registry-Editor aufzurufen. Erst wenn der Administrator den Parameter `DisableRegistryTools` zurück auf `0` setzt oder löscht, sind Registry-Tools wieder erlaubt.

Dieser Schutz wirkt jedoch nicht hundertprozentig, da ein auf diese Weise gesperrter Benutzer immer noch die Möglichkeit hat, eine REG-Datei zu importieren und damit den entscheidenden Parameter zurückzusetzen. Dies ist aber gleichzeitig die Notlösung für den Fall, dass man sich selbst den Zugriff auf die Registrierung sperrt. Speichern Sie diese beiden Textzeilen in eine Textdatei mit der Endung *.reg*:

Download: Sie brauchen diesen Registry-Tipp nicht manuell einzugeben. Die Datei steht unter *https://bildnerverlag.com/00533* zum Download zur Verfügung. Importieren Sie einfach die Datei *DisableRegistryTools.reg* per Doppelklick in die Registry.

```
Windows-Registry-Editor-Version 5.00

[HKEY_CURRENT_USER\Software\Microsoft\Windows\CurrentVersion\
Policies\System] "DisableRegistryTools"=dword:00000000
```

Diese Datei kann per Doppelklick im Explorer ausgeführt und in die Registry importiert werden, sie setzt die Sperre zurück. Die REG-Datei ist durch die Verwendung von `HKEY_CURRENT_USER` allgemein gehalten, sodass man sie für sich selbst jederzeit unabhängig von der Benutzer-ID einsetzen kann. Nach dem Importieren dieser REG-Datei muss man sich als Benutzer abmelden und wieder neu anmelden, um Zugriff auf die Registry zu erhalten.

Stichwortverzeichnis